Josef Kraus

SPASS-PÄDAGOGIK

Josef Kraus

SPASS PÄDAGOGIK

Sackgassen deutscher Schulpolitik

Universitas

2. ergänzte Auflage

Schutzumschlag: Atelier Bachmann & Seidel, Reischach
Schutzumschlagmotiv: Comstock, Berlin + Mauritius, Mittenwald
(Fotograf: Pedro Coll)
Satz: Fotosatz Völkl, Puchheim
Druck: Jos. C. Huber KG, Dießen
Binden: Thomas Buchbinderei, Augsburg
Printed in Germany

ISBN 3-8004-1374-4

Für

Joseph (†) und Sophie Kraus

Erika und Christian Kraus

Inhalt

Anstelle eines Vorworts: Das schulpolitische Bermuda-Viereck

Das deutsche Bildungswesen hat seit vielen Jahrzehnten einen international hervorragenden Ruf. Alljährlich pilgern Experten aus aller Herren Länder hierher, um sich die Strukturen, die Inhalte und die Praxis dieses Systems anzusehen und um Anregungen mit nach Hause zu nehmen. Wöchentlich reisen umgekehrt Fachleute aus Deutschland in nahezu alle Länder der Welt, um – eingeladen von dort – über Bildung und Schule in Deutschland zu berichten. Dieses deutsche Bildungssystem arbeitet zugleich mit einem hocheffektiven Wirkungsgrad. Mit einem – im internationalen Vergleich nicht einmal überdurchschnittlichen – Finanzmittelanteil von rund acht Prozent am Bruttosozialprodukt ist das deutsche Bildungssystem einer der wichtigsten Faktoren für den Standort »D«.

Schule in Deutschland ist gerecht, sie ist fachlich fundiert, und sie bietet Chancen wie keine andere öffentliche Schule der Welt. Und Schule in Deutschland ist eine lebendige Schule, die neben – noch – solidem Unterricht wie selbstverständlich auch außerunterrichtlich viel zu bieten hat. Deutschlands Schulen verfügen in reichem Maße über internationale Partnerschaften, Projekt- und Studientage, Theater, Chöre, Orchester, Big Bands, Schulfeste, Schülerzeitungen, Ausstellungen, Hilfsaktionen, Bazare, Umweltpartnerschaften, Wahlkurse, Arbeitsgemeinschaften, sportliche und andere Wettkampfgruppen, Besinnungstage, Gottesdienste, Kontakte zur Wirtschaft, Praktika, Börsenspiele, Exkursionen, Studienfahrten usw. Die Lokalzeitungen und die Jahresberichte der Schulen sind voll davon. Besorgte Eltern und Lehrer fragen sich schon, ob das überhaupt gut sei.

Die Strukturen und die Inhalte sind intakt. Doch eine zunehmende Zahl von Bundesländern lebt hinsichtlich Ausstattung und Programm von der Substanz, und man wundert sich, daß sich dort das Rad der Schule überhaupt noch dreht. Schuld daran, daß Schule Kredit verloren hat, sind nicht Eltern, Schüler oder Lehrer, sondern schuld ist die Politik beziehungsweise in ihrem Schlepptau – oder als deren Zugpferd – ein Teil der Erziehungswissenschaften; schuld daran ist die Vorstellung, Leistungsschule sei »out« und Spaßschule sei »in«. Gleichwohl leisten auch in diesen Bundesländern Schüler und Lehrer Beachtliches; sie leisten mehr, als es Schulpolitik eigentlich zuläßt.

Was die Hardware von Schule, also ihre Rahmenbedingungen betrifft, so meinen die Bundesländer – die einen mehr, die anderen weniger –, Schule mit Wundertüten abfertigen zu können, vor allem mit dem Wunderglauben, man könne den immer mehr werdenden und immer schwierigeren Schülern immer erziehungsabstinenterer Eltern mit immer weniger und immer älteren Lehrern immer mehr Qualifikation in immer größeren Klassen bei immer weniger Wochenstunden in immer weniger Schuljahren vermitteln. Das haut nicht hin, denn in einem solchen System – hauptsächlich bestehend aus Mammutklassen, Stundenausfall, Schulzeitverkürzung und überaltertem Lehrkörper – verschwinden Bildungsqualität und Erziehungsanspruch. Und das in Zeiten gestiegener Anforderungen an junge Leute und gewachsener Herausforderungen an Schule!
Was die Software von Schule, was also ihre Programmatik betrifft, so stehen noch tiefere Einschnitte an: In einer stattlichen Zahl von Bundesländern mit ihrem schulpolitischen Bermuda-Viereck aus Gleichheitsutopie, Machbarkeitswahn, Lustprinzip und Untergangsalarmismus, also aus Rousseau, Skinner, Marcuse und Greenpeace, drohen Persönlichkeitsentfaltung, Realitätssinn, Anstrengungsbereitschaft und Lebensfreude zu verschwinden.

Lebenslügen deutscher Schulpolitik

Deshalb ist über programmatisch gewordene schulpolitische und pädagogische Lebenslügen nachzudenken. Lebenslüge heißt: in der Sackgasse stecken und es nicht merken (wollen), die Wirklichkeit wegdrücken, Illusionen hinterherjagen. Lebenslüge ist im Orwellschen Sinne »Zwiedenken«: die Realität sehen und etwas anderes, das Gegenteil, glauben. Lebenslügen haben – psychologisch betrachtet – eine wichtige Funktion für das innerseelische Gleichgewicht. Politisch betrachtet sind Lebenslügen indes höchst bedenklich. Es ist gefährlich und vor allem verantwortungslos, wenn Lebenslügen wider besseres Wissen fortbestehen oder gar Maßstäbe politischen Handelns sind. In Schulpolitik und Pädagogik geschieht dies. Die hier stets aktuellen Lebenslügen heißen zum Beispiel: »Schule muß vor allem Spaß machen, und es geht ohne Leistung.« »Jeder kann alles.« »Begabung und Eignung gibt es nicht.« »Alles ist eine Frage des Begabens.« »Alle können zu Abitur und Studium gelangen.« »Wir brauchen mehr Abiturienten.« »Bildung geht ohne die Struktur von Fächern.« »Alle Bildungsinhalte sind gleich gut und nützlich.« Im Kern stecken dahinter das Pathos von der Gleichheit, der Glaube an die Gleich-Gültigkeit aller Bezüge und die Illusion von der Machbarkeit aller Ziele. Alles soll aufgehen in einem amorphen, den Ideenerfinder selbst am meisten berauschenden Unterhaltungs- und Betroffenheitsgebräu. Aber auf diesen Rausch folgt offenbar keine Ernüchterung.

Mit solchen Haltungen lenkten Politik und Pädagogik die Schule ab Ende der 60er Jahre in schier ausweglose Sackgassen. Was Sontheimer mit Blick auf das Bildungssystem der 70er Jahre schrieb, könnte er Ende der 90er Jahre wieder schreiben: »Es gibt kaum einen Wissenschaftsbereich, der in den letzten Jahren so stark umorientiert worden ist wie die Pädagogik und in dem die Übergänge von einem allgemein aufklärerischen zu einem stärker dogmatisierten Theoriebewußtsein so fließend sind ...« Daß seit den 80er und 90er Jahren in vielen Ländern (Niedersachsen, Rheinland-Pfalz, Saarland, Sachsen-Anhalt, Schleswig-Holstein, nach einem kurzen CDU/FDP-Intermezzo von 1987 bis 1991 auch wieder in Hessen) andere politische Machtverhältnisse herrschen, daß in einigen Ländern die »Grünen« zur SPD ins Regierungsboot stiegen, hat schulpolitische Wirkung. In diesen Ländern wird sehr gezielt und eigenwillig Schulpolitik gemacht. Der Grund: Die Pädagogik ist besonders »anfällig für die Protuberanzen des Zeitgeistes: sie ist vorwiegend Normwissenschaft, und sie hat einen eminent praktischen Bezug.«[1]

Mit Georg Pichts »Bildungskatastrophe«[2] fing die eigentliche Katastrophe an, sagt man. Das stimmt nur bedingt. Die Ideen, die zur Katastrophe führten, sind älter, viel älter. Sie reichen zum Teil 250 Jahre zurück. Sie waren latent vorhanden, und sie kamen im Zuge der 68er-Bewegung wieder zum Vorschein. Picht war nur einer, der die Ideen auslöste. Er mußte mit seiner Forderung nach einer »dramatischen« Bildungsexpansion herhalten als Rechtfertiger.

Seitdem führen die schulpolitischen Lebenslügen ein zähes Leben. In stets neuem Gewande treten sie auf den Laufsteg der »reform«-pädagogischen Eitelkeiten. Die meisten aktuellen Schulprobleme sind auf diese Weise das Ergebnis von Schul-»Reformen«. Aber leider wird nicht das Neue, sondern das Bewährte für beweispflichtig erklärt. Der Umbau wird damit fortgesetzt: subtiler, trickreicher, unauffälliger, zum Teil wider besseres Wissen – aber kaum weniger wirkungsvoll. Schulreform und Reformpädagogik werden damit erneut – mit schwer abschätzbarer Inkubationszeit – zur Krankheit, als deren Heilmittel sie sich ausgeben.

Trends in der Schulpolitik von 1970 bis Ende der 90er Jahre, das heißt: von der aggressiven Gesamtschulpolitik zur schleichenden Vergesamtschulung; von der Brachial-Egalisierung zur totalen Gleich-Gültigkeit und Beliebigkeit; von den Inhalten zur Verpackung inhaltlicher Leere; von der Brachial-Indoktrination zum pädagogischen Alarmismus. Alte Vorstellungen wirken in neuer Umtriebigkeit fort. Ob die Ziele verschwanden? Die Methoden jedenfalls erinnern doch sehr an damals: Man erfinde sich – zur leichteren Verführbarkeit der Adressaten durch Visionen – »mundiale« Zerrbilder, bringe Krisenszenarien und Untergangsobsessionen unters Volk, und starte – begründet mit den Krisengemälden – seinen Reformaktionismus!

Illusion des Fortschritts

Wäre es nur – von den Folgen bei den Heranwachsenden einmal sträflich abgesehen – ein Herumexperimentieren, man könnte sich trösten mit dem über 2000 Jahre alten Ausspruch des Römers Gaius Petronius: »Ich habe im Leben gelernt, daß wir oft versuchen, neuen Verhältnissen durch Umorganisieren zu begegnen. Es ist dies eine phantastische Methode! Sie erzeugt die Illusion des Fortschritts.« Eine solche, ständigen Reformsüchten ausgelieferte Schule im Bermuda-Viereck aber ist zukunftsfeindlich, denn es gibt für Schüler auch ein Leben nach der Schule, und mit dem schulischen Abgangszeugnis treten junge Leute ja nicht in den Ruhestand ein.
Die ungeschminkte Analyse ist überfällig. Diese kann nicht pauschal für ganz Deutschland ausfallen, denn aufgrund des Föderalismus haben in Sachen »Schule« die Bundesländer das Sagen. Einige Länder dürfen aus der kritischen Analyse weitgehend ausgenommen bleiben, zum Beispiel die großen süddeutschen, in die es – nicht zuletzt wegen ihres Bildungssystems – viele Eltern zieht, weil sie dort ihre Kinder gut aufgehoben wissen. Wenn von kritischer Analyse die Rede ist, dann gilt sie der Politik. Es geht nicht um Kritik an Leistungen von Schülern und nicht um eine Kritik elterlicher Erziehung. Es geht nicht um Kritik an jungen Leuten oder um Kritik an Lehrern. Wenn Bildung in Deutschland – noch – auf hohem Niveau stattfindet, dann nicht *weil* überall solide Bildungspolitik gemacht würde, sondern *obwohl* in vielen deutschen Ländern »progressive« Politik gemacht wird. Es geht auch nicht primär um den Dinosaurier »Gesamtschule«, selbst wenn dafür seitens ihrer

Protagonisten »argumentativ« immer neue – zugleich ewiggestrige und ewigmorgige – Verrenkungen gemacht werden. Sondern es geht um einen viel trickreicheren, subtileren Umbau der Schule und damit einen Umbau der Gesellschaft via Schule.

Für ein Ende der Geduld

Dieses Buch will Sackgassen orten sowie Trends deutlich machen. Viele dieser Trends und Sackgassen lassen sich auf den Beginn der Bildungsreformeuphorie zurückführen. Es werden ausgewählte Beispiele von Schulgesetzen, Lehrplänen, ministeriellen Verordnungen und Parteiprogrammen von damals und von heute verwendet. Es werden oft deren Entwürfe aufgegriffen, auch wenn sie dann in veränderter Form oder gar nicht in Kraft traten. Die Bezugnahme auf solche Entwürfe geschieht mit Absicht: Entwürfe dokumentieren den Geist der Initiatoren und damit die Trends oft viel deutlicher als so manch rundgeschliffenes Endprodukt.

Dieses Buch will geradlinig an die Wurzeln des Übels gehen, und zwar mit einer Direktheit, die Sontheimer schon 1976 empfahl: »Eine so gezielte Attacke (gemeint ist die der linken Intelligenz; Verf.) gegen die Grundlagen unseres Welt- und Wissenschaftsverständnisses läßt sich nicht mehr dadurch beantworten, daß man in der dem Liberalen sonst eigenen Manier die vorgebrachten Argumente rechts und links wendet und am Ende vor lauter Toleranz keine entscheidende Stellung mehr bezieht, sondern unmißverständlich deutlich macht, was die Herrschaft linker Theorie für Geist und Kultur sowie für die Institutionen einer sich als frei verstehenden Gesellschaft bedeuten würde.«[3] In dieser Absicht will das Buch unbequem sein. Es will zugleich Auswege aufzeigen: nicht visionär, sondern postutopisch, durchaus re-visionär. Das heißt: Als eine der wirksamsten und im übrigen preiswertesten Reformen des Schulwesens in Deutschland wird diejenige erachtet, die alle bislang gescheiterten Reformen über Bord kippt.

Dieses Buch ist kein wissenschaftliches, sondern ein politisches. Es bedient sich da und dort einer deutlichen Sprache; da und dort arbeitet es mit Zuspitzung und Polemik, da und dort karikierend mit Elementen einer »Educational Correctness«. Das polarisiert, es hilft aber, Dinge zu klären, wenngleich es bei ein paar Leuten Pawlowsche Reflexe auslösen wird.[4] Sehr viele aber, sehr viele Eltern, sehr viele Lehrer, parteipolitisch Ungebundene und auch klassische Linke, teilen den Tenor und die Kernaussagen dieses Buches. Sie wünschen sich – als längst überfällig – eine transparente, leistungsorientierte und damit kindgerechte Schulpolitik.

Die kritische Analyse ist notwendig, denn es gibt in der Schulpolitik zu viele Vor- und zuwenig Nachdenker. Aufklärung ist gefragt, denn Kinder sind keine Versuchskaninchen. Nichts gegen Experimentierfreude und gegen Innovation! Aber: Mißlungene Industrieprodukte kann man erneut auf Fertigungsstraßen bringen, oder man kann sie recyceln. Kinder jedoch haben nur *eine* Schülerbiographie.

Damit gilt es sorgsam umzugehen. Deshalb wird es Zeit, daß die schulpolitischen Realisten ungeduldig werden.

1

Spaß und Selbstsucht statt Leistung und Anstrengung

Vergnügen, Zeitvertreib, Stimmung, gute Laune, Animation, Genuß – das sind üblicherweise Verlockungen der Werbe-, Freizeit- und Urlaubsindustrie. Schule war bislang kaum in den Verdacht geraten, ähnliche Verheißungen parat zu haben, geschweige denn erfüllen zu können. Das hat sich geändert. Schule soll offenbar sogar in erster Linie Spaß machen – von Freude ist selten die Rede – und dabei den »ganzen alten Krempel an Paukerei, Schinderei und Leistung« über Bord werfen.

Schule soll Freude machen: Freude an neuem Wissen und Können, Freude an eigenen Fortschritten, Freude an der eigenen Neugier, Freude am gemeinsamen Lernen mit anderen. Schule darf auch Spaß machen. Richtig, zur passenden Zeit! Schule ist aber kein Freizeitpark und kein Animationsunternehmen. Schule kann nicht zum Phantasia-Land oder zur unterhaltsamen Überbrückung der Zeit zwischen den Ferien verkommen. Damit ist niemandem gedient, damit vergreift man sich eher an der Zukunft der Jugend, als sie zu fördern. Schule muß also auch zur Anstrengung anhalten. Will Schule auf Leben und Beruf vorbereiten, dann geht das nicht ohne Mühe, nicht ohne Lernen, nicht ohne soliden Fachunterricht, nicht ohne Leistung.

Leistung als anthropologische Konstante

Spaßschule wirft mit einem dem Narzißmus des Kindes schmeichelnden Hedonismus ein ganzes Menschen-, Gesellschafts- und Weltbild über Bord. Denn das zum Abschuß freigegebene Leistungsprinzip ist ein menschliches Grundprinzip, und übrigens ein abendländisch-christliches Gebot. Man denke nur an das christliche Bild von Arbeit und an die Aufforderung zur Nutzung der eigenen Talente. Das Leistungsprinzip besagt erstens, daß Leistung Ausdruck des Höchstindividuellen sowie Motor und Ergebnis freier Persönlichkeitsentfaltung ist, daß Leistung Angebot ist, seines

Glückes Schmied zu sein, und daß Leistung Chance ist, Glück nicht als das Glück eines Lottotreffers oder einer Glückspille, sondern als das Glück nach Verzicht und Anstrengung erleben zu dürfen. Deshalb ist Leistungsfeindlichkeit ein Anschlag auf das Grundrecht der freien Persönlichkeitsentfaltung und auf das Recht auf Streben nach Glück. Das Leistungsprinzip ist zweitens ein demokratisches, und zwar ein revolutionäres demokratisches Grundprinzip. In unfreien Gesellschaften sind Geldbeutel, Geburtsadel, Gesinnung und Geschlecht Allokationskriterien. Das heißt, die Positionierung eines Menschen in der Gesellschaft orientiert sich an einem dieser vier »G«. Freie Gesellschaften haben an deren Stelle das Kriterium Leistung vor den Aufstieg gesetzt. Das Leistungsprinzip ist drittens ein sozialstaatliches Prinzip. Denn die Zukunft eines Gemeinwesens, auch die Zukunft des Sozialstaates entscheidet sich an der millionenfachen Leistung von Millionen von Bürgern.

Leistung hat also eine dreifache Funktion: eine anthropologisch-individualpsychologische, eine demokratische und eine sozialpolitische. Es sind dies drei Funktionen, die in Politik und Pädagogik nachhaltig diskreditiert oder zumindest verwässert wurden. So als ob Schule einen ganz anderen, »besseren« Begriff von Leistungen haben könnte als die Gesellschaft, meinen manche Vertreter der Pädagogik, gänzlich ohne Leistungsbegriff oder nur mit einem sehr spezifisch »pädagogischen« Leistungsbegriff auskommen zu können. Den Einstieg in diese Form von Ausstieg aus der Leistung zeichnete bereits der »Strukturplan für das Bildungswesen« im Jahr 1970 vor, als er festhielt: »Das Leistungsprinzip, wie es im gesellschaftlichen Wettbewerb gilt, kann nicht auf den Bildungsprozeß der Jugendlichen oder gar des Kindes übertragen werden.« Solche Verdikte wirken mehr als ein Vierteljahrhundert fort. Der Kieler Erziehungswissenschaftler Klaus Westphalen[5] entlarvt dies als »Strategie«: »Da wird mit Übertreibungen und Vereinfachungen eine künstliche Kluft aufgerissen zwischen der bösen Gesellschaft und den ehrenwerten Bemühungen bestimmter Erziehungswissenschaftler, Bildungspolitiker und Pädagogen um eine humanere Schule, die sich durch einen anderen Leistungsbegriff bestimmen läßt.« Westphalen spricht von einer »einseitigen Pädagogisierung des Leistungsbegriffs«; man könnte hinzufügen: Hier findet eine »Infantilisierung« des Leistungsbegriffs statt. Solches Leistungsverständnis hat gesellschaftlich irreparablen Flurschaden zur Folge. Deshalb ist es ein Ärgernis, daß man vor schulischen Leistungsansprüchen und vor akuten Leistungsdefiziten die Augen verschließt. Auch das ist infantil, denn Kinder schließen ja die Augen, wenn sie etwas nicht sehen wollen – und meinen, dann wäre dieses Etwas weg – oder wenn sie nicht gesehen werden wollen.

Das ist das Ergebnis von »68«. Herbert Marcuse[6] stellte Ende der 60er Jahre das Dogma auf, Leistung sei abzulehnen, weil Leistung mit Zwang zu tun habe und Zwang überhaupt zu verneinen sei. Es gehe vielmehr um die »große Verweigerung« und um eine »orphisch-narzißtische Welterfahrung« statt um Leistung. Und es gehe darum, sich dem »System« zu entziehen, das die Väter geschaffen und verhängt hätten. Aber mit dieser Verteufelung von Leistung begnügen sich manche Ideologen noch lange nicht. Gezielt assoziieren Ideologen Leistung mit »Streß«, »Hetze«, »Angst«, »Lernfabrik«, »sozialer Kälte«, »Entfremdung«, »Zwang«, »Untertanengeist«, »Ellenbogenmentalität«, »Selektion«, »Terror« und Schlimmerem. Das Leistungsprinzip sei »systemstabilisierend« und »kapitalistisch«.

Mit der Antifaschismus-Keule gegen Leistung

Es hat sich damit in allen möglichen Ecken und Nischen festgesetzt, was Otto R. Roegele bereits 1971 feststellte: »Die systematische Verleumdung des Fleißes als eines Nationallasters der Deutschen tut allmählich ihre Wirkung, zumal durch die politische Ethik der Neuen Linken jetzt auch moralisch untermauert wird: Nur wer den ›Leistungsdruck der kapitalistischen Gesellschaft‹ für seine Person abschüttelt und für die Allgemeinheit verneint, – so wird gesagt – kann emanzipatorisch kritisch genannt werden.«[7] Ein Zusätzliches tut die immer und immer wiederkehrende Antifaschismus-Keule: In einer »Vorlage für den Parteivorstand«, versehen mit der Empfehlung »Annahme als Diskussionsgrundlage«, entwirft die SPD-Kommission für Bildungspolitik im März 1986 ein Papier mit dem Titel »Bildung in Freiheit, Gleichheit und Solidarität – Das sozialdemokratische Verständnis von Bildung«. Darin heißt es unter anderem: »Wer Leistung fordert, muß ›nach Auschwitz‹ sagen, was er damit meint.« Diese Passage wird später gestrichen, aber erst mal steht sie gedruckt da. Eine Landtagsabgeordnete der Grünen hält im Wahlkampf zu den NRW-Landtagswahlen 1995 dem für ein leistungsorientiertes, gegliedertes Schulwesen eintretenden CDU-Spitzenkandidaten vor, dieses Eintreten erinnere sie an die »Auschwitzrampe«. Die Abgeordnete entschuldigt sich, aber gedacht hat sie wohl so.

Ein Gewerkschaftsfunktionär, Otto Herz, ruft im Juni 1995 in seinem Grußwort zum Bundeskongreß der »Gemeinnützigen Gesellschaft Gesamtschule« zur »Diffamierung« des gegliederten Schulsystems auf. Dies zu tun sei eine »Grammatik der Menschlichkeit«. Unter Berufung auf Warnungen eines Überlebenden des Holocaust erweckt er den Eindruck, leistungsorientierte Schule habe etwas mit »ausgebildeten Psychopathen« und »Eichmanns« zu tun.[8] Selbst Bundespräsident Roman Herzog bleibt von den Herzschen Attacken nicht verschont; Herzogs Plädoyer gegen schulische Kuschelecken und gegen eine Verbannung der Noten aus den Schulen (vgl. die Berliner Rede »Aufbruch in der Bildungspolitik« vom 5. November 1997[9]) weiß Herz mit folgendem Anfall zu kommentieren: Dieser Satz von Herzog gehöre zu den »Entgleisungen« des Bundespräsidenten. Und weiter: »Am Ende des blutigsten Jahrhunderts der Menschheitsgeschichte dürfen wir im Übergang in das nächste Jahrtausend auch mit keinem Hauch den Gedanken wieder nähren: ›Hart wie Kruppstahl, flink wie Windhunde ...‹ Wir kennen diese Lektion.«[10]

Sogar ansonsten renommierte Leute kokettieren mit ähnlich gebrochenem Verständnis von Leistung und Noten. Reinhart Lempp, emeritierter Ordinarius für Kinder- und Jugendpsychiatrie der Universität Tübingen, schreibt 1996: Schulnoten dienten als »Machtinstrument.« Und: »Man kann die Frage stellen, ob solche Bewertungen, die natürlich nicht nur von den Noten allein abhängen, letztlich nicht auch ihren Anteil an der sogenannten Euthanasie im Dritten Reich, an der Vernichtung ›unwerten Lebens‹ hatten.«[11] Die »Faschismus-Keule«[12] beziehungsweise »Antifaschismus-Keule« erscheint offenbar auch manchen »Pädagogen« als Waffe gegen Leistung geeignet. Dabei ist das Schwingen mit dieser Keule gerade im Zusammenhang mit Schule im Rechtsstaat eine üble Relativierung und Instrumentalisierung millionenfachen Mordes für eigene billige Zwecke. Es ist dies eine so bösartige Methode, daß man an schulische Auswirkungen nicht denken mag.

Nicht wirkungslos aber bleibt das andere, das penetrante Assoziieren von Leistung mit »Zwang« und »Ausbeutung«. In einem Memorandum »Praktisches Lernen« der Akademie für Bildungsreform/Robert Bosch Stiftung heißt es 1993: Es habe sich in allen Schulformen »als gemeinsame Tendenz eine Lehr- und Lernkultur durchgesetzt, für welche Reflexion, abstraktes Wissen, Wort und

Schrift charakteristisch sind. Diese Ausrichtung wird weiter gestützt und stabilisiert, weil sie Distanz schafft zu Mühsal und Zwängen des Alltags und zu ausbeuterischer Arbeit ...«[13]

Es gibt keine Fehler mehr

Folge: Leistung wurde für die »Schule verfemt, und davon konnten sich die Schulen ... bis heute nicht erholen«.[14] Das schulische Leistungsprinzip wurde tatsächlich in mehreren Bundesländern weitreichend außer Kraft gesetzt. Die Mißachtung der Prinzipien »Leistung« und »Anstrengung« findet bis hinauf in die gymnasiale Oberstufe statt, indem man in einigen Bundesländern großzügigste Regelungen bietet, um per Abwahlmöglichkeit einen Umweg um schwere Fächer machen zu können. Selbst die Rechtschreibung blieb vom Antileistungsaffekt nicht verschont. Sie wurde zum »Herrschaftsinstrument« uminterpretiert, mit dem die »Kapitalisten« die soziale Selektion fortsetzen und »bildungsferne Schichten« vom Aufstieg abhalten wollten. Diese Interpretation hat den Marsch durch die Jahrzehnte angetreten: Im Dezember 1997 begründeten der SPD-Bundestagsabgeordnete Otto Schily und der Vorsitzende der Rechtschreibreformkommission, Gerhard Augst, die sogenannte Rechtschreibreform wie folgt: Mit der herkömmlichen Rechtschreibung sei die soziale Ausgrenzung von 30 bis 40 Prozent der Bevölkerung programmiert. Also auch hier: Was nicht alle lernen können, darf keiner lernen. Deshalb »muß« die Rechtschreibung im Sinne von Erleichterungspädagogik liberalisiert oder zumindest aus dem Katalog der schulisch zu bewertenden Fertigkeiten herausgenommen werden. Man darf gespannt sein, wann das Einmaleins erleichtert und liberalisiert wird, so daß als Ergebnis von 4 × 4 neben 16 auch 15 und 17 zumindest als teilweise richtig gelten können.

Überhaupt gibt es demnächst in der Schule keine Fehler mehr; schließlich müsse – so vernimmt man – Schluß sein mit dem »repressiven« Begriff von Fehler. Und so echauffiert sich denn ein Hochschuldozent der Fachdidaktik Englisch im Sommer 1997 im Englisch-Magazin »What's new?«[15] ob des »normativen Korrektheitsdenkens« und der »Götzendiener vor der normativen Grammatik«; letztere sei ja fernab von jeglicher Kommunikationssituation. Pädagogisch gefälliger formuliert es ein Mitglied der fachdidaktischen Kommission, die in Rheinland-Pfalz den Oberstufen-Lehrplan Französisch erstellt hat, in einem Aufsatz. Unter dem Titel »Handlungsorientierung in der Oberstufe – Worauf es im Französischunterricht ankommt«[16] äußert sich der Autor zur – notwendigen, wie er meint – »Revision des Fehlerbegriffs«. Wörtlich finden sich darin folgende Passagen: »Der tradierte Fehlerbegriff läßt sich etwa folgendermaßen beschreiben: Schülerin X hat zwanzig Fehler gemacht, alle fein säuberlich ausgewiesen nach Fehlerkategorie bzw. grammatischer Zuordnung. Sie hat am Idealbild des ›Wahren‹, ›Guten‹ und ›Schönen‹ (das heißt null Fehler) ›versagt‹. Ihre Arbeit ist nicht rein; sie ist vielmehr ganz rot am Rand. Die Schülerin hat versagt, sie wird bestraft. Viele Schüler werden diese Fehler und diese Bestrafung als archetypisches Muster erleben: ich mache Fehler, ich bin nicht recht, deshalb habe ich es nicht verdient, geliebt zu werden. Die notwendige Affirmation des Lehrers muß im Unterricht neuen Typs lauten: ›Du hast zwar dieses und jenes so ausgedrückt, abweichend von der Norm, Du bist aber in Ordnung, Du bist recht!‹ Die Abweichungen von der Norm verdienen es, genau untersucht zu werden, vielleicht sind manche davon durchaus berechtigt und kreativ, die anderen sind wichtiger Beitrag für unser Übungsmaterial. Aus ›Fehlern‹ lernen wir alle, sie bringen uns weiter. Und im mündlichen Bereich: ›Alle deine Handlungen sind ein wichtiger Beitrag für alle anderen, sie sind willkommen, du bist willkommen.‹« Und weiter: »Die Form der Leistungsmessung gehört in den Kompetenzbereich der Lerngruppe. Diese legt selbständig die zu überprüfenden Arbeitsbereiche und geeigneten Testformen fest.«

Bei solcher Abneigung gegen Leistung ist das Krisengeschrei um die deutschlandweit jährlich rund 250.000 »Sitzenbleiber« nicht verwunderlich. Die Absicht bei der Verbreitung dieser »Katastrophe« ist klar. Es soll Stimmung gegen die vermeintlich inhumane Leistungsschule gemacht werden. Dementsprechend überbieten sich die Bündnis-Grünen mit Anläufen zur Abschaffung des »Knüppels Sitzenbleiben«. SPD-Landtagsabgeordnete finden das 1997 »ungeheuer sympathisch«. Anstatt aber Stimmung zu machen, sollte man die Zahl von 250.000 »Sitzenbleibern« genauer anschauen. Das sind nur rund zwei Prozent von zwölf Millionen Schülern! Dabei sind noch nicht einmal diejenigen weggerechnet, die über eine Nachprüfung doch noch vorrücken. Also gemach! Die meisten Betroffenen gehen damit recht »locker« um. Es gibt nicht wenige Schüler, die am letzten Schultag vor den Sommerferien mit einem »Durchfaller«-Zeugnis, gespickt mit fünf und mehr mangelhaften und ungenügenden Leistungen, wie mit einer Trophäe in die Ferien starten. Und das Wiederholen einer Klasse ist keine Strafe, sondern eine mehrfache Chance. Es ist nachdrücklicher Hinweis, daß sich etwas ändern muß: in der Schullaufbahn, im familiären Umfeld oder in der Lernplanung. Ein solches Jahr ist ferner Chance, daß sich die persönliche und schulische Entwicklung stabilisiert. Außerdem hilft ein zusätzliches Jahr, den Frust zu vermeiden, der entsteht, wenn Schüler trotz großer Defizite in die höhere Klasse vorrücken und dort wieder hinterherhinken. Insofern ist das Elend der zu Unrecht Versetzten oft größer als das der Sitzenbleiber.

»Selbst« statt Leistung

Also, wer es immer noch nicht weiß: Leistung ist »out«. Das Selbst ist »in«. Alle moderne Pädagogik hat heutzutage Spaß am Selbst der Schüler. Angesagt sind dementsprechend für Schule und Unterricht: Selbstbestimmung, Selbstentfaltung, Selbsterfahrung, Selbsterziehung, Selbstevaluation, Selbstkonzept, Selbstqualifizierung, Selbstregulierung, Selbststeuerung, Selbstunterricht, Selbstvergewisserung, Selbstverwirklichung, Selbstwerdung, Selbstwirksamkeit, Selbstzentrierung. Nicht angesagt sind leider: Selbstbeherrschung, Selbstbesinnung, Selbstdisziplin, Selbstironie, Selbstkritik, Selbstlosigkeit. Und daß aus lauter Selbst auch Selbstbesessenheit, Selbstbespiegelung, Selbstbetrug, Selbstgefälligkeit, Selbstgerechtigkeit, Selbstherrlichkeit, Selbstsucht, Selbsttäuschung, Selbstüberschätzung werden können, darüber grämen sich egomanisch infizierte Visionäre nicht. Autismus wird damit zur (Unterrichts-) Methode. Psychoanalytiker würden sagen: Das ist die Projektion des Egotrips der Erfinder auf die Kinder.

Selbst bekannte Bildungseinrichtungen wie die Evangelische Akademie Tutzing bieten den Protagonisten solcher Selbst-Definitionen eine Plattform. Bei einer Tagung vom März 1998 hieß ein Thema: »Selbstorganisiertes Lernen – Von der Vision zur Praxis in Schule und Hochschule«. In der Vorankündigung wurde versprochen: »Selbstorganisiertes Lernen ist auf einem konsistent durchzuarbeitenden Kontinuum zwischen Systematischem Denken und Ganzheitlichem Handeln plaziert. Es kann sich sowohl auf interne Rekonstruktionen und Probehandeln als auch auf externes konstruktives, zielgerichtetes Verhalten einschließlich der dabei zu lösenden komplexen Probleme beziehen … Um nicht hoffnungslos in einen Begriffs- und Betrachtungsebenenstrudel, wenngleich auf anspruchsvollem Niveau, unterzugehen, bedarf es erheblicher theoretischer und praktischer Anstrengungen. Dafür muß das Konzept Selbstorganisierten Lernens entwickelt, nach den herausgearbeiteten Kriterien gestaltet, operationalisiert und evaluiert werden ...« Alles klar?

Ob dahinter Marcuses Lustprinzip oder Michel Foucaults (1926–1984) »Autofinalisierung« und »Autosubjektivierung« samt seiner Forderung nach Befreiung von Fakten und Lasten steckt, ist nicht bekannt. Aber Foucaults Kernsatz »Das Selbst ist das definitive und alleinige Ziel der Selbstsorge« und sein Imperativ »Kümmere dich um dich selbst!« scheinen in die Pädagogik eingedrungen zu sein. Alfred Schirlbauer, Pädagogikprofessor an der Universität Wien, kritisiert in Vorträgen heftig diese »neue Lernkultur«, der zufolge »Schülerinnen und Schüler ihr Lernen selber organisieren und planmäßig Lehrfunktion übernehmen« und »alle Lehrende und alle Lernende« seien. Er folgert messerscharf: Wenn alle Lernende sind, macht es wenig Sinn, die in der Regel älteren unter ihnen zu bezahlen, die anderen nicht. Heike Schmoll schreibt in der »F.A.Z.« vom 23. Dezember 1996: »Mit dem schülerzentrierten Unterrichtsideal täuschen die Lehrer nicht nur sich selbst.« Sie spricht von der sozialpsychologischen Ideologie des »Abholens«, das heißt, daß Schüler beim Zugang zu einer weiterführenden Schule bestimmte Kenntnisse nicht mehr mitbringen müßten, sondern die Schule sich am – gegebenenfalls defizitären – Stand der Schüler zu orientieren habe.

Unbefangenheit im Umgang mit Leistung ist angesagt, und nicht das ständige Suggerieren von Leistungsdruck. Sonst bilden sich ihn am Ende alle ein. Sonst potenziert sich das, was Horst Hensel konstatiert: »Sowohl Eltern als auch Kinder begreifen immer seltener, daß Lernen eine Tätigkeit ist und daß Tätigkeit Mühe kostet und mit der Verausgabung von Arbeitskraft einhergehen muß.«[17] Auch der Deutsche Kinderschutzbund sollte sich zurücknehmen. Er erschwert die Anstrengung, wenn er etwa zu Beginn des Schuljahres 1990/91 Hausaufgaben öffentlich für »überflüssig« und zur »nicht unerheblichen Belastung« für viele Schüler erklärt.

Schule darf auch anstrengend sein

Es muß Schluß sein mit der Diskreditierung von Anstrengung, Leistung und Leistungsmessung. Wir brauchen wieder ein Verständnis dafür, daß Lernen auch Anstrengung bedeutet und daß Lernen mit

Üben, Wiederholen und Arbeit zu tun hat. Die Psychologie zeigt, daß Leistungsmotivation und Anstrengungsbereitschaft früh zugrunde gelegt werden oder eben kaum noch. Die Motivationspsychologie zeigt ferner, daß der Anspruch, der Schülern gestellt wird, von mittlerem Niveau sein sollte: Wird etwas zu leicht, dann führt es zu Langeweile und Frustration; wird etwas zu schwer, dann führt es zu Unzulänglichkeitsgefühlen und ebenfalls Frustration. Ein mittleres Anspruchsniveau, bei dem sich also die Angst vor Mißerfolg und die Hoffnung auf Erfolg die Waage halten, ja sogar eine »mäßig dosierte Überforderung des Schülers« ist das Optimale.[18] Schule muß also durchaus anstrengend sein. Schließlich stellt sich das Glück des Erfolgs nur ein, wenn man dafür Arbeit und Verzicht investiert hat. Das Gegenteil davon ist falsch. Zudem: »Tatsächlich läßt sich ein erheblicher Teil des abweichenden Verhaltens Jugendlicher ... auf Verwöhnung und Unterforderung zurückführen und nicht auf Streß und Überforderung.«[19]

Jegliches Ausblenden von Anstrengung, Leistung und Leistungsmessung liefe auf eine Pervertierung des Auftrags von Schule hinaus. Es wäre dies ein riesiges *An*alphabetisierungs- und Mathasthenisierungsprogramm – also ein Programm zur Erhöhung der Zahlen der Analphabeten und der Rechenschwachen – mit der Folge, daß eines Tages immer mehr immer weniger können, bis alle – vereint in Gleichheit – nichts mehr können. Getreu dem Motto: »Die Arbeit tun die andern« (Schelsky).

2

Schule ohne Noten und Zeugnisse

Bei der ständig unters Volk gestreuten Abneigung gegen schulische Leistung ist es nicht verwunderlich, daß das Messen schulischer Leistung wie ein Werk des Teufels betrachtet wird. Und so beschert die »progressive« Pädagogik der Öffentlichkeit mit der Regelmäßigkeit eines nationalen Trauertages alljährlich eine Diskussion um Sinn und Zweck der Notengebung. Noch ehe die Schüler Zeugnisse in Händen halten, hagelt es schon Proteste. Im Schulterschluß treten Kinderschutzbund und »Aktion Humane Schule« medienwirksam als Träger von Bedenken gegen Schulnoten auf. Da heißt es dann: »Schicksalsziffern« seien die Noten, und überhaupt stelle sich das Schulsystem mit seiner Notenpraxis ein »Armutszeugnis« aus. Schließlich hätten Noten ja nur einen einzigen Effekt, den der Demütigung und Sortierung von Schülern. Daß die jungen Leute heute oft »so schulmüde, egoistisch, rücksichtslos, neurotisch, ängstlich, verhaltensgestört, gewalttätig und bisweilen suizidgefährdet« seien, daß sie die kalte Ratio überbewerteten, Kreativität und Emotionalität aber ausgetrieben bekämen – all das habe mit den Ziffernnoten zu tun, mit denen Lehrer auf Schüler »schießen«. Eine »Linke SchülerInnen-Aktion« ruft konsequenterweise zum 30. Januar 1998, dem Tag der Zwischenzeugnisse in Berlin, zum Verbrennen der Zeugnisse auf.[20] 30 Jungrevolutionäre folgen dem Aufruf gegen den »ungerechten und repressiven Charakter der Noten« und schleudern ihre Zeugnisse in ein brennendes Ölfaß, um einen Beitrag zur »Veränderung eines undemokratischen Schulsystems« zu leisten. Ein Münchner Professor für Schulpädagogik, Kurt Singer, kommt tendenziell zu einem ähnlichen Ergebnis: Lehrerinnen und Lehrer sollten »gesunde Aggression entwickeln, um sich staatlich-bürokratischen Zumutungen zu widersetzen, die ihnen die Abwesenheit von Pädagogik vorschreiben«. Als solche Zumutungen nennt Singer sodann »die ständige Bedrohung des kindlichen Selbstwertgefühls durch Ziffernnoten« oder »den Druck verordneter Prüfungen«.[21]

Die Antinotenfront

Man könnte den gebetsmühlenhaft wiederkehrenden Kampf gegen die Schulnoten als alljährliches Déjà-vu-Erlebnis ad acta legen, marschierten nicht Kultusminister(innen) an vorderster Antinotenfront mit. Niedersachsens damaliger Kultusminister Rolf Wernstedt (SPD) wollte 1995 außerhalb des Gymnasiums bis einschließlich Klasse 8, also bis hin zum 16. Lebensjahr, die Möglichkeit schaffen, die Zensuren durch »Lernentwicklungsberichte« und »Lehrerfahrungsberichte« zu ersetzen. Der Vorstoß wird im Februar 1996 nach Protesten der CDU-Opposition und auch aus der SPD zurückgenommen. Beachte immerhin: Der Vorschlag kommt aus einer Partei, die mit ihrer Landtagsmehrheit im November 1995 beschließt, das Wahlalter bei Kommunalwahlen auf 16 Jahre herabzusetzen! Zwei Jahre später, zwischenzeitlich zum Präsidenten der Kultusministerkonferenz (KMK) avanciert, ruft Wernstedt die Notwendigkeit einer »neuen Kultur der Anstrengung« aus. Ob diese Rhetorik in allen Nischen der Ministerien und der Parteien auf Resonanz stößt? Offenbar nicht!

Mit schier unerschöpflicher Kreativität schmiedet man weiter an Sargnägeln des Notensystems. Manche Bundesländer – etwa Hessen – arbeiten mit einer sogenannten relativen Notengebung, die als Maßstab nicht die Ziele des Lehrplans, sondern nur das jeweilige Klassenniveau kennt. Mehrere Länder – wie NRW und Niedersachsen – haben Drittel- oder 30-Prozent-Erlasse verfaßt, denen zufolge Prüfungsarbeiten, die mit diesem Anteil in den Noten 5 und 6 liegen, »kassiert«, das heißt annulliert werden müssen. Glück für die Leistungsschwachen, die in einer schwachen Klasse sind! Pech für die anderen, die in einer Spitzenklasse sitzen! Andere und zum Teil dieselben Länder (hier: Brandenburg und Niedersachsen) lassen es zu, daß – bis zum Abitur – schriftliche Leistungen durch mündliche Ersatzprüfungen ersetzt werden können. Wieder andere Bundesländer laborieren mit »Rasterzeugnissen«, in denen das Beherrschen von Fertigkeiten nur mit »unsicher/teilweise sicher/überwiegend sicher« bewertet wird. 1994 werden dazu in Bremen Entwürfe für die Klassen 1 bis 4 bekannt. Für das 3. und 4. Schuljahr sollen darin Fertigkeiten wie »Geübte Diktate schreiben«, »Im Zahlenraum bis 1000 rechnen«, »Hält sich im Sport an Regeln« oder »Kann sachgerechte Ideen einbringen« per Kreuzchen mit »unsicher/teilweise sicher/überwiegend sicher« oder »selten/teilweise/überwiegend« bewertet werden. Im Zuge der »Autonomie«

soll jede einzelne Schule darüber hinaus ihr eigenes Raster entwickeln können. In Berlin, an der Hector-Petersen-Oberschule in Kreuzberg, einer »Gesamtschule mit abweichender Organisationsform«, gibt es in der 7. und 8. Klasse keine Zeugnisse, sondern nur Lernentwicklungsberichte. Die Fächer werden nur bewertet nach »nicht erfüllt/erfüllt/gut erfüllt«.

Zur Strenge der Notengebung sagt Jürgen Baumert vom Max-Planck-Institut für Bildungsforschung anläßlich der Veröffentlichung von innerdeutschen Leistungsvergleichen im Zuge der Third International Mathematics and Science Study (TIMSS) in einem Interview mit der »Süddeutschen Zeitung« vom 23. Mai 1998: »Man kann je nach Bundesland für dieselben Leistungen unterschiedliche Zensuren bekommen. Im unteren Bereich beträgt die Differenz eher zwei Noten, im oberen eine Zensurenstufe.« Gemeint ist vor allem der Vergleich zwischen den beiden strengeren süddeutschen Ländern und NRW. Das heißt: Eine Sechs in Bayern oder Baden-Württemberg kann in NRW eine Vier sein und umgekehrt.

Und am radikalsten: Manche deutsche Länder schaffen die Noten gar gänzlich ab oder annullieren deren Wirkung. So heißt es in der Zeugnisverordnung des Bundeslandes Bremen – in großer SPD/CDU-Koalition geführt – vom 14. Juli 1997: Ob es Zeugnisse mit Noten oder Lernentwicklungsberichte ohne Noten gibt, entscheidet bis zum Zwischenzeugnis der Jahrgangsstufe 9 die Schulkonferenz (viertelparitätisch besetzt aus Lehrern, nichtunterrichtendem Personal, Eltern und Schülern). Außerdem gilt in Sachen Aufsteigen in Bremen seit 14. Juli 1997: »An der Gesamtschule ... rückt jeder Schüler und jede Schülerin ohne Versetzungsentscheidung mit Beginn des neuen Schuljahres in die nächsthöhere Jahrgangsstufe vor.« Für die anderen Schulformen ist es eine Spur »schärfer« geregelt: Zur Nichtversetzung kommt es zum Beispiel, wenn in einem Zeugnis in drei oder mehr Fächern die Note »mangelhaft« (5) vorliegt. Allerdings wird diese »Schärfe« gleich wieder ausgebügelt, indem nämlich via »Ausgleich«, also trotz dreimaliger Fünf, ein Aufsteigen möglich ist, wenn in einem oder mehreren anderen Fächern die Note mindestens »befriedigend« lautet. Darüber hinaus können für diesen Notenausgleich sogar Noten in Wahlfächern herangezogen werden. Ähnlich Hessen: Es gilt das Prinzip »Hoffnung« statt »Leistung«, denn ein Schüler kann laut Schulgesetz »trotz nicht ausreichender Leistungen« in die nächste Klasse aufrücken, wenn dort eine »erfolgreiche Teilnahme ... zu erwarten ist«. Nicht versetzt zu werden wird aber selbst bei mehrfach mangelhaften Leistungen (Note 5) nahezu zum Kunststück. Das Schulamt im hessischen Heppenheim erlaubte einer Schülerin im Herbst 1997 gegen das Votum der Schule die Versetzung in die nächsthöhere Jahrgangsstufe, obwohl sie in fünf Fächern – Chemie, Erdkunde, Musik, Sport und Fotografie (!) – eine Fünf hatte.

Aus dem Glaubenskrieg um Schulnoten wurde jedenfalls ein Politikum, bei dem es gegen Leistung und Anstrengung geht. Die mit der Abschaffung von Noten verbundene Hoffnung aber, damit auch schlechte Schulleistungen abschaffen zu können, wäre schließlich genauso grotesk wie das Bemühen, das Fieber aus der Welt zu bannen, indem man weltweit alle Fieberthermometer verbietet. Schule kann aber nicht auf Isolationismus und Elfenbeinturm-Attitüde machen oder zur leistungsfeindlichen Spielwiese werden. Schule ist Sozialisationsvehikel, das mit gängigen Werten und Normen vertraut zu machen und diese – mit der gebotenen Sensibilität und altersspezifisch angemessen – einzuüben hat. Erziehung zur Leistung impliziert Leistungsbewertung. Wer an diesem Prinzip festhalten will, der darf nicht via Schule – also via Geringschätzung einer klaren, individuellen Leistungsanalyse – an einem maßgeblichen Eckpfeiler dieser Gesellschaft sägen, es sei denn, er will via notenfreie Schule eine vereinheitlichende Schule und damit ein Stück entindividualisierte Gesellschaft. Ansonsten gibt es sehr wohl pädagogische Gründe für klare schulische Leistungsbewertung. Notenzeugnisse, so unvollkommen sie sein mögen, geben eindeutig Rückmeldung über Gelerntes; sie signalisieren zusätzlichen Förderbedarf; sie erleichtern eine individuell optimale Wahl der Schullaufbahn, und sie sind Anreiz zu unverminderter oder vermehrter Anstrengung.

Zeugnisattrappen

20 Jahre pädagogische »Forschung« um schulische Leistungsbewertung haben jedenfalls Zeugnisse und Noten nicht obsolet werden lassen. Diese Forschung hat zwar international weit mehr als 1000 Abhandlungen, vielerlei Modellversuche und eine unüberschaubare Zahl an Pilotprojekten einer ziffernfreien Leistungsbewertung produziert. Aber die für einen Laien in schier undurchdringbarem Fachchinesisch geführte Diskussion um »Rasterzeugnisse«, »Bausteinzeugnisse«, »Berichtszeugnisse«, »Briefzeugnisse«, »Zeugnisbriefe«, »lehrplanbezogene Bewertungmaßstäbe«, »schüler-

bezogene Bezugsnormen«, »kriteriumsorientierte Leistungstests«, »zuwachsorientierte Leistungsmessung«, »Maßstäbe eines zielerreichenden Lernens«, »Skalenniveaus«, »standardisierte und normorientierte Tests«, »relative Notengebung«, »informelle Meßverfahren«, »intraindividuelle und interindividuelle Bezugsnormen«, »Objektivitäts-, Reliabilitäts- und Validitätswerte«, »kriteriale und curriculare Normen« – diese Diskussion konnte nicht verbergen, daß all dies Zeugnisattrappen sind und daß es zur Ziffernnote keine Alternativen gibt.

Mit anderen Worten: Wortzeugnisse können Ziffernzeugnisse nicht ersetzen, allenfalls ergänzen. Und das geschieht ja auch. Ein reines Wortzeugnis birgt eine Menge an Risiken in sich: Nicht selten sind es »schöne« Zeugnisse, die, weil die Lehrer die Wahrheit nicht schreiben wollen, nichts aussagen. Oft befleißigen sie sich einer Semantik, die kein Elternpaar, geschweige denn ein Schüler versteht. Häufig sind sie so verklausuliert, daß Eltern ohnehin nachfragen, welcher Ziffernnote das Worturteil denn nun entspricht. Bisweilen sind diese Wortzeugnisse wegen des enormen Formulierungsaufwandes gebrauchsfreundlich und floskelhaft mit dem PC produziert. Und manchmal bewerten sie einen Schüler in seiner Gesamtpersönlichkeit, was noch viel verletzender als eine Ziffern-Fünf sein kann.

Hier im Auszug ein Beispiel eines Wortzeugnisses für eine Schülerin einer dritten Klasse, das von einer Lehrerin der Bielefelder Laborschule im November 1997 – offenbar zur Nachahmung empfohlen – in einer Lehrerzeitung veröffentlicht wurde: »Wie gut für uns beide, daß du jetzt gern rechnest ... Zum Rechnen war – als ich dich kennenlernte – in deinem Kopf: Ich kann es nicht und ich mag es nicht. Das war wie die Frage nach dem Huhn und dem Ei: Was war zuerst da: Du magst es nicht und darum kannst du es nicht? Oder: Du kannst es nicht so gut, wie du es dir wünschst, und darum magst du es nicht? .....«

Eine ehrliche Leistungsbilanz sind Wortzeugnisse damit kaum. Und eine konkrete Empfehlung für Wege zur Überwindung von Lernproblemen können sie nur selten sein, es sei denn, sie erstrecken sich über 20 Seiten – zu Lasten wiederum der Lesbarkeit für Schüler und Eltern. Vor diesem Hintergrund hat die traditionelle schulische Bewertungspraxis schon Sinn. Die beiden ersten Jahre in der Grundschule bleiben weitgehend frei von Ziffernnoten, und ab der dritten Klasse gibt es Zensurenzeugnisse. Zum Popanz wird eine Note nur, wenn Eltern, Schüler oder Lehrer etwas, zum

Beispiel ein Persönlichkeitsurteil, hineingeheimnissen, das die Note gar nicht aussagen will. Zum Popanz wird die Note auch dann, wenn Eltern Liebe gegen Noten handeln oder wenn für die gute Einzelnote reichlich materielle Belohnung bis hin zum 100-Mark-Schein »rüberwächst«. Bei etwas mehr Gelassenheit hätten die »Kids« auch weniger Nöte mit ihren Erziehern, denn mit den Noten gehen sie ohnehin viel unbefangener um als ihre »Alten«.

Für zentrale Abschlußprüfungen an allen Schulen

Das gilt auch für die Frage der schulischen Abschlußprüfungen, die es in der Mehrzahl der Bundesländer bei Schulabschlüssen unterhalb des Abiturs nicht gibt. Es muß Schluß sein mit der Abneigung gegen transparente und gerechte Prüfungsformen. Es geht nicht an, daß die Mehrzahl der Länder gar keine Prüfung zur mittleren Reife hat oder es weitestgehend den Einzelschulen überläßt, wie diese Prüfungen oder auch das Abitur gestaltet sind. Es ist aberwitzig, wenn das hessische Kultusministerium es dem Leiter einer Hauptschule in Wiesbaden im Jahr 1997 untersagt, Neuntkläßlern eine schriftliche und eine mündliche Abschlußprüfung in den Fächern Deutsch und Mathematik anzubieten, um ihnen damit die Chance zu geben, mit einem aussagekräftigen Zeugnis auf den Lehrstellenmarkt zu gehen. Vielmehr wird es Zeit, daß sich in allen 16 deutschen Ländern jeweils landesspezifisch zentrale Prüfungen zum Abschluß der Hauptschule, der Realschule und des Gymnasiums etablieren. Konsequenterweise müßte sich der Gymnasiast, so er explizit die mittlere Reife (und nicht »nur« die Oberstufenreife) haben möchte, einer Abschlußprüfung nach der 10. Klasse unterziehen. Jedenfalls steht und fällt das Profil einer Schulform mit einem je eigenen Abschluß, den keine andere Schule vergeben können darf. In einigen Bundesländern aber ist das Gymnasium eine (Bauchladen- und Discount-)Schulform, in der alle Abschlüsse »mitgenommen« werden können (Hauptschulabschluß, mittlere Reife, nach der 12. Klasse auch der schulische Teil der Fachhochschulreife, z. B. in NRW). Man spricht vom »Mitnahmeeffekt«. Insofern war es richtig, daß das Recht zur Vergabe des Hauptschul-»Quali« dem Gymnasium in Bayern zu Beginn der 80er Jahre genommen wurde.

Vor dem Hintergrund deutschlandweit auseinanderdriftender Leistungsansprüche und deutschlandweit verbreiteter Klagen über die Leistungsdefizite eines größer werdenden Teils der Schulabsolventen ist eine Aufwertung schulischer Abgangszeugnisse überfällig. Eine wichtige Maßnahme dafür wäre die Einführung je eigener Zentralprüfungen für alle weiterführenden Schulformen in allen Bundesländern. Es geht hier nicht um bundesweit einheitliche Abschlußprüfungen, sondern darum, daß entsprechend den verfassungsrechtlich garantierten Prinzipien des Föderalismus jedes Bundesland landesspezifische Zentralprüfungen einrichtet. Zentrale Prüfungen sichern Qualität und Breite der Grundbildung, sie gewährleisten Vergleichbarkeit, Gerechtigkeit und Transparenz. Anders ausgedrückt: Sie vermeiden ein Gefälle zwischen Einzelschulen und Bundesländern, sie dokumentieren quasi öffentlich das Anspruchsniveau, sie sind für die »Abnehmer« der Schulabsolventen (Hochschule und Wirtschaft) nachvollziehbar, sie sind über die 16 Bundesländer hinweg vergleichbar, und sie verhindern eher als hausinterne Abschlußprüfungen der Einzelschule einseitige fachliche Spezialisierungen. Gegenüber möglichen punktuellen Auswahl- und Zugangsprüfungen der »Abnehmer« (»Aditur«-Prinzip) erweisen sie sich als weitaus aussagekräftiger.

3

Elternehrgeiz statt Begabung und Eignung

Kaum ein Sachverhalt hat die Wogen in den schulpolitischen und schulpädagogischen Diskussionen der letzten Jahrzehnte so hoch schlagen lassen und im Ergebnis zu so vielen schulpolitischen Irrwegen und zu so vielen Fehlurteilen bei der Gestaltung der Bildungslaufbahn von Hunderttausenden junger Menschen geführt wie die Negation von Begabung und Intelligenz sowie die Negation des Prinzips Eignung. Ab Mitte der 60er Jahre glaubten »Reformer« verkünden zu können, daß es Begabung im Sinne angeborener Fähigkeiten nicht gebe. Man wollte annehmen, daß allenfalls körperliche Merkmale genetisch bedingt seien, nicht aber Persönlichkeitsmerkmale und intellektuelle Fähigkeiten. Alles Verhalten einschließlich aller geistigen Fähigkeiten sei exogen, soziogen, so hieß es; das Endogene, das Genetische könne, ja es müsse vernachlässigt werden, weil der Glaube daran Ungerechtigkeiten fortschreibe. Nicht um eine statische Vorstellung von Begabung, sondern um einen dynamischen Begabungsbegriff, um das »Begaben« gehe es. Wer anderes im Sinn habe, sei ein Biologist, ja gar ein Faschist; tatsächlich war die Annahme genetischer Intelligenz in dunkler deutscher Geschichte zur Rassendoktrin pervertiert worden.

Entsprechend der Milieutheorie seien Intelligenz und Schulerfolg vor allem determiniert durch die Schichtzugehörigkeit eines Individuums und durch die »Primärerziehung«, die man ihm angedeihen ließ – kurz: durch das Milieu. Die Behavioristen seit John B. Watson (ab ca. 1920) und vermehrt ab Burrhus F. Skinner (ab ca. 1940) taten ein übriges, indem sie verkündeten, nur die Umstände entschieden darüber, ob ein Mensch ein bewundertes Genie oder ein Verbrecher werde. Daraus leitete sich ein milieutheoretischer, ja ein pädagogischer Optimismus ab, der das Neugeborene hinsichtlich Dispositionen als »Tabula rasa«, als »white paper« sehen wollte, auf dem Prägungen ohne Grenzen vorgenommen werden könnten.

Kreuzzug gegen Begabung

Dem milieupessimistischen Ansatz mit seinem angeblich statischen Begabungsbegriff, der realistisch von der Begrenztheit der pädagogischen Einflüsse ausging, war damit der Kampf angesagt. Konsequenterweise gerieten »Begabung« und »Intelligenz«, in der Folge Intelligenztests und der Intelligenzquotient (IQ) in Mißkredit. Beide Instrumente beziehungsweise Meßgrößen standen im Verdacht, Schichtzugehörigkeit und schichtspezifisch bedingte Unterschiede zu zementieren. Dabei hätte man schon sehr früh wissen können (leidenschaftslose Psychologen wußten es), daß die Wahrheit in der Mitte liegt. Weder Anlage und genetische Disposition noch Umwelt und individuelle Soziogenese können für sich allein erhellend wirken, wenn es um Fragen der intellektuellen Entwicklung geht. Nur wenn Anlagefaktoren und Umweltfaktoren zusammen gesehen werden, gewinnt man ein realistisches Bild von menschlicher Entwicklung, denn Anlage und Umwelt wirken – heute sagt man: »synergetisch« – zusammen wie Boden und Klima: Der beste Boden bringt keine reiche Ernte, wenn das Klima miserabel ist, und das beste Klima läßt nicht üppig Früchte tragen, wenn der Boden es nicht hergibt.

Mit welchen Anteilen aber schlagen die Faktoren Anlage und Umwelt zu Buche? Diese Frage ist über Jahrzehnte hinweg ständig – vor allem mittels Zwillingsforschung – untersucht worden, und sie ist weitgehend beantwortet: 50 Prozent der Intelligenz gehen auf Begabung, auf Anlage und damit auf den genetischen Beitrag zurück. Den anderen Teil macht das Milieu als exogener Faktor aus, aber nicht nur: Ein interindividuell sehr unterschiedlich ausgeprägter, sogenannter autogener Faktor spielt eine große Rolle, nämlich die Art des ganz persönlichen Umgangs eines Individuums mit den ihm vorgegebenen Milieufaktoren.

Die Intelligenz einschließlich ihrer Meßgröße IQ ist ohne Zweifel der wichtigste einzelne Prädiktor von Schulerfolg, auch wenn die Korrelation zwischen IQ und Schulerfolg »nur« rund 0,55 beträgt und damit nur – aber immerhin – rund 30 Prozent (0,55 quadriert mal 100 = 30,25) des Schulerfolges durch den IQ aufgeklärt sind. Das heißt, 70 Prozent des Schulerfolges sind durch andere Faktoren bestimmt: die individuelle Förderung durch Familie und Schule, die persönliche Anstrengungsbereitschaft, die Art des Umgangs mit Information usw. Das heißt aber auch, kein anderer Einzelfaktor kann in diesem Umfang den Schulerfolg vorhersagen wie eine Meßgröße der Intelligenz, hier der IQ.

Davon hat sich die Schulpolitik der letzten 30 Jahre wenig beeindrucken lassen. Weil sie sich »nichtselektiv« geben wollte, blieb sie bei dem unausrottbar falschen Glauben, man könne Menschen zu allem, bis hin zum akademischen Abschluß, »begaben«. Warum progressive Schulpolitik diesen Glauben beförderte, versucht Dieter Zimmer zu erklären: »Wenige wissenschaftliche Artikel der letzten Jahrzehnte dürften so viele Diskussionen ausgelöst haben wie der IQ-Artikel des amerikanischen Erziehungspsychologen Arthur Jensen aus dem Jahr 1969, der Argumente dafür zusammentrug, daß schulische Interventionsprogramme die Intelligenz nicht drastisch anheben – neben möglichen Erklärungen, warum es sich so verhält. Jeder anständige Mensch hierzulande hält sich für berechtigt, den ›Faschisten‹ Jensen zu verabscheuen. Gelesen dürften ihn die wenigsten haben.«[22]

Berechtigung statt Befähigung

Der egalitären Vorstellung entsprechend, jeder sei zu allem fähig oder jeder könne zu allem befähigt werden, wird mit dem Leistungsprinzip das Prinzip »Eignung« mißachtet. Unter Berufung auf den »Elternwillen« als »demokratische« Größe verwerfen »reformerische« Politik und Pädagogik das Prinzip Eignung – ein Prinzip übrigens, das in allen gesellschaftlichen Bereichen unverzichtbar ist. An die Stelle von Befähigung trat damit die formale Berechtigung. In mehr und mehr Bundesländern ist der Zugang zum Gymnasium völlig frei, unabhängig vom Leistungsvermögen eines Kindes. Die Grundschule gibt nur eine unverbindliche Empfehlung ab, an die sich Eltern halten können – oder nicht. Beispiel: Hessen, seit dem Schuljahr 1997/98 auch Nordrhein-Westfalen. Selbst was den Zugang zu den Förderschulen (früher: Sonderschulen) betrifft, gehen nicht wenige Politiker, Pädagogen und einzelne betroffene Eltern davon aus, daß sogar die Integration geistig Behinderter in das Regelschulsystem mit seinen »vermeintlich nicht behinderten« Schülern anzustreben sei – ohne Rücksicht darauf, ob ein Kind für eine Regelschule geeignet oder ob eine Regelschule für ein Kind geeignet ist, ohne Rücksicht auf das hochfunktionsfähige und hochdifferenzierte Förderschulwesen und ohne Rücksicht auf einen Grundsatz, der sich bei der Beschulung von Behinderten und Benachteiligten bewährt hat: Soviel Differenzierung wie nötig, soviel Integration wie möglich.

Eine solche Schulpolitik belastet, ja verhindert eine optimale Schullaufbahn, in der ein Kind eine ihm gemäße Bildung und Erziehung findet. Der freigegebene Elternwille setzt sich somit oft – nicht selten gegen das Wohl des Kindes – über die Empfehlung des Eignungsgutachtens zum Übergang in die Hauptschule, die Realschule oder das Gymnasium hinweg. Da mag im Gutachten durchaus skeptisch stehen: »Der Schüler arbeitet in der Regel still und zuverlässig mit – begnügt sich aber damit, Unterrichtsgegenstände und Erklärungen aufzunehmen. Nur wenn er sich in Zukunft vermehrt bemüht, Zusammenhänge zu erkennen, zu Lösungen zu kommen und diese darzustellen, kann der Besuch einer Realschule erfolgreich sein.« Da mag die Klassenkonferenz also konsequent vom Besuch des Gymnasiums abraten. Ergebnis bleibt – wie im konkreten Fall – doch, daß der Schüler ins Gymnasium geschickt wurde, wo er freilich nach kürzester Zeit scheiterte.

Eine Schulpolitik, die dergleichen »Fälle« in Kauf nimmt, provoziert massenhaft falsche Schullaufbahnen für überforderte Kinder – verbunden mit vielen seelischen Verletzungen, verbunden mit dem Erschlagen eines jeden Restes an Selbstvertrauen und Anstrengungsbereitschaft und oft verbunden mit dem unnötigen Verlust von Schuljahren. Eine solche Politik provoziert die Expansion eines manchmal reichlich nebulösen Nachhilfemarktes, denn nicht wenige Eltern meinen, ein Kind mit Nachhilfe zum Abitur boxen zu können. Und eine solche Politik fördert den Run auf das Gymnasium und dessen Erosion, sie fördert damit die Anpassung gymnasialer Anforderungen an eine veränderte Schülerklientel sowie in der Folge eine Unterforderung leistungsfähiger Gymnasiasten. Am Ende muß eine solche Politik, um nicht als »selektiv« dastehen zu müssen, in inflationärer Weise Abiturzeugnisse ausgeben. Der Freiburger Professor für Psychologie Kurt Aurin bewertet dies eindeutig: »Einseitige oder Gefälligkeitslösungen, die gegenüber Eltern den Anschein der Liberalität und Großzügigkeit erwecken, schaden Kindern und ihrer Entwicklung, führen zu Überforderungen und auch Belastungen sowohl auf seiten der Kinder und ihrer Eltern als auch der Schulen.«[23]

Tatsächlich ist es nicht inhuman, Kindern zunächst den Weg in eine bestimmte Schulform in einem ansonsten vertikal und horizontal durchlässigen System zu weisen, sondern inhuman ist es, Kinder erst in eine für sie ungeeignete Schulform zu boxen, um sie dann Jahre später, vielleicht erst in einem Studium, erfahren zu lassen, daß das der falsche Weg war. Das Gymnasium ist auch in Zeiten, in denen die Frage der Schulbildung zur Imagefrage degradiert wurde, nicht der Königsweg. Schließlich gibt es viele Wege zu anspruchsvoller Ausbildung und zu gesellschaftlicher Anerkennung. Das Bildungssystem ist entsprechend durchlässig.

Das perfekte, das gymnasiale Kind

Eine Politik wider das Eignungsprinzip kommt freilich der Sehnsucht unkritischer Eltern nach einem »perfekten« Kind, nach »einem Gymnasiasten«, entgegen. Es ist klar, daß dieser Wunsch in Zeiten einer zunehmenden Zahl von Einkindfamilien größer wird. Das »Beste«, das Eltern für ihr Kind wollen, ist aber oft der Feind des Guten. Den Kindern und ihren Fähigkeiten entspricht dies nicht immer. Dennoch betreibt Schulpolitik in mehreren Bundesländern populistisch Akzeptanzpolitik. Unter dem Schein von Wahlfreiheit, die zugleich durch eine Einebnung der Schullandschaft eingeschränkt ist und oft nur verschiedene schulische Verpackungen mit gleichem Inhalt anbietet (Prinzip »Bildungsgänge«), gibt man sich gefällig. Wenn Eltern indes eine Alternative zu integrierten Schulformen, wie Gesamtschule, Orientierungsstufe oder Förderstufe, wünschen, nimmt man es mit dem Elternwillen nicht ganz so genau.

Gegen eine Expansion des Gymnasiums hat seit einigen Jahren eben auch die Linke nichts mehr einzuwenden. Schließlich könnte ein Gymnasium mit völlig freiem Zugang ja das werden, was – noch dazu mit schönem Namen – Integrierte Gesamtschule einmal werden sollte, nämlich die Schule für alle, was sie aber nicht wurde, weil die Eltern begabter Kinder sie mieden. Deshalb rekurriert man gerne auf Umfragen, um dann zu machen, was ankommt: Man möchte aus Stimmungen Wählerstimmen machen. Den Unterbau für solch populistische Politik liefert regelmäßig das Dortmunder Institut für Schulentwicklungsforschung (ISF), dem zufolge um die 50 Prozent der Eltern das Abitur für ihr Kind wünschten. Das Zählen von Wünschen bei einer bestimmten Stichprobe kann aber keine solide Schulpolitik ersetzen.

Die Frage nach der Geltung des Eignungsprinzips ist ansonsten rechtlich eindeutig beantwortet. Das Eignungsprinzip und das Recht der Eltern sind gleichberechtigte Rechtsgüter bei der Entscheidung über eine Schullaufbahn. Fast alle Verfassungen der Bundesländer sowie das Bürgerliche Gesetzbuch (BGB, Paragraph

1631a) schreiben vor, daß der Zugang eines Schülers zu einer weiterführenden Schule – außer vom Wunsch der Eltern – von der Eignung des Kindes abhängig zu machen ist. Das Elternrecht ist kein absolutes Recht, seine Einschränkungen haben Verfassungsrang. Das Elternrecht findet seine Grenzen in der Verantwortung der Eltern für das Kindeswohl, im staatlichen Wächteramt beziehungsweise im Bildungs- und Erziehungsauftrag des Staates. Aus dem Passus »Das gesamte Schulwesen steht unter der Aufsicht des Staates« (Grundgesetz Artikel 7 Absatz 1) leitet das Bundesverfassungsgericht in einem Urteil vom 6. Dezember 1972 das »Recht des Staates« ab, »u. a. die Voraussetzungen für den Zugang zur Schule und den Übergang von einem Bildungsweg zum anderen zu bestimmen«. In einem Urteil vom 24. Oktober 1980 sagt es: »Andererseits ist jedoch für den Bereich der Schule der Erziehungsauftrag des Staates eigenständig und dem Erziehungsrecht der Eltern gleichgeordnet.« Manche Länder setzen sich über all das hinweg. Hessen zum Beispiel, wenngleich es in der Hessischen Landesverfassung, Artikel 59, heißt: »Der Zugang zu den Mittel-, höheren und Hochschulen ist nur von der Eignung des Schülers abhängig zu machen.«

Fazit: Wer das Eignungsprinzip außer Kraft setzt, der setzt ein pädagogisch wichtiges und rechtlich gebotenes Korrektiv zur notwendigen Relativierung des bloßen Wunsches oder Ehrgeizes mancher Eltern außer Kraft. Deshalb sollte Schulpolitik den Eignungsgrundsatz wiederentdecken – im Interesse des Kindeswohls und im Interesse klarer Schulprofile. Natürlich muß Schule Kinder dort abholen, wo sie stehen. Aber Schule muß sich sodann am Bildungsauftrag der jeweiligen Schulform sowie an den Anforderungen nachfolgender Einrichtungen orientieren. Eine reine »Abhol- und Taxi-Pädagogik« unter Verzicht auf klare Anforderungsprofile ist der falsche Weg.

Eignungsfeststellung wann?

Auch die Frage nach dem richtigen Zeitpunkt der Feststellung der Eignung eines Kindes für eine weiterführende Schulform ist eindeutig beantwortet, und zwar in der Intelligenzforschung, in der Entwicklungspsychologie wie auch in der Schulforschung. Im Ergebnis heißt das: Unmittelbar mit Beginn des zweiten Lebensjahrzehnts, also im elften Lebensjahr, sind die Eignung eines Kindes für eine Schulform und – umgekehrt – die Eignung einer Schulform für die Förderansprüche eines Kindes recht solide einschätzbar. Diese Einschätzung gelingt zu keinem späteren Zeitpunkt besser. Die Entwicklungspsychologie weiß dazu beizutragen, daß sich die Intelligenz im zweiten Lebensjahrzehnt natürlich noch erheblich weiterentwickelt, vor allem vom konkret-anschaulichen Denken hin zum formal-logischen, daß zumindest der individuelle IQ nach dem achten Lebensjahr aber kaum noch Schwankungen unterliegt.

Außerdem dürfte es Allgemeingut der Entwicklungspsychologie sein, daß die Anpassungsfähigkeit eines Kindes und damit auch die Fähigkeit, auf neue schulische Herausforderungen einzugehen, vor Eintritt in die Verwerfungen der Vorpubertät erheblich größer ist als nachher, daß also Elfjährige hier gewandter sind als 13jährige. Für die allermeisten Elfjährigen ist die Umstellung auf die weiterführende Schule kein Problem. Die Kinder merken, daß sie jetzt in einer ihnen gemäßen differenzierten Weise herausgefordert sind. Diese Herausforderung nehmen sie in ihrer überwältigenden Mehrheit gerne an, und sie haben sich zumeist in wenigen Tagen an die neue Schule, die neue Fächerstruktur, die neuen Lehrer und die neuen Klassenkameraden gewöhnt. Elfjährige sind hier viel flexibler als mancher Erwachsene. Der richtige Zeitpunkt für die Differenzierung nach Schulformen liegt also nach der 4. Klasse der Grundschule.

Falsch: sechsjährige Grundschule

Das prognostische Urteil über die für ein Kind zunächst am besten geeignete Schulform wird nicht sicherer, wenn der Übertritt später stattfindet. Eine sechsjährige Grundschule beziehungsweise eine schulform*un*abhängige Orientierungsstufe verbessert die Übertrittsprognose in keiner Weise. Dennoch bleiben etwa Berlin und Brandenburg bei der sechsjährigen Grundschule und Niedersachsen bei der Orientierungsstufe. Hessen und Hamburg haben sich 1997 und 1998 in rot-grüner Allianz dazu entschlossen, versuchsweise eine sechsjährige Grundschule einzurichten. Man will nichts davon wissen, daß ein solchermaßen verzögerter Übertritt eine erhebliche Unterforderung Gymnasialgeeigneter in den Jahrgangsstufen 5 und 6 sowie eine erhebliche Überforderung der für ein Gymnasium nicht Geeigneten provoziert und daß die Schulleistungen aller Schüler leiden, wenn zu spät differenziert wird.

Dazu stellte das Max-Planck-Institut für Bildungsforschung bereits 1970 fest: »Bei einem Vergleich der Schulleistungen in Mathematik, Englisch und Deutsch zeigten sich hier beträchtliche Leistungsnachteile bei den Kindern, die eine sechsjährige Grundschule ... besucht hatten, im Unterschied zu den Übergängen nach Klasse 4 ...« Josef Hitpaß ergänzt 1977, daß »die Versagerquote der 12jährigen Übergänger gar höher war als die der 10jährigen ...«.[24] Kurt A. Heller, Professor für Pädagogische Psychologie und Empirische Pädagogik an der Universität München, kommt zu dem Ergebnis: »Kaum zu belegen ist die erneut aufgewärmte Behauptung, daß bei vielen Kindern aus entwicklungspsychologischen Gründen eine Eignung für Realschule oder Gymnasium erst im 5./6. Schuljahr feststellbar ist ... Nach meiner Kenntnis existieren keine – auch keine neueren – Studien, die höhere (Durchschnitts-)Trefferquoten nach einer fünf- oder sechsjährigen Grundschulzeit nachgewiesen hätten. Auch hier sind (wie so oft) pädagogische Wunschträume der Ausgangspunkt für die Forderung nach Aufschub schulischer Differenzierungsmaßnahmen, ohne daß entsprechende empirische Belege vorgezeigt werden können ... Ferner wird bei der Forderung nach Verlängerung der Grundschulzeit die Gefahr zunehmender Unterforderung der besseren Schüler bei gleichzeitiger Überforderung der schwächeren Schüler unterschätzt ... Angesichts des vielfach beobachteten Schereneffektes, das heißt der mit ansteigendem Alter bzw. fortdauernder Schulkarriere divergierenden Leistungsentwicklung (was mit dem kumulativen Charakter vieler Lernprozesse zusammenhängt), ist theoretisch auch kaum zu erwarten, daß der Varianzanstieg gestoppt oder gar rückläufig gemacht werden kann ... Am Ende der 4. Grundschulklasse ist also bei differenzierter Betrachtung des Leistungsvermögens der Grundschüler vor allem in den Fächern Deutsch und Mathematik eine solide Bildungsempfehlung bzw. Eignungsaussage möglich.«[25]

Heinrich Roth, ein sonst von den »Reformern« regelmäßig in Anspruch genommener Erziehungswissenschaftler, schrieb schon 1968: »Die Denkbegabung und das Denkbedürfnis bricht im zehnten/elften Lebensjahr in so verschiedenen Stärken durch, daß die Unterschiede im Grad der allgemeinen Begabung, wie sich in allen Schulfächern in gleicher Weise bestätigt, das Auffälligste sind, was man in diesem Alter betrachten kann. Die Unterschiede werden in diesem Alter so kraß, daß eine Trennung nach dem Grad der Begabung in irgendeiner Form unerläßlich ist ... Hier hilft keine romantisch-pädagogische Verbrämung! ... Im Interesse der Höchstausbildung aller Begabungsgrade kommen wir um die Trennung nach dem Grad der Begabung im zehnten/elften Lebensjahr nicht herum.«[26]

Eine verspätete Differenzierung ist im übrigen ungerecht gegenüber begabten Kindern aus »bildungsfernen« Schichten. Während Eltern »bildungsnaher« Schichten ihre Kinder bei einem späteren Übertritt an eine weiterführende Schule gegebenenfalls privat fördern können, bleibt Alterskollegen aus »bildungsfernen« Elternhäusern die individuelle schulische Förderung, die sie in einer für sie passenden Schule bereits in der 5. und 6. Klasse erfahren könnten, versagt.

Auf die Grundschulempfehlung ist Verlaß

Die Differenzierung nach der 4. Grundschulklasse ist nicht nur notwendig; es ist zu diesem Zeitpunkt auch eine klare Prognose anhand von schulischen Leistungsdaten möglich. Die Erfolgsaussichten angehender Gymnasiasten am Gymnasium stehen in enger Korrelation zu den Übertrittsnoten der 4. Klasse der Grundschule. Das ist an den zum Teil sehr unterschiedlichen Quoten in der vertikalen Durchlässigkeit ablesbar: Von Gymnasialanfängern mit jeweils der Note »zwei« in den Fächern Deutsch und Mathematik der Grundschule kommen rund 80 bis 90 Prozent zum Abitur. Von Gymnasialanfängern mit jeweils Note »drei« oder schlechter in diesen Fächern schaffen es kaum 20 Prozent.

Ein Übertrittszeugnis der Grundschule mit seinen Noten und mit seinem Wortgutachten hat somit einen hohen prognostischen Wert. Es ist dann besonders aussagekräftig, wenn es neben den Noten Aussagen zu folgenden Bereichen enthält: Arbeitstempo, Ausdauer, Konzentrationsvermögen, Selbstsicherheit, Selbständigkeit im Arbeiten, Sprachflüssigkeit, Neugier und Aufgeschlossenheit. Wertvoll, vor allem mit Blick auf die Fremdsprachenfähigkeit, sind ferner Aussagen über die Rechtschreibleistung.

Die Grundschulempfehlung ist zuverlässig, schließlich sind die Lehrer die erfahrenen pädagogischen Diagnostiker. Schulpolitische Voraussetzung freilich ist, daß man die Grundschule ab der 3. Jahrgangsstufe leistungs- und fachbezogen in Deutsch und Mathematik arbeiten und für erbrachte Schülerleistungen Noten erteilen läßt. Wer seitens der Schulpolitik diese Möglichkeiten des Unterrichtens und des Diagnostizierens mißachtet, der zeigt ein tiefes und verletzendes Mißtrauen gegenüber seinen eigenen Grundschullehrkräften.

4

Der Mensch beginnt erst mit dem Abitur

»Wir brauchen mehr Abiturienten, auch wenn wir sie nicht brauchen.« Mit dieser Aussage posaunte Georg Picht im Jahr 1964 in einer in »CHRIST UND WELT« veröffentlichten Artikelserie die »Deutsche Bildungskatastrophe« hinaus.[27] Die Katastrophe ist mehrere Jahrzehnte später in vielen Ländern der Bundesrepublik tatsächlich eingetroffen, nur mit anderen Vorzeichen, als sie Picht mit seiner Forderung nach einer »dramatischen Vermehrung der Abiturientenquote« damals auszumachen und für die folgenden Jahrzehnte zu prognostizieren glaubte. Als Ralf Dahrendorf fast gleichzeitig mit seiner Forderung »Bildung ist Bürgerrecht« hinzukam, meinte man wirklich, es gebe ein Bürgerrecht auf Abitur. Die Aufforderung »Schickt eure Kinder länger auf bessere Schulen!« wurde von Millionen von Eltern brav befolgt, ohne daß über das »bessere« nachgedacht worden wäre. Bald wurde daran geglaubt, daß der Mensch erst beim Abitur beginne. Selbst Sozialdemokraten wie der ehemalige hessische Ministerpräsident Holger Börner reagierten alsbald skeptisch. Er sagte 1980: »Unsere Bildungspolitik hat die Neigung, dem jungen Arbeiter, dem Bauern, der Hausfrau ihr Selbstwertgefühl zu nehmen ... Es ist nie dazu gekommen, praktische Begabung, sinnvolle und künstlerische Arbeit mit den Händen als wirklich sinnvoll gelten zu lassen.«

Die Verteilung der Schülerklientel hat sich im Zuge dieses Mentalitätswandels, aber auch aus anderen Gründen seit 1970 verlagert. Während sich das Gymnasium und in dessen Windschatten die Realschule ausdehnten, verloren die Hauptschule und in der Folge die berufliche Bildung an Schüleranteilen. Bezogen auf alle alten Länder, halbierte sich der Anteil der Hauptschüler von 1960 bis Ende der 90er Jahre von rund 67 auf 33 Prozent. Der Anteil der Gymnasiasten verdoppelte sich in etwa von rund 17 auf 33 Prozent, der Anteil der Realschule stieg von zwölf auf 28 Prozent; neu hinzu kam ein Anteil an Gesamtschülern von rund sieben Prozent. Landesspezifisch jedoch gestalten sich diese Zahlen sehr unterschiedlich. Die Länder Baden-Württemberg, Bayern, Niedersachsen,

Rheinland-Pfalz und Schleswig-Holstein haben Ende der 90er Jahre sogar deutlich geringere Anteile an Gymnasiasten und zugleich höhere an Hauptschülern. Im Jahr 1996 verhielt sich die Relation »Hauptschüleranteil versus Gymnasiastenanteil« (in Prozentanteil in Klasse 8) dort wie folgt: Baden-Württemberg: 37,1 versus 29,4; Bayern: 39,8 versus 27,7; Niedersachsen: 32,5 versus 27,9; Rheinland-Pfalz: 37,9 versus 30,2, und Schleswig-Holstein: 31,3 versus 27,9 Prozent.

Insgesamt aber erhöhten sich bundesweit die Anteile an Studienberechtigten oder Abiturienten unter allen Schülern eines Geburtsjahrganges. Erhielten in den 50er Jahren noch rund vier Prozent, zu Beginn der 60er Jahre rund sieben Prozent eine Studienberechtigung, so steigerte sich, Universitäts- und Fachhochschulreife zusammengerechnet, diese Quote in den 90er Jahren auf über 30 Prozent. Auch hier allerdings wieder mit deutlichen länderspezifischen Unterschieden: So liegt die Quote der Hochschulberechtigten in Baden-Württemberg und Bayern bei etwas über 20 Prozent. Spitzenreiter ist Hamburg mit 45 Prozent.

Mit der Bildungsexpansion wuchs der Anteil der Mädchen mit höherer Schulbildung erheblich: von 36 Prozent Anteil unter Gymnasialschülern Mitte der 60er Jahre auf rund 52 Prozent Ende der 90er Jahre. Das ist ein wichtiges positives Ergebnis der Bildungsexpansion. Das »katholische Landmädchen« mit ungleichen Bildungschancen gibt es nicht mehr. Die Mädchen haben aufgeholt und die Jungen zum Teil deutlich hinter sich gelassen. Mädchen machen heute – auch auf dem »flachen« Land – oft das Gros der Gymnasiasten aus. Die geschlechtsspezifische Abiturientenquote (Universitätsreife, bezogen auf die Westländer) beträgt unter Mädchen 25,6 Prozent, unter Jungen 22,3 Prozent. Die Quote der Abbrecher ohne jeden Schulabschluß liegt bei Mädchen bei 6,5 Prozent, bei Jungen bei 10,4 Prozent. Warum Mitte der 90er Jahre dennoch »Modellvorhaben einer feministischen Mädchenschule« – so Pläne der rot-grünen Hessen-Koalition von 1995 – geplant wurden, bleibt unerfindlich.

Ebenso wie es einen Ausgleich der Geschlechterdifferenzen in Sachen »höhere Bildung« gab, gab es einen Ausgleich des Stadt-Land-Gefälles. Der Gymnasiastenanteil wurde durch die Gründung vieler Gymnasien in ländlichen Gegenden in erheblichem Maße höher, auch wenn er – vielleicht aufgrund des weniger ausgeprägten Prestigedenkens der Eltern dort – den Level der Ballungsgebiete und Großstädte nicht erreicht. Bildungsexpansion hat jedenfalls Chancengerechtigkeit verwirklichen geholfen – übrigens aufgrund großer Anstrengungen im gegliederten Schulsystem, das heißt in den Gymnasien und Realschulen.

Abseits schulpolitischer Setzungen hängt das veränderte Bildungswahlverhalten mit seinem Trend hin zum Gymnasium durchaus mit gestiegenen Qualifikationsanforderungen zusammen. Es korreliert sodann mit veränderten Familienstrukturen. Bei einem zunehmenden Trend zur Einkindfamilie ist es nachvollziehbar, wenn Eltern für dieses eine Kind eine formal möglichst hohe Bildung anstreben. Bei einer durchschnittlichen Kinderzahl von 1,5 pro Familie gewann der elterliche Grundsatz »Für mein – einziges – Kind die beste Schule!« weiter an Bedeutung. Allein aufgrund dieses Trends hin zur Einkindfamilie stiegen die Quoten der Übertritte an weiterführende Schulen an. Dieser Trend wurde noch potenziert durch die zunehmend höheren Bildungsabschlüsse der Elterngeneration selbst: Eltern, die weitaus mehr als frühere Elterngenerationen einen mittleren Bildungsabschluß oder eine Hochschulreife haben, neigen naturgemäß dazu, ihren Kindern beziehungsweise ihrem Kind einen Bildungsabschluß zumindest in der gleichen formalen Höhe zuzugestehen oder abzuverlangen.

Mittlerweile jedoch hat der Trend zu Gymnasium, Abitur und Hochschule bedenkliche Ausmaße angenommen. Die Folgen dieser Expansion haben alle zu tragen: die Schüler, die späteren Studenten, die allgemeinbildenden und die berufsbildenden Schulen, die Hochschulen, das Beschäftigungssystem und bald das Alterssicherungssystem. Für viele Schüler bedeutet die Aufnahme in ein Gymnasium eine Überforderung, vor allem in Ländern, in denen sich Eltern über die Grundschulempfehlung hinwegsetzen können. Viele Schüler finden sich damit in einer für sie ungeeigneten Schulform wieder. Eine solche Verlagerung der Schülerströme blieb nicht ohne Folgen auf die Leistungsansprüche der Schulformen. Aus dem potentiell leistungsfähigen Hauptschüler wurde oft ein überforderter Realschüler, aus dem potentiell leistungsfähigen Realschüler ein überforderter Gymnasiast. Damit wurden die nichtgymnasialen Schulformen ausgedünnt, andererseits mußte sich das Gymnasium aufgrund seiner gefährlichen Beliebtheit in seinen Ansprüchen anpassen.

Für die berufsbildenden Schulen hatte das ebenfalls Veränderungen zur Folge. Heute haben diese Schulen eine extrem heterogene Schülerschaft – vom ehemaligen Sonderschüler bis zum Abiturienten. Das bringt erhebliche Probleme mit sich, zumal diese Schulen kaum die Rahmenbedingungen für eine differenzierte Beschulung dieser vielfältig leistungsfähigen Schülerschaft haben. Laut Umfrage des Deutschen Industrie- und Handelstages (DIHT) lag im Jahr 1994 der Abiturientenanteil in den Ausbildungsbereichen Industrie, Handel, Banken, Versicherungen sowie Gast- und Verkehrsgewerbe erstmals über dem Anteil der Hauptschulabsolventen. In diesen Bereichen haben zu diesem Zeitpunkt 24,4 Prozent das Abitur, 23,8 Prozent kommen aus der Hauptschule, 32,2 Prozent aus der Realschule. Ob es in jedem Fall der 24 Prozent Abiturienten sinnvoll war, erst das Abitur zu »machen«, um dann in die Berufsausbildung zu gehen, bezweifelt Kurt Reumann in der »F.A.Z.« vom 9. Februar 1987: »Wer sich schon in der Schule spezieller an ein Berufsfeld binden möchte, sollte nicht das Gymnasium besuchen.« Viele dieser Abiturienten gehen dann doch in ein Studium, nachdem sie die Berufsausbildung abgeschlossen oder abgebrochen haben – im Durchschnitt fast 26 Jahre alt! Diese Form von Doppelqualifikation galt lange Zeit als ein Königsweg. Er ist es nicht. Eine Untersuchung der Technischen Universität Berlin für die Jahre 1984 bis 1993 zeigt, daß sich ein »Lehrabschluß vor dem Studium nicht positiv, sondern signifikant negativ auf die Übergangschancen in adäquate Beschäftigungen auswirkt.« Arbeitgeber bevorzugen den »geradlinigen« Weg.[28]

Eine Folgelast der »Expansion« tragen die späteren Studenten und die Hochschulen. Rund ein Drittel der Universitätsstudenten kommt zu keinem Abschluß. Im Studienjahr 1993/94 gab es 60.000 Abbrecher, 1974/75 waren es »nur« 14.000. Im Schnitt hörten die »Abbrecher« 1994 nach 6,7 Hochschulsemestern beziehungsweise 5,2 Fachsemestern zu studieren auf (1975 nach 5,0 Hochschul- und 4,3 Fachsemestern). Die Quote der Studienabbrecher beträgt, bezogen auf 1992, an den Universitäten 31 Prozent (1975: 12 bis 16), an den Fachhochschulen 20 Prozent, in den Geistes- und Wirtschaftswissenschaften der Universität sogar 37 Prozent.

Die Folgen dieser Entwicklung, die ja in weiten Bereichen einer Vermehrung nur formal höherer Abschlüsse gleichkam, spürt sodann vor allem das Beschäftigungssystem. Im Jahr 1998 gibt es in Deutschland 1,9 Millionen Studenten und 1,6 Millionen Lehrlinge. Diese Zahlen sind zwar nur bedingt vergleichbar, denn ein Studium dauert – zumindest an der Universität – mehr als doppelt so lang wie eine Lehre. Man müßte also für einen Zeitraum von rund sieben Studien- oder Ausbildungsjahren 1,9 Millionen Studenten und

3,2 Millionen Lehrlinge gegenüberstellen. Dennoch sind diese Zahlen bezeichnend für die Situation.

Im Jahr 1997 sind 227.000 Akademiker arbeitslos (darunter rund 65.200 Ingenieure, 31.600 Lehrer, 22.700 Naturwissenschaftler, 18.500 Wirtschaftswissenschaftler, 13.600 Geisteswissenschaftler, 12.400 Ärzte und Apotheker, 10.400 Angehörige sozialpflegerischer Berufe, 9500 Sozialwissenschaftler, 8000 Angehörige gestalterischer Berufe, 6600 Juristen). Zehn Jahre zuvor, im Jahr 1987, gab es 126.000 arbeitslose Akademiker, im Jahr 1980 gar nur 42.000. Zugleich ist Mitte der 90er Jahre immer noch von einem Facharbeitermangel von rund 400.000 die Rede. Diese Relationen werden sich kaum ändern. Der vom Institut für Arbeitsmarkt- und Berufsforschung (IAB) im Jahr 1996 errechnete zukünftige Bedarf an Akademikern (2,8 Millionen Bedarf gegenüber 2,3 Millionen beschäftigten Akademikern) kann problemlos abgedeckt werden mit den jetzt bereits Studierenden. Dennoch ist der Wille zum Abitur ungebrochen. Die Bund-Länder-Kommission (BLK) spricht aber davon, daß es in Zukunft für Hochschulabsolventen beim Übergang in die Erwerbstätigkeit Schwierigkeiten geben werde. Und schließlich richtet sich die Sorge nicht nur auf den Akademikerarbeitsmarkt, sondern unter anderen Vorzeichen auch darauf, daß Facharbeiter, die heute nicht ausgebildet werden und in den Beruf einmünden, rund 40 Jahre lang fehlen werden.

Ein regelrechtes Qualifikationsparadox kommt hinzu: Je höher formal die Qualifikation, desto niedriger das Beschäftigungsniveau. Fast ein Viertel der Jungakademiker (23 Prozent) ist unterhalb der Meisterqualifikation beschäftigt und entlohnt, so das Institut der deutschen Wirtschaft 1992, und zwar als einfache Bürokraft, angelernter Arbeiter, Facharbeiter, Verkäufer, Sachbearbeiter. Das hätten diese jungen Leute auch anders, vor allem um Jahre jünger erreichen können.

Mit der Bildungsexpansion sind außerdem die Bildungszeiten pauschal länger geworden, weil immer mehr junge Leute die längsten Bildungswege beschritten haben. Das Berufseintrittsalter hat sich damit erheblich nach hinten verlagert. Das wird eines Tages zum sozialpolitischen Problem, zu einem Problem der Alterssicherung. Jürgen Möllemann spitzte dies als damaliger Bundesbildungsminister auf die Aussage zu: »Wir haben in Deutschland die ältesten Studenten und die jüngsten Rentner; im Moment sind beide noch getrennte Gruppen.«

Abitur-Vollkasko-Politik

Von all dem unberührt, wird auch Mitte der 90er Jahre am Zerrbild von »Skandalös ungleichen Bildungschancen«, so der Erziehungswissenschaftler Klaus Klemm[29], und von der angeblichen Abhängigkeit der Bildungschancen vom Geldbeutel der Eltern gemalt. Manche verwechseln Bildungspolitik immer noch mit Sozialpolitik und sehen das Abitur als quasi sozialpolitische Errungenschaft. Immer wenn sich ein beschäftigungspolitisches Problem stellt, so scheint es, reagiert man mit einem Discountverkauf von Berechtigungen. Für die Schulpolitik einiger Länder gilt somit, was der frühere Berliner Wissenschaftssenator Manfred Erhardt 1996 für die Hochschulen schreibt: »Es wird mehr attestiert als qualifiziert.« Für manche Schulpolitiker ist die Abiturientenquote offenbar eine Imagefrage – eine persönliche oder gar eine nationale. Die Vorstellung, schulpolitisch eine hohe Abiturientenquote inszenieren zu wollen, hat damit fast etwas Planwirtschaftliches an sich.

In den 80ern und zu Beginn der 90er Jahre ging die Regierungsgewalt in einigen Ländern von der CDU in die Hand der SPD über, zum Beispiel in Rheinland-Pfalz, in Niedersachsen, im Saarland oder in Schleswig-Holstein. Diese Regierungswechsel waren in nahezu allen Fällen mit der sofortigen Verabschiedung eines neuen Schulgesetzes verbunden, das den Zugang zu Gymnasium und Abitur erheblich erleichterte: durch die Freigabe des Elternwillens beim Eintritt ins Gymnasium, durch eine Liberalisierung der Notengebung, durch eine Liberalisierung der Versetzungsbestimmungen oder durch eine Liberalisierung des Zugangs zur gymnasialen Oberstufe für nichtgymnasiale Quereinsteiger. Unauffällig, aber trickreich geht man an Detailregelungen heran. In Niedersachsen versuchte man, die Gesamtschul-Oberstufen aus der gymnasialen Schulaufsicht herauszunehmen – damit es an diesen Oberstufen ja nicht gymnasial zugeht.

In der Folge erscheint es schon fast als Kunststück, sich dem Abitur zu entziehen. Mit welchen Anforderungen bei der Abiturprüfung gearbeitet wird, ist an Beispielen im Kapitel »Abitur light« ausführlicher dargestellt. Auf den Punkt bringt es Dietz Bering, Sprachgeschichtler an der Universität Köln. Bering schreibt im »SPIEGEL« vom 17.5.1995: »Abitur kann man in NRW heute so machen: schriftliche Prüfung in drei Fächern: Pädagogik, Deutsch und Hauswirtschaftswissenschaft (= Naturwissenschaft). Mündliches in Kunst.« Für Bering heißt das: »Erst hat man Bildung und ernsthafte, Anstrengung kostende Konfrontation mit der tradierten Kultur aus den Schulen vertrieben, und jetzt darf jeder rein. Arbeiterkinder sind wiederum angeschmiert.«

Man kann dem Bremer Informatikprofessor Klaus Haefner folgen, selbst wenn man ihm sonst in vielem nicht zustimmt. Mit Blick auf die Vermehrung von höheren Schulabschlüssen sagt er: »Das Bildungswesen muß zur Kenntnis nehmen, daß es zunehmend im Bereich der Sättigung der Bildungsfähigkeit des Menschen arbeitet.«[30] Wenn sich das volkswirtschaftliche Gesetz des abnehmenden Ertragszuwachses trotz erhöhter Investitionen da nicht sogar ins Negative verkehrt, als Gesetz des sich umkehrenden Ertragszuwachses! Leitidee bleibt aber für manche Länder, was Schleswig-Holsteins Grüne zum Landtagswahlkampf 1987 in ihr Programm schrieben: »allen Bürgern/Bürgerinnen die Möglichkeit einer Hochschulausbildung ermöglichen« (sic!). Abgesehen von der sprachlichen Gewandtheit der Verfasser solcher Programmziele interessiert dann nur noch, wie das geschehen soll. Aber auch dafür hatten die Grünen eine Antwort: Im Hochschulbereich sollten Studierende das Recht erhalten, beim Examen Prüfer und Themen frei zu wählen.

Fakten und Einsichten

Neben den genannten harten empirischen Fakten sind in der Abiturpolitik insbesondere die folgenden fünf Einsichten zur Kenntnis zu nehmen.

Erstens: Es mag ja sein, daß in Deutschland »nur« 22 Prozent über einen Hochschulabschluß oder eine vergleichbare Qualifikation (darunter 11,5 Prozent über ein abgeschlossenes Universitätsstudium) verfügen und daß dieser Prozentsatz in Kanada 41 und in den USA 31 Prozent beträgt. Solche Statistiken sagen aber nichts aus über das Bildungsniveau der Bevölkerung, denn in solchen Zahlen ist weder die Qualität des Studiums berücksichtigt noch, daß es in Deutschland aufgrund seines weltweit einmaligen dualen Berufsbildungssystems Qualifikationswege gibt, die mit dem Anspruch eines Studiums in anderen Ländern problemlos mithalten können. Solche internationalen Vergleiche können also nicht Marge sein.

Zweitens: Die Verfassungen der Bundesländer mahnen in weiser Voraussicht eine Korrespondenz zwischen Bildungssystem und

Beschäftigungssystem an. So heißt es dort sinngemäß, daß sich Bildung an der Mannigfaltigkeit der Berufe zu orientieren habe. Von einem Abitur für jeden und um jeden noch so geringen Preis ist nicht die Rede. Aber es besteht, wie bereits beim verfassungsrechtlich gebotenen Prinzip der Eignung beim Zugang zum Gymnasium, auch hier eine große Kluft zwischen Verfassungstext und Wirklichkeit.

Drittens: Es fällt auf, daß es keineswegs die Bundesländer mit höchster Abiturientenquote sind, die die niedrigste Arbeitslosenquote hätten. Es ist eher umgekehrt: Seit Jahren rangieren die beiden großen süddeutschen Bundesländer in der Rangliste sowohl der Abiturientenquote als auch der Arbeitslosenquote an hinterster Stelle – mit den in beiden Bereichen niedrigsten Quoten! Dieser Vergleich soll nicht im Sinne eines monokausalen Zusammenhangs gesehen werden; er zeigt aber zumindest, daß eine niedrige Abiturientenquote keineswegs eine hohe Beschäftigungsquote ausschließt. Es ist ein Ammenmärchen, zu behaupten, daß hohe Abiturientenquote zugleich niedrige Arbeitslosenquote bedeute.

Viertens: Es gäbe ein heilsames Mittel gegen die Abiturientenflut: Jedes Bundesland müßte sich dazu verpflichten, rein zahlenmäßig für jeden von ihm »produzierten« Abiturienten einen Studienplatz bereitzuhalten. Das ist bei weitem nicht der Fall. Eine Statistik des Hochschul-Informationssystems (HIS) zeigt für 1991, daß in Bayern 89,7 Prozent, in Hessen 62,8 Prozent und in Schleswig-Holstein gar nur 48,7 Prozent der Abiturienten im eigenen Land, das heißt im Land ihres Abiturerwerbs, studieren. Anders ausgedrückt: Eine stattliche Anzahl von Bundesländern exportiert Abiturienten und Studenten – zu Lasten der anderen Länder.

Fünftens: Die Förderung eines weiteren Anstiegs der Abiturienten- und Studentenzahlen ist sozial ungerecht. Die Kosten für einen Studenten beziffern sich auf rund 200.000 Mark öffentlicher Gelder; die für einen Meister auf – privat aufgebrachte – 50.000 Mark.

Abitur ist nicht Mindeststandard

Es geht nicht um ein Zurück zu Übertrittsquoten der 60er Jahre. Aber es ist nicht so ganz falsch, anzunehmen, daß eine Übertrittsquote beim Übergang von der Grundschule ans Gymnasium bei 30 bis 35 Prozent die Decke sein sollte. Quoten von über 20 Prozent Schulwechslern (bezogen auf 100 Anfänger in der Eingangsstufe einer Schulform) lassen vermuten, daß die ursprüngliche Schulwahl vieler Schüler nicht optimal war. Konkret: Die vertikale Durchlässigkeit liegt bei Schulformen mit über fünfjähriger Gesamtdauer oft bei nur 65 bis 80 Prozent. Das heißt, ein großer Teil der Schüler macht nicht an der ursprünglich gewählten Schule den Abschluß. In den Gymnasien und Realschulen hält sich also vorübergehend eine Population an Schülern auf, die offensichtlich nicht für diese Schulform geeignet ist, mittlere Bildungsabschlüsse zumeist zwar an anderen Bildungseinrichtungen erreicht, dies aber ohne Umwege direkter, rascher und pädagogisch sinnvoller (übrigens auch ohne Versager- und Frustrationstraumata und inhaltlich stringenter auf nachfolgende Bildungs- und Ausbildungswünsche ausgerichtet) hätte erreichen können. Diese Wanderbewegungen sind darüber hinaus nicht als Symptom harter Selektion zu verstehen; schließlich haben sich die Erfolgsquoten stark erhöht: Wiederholerquoten sind an Gymnasien und Realschulen in 20 Jahren von rund zehn Prozent über sieben auf rund vier Prozent zurückgegangen.

Eine weitaus intensivere Bildungsberatung tut not. Der Elternwille ist gewiß ein hohes Gut; pädagogisch begründete Laufbahnentscheidungen der abgebenden Grundschule dürfen aber ebensowenig unter den Tisch fallen. Bildungsberatung seitens aller Schulformen müßte darüber hinaus klarmachen, daß es sehr viele Wege zur Qualifikation gibt; daß es Hochqualifizierte nicht nur unter Abiturienten und Akademikern gibt; daß es auch ohne Abitur und Studium eine breite Palette an beruflichen Aufstiegsmöglichkeiten bis über das Niveau akademischer Berufe hinaus gibt; daß Abitur eben nicht der Mindeststandard der Zukunft sein kann, insbesondere dann nicht, wenn die weitere Erhöhung der Abiturientenquote aus dem Abitur eine Mogelpackung zu machen droht. Bildungsberatung muß vor allem die Würde und die Gleichwertigkeit der verschiedenen Schulformen verdeutlichen. Der Mensch beginnt eben nicht erst mit dem Abitur.

5

Die Mißachtung der beruflichen Bildung

Das Berufsbildungssystem in Deutschland hat sich bewährt. Die große Zahl der seit Jahrzehnten nach diesem System qualifiziert ausgebildeten Kaufleute und Facharbeiter trägt wesentlich zum hohen Leistungsstand der deutschen Wirtschaft bei. Die Jugendarbeitslosigkeit ist im internationalen Vergleich in Deutschland nicht zuletzt wegen dieses Berufsbildungssystems gering, denn dieses System erleichtert den Übergang vom Bildungssystem ins Beschäftigungssystem erheblich. (Vgl. dazu die Arbeitslosenquote der unter 25 Jahre alten jungen Erwachsenen laut OECD-Statistik für das Jahr 1996: Schweiz 4,9 Prozent, Österreich 6,9 Prozent, Deutschland 8,0 Prozent, USA 12,0 Prozent, Großbritannien 14,7 Prozent, Belgien 20,5 Prozent, Italien 34,1 Prozent, Spanien 42,0 Prozent.) Berufliche Bildung nach der Methode »Qualified in Germany« ist damit Eckpfeiler für die internationale Konkurrenzfähigkeit Deutschlands und Tor zur beruflichen Zukunft für Millionen junger Menschen. Das duale Ausbildungssystem Deutschlands mit seinen zwei Lernorten Betrieb und Schule gilt nicht umsonst als Exportschlager, das sich eine so vielfältige Staatenwelt von Australien bis Saudi-Arabien und von Südafrika bis China anlachen möchte.

Die aktuelle Verteilung der Schülerströme in Deutschland zeigt aber, daß die berufliche Bildung unter einem Attraktivitätsverlust zu leiden hat. Die einseitige Ausrichtung der Bildungs- und Schulpolitik auf alles, was mit Abitur und Studium zu tun hat, ließ Öffentlichkeit, Politik und viele Eltern vergessen, daß die berufliche Bildung eine tragende Säule des Bildungssystems und der gesamten Volkswirtschaft ist. Praktisches politisches Handeln freilich sah und sieht häufig anders aus: Milliardenprogramme für Hochschulen, hohe Abiturientenquoten, ein unaufhaltsamer Zustrom zu den Hochschulen – all das sind Symptome dafür, daß sich das Bildungssystem vom Beschäftigungssystem abgekoppelt hat.

Wachstumsbremse

Ein solches Mißverhältnis und das Zuwenig an Facharbeitern werden die Wachstums- und Wohlstandsbremse der Zukunft sein. Deshalb wird es Zeit, die Gymnasial- und Akademisierungseuphorie zu überwinden und mehr dafür zu tun, daß die berufliche Bildung im öffentlichen Bewußtsein den gleichen Rang bekommt wie der allgemeinbildende und der akademische Bereich. Eine »Verhochschulung« des Bildungssystems wird den zukünftigen Herausforderungen nicht gerecht. Auch in Zukunft werden mehr als zwei Drittel der jungen Menschen über die berufliche Bildung den Einstieg in einen Beruf finden. Diese jungen Menschen dürfen nicht als Außenseiter betrachtet und bildungspolitisch vernachlässigt werden.

Die Aufwertung der beruflichen Bildung ist eine Frage der gesellschaftlichen Wertschätzung, das heißt des Ansehens, des Einkommens und der Arbeitsbedingungen. Es ist somit an der Zeit, den Absolventen der beruflichen Bildung im privatwirtschaftlichen – und im öffentlichen – Beschäftigungssektor vermehrt Aufstiegsmöglichkeiten zu eröffnen. Auch die Großunternehmen sind gefordert. Einerseits warnen sie vor einer fortschreitenden Akademisierung, andererseits stellen sie immer weniger Lehrstellen zur Verfügung. Sie steigern damit die Staatsquote im Bildungsbereich: Firmen bilden nicht mehr aus und holen sich die Berufsanfänger aus den Hochschulen – selbst für Stellen, für die kein Hochschulabschluß erforderlich wäre. Die Großunternehmen dürfen sich nicht aus der Ausbildungsverantwortung zurückziehen oder diese überwiegend den kleinen und mittelständischen Betrieben überlassen. Die Förderung der beruflichen Bildung ist vor allem als Teil einer Mittelstandsoffensive zu sehen. Die Ausbildungsleistung des Mittelstandes ist zu stärken. Die Wirtschaft muß die Auszubildenden intensiver betreuen können, damit über diesen Weg die Quote der Ausbildungsabbrecher von rund 25 Prozent gesenkt werden kann. Darüber hinaus sind weitere konkrete Maßnahmen zur Aufwertung der beruflichen Bildung und zur Verbesserung ihrer Rahmenbedingungen angezeigt. Diese müssen, so sie wirksam sein sollen, zugleich in mehreren Bereichen ansetzen.

Vorfahrt für berufliche Bildung!

Es ist Vorfahrt für berufliche Bildung angesagt – und zwar für deren betrieblichen wie auch für deren schulischen Part.

Erstens: Es muß die Bildungsberatung intensiviert werden, damit nicht noch mehr junge Leute – verbunden mit enormen öffentlichen und privaten Fehlinvestitionen – in eine akademische Sackgasse stolpern. Dabei muß klargemacht werden, daß berufliche Bildung keine Rang- und Wertigkeitsskala zu scheuen braucht, daß sie fachliche Spezialbildung, Allgemeinbildung und Persönlichkeitsbildung umfaßt und daß ein beruflicher Abschluß zugleich Anschluß an vielfältige Bildungsmöglichkeiten, an verantwortungsvolle Tätigkeit und an angesehenen Status ist. In diesem Sinne müssen Information und Beratung über den eigenständigen und erfolgversprechenden Weg der beruflichen Bildung verstärkt werden, beginnend bereits bei den Informationsveranstaltungen der Grundschulen zur Beratung der Eltern. Im Interesse der Entscheidungsfähigkeit der Schüler ist in den allgemeinbildenden Schulformen die berufliche Orientierung zu fördern. Dies soll keine vorgezogene Berufsbildung sein. Vielmehr sollen Schüler fachgebunden oder im fachübergreifenden Ansatz Wissen um berufliche Realitäten und die Fähigkeit zur Berufsentscheidung vermittelt bekommen.

Zweitens: Im Interesse zeitgemäßer und anspruchsvoller beruflicher Bildung müssen die Rahmenlehrpläne der berufsbildenden Schulen und die Ausbildungsordnungen kontinuierlich an die dynamische Entwicklung der Wirtschaft angepaßt werden. Die Ausstattung der beruflichen Schulen muß mit den modernen technischen und wirtschaftlichen Erfordernissen Schritt halten können. Zu einer modernen beruflichen Schule gehört es ferner, daß sie Fremdsprachen unterrichtet; 30 Prozent Berufsschüler, die Unterricht in einer Fremdsprache erhalten, sind zuwenig.

Drittens: Es müssen Mindeststandards für die Abschlußprüfungen in den verschiedenen berufsbildenden Schulformen definiert werden. Der in manchen Ländern geplante Wegfall der Abschlußprüfung etwa an Berufsfachschulen darf nicht erfolgen. Die bei beiden Dualpartnern, also in Schule und Betrieb, erbrachten Leistungen sollten in die Abschlußqualifikation aufgenommen werden. Das würde die Zeugnisse aufwerten und die Anstrengungsbereitschaft der Auszubildenden beziehungsweise der Berufsschüler fördern.

Viertens: Die Berufsschule braucht unterrichtliche Differenzierungsmöglichkeiten, um ihre heterogene Schülerschaft mit ihrer von der Sonderschule bis zum Gymnasium reichenden Vorbildung individuell fördern zu können. Dazu gehören berufsschulische Maßnahmen für Behinderte und Benachteiligte; Stütz- und Förderkurse vor allem in Deutsch und Mathematik; Sonderangebote für Abiturienten. Sofern vorübergehend notwendig, ist eine rückläufige Zahl von Lehrstellen durch einen Ausbau der vollzeitschulischen Berufsfachschulen zu kompensieren.

Fünftens: Die beruflichen Schulen leiden in manchen Fachbereichen, zum Beispiel in Wirtschaft, Metalltechnik und Elektrotechnik, unter einem Lehrermangel. Folge davon ist, daß bereits der »geplante«, das heißt vorgesehene Unterrichtsausfall an beruflichen Schulen bis zu 20 Prozent – gemessen an den rechtlichen Vorgaben – beträgt. Der tatsächliche Unterrichtsausfall umfaßt etwa das Doppelte. Deshalb ist Vorsorge zu treffen, daß genügend Berufsschullehrer eingestellt werden können und daß der Lehrernachwuchs gesichert wird. Das berufliche Lehramt muß insgesamt attraktiver werden.

Sechstens: Einen maßgeblichen und zukünftig noch bedeutsameren Anteil an der Höherqualifizierung hat die Weiterbildung. Deshalb ist eine aufstiegs- und anpassungsbezogene Weiterbildung notwendig. Dies gilt für die traditionellen Lernorte der Weiterbildung, nämlich die Betriebe und die überbetrieblichen Einrichtungen; dies soll zukünftig verstärkt aber auch für Berufsschulen, Hochschulen, Volkshochschulen und für freie Bildungsträger gelten. Ferner ist die Einrichtung von Beratungsstellen für Fragen der Weiterbildung zu fördern.

Siebtens: Die Aufwertung der beruflichen Bildung hat mit der sogenannten vertikalen Durchlässigkeit des Bildungssystems für Absolventen der beruflichen Bildung zu tun. Entsprechend qualifizierte Absolventen eines beruflichen Bildungsgangs sollten je nach Vorqualifikation eine Form von Hochschulreife (Fachhochschulreife, fachgebundene Hochschulreife oder allgemeine Hochschulreife) erwerben können. Der Eigenwert der beruflichen Bildung wird aber geschmälert, wenn für berufliche Bildung überwiegend damit geworben wird, daß damit auch der Durchstieg zu einer Hochschulreife und zum Studium möglich sei. Die Vorstellung vor allem der SPD und der Bündnis-Grünen, man solle Facharbeitern mit dreijähriger Berufspraxis ohne Abitur und ohne weitere Qualifikation den Zugang zur Hochschule öffnen, ist falsch. Es sollte klar sein, daß allein eine berufliche Ausbildung die Studierfähigkeit nur in wenigen Fällen vermitteln kann. Dies gilt zum Beispiel für die in vielen Studiengängen erforderlichen Fremdsprachenkenntnisse. Aussichtsreicher für die Bewerber wäre es, entsprechenden Studienaspiranten ein Additum in einer weiterführenden beruflichen Schule mit hohen allgemeinbildenden Anteilen, zum Beispiel in Fachoberschulen, Berufsoberschulen, Meisterschulen, Technikerschulen oder Fachakademien, anzubieten und/oder eine Eignungsprüfung in Deutsch, Mathematik sowie in einer Fremdsprache und in einer Naturwissenschaft abzuverlangen.

6

Abitur light

Abitur in Deutschland – das ist seit rund eineinhalb Jahrhunderten eine Visitenkarte des deutschen Schulsystems. Anders als in Ländern, die in der Oberstufe die verengte Spezialbildung und nachfolgend eine eingeschränkte, fachgebundene Hochschulreife mit Hochschulzugangsprüfung kennen, gelten in Deutschland die Prinzipien der Allgemeinen Hochschulreife als Attest für breit angelegte Studierfähigkeit. Aber die Verfallszeiten deutscher Abiturregeln werden immer kürzer. Im Jahr 1972 einigte sich die Kultusministerkonferenz (KMK) auf eine Neugestaltung der gymnasialen Oberstufe: In den Schuljahren vor dem Abitur wurde der Klassenverband aufgelöst, und die Schüler sollten innerhalb gewisser Vorgaben Leistungs- und Grundkurse wählen können. 1988 faßte die KMK nach: Weil sich so mancher Wildwuchs etabliert hatte, wurde die Verpflichtung zur (Ab-)Wahl der Kernfächer geringfügig verschärft. Im Jahr 1996 gab es eine erneute Reform mit dem – angeblichen – Ziel einer Stärkung von Deutsch, Mathematik sowie einer Fremdsprache. Von 1972 bis 1988 also 16, von 1988 bis 1996 acht Jahre. Extrapoliert man diese Dynamik, so darf man erwarten, daß die nächste KMK-Abiturreform im Jahr 2000 ansteht. Demnächst also nur noch vier Jahre Haltbarkeit von KMK-Beschlüssen? Jedenfalls ist das Abitur als Ticket zum Eintritt in die Universität in Mißkredit geraten.

Schuld daran ist vor allem, daß man die mit jedem Abiturzeugnis verbundenen formalen Berechtigungen für Befähigungen hält. Die Berechtigungen wurden attestiert, die Befähigungen fehlen teilweise. Daran ändert die Tatsache nichts, daß die Durchschnittsnoten trotz steigender Abiturientenquoten permanent besser werden. Die Studienanfänger an den Universitäten (hier nur alte Länder) hatten 1985 mit einem Anteil von 23 Prozent eine schulische Abschlußnote von 1,9 und besser, 1995 waren es bereits 28 Prozent. Noch dramatischer verbesserten sich die Noten der Studienanfänger mit Fachhochschulreife an Fachhochschulen (hier wiederum nur alte Länder): Der Anteil der Studienaspiranten mit Note 1,9 und besser stieg von 1985 bis 1995 von acht auf 18 Prozent.[31]

Kritiker stellen – dennoch oder gerade deswegen? – die Frage, ob das Abiturzeugnis überhaupt noch ein hinreichender Nachweis für Hochschulreife sei, zumal es ja deutschlandweit an die 60 Wege des Hochschulzugangs gebe und der gymnasiale nicht einmal über alle 16 Bundesländer hinweg vergleichbar sei. Der Präsident des Deutschen Hochschulverbandes (DHV), der Kölner Völkerrechtler Hartmut Schiedermair, forderte deshalb im März 1992 den Rücktritt der Kultusminister aller 16 Bundesländer: Diese hätten »das Abitur kaputtgemacht oder doch den Ruf des Abiturs ruiniert«. Aus dieser Forderung nach einem Rücktritt der Kultusminister würde er nach deren Vorstößen zur Sicherung der Abiturqualität vorübergehend – zumindest auf Probe – die Kultusminister von Bayern und Baden-Württemberg, Hans Zehetmair und Annette Schavan, ausnehmen.

Die Klagen sind Legion: Professoren attestieren ihren Studenten große Defizite in den Kulturtechniken. In manchen Studiengängen möchten die Hochschulen »Liftkurse« in allgemeinbildenden Fächern einrichten, damit schulische Grundlagen nachgeholt werden können. Die Quote an Studienabbrechern ist an den Universitäten auf über 30 Prozent angestiegen. Die durchschnittlichen Verweilzeiten dort haben sich auf über 14 Semester erhöht. Tatsächlich scheinen die Hochschulen die Erfahrung gemacht zu haben, daß viele Abiturienten mit dem Zeugnis der Reife zwar eine Berechtigung, aber nicht immer eine Befähigung attestiert bekommen. Rainer Stephan schrieb in der »Süddeutschen Zeitung« vom 20. September 1991 unter dem Titel »Die Rache der Bildungsreform« treffend: »Wie schlechte Finanzminister, die ihr Kapital durchs schlichte Drucken von Geldscheinen vermehren, haben die Bildungsfunktionäre nicht das allgemeine Bildungsniveau angehoben, sondern bloß den Ausgabefaktor von Abiturzeugnissen und Hochschulexamina. Auf haarsträubend niedrigem Niveau wurde so, rein formal gesehen, in der Tat die Chancengleichheit erhöht.«

Kultusministerielle Unübersichtlichkeit

Deutschland also auf dem Weg zum Abitur light? Mancherorts gibt es tatsächlich großzügigste Regelungen, so daß Schüler in der Oberstufe und bei der Festlegung der Abiturfächer einen Bogen um zentrale und schwere Fächer machen können. Die Schüler verschiedener Bundesländer können sich regelrechte À-la-carte-Abiturmenüs zusammenstellen; nicht alle verlangen, wie Baden-Württemberg, Bayern oder Sachsen, zwei Kernfächer (das sind: Deutsch,

Fremdsprachen, Mathematik, Physik und zum Teil Chemie) in der Abiturprüfung. Wie sollte es auch anders sein: Die Schulsenatorin von Hamburg, Rosemarie Raab (SPD), hatte sogar als Präsidentin der KMK im April 1995 gegen die »Privilegierung der Kernfächer« gewettert. Das Festhalten daran sei, so Raab, der »hilflose Versuch, eine Festung gegen die neue Unübersichtlichkeit zu errichten«. Eine verräterische Aussage! Will sie diese neue Unübersichtlichkeit etwa? Der im Jahr 1997 als KMK-Präsident fungierende damalige niedersächsische Kultusminister Rolf Wernstedt (SPD) hatte sich 1993 gar mit der Aussage vernehmen lassen, die »Studierfähigkeit könnte mit viel weniger Grundvoraussetzungen erreicht werden als allgemein behauptet«.

Und so verschwanden wichtige Fächer immer mehr aus dem Tableau angehender Abiturienten: In Niedersachsen ging der Anteil der Schüler, die das Leistungskursfach Physik gewählt hatten, von 1990 bis 1996 um 25 Prozent zurück. In Hessen (Stand: 1996) wird dieses Fach nur von 8,1 Prozent der Oberstufenschüler gewählt, in Bayern (Stand: 1997) von wenig mehr, nämlich von 11,2 Prozent. Und bis 1999 gibt es ein sogenanntes NRW-Abitur. Das ist ein Abitur, das zwar nur in Nordrhein-Westfalen gilt, mit dem man aber die Allgemeine Hochschulreife erreichen kann, ohne jemals eine zweite Fremdsprache gehabt zu haben. Immerhin kündigte NRW-Schulministerin Gabriele Behler im Frühjahr 1998 an, daß dieses NRW-Abitur nicht mehr möglich sein solle. Aber gesündigt hatten die Nordrhein-Westfalen schon vorher – und das üppig! In den 70er Jahren hatte Nordrhein-Westfalen begonnen, einen neuen Weg zur Allgemeinen Hochschulreife zu etablieren, und zwar die Kollegschule (nicht zu verwechseln mit der bayerischen Kollegstufe, dort bestehend aus der Kursphase der gymnasialen Oberstufe). Diese NRW-Kollegschule, damals ein dreijähriger, seit 1988 auf Drängen der Kultusministerkonferenz ein vierjähriger Bildungsgang, vermittelt in einer integrierten Oberstufe zugleich einen Berufsabschluß nach Landesrecht und die Allgemeine Hochschulreife. Im Jahr 1986 wurden – unter dem Eindruck der öffentlichen Diskussion dann nicht in Kraft gesetzte – Lehrplanentwürfe dieser Schulform bekannt. So sollte es dort – wohlgemerkt für angehende Abiturienten – das Fach »Deutsch mit Kinder- und Jugendliteratur« geben. Es wurde etwa im Kapitel »Ziele, Inhalte und Methoden« für die Jahrgangsstufen 12 und 13 folgendes formuliert: »Den Kursteilnehmern sollte empfohlen werden, während der Unterrichtsreihe ein Kinderbuch ganz zu lesen und dieses in einem Buchbericht kurz den Mitschülern vorzustellen.« Und weiter: »Der Einführung in die Kursproblematik dient die Lektüre und Interpretation eines ›klassischen‹ Kinderbuches, das einen hohen Bekanntheitsgrad haben sollte. Empfohlen wird für diesen Zweck der ›Struwwelpeter‹, da dieses Buch zum einen jedem Kursteilnehmer bekannt ist und auch als ganzes leicht beschaffbar ist und weil zum anderen die Texte dieses Büchleins dem noch von der Problematik nicht sonderlich touchierten Schüler die Themenstellung des Kurses verdeutlichen können, außerdem wird der Struwwelpeter in der gesamten Fachliteratur zum Kinderbuch zitiert.« Das also sollte das Niveau eines angehenden Abiturienten sein, der ein bis zwei Jahre später unter anderem Germanistik studieren darf. Gesündigt wird aber auch in Hamburg. Dort wurde in einer Modellschule, der Max-Brauer-Schule, einer Altonaer Gesamtschule, die Eigenständigkeit der Fächer seit 1992 zur Hälfte abgeschafft. In dieser »Profiloberschule« bestreiten die angehenden Abiturienten 50 Prozent ihres Unterrichts in einem der folgenden »Profile«: »Umwelt«, »Sprachen und Kulturenvielfalt« oder »Kommunikation«.

KMK: angelaufen und zu kurz gesprungen

Die KMK ist nicht ganz unschuldig an solchen Dumping-Entwicklungen. Nach fast zehn Jahren quälender Diskussion um eine Stärkung des Abiturs fällte die KMK am 1. Dezember 1995 in Mainz – geringfügig nachgebessert am 25. Oktober 1996 in Dresden – jedenfalls eine neue »Richtungsentscheidung« in Sachen gymnasiale Oberstufe und Abitur. Daß Schülerfunktionären aber jedes Minimum an KMK-Vorgaben zuviel ist und sie am 30. November 1995 als Stadtschülervertretung Mainz einen »Trauerzug« gegen das von ihnen befürchtete neue »Einheitsabitur« veranstalteten, hat wohl manchen Minister beeindruckt. Tatsächlich waren die auf einem Demo-Flugblatt aufgelisteten »Argumente« bestechend und für sich bereits ein Ausweis der Studierfähigkeit, heißt es dort doch: »Soll ein begnadeter Arzt scheitern, nur weil er kein (sic!) Mathe (sic!) kann?!? ... Tatsächlich müssen wir dadurch nur erheblich mehr schuften ... Das heißt, daß kein Abi mehr mit Sport, Musik, Kunst oder Reli gerettet werden kann ... Wir lehnen die künstliche Überbewertung einzelner Fächer ab!«

Auf alle Fälle bekam die KMK in Mainz die auseinanderdriftenden Anforderungen beim Abitur wieder nicht in den Griff – auch nicht mit einem im Oktober 1996 in Dresden gefaßten Präzisierungsbeschluß. Die SPD-Minister wollten das wohl gar nicht. Somit blieb wieder nur ein sehr kleiner gemeinsamer Nenner – mit vielen Öffnungsklauseln. Auf den ersten Blick mochte es gefallen, was die KMK vorschrieb: nämlich erstens die Belegung der Fächer »Deutsch, eine Fremdsprache und Mathematik« bis zum Abitur und die Einbringung der in diesen insgesamt zwölf (drei Fächer mal je vier) Halbjahren erbrachten Leistungen ins Abiturzeugnis; zweitens die Verpflichtung, daß aus dem sprachlich-literarisch-künstlerischen, dem mathematisch-naturwissenschaftlichen und dem gesellschaftswissenschaftlich-politischen Aufgabenfeld je eines der vier Abiturfächer zu wählen ist; drittens die Verpflichtung, daß eines der Abiturfächer Deutsch oder Fremdsprache ist.

Das war's dann aber schon in Sachen Verbindlichkeit und Vergleichbarkeit. Denn aufgrund von Öffnungsklauseln kann alles wieder ganz anders sein: Vier von den zwölf genannten verbindlichen Fächerhalbjahren dürfen im Grundkursbereich, wenn auch nicht im dritten Prüfungsfach, qua »Substitutionsregelung« in »Kursen anderer Fächer« abgedeckt werden. Statt Deutsch also »darstellendes Spiel«, statt Englisch bilinguale Biologie mit jeweils ein und derselben Note für beide Fächer? Die Fremdsprache beim Abitur darf eine spät beginnende, also eine erst in der Oberstufe neu einsetzende sein, wenn sie »auf Oberstufenniveau unterrichtet wird«. Statt anspruchsvollen Englischunterrichts also Touristenitalienisch oder eine fremdsprachliche Schnellbleiche mittels Crashkurs? In der Fremdsprache ist die Rede vom Ziel eines »verständigen Lesens komplexer fremdsprachlicher Sachtexte«. Also keine Literatur und keine Konversationsfähigkeit? In der Einführungsphase, das heißt im Schuljahr vor der zweijährigen Kursphase, sollen künftig verstärkt »spezifische Lernarrangements« zum »Ausgleich von Lerndefiziten« angeboten werden. Die 11. Klasse also als Parkplatz für alle, deren Vorbildung defizitär ist? Und man fragt sich weiter: Wie konnten Schüler, die solches für den Ausgleich von Lerndefiziten brauchen, überhaupt in die gymnasiale Oberstufe kommen?

Abitur-Weichspüler

Andere »Weichspüler«-Regelungen sind nicht ausgeschlossen. Falls der KMK-Schulausschuß »unterrichtet« wird, sind selbst hiervon Abweichungen (KMK-Jargon: »Entwicklungsklauseln«) möglich.

Die KMK ist damit zum Vetoclub zur Abwehr höherer Ansprüche geworden. Somit könnte sich »Mainz« eines Tages als größter Sündenfall deutscher Schulpolitik herausstellen. Denn abenteuerliche Szenarien sind nicht nur denkbar, sondern zugelassen. So ist es möglich und KMK-konform, daß ein Abiturient mit folgender Fächerkonstellation in die Abiturprüfung schwebt: erstes Abiturfach: Sport; zweites Abiturfach: Biologie; drittes Abiturfach: Pädagogik; viertes Abiturfach: eine erst mit der Oberstufe einsetzende Fremdsprache. Das ist keine Maßnahme, um die Studierfähigkeit zu fördern, die universitäre Studienabbrecherquote von 30 Prozent zu senken und die durchschnittliche Studiendauer von über sieben Jahren zu verkürzen.

Weitere »Weichspülungen« von »Mainz« kündigen sich an. Die Kultusministerin von Mecklenburg-Vorpommern, Regine Marquardt (SPD), spricht von einem »Werk der Ermöglichung«. Brandenburg wertet die Substitutionsregelung in seiner Oberstufenverordnung vom 1. August 1997 sogleich als Chance, daß »auf Wunsch einer Schülerin oder eines Schülers« pro Schulhalbjahr bis zu vier Klausuren (in zwei Schuljahren also 16!) durch »Andere Leistungsnachweise« ersetzt werden; das sind etwa »Streitgespräche«, »Einbringen außerschulischer Erfahrungen«, »Gestaltung auswendig gelernter Texte«, »Partnerarbeit«, »Gruppenarbeit« usw. Man sieht: »Die Länder haben sich auf eine Reform des Abiturs geeinigt: Jeder macht, was er will.«[32]

Da bleibt eigentlich nur noch – karikierend – zu vermuten, daß bald ein Bundesland auf die Idee kommt, Kompetenz- und Projektkurse könnten doch sogar mehr als zwei Fächer abdecken. Hier ein Vorschlag: Wie wär's mit einem Kompetenzkurs zum Thema »Untersuchung der Einstellungen der Freizeitjogger zur neuen Streckenführung des Trimmparcours um den Krötenteich im Vergleich zu Jogger-Gewohnheiten deutscher Touristen am Gardasee.« Damit könnte man durchaus ein Halbjahr bestreiten und mindestens die sechs Fächer Sport, Biologie, Erdkunde, Wirtschaft, Deutsch und Fremdsprache abhaken.

Bei alldem ist nicht berücksichtigt, daß in Ländern mit »weichen« Abiturregelungen ja auch der Unterbau der Oberstufe oft »weich« ist: hinsichtlich Zugang zum Gymnasium und zur Oberstufe, hinsichtlich Versetzungsbestimmungen usw. Hier müßte über den »Orientierungsrahmen« der KMK verhandelt werden, der als Vereinbarung von 1993 die Vergabe des sogenannten mittleren Schulabschlusses regelt und dabei zu einer ausgesprochen liberalen Regelung für die Zuerkennung der Oberstufenreife kommt.

Was Wunder also, wenn die Abiturientenquoten landesspezifisch weit auseinandergedriftet sind! Deren Bandbreite ist erheblich. Im Jahr 1994 betrug der Anteil eines Altersjahrganges, der die Allgemeine Hochschulreife erreichte, in Bayern 17,5 und in Baden-Württemberg 20,0 Prozent, aber in Hessen 27,2, in Nordrhein-Westfalen 27,8, in Brandenburg 28,0, in Berlin und in Hamburg 32,1 Prozent.

Baden-Württemberg und Bayern gehen in die Offensive

Seit 1996 mehren sich die Anzeichen, daß die Geduld der »Südschiene« – besser spät als nie! – zu Ende geht. Die Ungeduld ist verständlich, denn Baden-Württemberg und Bayern verlangen von ihren Landeskindern am meisten beim Abitur, zum Beispiel zwei Kernfächer unter den Prüfungsfächern. Den »Südstaatlern« ist der Kragen geplatzt. Der bayerische Ministerpräsident Edmund Stoiber (CSU) zürnte als erster. Ende April 1996 und erneut im Herbst 1997 im Zuge der aufflammenden Föderalismusdebatte erhob er die Forderung, daß Abiturienten aus anderen Bundesländern künftig nur noch nach erfolgreicher Aufnahmeprüfung in Bayern studieren können sollen. Stoiber begründete diesen Vorstoß damit, daß die SPD-regierten Länder die Sicherung der Qualitätsstandards beim Abitur verweigerten. Stoibers Kultusminister Hans Zehetmair läßt Ende 1997 einen Versuchsballon steigen: Bayern wolle sich in der KMK mit einem Fünf-Fächer-Abitur durchsetzen, bei dem Deutsch, Mathematik und eine fortgeführte Fremdsprache Pflichtprüfungsfächer seien, zu denen als viertes Fach eine Naturwissenschaft oder Geschichte sowie als fünftes ein frei wählbares Fach treten sollten. Außerdem plane man die Einrichtung eines Seminarkurses.

Wie abgesprochen folgt zeitgleich Baden-Württembergs Kultusminister Annette Schavan mit ihrem Vorschlag. Auch sie will ein Fünf-Fächer-Abitur mit Deutsch, Mathematik, fortgeführter Fremdsprache als Pflichtprüfungsfächern, einem Profilfach als viertem und einem Neigungsfach als fünftem Fach sowie einem Seminarfach »Multidisziplinäres Lernen«. Ihre Vorstellungen hat Frau Schavan bereits sehr konkret terminiert: Ab dem Jahr 2001 solle umgestellt werden. Die Reaktionen sind überwiegend positiv. Daß die SPD im Stuttgarter Landtag sich pikiert äußert, gehört zu ihrer Rolle. Daß sie außer dem Vorwurf, Frau Schavan tue einen »Griff in die Mottenkiste«, nichts parat hat, zeigt ansonsten, daß in der Schulpolitik das Kategorienpaar falsch/richtig immer noch mit dem Paar alt/neu verwechselt wird.

Die Gymnasiallehrer der süddeutschen Länder reagieren überwiegend zustimmend. Sie begrüßen die neue Grundrichtung, legen zugleich aber Wert darauf, daß auch nach Wegfall der Leistungskurse Wahlmöglichkeiten für die Schüler bleiben sollen, etwa im Bereich des Seminarfaches. Eine gänzliche Rückkehr zum traditionellen Klassenverband ist freilich nicht zu erwarten, schließlich werden die Schüler nur rund 25 Prozent der Wochenstunden in den Fächern Deutsch und Mathematik in einer Stammklasse verbringen; soweit sie Englisch haben, rund 33 Prozent. Ansonsten wird gerade mit Blick auf die Firma Kienbaum mit ihren Untersuchungen zur Schulorganisation vor Begehrlichkeiten gewarnt, die bei Finanzpolitikern ob der teilweisen Rückkehr zum Klassenverband entstehen könnten. Käme die Reform mit solch sachfremder Motivation daher, wäre sie schon vor der Geburt tot.

Stärkung des Abiturs durch mehr Verbindlichkeiten

Die gymnasiale Oberstufe und das Abitur bedürfen also gerade nach Mainz/Dresden einer Rückbesinnung darauf, was Studierfähigkeit ausmacht. Basis sollten dabei die folgenden Fächer sein: Deutsch, zwei Fremdsprachen, Geschichte, Mathematik, zwei Naturwissenschaften. Unter den vier – besser fünf – Abiturfächern sollten zwei Kernfächer sein müssen. Nur ein solcher Kanon garantiert akademische Beweglichkeit. Werner Heldmann[33], Erziehungswissenschaftler in Düsseldorf und Jena, hatte diesen Grundsatz mit seiner Schrift »Studierfähigkeit« von 1984 aufgrund einer umfassenden Befragung von 1300 Hochschullehrern aus 27 Fachdisziplinen eruiert und ihn in seinen 1998 neu aufgelegten Studien »Studierfähigkeit konkret« und »Voraussetzungen und Rahmenbedingungen des Hochschulstudiums« erneut bestätigt. In letzteren erklären Heldmann und Finkenstaedt außerdem klipp und klar, daß es bei der Basis der Studierfähigkeit um Fachwissen und nicht um allgemeine Kompetenzen gehe: Der scheinbar neuentdeckte Begriff der Schlüsselqualifikationen gehört für Heldmann und Finkenstaedt in den Bereich des »semantischen Kulissenschiebens«, mit dem die Schulpolitik der eigentlichen Frage nach der Studierfähigkeit entfliehen wolle. Gerhard Fels, ehemaliger Gymnasialdirektor, bewertet die Möglichkeit, Fächer zu wählen oder abzuwählen, noch drastischer: »Seit zwanzig Jahren ist erwiesen, daß das in ihr praktizierte ›anything goes‹ bei einer Teilpopulation der Studierenden zu einem ›nothing goes‹ geführt hat.«[34] Die große Mehrheit der Studenten sieht das kaum anders, und sie räumt den Fächern Deutsch, Englisch und Mathematik die bedeutendsten Ränge beim Erwerb der Studierfähigkeit ein, so jedenfalls eine Anfang 1998 von der Universität München erstellte Studie, für die rund 6500 Studenten befragt wurden.

Falsch: »Aditur«

Die KMK muß reagieren. Denn die Alternative zu einer bundesweiten Niveausteigerung beim Abitur, das heißt die Konsequenz aus einem Niveauverfall ist klar, und sie ist vom Bundesgesetzgeber 1997 bereits möglich gemacht worden: Die Hochschulen suchen sich ihre Studenten selbst aus, wenn sie keinen Glauben mehr in die Abiturzeugnisse haben. Ein solches »Aditur« wäre aber nicht nur eine Symptomtherapie, die die Ursachen – nämlich schulische – nicht beseitigte; sondern ein »Aditur« wäre zugleich die Verlagerung der Schulpolitik in die Hochschulpolitik. Bildungspolitische Probleme, hier die Defizite in der Abiturbildung, müssen dort gelöst werden, wo sie entstanden sind, also in der Schule. Ein Wandel vom Abitur- zum Aditur-Prinzip entwertete obendrein die Abiturzeugnisse und führte damit zu einer Entprofilierung des gesamten Schulsystems. Hochschuleingangsprüfungen als »Aditur«-Prüfungen sind punktuelle Prüfungen und weniger valide als ein Abiturzeugnis, das die Leistungsentwicklung über zwei Schuljahre hinweg dokumentiert; solche Prüfungen gefährdeten das Prinzip der Allgemeinen Hochschulreife, denn dann wären die Auswahlkriterien zwangsläufig überwiegend fachspezifische. Es muß ansonsten auch bezüglich Hochschulzugang der Grundsatz gelten: Wer lehrt, prüft.

Die KMK ist also am Zuge, denn sonst droht in Deutschland ein Zwei-Klassen-Abitur. Das Oberstufen- und Abiturpaket wird ohnehin neu geschnürt werden müssen. Allein das Solo von Rheinland-Pfalz, das die 11. Klasse ab 1999 zugleich als Erprobungs- und als reguläre Kursphase etablieren und insgesamt ein Schulsemester kappen will, macht auf Dauer neue Verhandlungen notwendig, selbst wenn die KMK – wieder einmal – großzügig grünes Licht gab.

Richtig: Zentralabitur

Eine der wichtigen Maßnahmen zur Aufwertung des Abiturs wäre die Einführung eines je eigenen Zentralabiturs in jedem Bundesland. Ein solches gibt es nur in sieben der 16 Bundesländer, nämlich in den »alten« Ländern Baden-Württemberg, Bayern und Saarland sowie – wie in der ehemaligen DDR – in den »neuen« Mecklenburg-Vorpommern, Sachsen, Sachsen-Anhalt und in Thüringen. Man sollte es in den anderen neun Ländern wenigstens einmal in Mathematik und in den Naturwissenschaften versuchen. Vor allem aber ist ein Zentralabitur vor dem Hintergrund der gerade in den SPD-regierten Ländern fortschreitenden »Autonomie« von Schule mit ihrer Freigabe von Curricula, von Stundentafeln und von Bewertungsmaßstäben vonnöten.

Die Vorzüge eines Zentralabiturs liegen auf der Hand. Es gewährleistet Vergleichbarkeit, Gerechtigkeit, Transparenz und Breite der Grundbildung. Bei einem Zentralabitur fällt es auf, wenn ein Abitur »auf Sparflamme« erworben werden kann. Ein Zentralabitur vermeidet hinsichtlich Anforderungen ein Gefälle zwischen Einzelschulen und Bundesländern, es dokumentiert öffentlich das Anspruchsniveau, es ist für die »Abnehmer« der Schulabsolventen nachvollziehbar, und es ist über die Bundesländer hinweg vergleichbar. Eine Zentralprüfung hat ferner einen hohen pädagogischen Wert, denn weder Schüler noch Lehrer wissen, was »drankommt«; somit schweißt es beide zu einem Team zusammen. Und: Zentralabitur ist auf Breite angelegt. Von einseitiger Spezialisierung dagegen zeugt es, wenn ein angehender Abiturient aus Hamburg – das kein Zentralabitur hat! – in einer Live-Talk-Show am Abend vor seinem Deutschabitur auf die rhetorische Frage des bayerischen Kultusministers Hans Zehetmair »Was kommt denn dran?« verkündet: »Kafka!« Da mag ja sein, daß er sich mit Kafka gut, vielleicht sogar besser als ein »Zentral«-Abiturient auskennt. Aber: Rechts und links von Kafka weiß er womöglich wenig. Für Birgitta Mogge sind das »berechtigte Gründe, wenn Länder mit starkem Zentralabitur wie Bayern und Baden-Württemberg den liberalen Kurs der Nordschiene nicht länger tolerieren wollen. Sie werden bestätigt durch kritische Lehrer etwa aus Hessen, die offen sagen, daß es keine Probleme macht, die ... geforderten Inhalte und Maßstäbe zu ›entschärfen‹: Einer Abituraufgabe sei schwerlich anzusehen, wie intensiv sie vorbereitet wurde.«[35]

Empirische Fakten

Die Grundsätze der Qualitätssicherung, der Vergleichbarkeit und der Transparenz erfordern es außerdem, daß die Qualität der verschiedenen Abiturformen in Deutschland empirisch untersucht wird oder daß vorhandene empirische Fakten ausgewertet werden. So liegen hinsichtlich des Zusammenhangs zwischen schulischer Vorbildung und Studienerfolg (hier definiert durch Abschlußnote, Gesamtstudiendauer und Fachstudiendauer) Studien mit bezeichnenden Ergebnissen vor. Zum Beispiel stellt eine Untersuchung der Universität Stuttgart-Hohenheim aus dem Jahr 1994 eindeutige Zusammenhänge zwischen Abiturnote und Art der Hochschulzugangsberechtigung einerseits sowie zwischen Studiendauer und Examensnoten andererseits fest. Konkret besagt die Untersuchung: Je besser die Abiturnote, desto zügiger das Studium und desto besser die Studienergebnisse. Und: Studienberechtigte mit Allgemeiner Hochschulreife studieren durchwegs schneller und erfolgreicher als jene, die über eine fachgebundene Hochschulreife verfügen.[36]

Im Frühjahr 1998 kamen erste Daten aus der TIMSS III an die Öffentlichkeit. (TIMSS III steht für die »Third International Mathematics and Science Study« zur Oberstufe.) Es stellte sich heraus, daß im Leistungskurs Mathematik NRW-Schüler im Test durchschnittlich 113, bayerische Schüler 126 und baden-württembergische 133 Punkte erreichten. Man geht davon aus, daß eine Differenz von zehn Punkten etwa einem Schuljahr entspricht. Ebenso zeigte sich in der TIMSS III, daß zumindest in Mathematik Schüler aus Ländern mit Zentralabitur ihren Kollegen aus Ländern ohne Zentralabitur um ein Jahr und mehr voraus sind. Auch das sind bezeichnende Details, haben am Ende doch alle ein gleichberechtigtes Abiturzeugnis.

Daß es zwischen den Bundesländern Unterschiede in den schulischen Leistungen ihrer Abiturienten gibt, weiß man seit langem. Josef Hitpaß hatte dies in den 70er Jahren mit dem »Test Akademische Befähigung« (TAB) herausgefunden. 1974 hatte er festgestellt, daß hessische Abiturienten (bei einer Abiturientenquote von damals 17,2 Prozent) im TAB im Schnitt mit 43,0 Punkten den niedrigsten deutschen Wert erzielten, bayerische (bei der damals deutschlandweit schon niedrigsten Abiturientenquote von 10,0 Prozent) aber den in Deutschland höchsten TAB-Schnitt von 51,8 Punkten. Eine ähnliche reziproke Relation auch für Hamburg: Mit der damals deutschlandweit höchsten Abiturientenquote von 28,2

Prozent erreichte es im TAB mit 43,5 den zweitniedrigsten deutschen Wert.[37] Außerdem war Hitpaß 1975 und 1979 zum Ergebnis gekommen, daß – allein bezogen auf Nordrhein-Westfalen – Abiturienten des »klassischen« Abitursystems auf 55,1 TAB-Punkte, Abiturienten des »neugestalteten« Systems nur auf 48,8 TAB-Punkte kamen und letztere damit um rund ein Schuljahr zurücklagen.

An solchen Gefällen zwischen den Ländern scheint sich seitdem nichts geändert zu haben. Die Zwei-Klassen-Abitur-Landschaft wird noch deutlicher, vor allem wird das Süd-Nord-Gefälle bei Verwirklichung der aktuellen Pläne der Südschiene noch steiler werden. Eines sollte jedoch klar sein: Abiturienten mit guten Schulnoten erweisen sich – selbst im eigenen Urteil – als erheblich studierfähiger als Abiturienten mit schwachen. Auf die Frage nach der Einschätzung der schulischen Vorbereitung auf das Studium antworteten nur 12 beziehungsweise 23 Prozent der Studenten mit Abiturnoten besser als 1,4 beziehungsweise besser als 2,4 mit »in keiner Hinsicht«; Studenten aber mit Abiturnoten schwächer als 2,5 und 3,5 sahen sich mit 35 und 48 Prozent Anteil als durch die Schule »in keiner Hinsicht« auf das Studium vorbereitet.[38]

Solchen Tatbeständen gilt es intensiver nachzugehen. Angezeigt wäre es im Interesse einer Sicherung der Studierfähigkeit darüber hinaus, weitere Zusammenhänge zwischen schulischer Vorbildung und Studienerfolg zu untersuchen. Dann ließen sich die folgenden Vermutungen näher beleuchten: daß Studierende, die bis zum Abitur die Fächer Deutsch, Mathematik, zwei Fremdsprachen, eine Naturwissenschaft und Geschichte belegt oder gar als Prüfungsfächer hatten, erfolgreicher studieren als solche ohne diesen Kanon; daß Studierende, die die Allgemeine Hochschulreife über das Zentralabitur erworben haben, erfolgreicher studieren als solche, die kein Zentralabitur abgelegt haben; daß Studierende, die die Allgemeine Hochschulreife in einem Bundesland mit einer Abiturientenquote unter oder um 20 Prozent erworben haben, erfolgreicher studieren als solche, die die Allgemeine Hochschulreife in einem Bundesland mit einer Abiturientenquote bei oder über 30 Prozent erlangt haben.

7

Dinosaurier »Gesamtschule«

Der ultimative schulpolitische Großversuch wird seit rund 30 Jahren mit der integrierten Gesamtschule (IGS) veranstaltet. Sie war mit der Zielsetzung angetreten, die Anteile der Schüler mit formal höheren Bildungsabschlüssen quer durch alle Bevölkerungsschichten zu erhöhen, die soziale Integration und das soziale Lernen der Schüler zu fördern sowie das schulische Klima zu verbessern. Diese Ansprüche wurden nie eingelöst. Vielmehr erwies sich die IGS in vielerlei wissenschaftlichen Systemvergleichen gegenüber dem gegliederten Schulsystem bei den fachlichen Leistungsfortschritten der Schüler als weit unterlegen und in den übrigen Erziehungswirkungen als ebenfalls nicht gleichrangig. Und das bei erheblich besserer Personal- und Sachausstattung. Daß wir heute mehr »Arbeiterkinder« unter den Abiturienten haben und daß sich die Abiturientenquote in 30 Jahren verfünffacht hat, ist nicht Ergebnis der Gesamtschulen, sondern des gegliederten Schulsystems.

Ginge es nach den Ergebnissen, die die Gesamtschule gezeitigt hat, so müßte diese Schule längst geschlossen sein, denn sie paßt sowenig in die Landschaft wie ein Dinosaurier heute in die Fauna. Dem ist aber nicht so: Die Gesamtschule wurde für immun gegen Kritik erklärt, weil sie das Hätschelkind linker Politik ist. Daran ändert auch das inoffizielle Organ aller »progressiven« Schulpädagogen, die Wochenzeitung »DIE ZEIT« nichts, selbst wenn sie am 12. Dezember 1997 völlig überraschend »Gesamtschule mangelhaft« titelte und fortfuhr: »Die Gesamtschule ist so schlecht wie ihr Ruf.«

Untersuchungen der 70er und 80er Jahre (Helmut Fend, Aloysius Regenbrecht, Kurt Aurin, Heinrich Wottawa[39]) haben das längst gezeigt: Die Gesamtschule ist weit davon entfernt, einem Vergleich mit dem gegliederten Schulsystem standhalten zu können. Regenbrecht etwa stellte fest, »daß im Jahr 1980 an den niedersächsischen Gesamtschulen 20 Prozent mehr weiterführende Abschlüsse als im gegliederten Schulwesen vergeben wurden, obwohl die Leistungsergebnisse insgesamt hinter den Leistungen der Schüler des gegliederten Schulwesens zurückblieben«.

Hauptschule mit anderem Namen

Die Gesamtschule ist kaum etwas anderes als eine Hauptschule mit anderem Namen. Sie wollte zu je einem Drittel potentielle Hauptschüler, Realschüler und Gymnasiasten haben. Die Realitäten sehen anders aus. In den meisten Städten mit Gesamtschulen stieg der Anteil der hauptschulempfohlenen Gesamtschüler auf 60 bis 80 Prozent. Zugleich fiel die Zahl der gymnasialempfohlenen Gesamtschüler auf durchschnittlich fünf Prozent.

Im Jahr 1993 gründete sich der kritische »Arbeitskreis Gesamtschule«.[40] Einer seiner Initiatoren, Ulrich Sprenger, selbst 20 Jahre lang Lehrer an einer Gesamtschule, kritisiert, daß Gesamtschulen aufgrund ihrer Konstruktion »Restschulen« werden mußten: »Viele Gesamtschulen ... sind keine Gesamt-Schulen mehr, sondern eher extrem teure, viel zu kompliziert organisierte Hauptschulen in Ganztagsform.« Dort wo die Gesamtschule halbwegs funktioniere, sei sie aufgrund der günstigen Umstände nicht serientauglich.

Die Schule »für alle« blieb ein Traum. Solange Eltern freie Schulwahl haben, kommt in Gesamtschulgegenden ein Creaming-Effekt zustande: Realschulen und Gymnasien schöpfen die Leistungsfähigeren ab. Eltern wissen, daß die Gesamtschule Leistungsfähige bremst, weil sie mit einer Orientierung an den Langsameren »Konvoi«-Effekte provoziert. Doch nicht einmal den Langsameren ist damit geholfen. Hierzu hatte bereits 1973 – bis zuletzt durch die Studie »Bildungsverläufe und psychosoziale Entwicklung im Jugendalter«[41] von 1996 bestätigt – eine Studie der Deutschen Forschungsgemeinschaft festgehalten, daß die Lage der Gesamtschüler in niedrigeren Leistungskursen und in Förderkursen sogar in der Selbsteinschätzung ungünstiger ist als die Lage der Hauptschüler. Vielmehr hätten Hauptschüler die Möglichkeit, im Vergleich zu Mitschülern ihrer Klasse relativ erfolgreich zu sein. Ein kompensatorischer Chancenausgleich durch die Gesamtschule finde – wenn überhaupt – nur auf dem Wege der »Verschiebung von Verteilungsmaßstäben« statt. Ungeschützt formuliert heißt das: durch Senkung des Niveaus.

Vernichtend fällt die Einschätzung der Gesamtschulen aus, wenn man Vertreter der Wirtschaft befragt. Das EMNID-Institut wollte 1987 im Auftrag der Industrie- und Handelskammern Nordrhein-Westfalens von mehr als 1000 Führungskräften aus allen Bundesländern deren Bewertung der verschiedenen Schulformen wissen. Ergebnis: Die Hauptschule wurde mit der Note 3,36, die Realschule mit 2,66, das Gymnasium mit 1,97 und die Gesamtschule mit 3,56 bewertet. Nur sechs Prozent der Befragten gaben an, daß sie bereit wären, ihr Kind auf die Gesamtschule zu schicken.

Die Industrie- und Handelskammer Hannover-Hildesheim wertet seit Jahren die Ergebnisse der Abschlußprüfungen für kaufmännische Berufe getrennt nach schulischer Vorbildung aus: Gesamtschüler und Hauptschüler erreichen darin die Durchschnittsnote 3,4, Realschüler 2,97, Gymnasiasten 2,7.

Andreas Helmke vom Max-Planck-Institut für psychologische Forschung stellt 1988 fest, »daß leistungs- und begabungsstarke Schüler bei leistungsegalisierendem Unterricht durchwegs eine suboptimale Leistungsentwicklung zu verzeichnen haben ... Begabungsschwache Schüler profitieren in keiner Weise von egalisierendem Unterricht.«[42] Das Hochschul-Informationssystem (HIS) untersuchte 1993/94 die Ursachen eines Studienabbruchs. Zur Gesamtschule heißt es: »Im Urteil der Exmatrikulierten erweist sich die Vorbereitung auf das Studium durch Gesamtschulen im Mittel besonders selten als ›(sehr) gut‹.«[43] Die Leiter der Oberstufen vieler Gesamtschulen berichten, daß die Zahl der Abbrecher in dieser Oberstufe bis 50 Prozent betrage, weil Schüler durch die Gesamtschule auf die Sekundarstufe II zu schlecht vorbereitet worden seien. SPD-Politiker haben das gewußt, sonst hätten sie ihre Kinder nicht an Schulen des gegliederten Schulsystems, oft an private Gymnasien geschickt – gerade auch SPD-Politiker, die sich für die Gesamtschule stark machten.

Die Tricks der Gründer

Trotzig und trickreich werden weitere integrierte Gesamtschulen gegründet. Nordrhein-Westfalen steigerte deren Zahl von 65 im Jahr 1982 über 120 im Jahr 1987 auf 231 im Jahr 1995. Brandenburg richtete gar mit einemmal neben rund 80 Gymnasien, 70 Realschulen und null Hauptschulen 300 Gesamtschulen ein. Weil man weiß, daß die Gesamtschule bei Eltern nicht zieht, wird seit eh und je versucht, der Gesamtschule bereits bei der Gründung einen Startvorteil zuzuschanzen. Das geschieht nicht nur mit subtilen Mitteln, sondern durchaus brachial gerissen. Ein Beispiel dafür ist die amtliche Vorschrift des Landes Nordrhein-Westfalen aus dem Jahr 1986 zur Errichtung von Gesamtschulen. Danach sind für die Errichtung einer Gesamtschule 112 Schüler als Minimum vorgeschrieben, aber es gibt alle möglichen Tricks, um auf Umwegen auf 112 zu kommen. So heißt es in der Vorschrift: »Das Bedürfnis zur Errichtung einer Gesamtschule kann nicht schon dann verneint werden, wenn sich im Befragungsverfahren weniger Eltern für die Gesamtschule entschieden haben, als für die Mindestzügigkeit erforderlich sind. Das Befragungsergebnis ist vielmehr zu bewerten ... Hat sich nur ein Teil der Erziehungsberechtigten an der Befragung beteiligt, soll dies unter Berücksichtigung von Erfahrungswerten (z. B. eine angemessene Umrechnung bezogen auf die Gesamtheit der befragten Erziehungsberechtigten) geschehen ... Fehlt eine Bewertung des Befragungsergebnisses und beruht die Feststellung des Fehlens eines Bedürfnisses hierauf, kann der Ratsbeschluß (= Gemeinderat oder Stadtrat, der Verf.) beanstandet werden. War die Bewertung fehlerhaft, z. B. weil eine erforderliche Umrechnung unterblieben ist, so kann ein darauf beruhender Ratsbeschluß nur beanstandet werden, wenn eine ordnungsgemäße Bewertung ein positives Ergebnis gehabt hätte.«

Das heißt im Klartext: Hier wird Befragungsstatistik zur Willkür. »Bewerten«, wie es hier im Kontext zu verstehen ist, bedeutet schließlich nichts anderes, als mit Anmeldezahlen so lange zu jonglieren, bis »hochgerechnet« die Zahl 112 herauskommt. Und »Fehler« im Interesse der Gesamtschulgründung lassen sich – das darf man glauben – immer finden. Andere Fehler, so verstehe man den raffiniert formulierten Satz des obigen Zitats, andere Fehler also, die zu Lasten etwa des Gymnasiums gehen, bedürfen keiner Beanstandung. Aber es kommt noch schöner: »Fehler im Anmeldeverfahren (z. B. zu kurze Fristen oder Verunsicherung der Eltern in ihrer Wahl aus bildungspolitischen Erwägungen, ungeeigneter Standort) können dazu führen, daß das Anmeldeverfahren wiederholt werden muß.« Konkret könnte das gerade im Fall der Formulierung »Verunsicherung der Eltern in ihrer Wahl aus bildungspolitischen Erwägungen« heißen: Erlaubt sich etwa eine Elternorganisation, eine CDU- oder FDP-Gruppe, mit ihrer Meinung über Gesamtschulen in die Öffentlichkeit zu gehen, so kann das Anmeldeverfahren so lange wiederholt werden, bis diese Gruppen zum Schweigen gebracht werden oder bis – gegebenenfalls auch in anonymer Befragung und/oder hochgerechnet – 112 sogenannte Meldungen vorliegen.

Entsprechend trickreich sind denn auch alle Versuche der NRW-Landesregierung, Gesamtschulgründungen »durchzudrücken«. In Münster beispielsweise spielte sich folgender Politkrimi ab: Bereits in den Jahren 1985 bis 1988 hatte die SPD-Fraktion im Stadtrat vergeblich versucht, die nötigen 112 Anmeldungen für eine Gesamtschulgründung zusammenzubekommen. 1995 und 1996 wurde ein erneuter Anlauf unternommen, diesmal mit der Absicht, eine Haupt- und eine Realschule in eine Gesamtschule umzuwandeln. In kürzester Zeit wurden aber 43.796 Unterschriften gegen diese Neugründung zusammengetragen. Damit war ein Bürgerentscheid fällig. Dieser hätte – da plebiszitär – ja so recht nach dem Geschmack von Rot-Grün sein müssen. Aber wenn die Basis anders denkt, als die rot-grüne Regierung will, muß es anders laufen. Am 8. November 1996 erklärt der NRW-Innenminister Franz-Josef Kniola (SPD) den Bürgerentscheid für unzulässig. Am 13. November sprechen sich alle Fraktionen im Rathaus für die Volksabstimmung aus. Am 14. November, drei Tage vor dem Wahltag, gestattet das zuständige Oberverwaltungsgericht Münster den Bürgerentscheid. Beim Bürgerentscheid am 17. November 1996 sprechen sich 57.673 Einwohner für den Erhalt einer Haupt- und einer Realschule aus, nur 11.605 für die Errichtung einer weiteren Gesamtschule. Die Wahlbeteiligung hatte 34 Prozent betragen, also das 25-Prozent-Quorum deutlich überstiegen; die Gesamtschulgegner waren auf 83 Prozent der Stimmen gekommen.

Kaum anders laufen die Versuche der Landesregierung in Niedersachsen. Dort schreibt das Kultusministerium im Jahr 1991 in die Werbebroschüre »Gesamtschule in Niedersachsen«: Eltern könnten nach der 4. Jahrgangsstufe entscheiden, ob sie ihr Kind zum Besuch anmelden wollten bei »einer Orientierungsstufe und danach bei einer Hauptschule, Realschule oder einem Gymnasium« oder bei »einer Integrierten Gesamtschule-Ganztagsschule«. Man traut also den eigenen Versprechungen nicht und ködert Eltern mit der Ganztagsschule, um deren Entscheidung sodann als Votum für die Gesamtschule zu deklarieren.

Auch in Sachen Bürgervotum geht Niedersachsens Landesregierung ähnlich vor wie NRW. Innenminister Glogowski (SPD) pries 1996 noch den Mut seiner Regierungsfraktion, den Bürgerentscheid einzuführen. Wenn es dann um die Wurst geht, gilt das aber nicht mehr. Im Herbst 1997 jedenfalls unterschrieben 12.000 Bürger aus dem Kreis Peine einen Protest gegen eine integrierte Gesamtschule; postwendend erklärte das Innenministerium, dieses Bürgerbegehren sei »nicht zulässig«.

So wird denn am Mythos »Gesamtschule« weitergestrickt und trickreich an Neugründungen gearbeitet. In der Programmatik der

»Gemeinnützigen Gesellschaft Gesamtschule« (GGG) liest sich das im Jahr 1990 – also inmitten der Abwicklung der DDR-Einheitsschule – so: »Die Gesamtschule ist das ersetzende Schulsystem, das die Orientierungsstufe, die Hauptschule, die Realschule und das Gymnasium ersetzen muß.« Jürgen Rieckmann, Oberschulrat für die 30 Gesamtschulen in Hamburg, schreibt 1990 in einem internen Papier: »Für die Gesamtschule, wie wir sie einmal konzipiert haben, bleibt nun einmal nur die Perspektive, in überschaubarer Zeit alleinige Regelschule zu werden ... Die leistungsstärkeren Schüler werden vernachlässigt. Man stellt sich ein auf die Masse der Schüler.« Der Blick für das Reale scheint also noch dazusein, auch die Einschätzung mangelnder Konkurrenzfähigkeit der Gesamtschulen. Wieder Rieckmann: »Eine gleiche Ausstattung aller Schulformen ... ist aus der Sicht der Gesamtschule unmöglich. Die Gesamtschule muß besser als jede Schulform des gegliederten Schulwesens ausgestattet sein.«

Luxusausstattung

Dabei kostet die Gesamtschule ohnehin schon um bis zu 30 Prozent mehr – sachlich und personell. Das sagt Anfang der 90er Jahre ein vom NRW-Kultusminister in Auftrag gegebenes Gutachten der Unternehmensberatung Kienbaum über Schule in NRW aus. Andere Beispiele: Laut Expertise der Landesregierung von Rheinland-Pfalz beträgt dort der Stundenverbrauch pro Klasse in den Jahrgangsstufen 5 bis 10 in der integrierten Gesamtschule 39,9 Stunden, im Gymnasium 32,5 Stunden, in der Realschule 31,7 Stunden und in der Hauptschule 36,5 Stunden. Der Stundenverbrauch pro Schüler in der Oberstufe der integrierten Gesamtschule beträgt 2,87 Stunden, bei den Gymnasien dagegen nur 1,9 Stunden. Auch Niedersachsen privilegiert seine Gesamtschulen in ähnlicher Weise: An der integrierten Gesamtschule kommt – hier jeweils bezogen auf das Jahr 1996 – auf 11,4 Schüler ein Vollzeitlehrer, während es an den Gymnasien 15,4 Schüler sind. Das bedeutet konkret: Eine integrierte Gesamtschule mit etwa 700 Schülern hat in Niedersachsen im statistischen Mittel exakt 16 Vollzeitlehrer mehr als ein gleich großes Gymnasium. Da steht Hessen nicht zurück. Dort können 70 der 200 Gesamtschulen mit einem zusätzlichen Umfang von 270 Lehrerstellen Ganztagsschule anbieten; Entsprechendes gibt es aber nur an zwei Hauptschulen. Oder: Ein Gymnasium in Hessen erhält eine Entlastungsstunde für Lehrer bei 27,3 Schülern, in der Gesamtschule gibt es diese bereits bei 16,2 Schülern. Daß die Höchstgrenzen der Klassen in den integrierten Gesamtschulen mit 30 geringer sind als an Realschulen und Gymnasien mit 33 Schülern und daß Gesamtschulen bis zum Dreifachen an Beförderungsstellen für Lehrer haben, verwundert auch nicht mehr. Ein fairer Wettbewerb zwischen dem gegliederten Schulsystem und der Gesamtschule fand also nie statt, denn Gesamtschule konnte mit besserer Ausstattung und mit Ganztagsbetrieb – nicht zu vergessen: mit der Tatsache, daß dort keiner »durchfällt« – werben. Dennoch hat das gegliederte Schulsystem seine Überlegenheit stets bewiesen.

Andere Bundesländer sind konsequenter. Am 28. April 1992 faßte die Bayerische Staatsregierung einen mutigen und zugleich überfälligen Beschluß: Die bayerischen Versuche mit fünf verschiedenen Schulmodellen – darunter integrierte Gesamtschulen, kooperative Gesamtschulen und Orientierungsstufen – wurden beendet. Die vorhandenen kooperativen Gesamtschulen und Orientierungsstufen gingen zurück in das gegliederte Schulwesen. Die integrierten Gesamtschulen wurden – ohne weiterhin opulenten Versuchsstatus zu haben – in »Schulen besonderer Art« überführt. Nach mehr als 20 Jahren beendete der Freistaat damit ein teures Schulexperiment; es wäre damit ein Signal für die gesamte deutsche Bildungspolitik gesetzt gewesen. Aber wie zu erwarten war: Weder Hessen noch NRW, noch Niedersachsen, noch Rheinland-Pfalz wollten der Wahrheit gleichermaßen wie Bayern ins Auge sehen, nämlich daß keine noch so prolongierte Experimentalphase das Scheitern eines Experiments verschleiern kann. Und so hat man denn dort der Gesamtschule ab Anfang der 90er Jahre durch Novellierung der Schulgesetze Regelstatus zuerkannt.

Leistungsstudien der 90er Jahre

Die Befunde, daß Gesamtschüler bei weitem nicht das gleiche leisten wie Realschüler und Gymnasiasten, setzen sich Ende der 90er Jahre fort. Besonders schmerzlich ist die Studie »Bildungsverläufe und psychosoziale Entwicklung im Jugendalter« (BIJU) des Max-Planck-Instituts für Bildungsforschung.[44] Dabei waren erstmals im Schuljahr 1991/92 und dann erneut 1996 getestet worden: Schüler von Hauptschulen, Gesamtschulen, Realschulen und Gymnasien in den Fächern Englisch, Mathematik, Biologie und Physik – und zwar in den Ländern NRW, Mecklenburg-Vorpommern, Sachsen-Anhalt und Berlin (Ost und West). Für NRW wird anhand der Stichproben aus 14 Gesamtschulen (getestet wurden 778 Schüler) und 19 Realschulen (990 getestete Schüler) folgendes Ergebnis festgehalten: Am Ende der 10. Klasse liegen Gesamtschüler etwa in Mathematik im Vergleich mit Realschülern um zwei, im Vergleich mit Gymnasiasten um mehr als zwei Jahre zurück – und das trotz einer Schülerklientel, die sich weder durch soziale Herkunft noch durch intellektuelle Fähigkeiten unterscheidet. Außerdem wird vom Max-Planck-Institut für Bildungsforschung darauf hingewiesen, daß es zwischen Hauptschule und Gesamtschule keine Leistungsunterschiede gebe. Zugleich wird festgestellt, daß die Gesamtschüler hinsichtlich sozialen Lernens nicht mit den Schülern der anderen Schulformen mithalten können. Das Institut geht davon aus, daß das altruistische Motiv der Gesamtschüler niedriger ausfällt als bei Schülern anderer Schulformen. Olaf Köller vom Max-Planck-Institut wird anläßlich einer Fachtagung in Düsseldorf zur Frage nach den Ursachen dieses schwachen Abschneidens von dpa am 25. Mai 1998 wie folgt zitiert: An den Gesamtschulen wird zuviel Zeit mit sozialer Förderung verschwendet, statt Wissen zu vermitteln.

Solche und andere Erkenntnisse des Scheiterns werden von den Gesamtschulpropheten weggewischt. Die Diskussion um die Gesamtschule ist damit seitens ihrer Befürworter zu einer gigantischen Ablenkungsmaschinerie verkommen. Die Ausreden lauten: Nicht die Idee Gesamtschule sei gescheitert, sondern ihre reale Existenz sei gescheitert, weil die Gesamtschule nur »halbherzig« gewollt worden sei. Wenn die Gesamtschule in Leistungstests schlechter abschneide, dann angeblich deshalb, weil Schüler verschiedener Schulformen nicht verglichen werden dürften. Außerdem sei die Gesamtschule an den Lehrern und an den Didaktikern gescheitert: Lehrer beherrschten zuwenig ein Handwerkszeug, mit dem zugleich Hauptschüler und Gymnasiasten gefördert und gefordert werden könnten. Zudem hätten die Didaktiker bei der Aufgabe versagt, eine Didaktik für einen guten Gesamtschulunterricht zu liefern; so wird die frühere Vorsitzende der Gemeinnützigen Gesellschaft Gesamtschule (GGG) und spätere Kölner Gesamtschuldezernentin Anne Ratzki in der »WOCHE« vom 5. Juni 1998 zitiert. Ausreden über Ausreden. Auf die Idee aber, daß die Idee nichts taugt, kommt keine(r).

Somit bleibt der Skandal schlechthin: Da wird einer öffentlichen

Institution seit Jahrzehnten nachgewiesen, daß sie wenig leistet, und dies auch noch weit überteuert, aber es werden keine Konsequenzen gezogen. Das ist so, als wenn sich die öffentliche Hand aus alter Soziologiestudenten-Romantik immer noch einen Fuhrpark an 2-CV-Fahrzeugen (»Enten«) leistete, wiewohl die Fahrgäste trotz höchster Energie- und Wartungskosten pannenbedingt selten ans gewünschte Ziel kommen. Da kann man es – frei nach Kurt Tucholsky – nur noch mit dem Marxismus halten: Dessen Aufgabe ist es, zu sagen, wie etwas kommen muß – und wenn es nicht so kommt, zu zeigen, warum es nicht so kommen konnte.

8

Hauptschule: Wie man tüchtige Schule »platt machen« möchte

Es gibt Leute, die glauben, mit der Abschaffung der Hauptschule wäre irgendein Problem in der Schullandschaft gelöst. Dieser Glaube ist falsch. Die Beseitigung der Hauptschule provoziert eine noch größere Zahl an neuen Problemen, und sie wischt eine historische Tatsache vom Tisch: Die Hauptschule hat, früher als »Volksschule«, Generationen von Handwerkern, Facharbeitern, Meistern und Fachkräften der Sozialberufe ausgebildet, die maßgeblich am Aufbau Deutschlands beteiligt waren und die nach wie vor Wirtschaft und Dienstleistungssektor mittragen. Dennoch wird der Rufmord an der Hauptschule fortgesetzt. Im Frühjahr 1996 wurde im Saarland aus dem Rufmord gar ein tatsächlicher: In einer eigenartigen großen Koalition aus regierender SPD und oppositioneller CDU wurde dort die Verfassungsgarantie der Hauptschule gestrichen. Deren Schüler werden in der Folge einer »erweiterten« Realschule oder einer Gesamtschule zugeschlagen. Befriedigt sind damit die individuellen Bildungsbedürfnisse dieser Klientel nicht, sondern weiter-»befördert«.

Etiketten aus dem »Wörterbuch des Unmenschen«

Was aber sind die Ursachen des vermeintlichen beziehungsweise des inszenierten Niedergangs der Hauptschule? Volkswirtschaftliche Faktoren können es nicht sein, denn bezeichnenderweise haben die Bundesländer mit den niedrigsten Arbeitslosenquoten – hier Baden-Württemberg und Bayern – zugleich die höchsten Hauptschüleranteile. Der vermeintliche Niedergang hat vor allem mit der üblen Sprachregelung von der Hauptschule als »Auslaufmodell« und als »Restschule« zu tun. Tatsächlich aber ist Hauptschule auch Mitte der 90er Jahre »Haupt-Schule«, die in Westdeutschland mit 33 Prozent der Schülerschaft – mit annähernd 40 Prozent in den Ländern Baden-Württemberg, Bayern, Rheinland-Pfalz – den Hauptteil der Schüler bildet. Im übrigen: Seit Anfang der 90er Jahre hat die Hauptschule bundesweit und hinsichtlich ihres Anteils an der gesamten Schülerschaft zu einer gewissen Stabilität gefunden.

33 Prozent als »Rest« zu bezeichnen, steht zumal Parteien nicht an, die sich bereits bei Stimmenanteilen von unter 30 Prozent als Volksparteien fühlen. Hauptschüler zu »Rest«-Schülern abzuqualifizieren, ist vor allem zutiefst diskriminierend. Dies paßt eher ins »Wörterbuch des Unmenschen«. Hauptschule hat gerade in Süddeutschland einen hohen Anspruch – weil sie dort politisch gewollt wird. Wer sich die Mühe machte, dort praktizierte Hauptschulabschlußprüfungen näher anzusehen, oder diese Prüfungen gar einem Gesamt-, Sekundar- oder Regionalschüler vorlegte, der würde feststellen, daß manche Bundesländer die mittlere Reife auf einem Niveau vergeben, das anderswo kaum dem Hauptschulabschluß entspricht.

Das heißt: In Sachen Anspruch und Stabilität der Hauptschule besteht ein erhebliches Gefälle zwischen Bundesländern, aber auch Regionen. »Die« Hauptschule gibt es nicht, denn sie bietet ein höchst unterschiedliches Bild: als Schule für die Hälfte eines Jahrganges in ländlichen Gegenden; als mehr oder weniger eigenständiger Bildungsgang innerhalb einer Mittelschule (Sachsen), Regelschule (Thüringen), Sekundarschule (Sachsen-Anhalt), erweiterten Realschule (Saarland) oder Regionalschule (Rheinland-Pfalz); als Schule für circa zehn Prozent eines Jahrganges in bestimmten Großstädten, darunter nur wenige deutsche Schüler.

Falsch ist die Etikettierung von Hauptschule als »Restschule« dennoch, weil die Hauptschüler auf dem Markt der Ausbildungsstellen ganz gut dastehen. Die Bundesvereinigung Deutscher Arbeitgeberverbände (BDA) kommt im Jahr 1993 zu folgenden Bewertungen der Hauptschüler: »Berufsfähigkeit insgesamt gut, aber: Die Kulturtechniken müssen gefestigt werden. Berufschancen insgesamt gut, aber: Die Aufstiegsmöglichkeiten müssen gesichert werden. Bildungsprofil insgesamt gut, aber: Die Lernfelder Arbeit – Wirtschaft – Technik (AWT) müssen ausgebaut werden.«

Der herbeigeredete Niedergang der Hauptschule hat sodann mit der monomanischen Ausrichtung der Bildungspolitik auf das Abitur zu tun. Diese Ausrichtung ließ Politik und viele Eltern vergessen, welch wichtiger Eckpfeiler Hauptschule und berufliche Bildung für die individuelle Lebensplanung und für den Standort Deutschland sind. Daß die duale Ausbildung als Exportschlager gilt, hat mit Hauptschule zu tun!

An der Hauptschule führt kein Weg vorbei

Die Anerkennung einer Schulform ist eine Frage der gesellschaftlichen Wertschätzung und der Aufstiegsperspektiven. Den Worten der Spitzenverbände der Wirtschaft, die zur Hauptschule stehen, müssen insofern noch weitere Taten folgen. Die Zukunft der Hauptschule hängt nämlich vor allem davon ab, ob der Arbeitsmarkt den Absolventen der Hauptschule Chancen bietet. Hier wurde in den 80er Jahren gesündigt, als die Wirtschaft einen Verdrängungswettbewerb einleitete: Bei der Bewerbung um einen Ausbildungsplatz verdrängten Abiturienten Realschüler und Realschüler Hauptschüler.

An der Hauptschule führt kein Weg vorbei. Sie ist eine unverzichtbare Säule. An der Eigenständigkeit der Hauptschule entscheidet sich auch die Zukunft des Gymnasiums und der Realschule. Maßgeblichen Anteil hat die Hauptschule an der Stabilität großer Bereiche der beruflichen Bildung; schließlich rekrutiert der gewerbliche Bereich zumindest in den »alten« Ländern das Gros seiner Bewerber aus der Hauptschule.

Abseits volkswirtschaftlicher und schulpolitischer Begründungen hat die Hauptschule vor allem einen pädagogischen Grund. Es gibt einen Anteil von 20 bis 30 Prozent eines Geburtsjahrganges, für den die Pädagogik der Hauptschule die optimale Förderung darstellt. Diese Schüler brauchen einen Unterricht, der nicht überwiegend abstrakt, theoretisch, sondern konkret-anschaulich, praxisorientiert und exemplarisch vorgeht. Gerade für Schüler, deren Denk- und Arbeitsstil in diesem Bereich liegt, ist die Hauptschule oft die einzige Hoffnung auf einen Schulabschluß.

Zweigliedrigkeit ist ein Irrweg

Deshalb liegt die Chance der Hauptschule in ihrer Eigenständigkeit. Eine Integration von Realschule und Hauptschule zu einem einzigen Bildungsweg kann nicht die Lösung sein. Eine solche integrierte Mittelschule (als Regionalschule in Rheinland-Pfalz, erweiterte Realschule im Saarland, Mittelschule in Sachsen, Sekundarschule in Sachsen-Anhalt, Regelschule in Thüringen) als die nichtgymnasiale Säule einer sogenannten Zweigliedrigkeit des Schulsystems wird den potentiellen Hauptschülern nicht gerecht, und sie wird den potentiellen Realschülern nicht gerecht, vor allem wenn nicht einmal in den Kernfächern eine äußere Fachleistungsdifferenzierung in jeweils eigenen Klassengruppen stattfindet. Im übrigen ist zu befürchten, daß weitestgehend integrierte Haupt- und Realschulen den Run auf die Gymnasien nur noch verstärken – zu Lasten des gymnasialen Anspruchs.

Zur Stärkung der Hauptschule (aber auch des Gymnasiums und der Realschule) gehört, daß der Eignungsgrundsatz beim Eintritt in eine weiterführende Schule wiedereingesetzt wird. Solange in vielen Bundesländern der sogenannte Elternwille (besser: Elternehrgeiz) allein darüber entscheidet, welcher Bildungsweg gewählt wird, sind alle Schulformen die Verlierer und die Kinder die Betrogenen. Das Zählen von Elternwünschen jedenfalls – angeblich wünschen über 50 Prozent das Abitur und weniger als zehn Prozent die Hauptschule – kann eine Schulpolitik, die am Kindeswohl ausgerichtet ist, nicht ersetzen.

Die Hauptschule muß ein unverwechselbares Profil und einen in sich geschlossenen fünf- oder im Sonderfall sechsjährigen Bildungsgang haben. Der Fächerkanon sollte mit rund drei Vierteln der Unterrichtskontingente allgemein verbindliche und allgemeinbildende Fächer umfassen, darunter Englisch als Pflichtfach. Darüber hinaus sollte die Hauptschule ab der 8. Jahrgangsstufe im Umfang von rund einem Viertel der Wochenstunden verschiedene Profile anbieten können, insbesondere Gewerbe/Technik, Wirtschaft/Büro und Soziales/Hauswirtschaft/Ernährung.

Die Hauptschule braucht ferner einen Abschluß, der von keiner anderen Schule vergeben werden kann, etwa einen qualifizierenden Abschluß (»Quali«). Dieser eröffnet den Hauptschulabsolventen ein Mehr an Berufen, auch im öffentlichen Dienst. In Verbindung mit einer abgeschlossenen Berufsausbildung soll dieser »Quali« als mittlerer Schulabschluß gewertet werden, der weitere Chancen eröffnet.

Was pädagogische Rahmenbedingungen betrifft, so müssen Hauptschulen in besonderem Maße wohnortnahe Schulen sein, das heißt, daß man sie auch unterhalb der Dreizügigkeit (= drei Parallelklassen) erhält. Gerade das Klassenleiterprinzip muß dort gestärkt werden. Hauptschullehrer sind als wichtige Bezugspersonen möglichst viele Stunden in »ihrer« Klasse einzusetzen und mit Verfügungsstunden auszustatten. Die Hauptschule muß dabei, vor allem in Ballungsgebieten, mit optimalen Klassengrößen arbeiten können, die unterhalb der Klassenstärke anderer Schulformen liegen sollten. Als Schule mit besonderem pädagogischem Auftrag wäre die Hauptschule ferner mit zusätzlichen Stundenpools auszustatten: für unterrichtliche Differenzierungen, insbesondere mit Blick auf eventuell hohe Anteile von Ausländer- und Aussiedlerkindern; für Lernschwache; für Wahlfächer; für Klassenleiterstunden; für die flexible Handhabung der Klassenstärken. Die Hauptschule stünde besser da, wäre man bereit, die besondere Leistung der Hauptschullehrer entsprechend zu würdigen. Deshalb muß die Attraktivität des Hauptschullehramtes durch Leistungsanreize sowie durch vertretbare Arbeitszeitregelungen verbessert werden.

Hauptschule bekommt Rückenwind

Die einzige Alternative zur bestehenden Hauptschule kann nur die bessere Hauptschule sein. Mit einem neuen Schulnamen ist es jedenfalls nicht getan. Wäre man seitens der Politik bereit, der Hauptschule in gleicher Weise wie der Gesamtschule mit Werbung und Finanz- beziehungsweise Personalausstattung unter die Arme zu greifen, wäre die Hauptschule in allen Bundesländern eine kerngesunde Schule.

Nunmehr bekommt die Hauptschule – endlich – Rückenwind zu spüren.

Bundespräsident Roman Herzog wird in einem Zeitungsbericht mit folgenden Äußerungen wiedergegeben: »Entsprechend nachdrücklich wirbt Herzog für die Hauptschule, für deren bessere Ausstattung und gesellschaftliche Anerkennung … Energisch verurteilt Herzog die Tendenz, die Hauptschulen als Restschulen zu verunglimpfen. An der Diffamierung beteiligten sich auch Arbeitgeber, die Hauptschülern Lehrstellen verweigerten; in einigen Bundesländern zähle sogar der öffentliche Dienst dazu …. Mit dieser Anpassung von Hauptschulen an Realschulen vergrößere man aber den Anteil derer, die einen ordentlichen Schulabschluß nicht schaffen – oder man senke das allgemeine Niveau … ›Man darf Hauptschüler nicht wie Gescheiterte behandeln und als Ungelernte einstufen.‹«[45]

Die Schulforschung, hier die Third International Mathematics and Science Study (TIMSS), stellt im Mai 1997 fest: »Es gibt keine Anzeichen, daß sich in der oft als Restschule bezeichneten Hauptschule alle Motivationsprobleme konzentrierten … Überraschenderweise gilt das auch in Bundesländern, in denen nur noch ein relativ kleiner Teil des Altersjahrgangs die Hauptschule besucht. Die

Hauptschule scheint nicht stigmatisierend, sondern als selbstwertschützende Nische zu wirken, die für leistungsschwächere Schüler einen angemessenen und in sich geschlossenen Bezugsrahmen zur Verfügung stellt.« Darüber hinaus ist bemerkenswert: Die Hauptschulen der TIMSS-Ländergruppe A (dreigliedriges Schulwesen) schneiden gleich gut ab wie die Gesamtschulen der Ländergruppe C (Länder mit gegliedertem Schulwesen und vielen Gesamtschulen).[46]

Als wichtig hat sich die Gründung der »Initiative Hauptschule e.V.« im Herbst 1997 erwiesen, deren Ziel es ist, die Defizite an Information über die Hauptschule zu beseitigen, bestehende Vorurteile abzubauen, »Hauptschule« positiv zu besetzen und Entwicklungschancen für Hauptschüler aufzuzeigen, Preise für erfolgreiche Arbeit an der Hauptschule (erstmals für 1999) und für deren gelungene publizistische Darstellungen auszuloben, die Kooperation zwischen Hauptschule, Berufsschule und Unternehmen zu fördern sowie eine Lobby für eine eigenständige Hauptschule zu formieren. Dieses Ziel scheint der Initiative auf Anhieb gut gelungen zu sein, denn in kürzester Zeit schlossen sich ihr mehr als 20 Organisationen aus Politik, Elternschaft und Lehrerschaft an, darunter mit den maßgeblichen Spitzenorganisationen der Wirtschaft auch die potentiellen »Abnehmer«.[47]

9

Hochbegabte – eine vernachlässigte Minderheit

Die Sachlage ist eindeutig: Auf Dauer wird das »Made in Germany« nicht mehr ausreichen, um die Konkurrenzfähigkeit Deutschlands (und damit auch Arbeitsplätze und Sozialsysteme) zu sichern. Wertarbeit leisten mittlerweile auch andere: Länder in Fernost und demnächst in Mittelosteuropa – zu erheblich niedrigeren Lohnstückkosten. Zudem liegt Deutschland in puncto Patentanmeldungen in den 90er Jahren weit hinter den USA und hinter Japan. Die Bildungsexpansion hat an der Zahl der deutschen Patente nichts zum Positiven hin geändert. Pro Jahr gab es Mitte der 90er Jahre in der Mikroelektronik in Japan ca. 20.000, in Deutschland ca. 1000 Patente, in der Medizintechnik waren es in Japan und in den USA rund 4000, in Deutschland um die 1000. Ähnlich sind die Verhältnisse in der Lasertechnik und in der Biotechnologie. Für die Handelsbilanz ist das alles andere als günstig. Der Anteil der Importe am deutschen Inlandsmarkt ist im Jahr 1994 zum Teil enorm hoch. Bei EDV-Geräten macht er 83 Prozent, in der Feinmechanik und in der Optik 61 Prozent, bei chemischen Erzeugnissen 43 Prozent aus. Die innovativen Technologien (Mikroelektronik, Informationstechnik, Werkstofftechnik, Regelungs- und Steuertechnik, Bio- und Gentechnologie, Energietechnik, Wasserstofftechnik, Luft- und Raumfahrttechnik, Verkehrstechnik) sind aber, wie das Wort Schlüsseltechnologie sagt, die »Schlüssel« für eine moderne Volkswirtschaft – Schlüssel zur internationalen Konkurrenzfähigkeit, zum Wohlstand und zu einem anspruchsvollen Sozialsystem.

Die Forschung in Deutschland scheint diesen Grundsatz zu verschlafen oder – aufgrund forschungs- und innovationsfeindlicher Vorgaben – verschlafen zu müssen.

Einen Rückstand gibt es aber nicht nur im technologischen und naturwissenschaftlichen Bereich, sondern auch in der Förderung politischer Leistungsträger. So existiert in ganz Deutschland kein Lehrstuhl für internationale Beziehungen. Die Bundesrepublik hat sich bei der Heranbildung außenpolitischen Führungspersonals »nie wirklich auf die expandierenden internationalen Verflechtungen, insbesondere die europäische Integration, die Beitritte zu internationalen Organisationen, die verschiedenen Rüstungskontrollprozesse und den nicht aufzuhaltenden Exportboom eingestellt«.[48] Als Ursache dafür sieht Wolfgang Krieger vom Ebenhausener Forschungsinstitut für Internationale Politik und Sicherheit unter anderem die »Dürre der Universitäten« in diesem Bereich, in denen im Gegensatz zu den USA, Großbritannien und Frankreich kein Studiengang »Internationale Beziehungen« existiere, weshalb interessierten jungen Deutschen das entsprechende Studium im Ausland empfohlen werden müsse.

»Demokratie braucht Eliten«

Auch für Deutschland kommt es darauf an, innovative Geister und verantwortungsbereite Leistungsträger zu fördern. Eine Verteufelung von Spitzenleistung, von Leistungs- und Verantwortungselite wäre sozial schädlich. Jede Gesellschaft bedarf dieser Elite – nicht im Sinne einer oligarchischen, geschlossenen Elite, sondern im Sinne eines Pluralismus der Eliten. So will es Kaltenbrunner verstanden wissen, und er fährt fort: »Demokratie funktioniert nur durch konkurrierende Eliten.«[49] Karl Jaspers formulierte es 1960 ähnlich: »Die Demokratie bedroht sich selber, wenn die Majorität sich gegen die Gerechtigkeit sträubt, die auch den Begabten zuteil werden sollte. Denn die Demokratie ist auf dem Wege, sich selbst das Grab zu schaufeln, wenn sie die Stärke der Selbstbehauptung des Ganzen dadurch mindert, daß sie in allen Aufgaben und Lebensbereichen, in allen menschlichen Möglichkeiten nicht die Besten zur Erscheinung und Geltung kommen läßt.«[50]

Ähnlich am 2. Juni 1996 Bundespräsident Roman Herzog bei der 40-Jahr-Feier des Cusanus-Werks[51]: Die Suche nach Begabungen müsse stärker zur bildungspolitischen Aufgabe gemacht werden. Es sei ein offenerer Umgang mit den Begriffen Elite und Hochbegabung vonnöten. Wenn der Staat Begabte fördere, was er tun solle, so tue er dies aus eigenem Interesse. Herzog wörtlich: »Begabtenförderung ist … ein Wechsel auf die Zukunft. Aus Gefälligkeit allein findet sie nicht statt. Begabtenförderung ist … auch keine Belohnung für vergangene gute Noten, sondern eine Hoffnung auf einen zukünftigen, bedeutsamen Beitrag zum Gemeinwesen.« Ein wichtiges und richtiges Wort des Bundespräsidenten! Denn mit Elitebildung und Hochbegabtenförderung taten sich Politik und Gesellschaft in Deutschland bislang sehr schwer.

Vorurteile gegenüber Elite und Hochbegabung

Elite und Hochbegabung wurden in Deutschland über Jahre und Jahrzehnte diskreditiert. So entstand in der veröffentlichten Meinung der Eindruck, Elite, Hochbegabung und Höchstleistung seien etwas Unanständiges. Ein Beispiel: Vom 5. bis 9. August 1985 fand in Hamburg die 6. Weltkonferenz für hochbegabte und talentierte Kinder statt. Schirmherr des Kongresses mit rund 1000 Teilnehmern aus aller Welt war der damalige Schulsenator von Hamburg, Jost Grolle (SPD). Im Grußwort zur Eröffnung des Kongresses und nachfolgend in einem Beitrag für die »ZEIT« vom 16. August 1985 assoziierte er Hochbegabung mit »Leistungswahn« und mit der »chauvinistischen Vergötzung von Hochleistung« durch Hitler. So der »Schirmherr«!

Mit sturer Ignoranz tun Eliteallergiker so, als stünde im Artikel 3 des Grundgesetzes: Alle Menschen sind gleich. Dort heißt es aber: »Alle Menschen sind vor dem Gesetz gleich.« Letzteres impliziert, daß es neben der Gleichheit vor dem Gesetz ansonsten vielfältige individuelle Unterschiede geben kann, die unterschiedlich behandelt werden dürfen. Und schließlich heißt es in Artikel 2 des Grundgesetzes, daß jeder, also auch der besonders Begabte, ein Recht auf freie Entfaltung seiner Persönlichkeit hat.

Die Förderung besonders Leistungsfähiger stellt keinen Ersatz, wie häufig geargwöhnt wird, sondern eine Ergänzung zur breiten Bildung aller sowie zur besonderen Förderung Lernschwacher und Benachteiligter dar. Breite Bildung aller sowie Förderung Benachteiligter einerseits und Förderung besonders Leistungsfähiger andererseits schließen sich nicht aus. Vielmehr sind beide Bereiche aneinander gekoppelt, wenn es gilt, aktuelle gesellschaftliche Probleme zu überwinden, wie die Herausforderungen durch neue Technologien, dramatische wirtschaftliche Strukturveränderungen, drastisch verringerte Halbwerts- und Verfallszeiten des Wissens, Umweltprobleme oder das Hungerproblem.

Falsch ist die Behauptung, durch eine eigene Begabtenförderung würden der Mehrheit – zugunsten weniger – Bildungsgelder vorenthalten. Richtig ist vielmehr: Während in der breiten Bildung aller vieles getan und erreicht wurde, wurde das Mögliche und Notwendige in der Hochbegabtenförderung unterlassen. Auch leidet unter der Förderung Hochbegabter die Förderung der anderen keineswegs, denn schon mit weniger als einem Promille eines öffentlichen Bildungsetats wären überzeugende Erfolge in der Hochbegabtenförderung zu erzielen – auch zum Nutzen der Gemeinschaft. Tatsächlich aber ist es nicht einmal der Bruchteil eines Promilles, der in den Kultusetats für eine spezielle Hochbegabtenförderung veranschlagt wird.

Neben dem Egalitäts- und Mißgunstdogma belasten pädagogisch verbrämte Urteile die Diskussion. So wird unter Berufung auf »Erfahrungswerte« behauptet, daß Hochbegabte ständig schwankenden Stimmungen unterworfen seien, daß ihre Persönlichkeit unausgeglichen sei und vom enormen intellektuellen Potential förmlich erdrückt werde, so als habe sich Cesare Lombrosos Divergenz-Theorem einer Identität von »Genie und Irrsinn« jemals bestätigen lassen.

Anfällig für solche Theorien mögen auch einzelne Eltern sein, denen mit Blick auf ein eigenes Problemkind der Gedanke Trost spendet, Hochbegabung neige zum Scheitern und zur neurotischen Entwicklung. Zweifellos gibt es diese Hochbegabten, die – abgestempelt zum Außenseiter und frustriert vom Schicksal der Langeweile – in Schule und Beruf scheitern. Doch sind diese Hochbegabten nicht der Regelfall. Begabtenförderung kann also nicht erst und nicht nur dort ansetzen dürfen, wo die Hochbegabten scheitern oder Verhaltensauffälligkeiten entwickeln.

Hochbegabtenförderung international

Das Bildungswesen blieb von den Fehleinschätzungen und Dogmen einer Anti-Elite-Elite nicht verschont. Die Bundesrepublik ist deshalb in Sachen Begabtenförderung fast noch Entwicklungsland. Andere Länder sind viel weiter. Aufgrund eines unverkrampften Zugangs zum Thema »Begabte« haben etwa die USA, hatten auch viele Ostblockländer, haben selbst Schwellen- und Entwicklungsländer systematische Forschungs- und Fördermaßnahmen aufgelegt – trotz oder vielleicht gerade wegen der dort vorherrschenden Gesamtschulsysteme. Womöglich hat man aus der Not eine Tugend gemacht und schulisches Gesamtschulmittelmaß durch Begabtenförderung und Elitebildung zu kompensieren versucht.

Das Land mit der längsten Tradition und mit den umfassendsten Förderansätzen in puncto Hochbegabung sind die Vereinigten Staaten. In den USA gibt es Förderprogramme für Hochbegabte seit über 100 Jahren, sowohl im Elementar- wie auch im Primar- und Sekundarbereich. Stiftungen kümmern sich um hochbegabte Kinder bereits im Alter zwischen vier und neun Jahren. Von solchen Stiftungen, wie etwa der Astor-Stiftung, werden Grundfertigkeiten im Lesen und in der Mathematik sowie das allgemeine Denkvermögen gefördert, und es werden Hochbegabte mit außerschulischen Erfahrungen in Museen, Galerien, Firmen und öffentlichen Institutionen konfrontiert. Wegweisend sind die USA auch, was die Förderung Hochbegabter durch Wettbewerbe betrifft. Stellvertretend hierfür mögen stehen die »Olympics of the mind«, eine Art geistiger Wettbewerbsgymnastik, bei der es auf kreatives Problemlösen im Team, auf Fleiß und Ausdauer ankommt.

Eine Vielzahl an Einrichtungen zur Förderung besonders begabter Kinder und Jugendlicher gab es im ehemaligen Ostblock. Die ehemalige DDR mag hierfür als Beispiel – nicht als Vorbild – dienen. Dort wurden etwa drei bis fünf Prozent der Schüler besonders betreut: in Spezialklassen mit erweitertem Fremdsprachenangebot ab Klasse 3, in Spezialschulen und -klassen für Musik, Bühnentanz und Artistik ab Klasse 5, in Spezialschulen und -klassen für Mathematik ab Klasse 9, in Spezialschulen und -klassen der physikalisch-technischen Richtung ebenfalls ab Klasse 9. Im Unterschied zu den Normalschulen wurden in solchen Spezialeinrichtungen die besonders profilierenden Fächer mit hohen Stundenzahlen unterrichtet.

In den 60er und 70er Jahren begann man in Israel mit Förderprogrammen. Es entstanden regelrechte »Enrichment«-Zentren, in denen jährlich über 60.000 hochbegabte Schüler im Alter von sechs bis 17 Jahren betreut werden. Arbeitsbereiche dieser Zentren, die mit der Tel-Aviv-Universität zusammenarbeiten, sind Mathematik und Naturwissenschaften, Geistes- und Sozialwissenschaften sowie Künste. Teilweise findet diese Förderung auch in den Sommerferien statt. Schließlich unternehmen Schwellenländer und Entwicklungsländer Anstrengungen, um Hochbegabte im eigenen Land zu fördern. Hier sei Venezuela genannt, wo es seit 1979 folgende Projekte gibt: ein Familienprojekt zur Förderung der Intelligenz im Vorschulalter, ein Projekt »alternatives Denktraining« für Schüler, ein Projekt »Integrative Kreativität« für Schüler der 4. Klasse und ein Schachprojekt für Sieben- bis Elfjährige.

Positive Ansätze seit den 80er Jahren

In den 80er Jahren schickten sich in der Bundesrepublik dann doch einige mutige Initiatoren an, mit gezielten Förder- und Forschungsprojekten Anschluß an den internationalen Stand zu finden.

So formierten sich Gruppen und Institutionen, die sich einer entsprechenden Forschung und Förderung verschrieben: das Institut für Test- und Begabungsforschung der Studienstiftung des Deutschen Volkes, das Deutsche Institut für Internationale Pädagogische Forschung (DIPF), das Max-Planck-Institut für Psychologische Forschung, das Psychologische Institut der Universität München (Prof. Dr. K. A. Heller), die Universität der Bundeswehr in Hamburg. Parallel zu diesen Forschungsansätzen entstand ein vielfältiges, wenn auch bei weitem nicht flächendeckendes und zumeist von Privatinitiatoren getragenes Spektrum an Fördermaßnahmen. Beispiele: Die Deutsche Gesellschaft für das hochbegabte Kind betreut in mehreren größeren Städten Beratungsstellen und Förderclubs. Das Psychologische Institut der Universität Hamburg betreut zusammen mit Fachdidaktikern Projekte zur Förderung von mathematisch und von sprachlich besonders begabten Kindern. Angehörige der Universitäten Ulm und Köln erprobten mittels Ferienkursen und Sommercamps die Förderung besonders begabter Kinder. Die Jugenddorf-Christopherus-Schulen, zum Beispiel eine in Braunschweig, richteten eigene Hochbegabtenzüge ein.

Seitens des öffentlichen Schulsystems wurden Initiativen und Modellprojekte gestartet: Baden-Württemberg betreibt an einem Teil seiner Schulen zusätzliche Förderkurse für besonders Begabte und richtete an mehreren Gymnasien (ab Herbst 1998 sollen es rund 30 sein) eine »Turbo-Klasse« ein, die in acht anstatt in neun Jahren zum Abitur führt. Auch Rheinland-Pfalz eröffnete an einigen Gymnasien solche »D-Zug-Klassen«, in denen die sonst vierjährige Mittelstufe in nur drei Jahren durchlaufen wird. Bayern eröffnete zunächst die Möglichkeit von Arbeitsgemeinschaften für besonders Begabte (»Pluskurse«); sodann führte es für alle weiterführenden Schularten »Ferienseminare für vielseitig interessierte und begabte Schüler« ein; es will auch gezielt das individuelle Überspringen einer Klasse fördern und ein paar Begabten-D-Zug-Klassen einrichten.

Ansonsten ist im öffentlichen Schulbereich in Sachen »Hochbegabtenförderung« weitgehend noch Fehlanzeige zu vermelden. Breit angelegt und traditionsreich sind nur die Wettbewerbe, die sich ebenfalls als Maßnahme der Begabtenförderung verstehen, zum Beispiel der Schülerwettbewerb »Deutsche Geschichte«, der Schülerwettbewerb zur politischen Bildung, der Europäische Wettbewerb, die Bundeswettbewerbe für Mathematik, Informatik und Fremdsprachen, der Wettbewerb »Jugend forscht«, die Auswahlwettbewerbe zur Internationalen Mathematik-, Physik- und Chemie-Olympiade, die Bundeswettbewerbe »Jugend musiziert« und »Jugend trainiert für Olympia«, der Vorlesewettbewerb des deutschen Buchhandels.

Möglichkeiten pädagogischer Förderung

An Begabten fehlt es nicht. Es fehlt an zielgerichteter Motivation junger Menschen zu besonderen Anstrengungen, an der Förderung der Faszination junger Menschen durch Lernen und Leistung sowie an der Stimulation zu Leistung und Verantwortungsbereitschaft durch Vorbilder. Die Erziehung muß ein Klima für Neugier und Innovationsfreude schaffen. Es sollte Kindern vermittelt werden, daß die Quelle des Wohlstands Innovation ist. Heranwachsende sollen neugierig gemacht werden auf große Erfinder, auf neue Technologien und neue naturwissenschaftliche Theorien sowie auf damit zusammenhängende philosophische und ethische Fragen.

Ein differenziertes, begabungsgerechtes und leistungsorientiertes Schulsystem hat strukturell die Möglichkeit, Begabtenförderung zu betreiben. Nur wenn Begabtenförderung zur Aufgabe des öffentlichen Schulwesens wird, ist eine flächendeckende Förderarbeit möglich. Eine für die Hochbegabtenförderung unabdingbare Vielfalt verbietet es, diese Förderung allein in private Hände zu geben. Daß sich in diesem Sinne Mitte der 90er Jahre ein paar SPD-Bildungspolitiker offener zeigen, ist ein gutes Zeichen. Sie beginnen darüber nachzudenken, ob nicht auch Hochbegabte ein Recht auf eine ihren Möglichkeiten entsprechende Bildung haben. So fordert der bayerische SPD-Landtagsabgeordnete Eberhard Irlinger im Januar 1996 gesonderte Klassen für Hochbegabte und bessere Möglichkeiten zum Überspringen von Jahrgangsstufen. Niedersachsens damaliger Kultusminister Rolf Wernstedt kündigt Anfang Juni 1996 an, daß Hochbegabte in Hannover an ein bis zwei Grundschulen gefördert werden sollen. Vor allem denkt er dabei an eine frühere Einschulung und an eine Erleichterung beim Überspringen von Klassen.

Als praktikabel und wünschenswert erscheinen sogenannte Enrichment- und Akzelerationsansätze, wobei diese nicht nur dem Gymnasium vorbehalten sein sollten. Der Enrichment-Ansatz besteht in einem Additum an lehrplanunabhängiger oder lehrplanvertiefender Förderung, niemals aber in einer Vorwegnahme von Lernstoff. Enrichment könnte kontinuierlich über längere Zeiträume hinweg parallel zum regulären Unterricht angeboten werden, an

Nachmittagen oder an Wochenenden, gegebenenfalls auch in Ferienkursen. Gekoppelt kann diese Förderung sein mit Wettbewerben, die überdies den Vorteil einer effektiven Identifizierung besonders Begabter haben. Das Spektrum an Enrichment-Themen ist – altersspezifisch jeweils modifizierbar – fast unerschöpflich. Denkbar sind Themen wie: Zahlentheorie, Rechnen mit anderen Zahlensystemen, Geschichte der Mathematik, Mikroelektronik, linguistische Datenverarbeitung, Chaos-Theorie, kreative Computergraphik, Ökologie, Kosmologie, sprachliche Kreativität, musische Kreativität, Literaturclub, ausgefallene Fremdsprachen, kreatives Texten, Philosophie, Wissenschaftstheorie und vieles andere mehr.

Der Akzelerationsansatz besteht – abgesehen von der kontrovers diskutierten Form des kollektiven Springens über Jahrgangsstufen in sogenannten D-Zug-Klassen – in einer Beschleunigung der individuellen Schullaufbahn durch Überspringen einer Jahrgangsstufe. Dieses individuelle Springen ist in allen Bundesländern schulrechtlich verankert, wird aber äußerst selten genutzt, selbst in Jahrgangsstufen, die sich für besonders Begabte hierfür geradezu anbieten, etwa die zweite Jahrgangsstufe der Grundschule oder die sechste Jahrgangsstufe des Gymnasiums.

Daneben gilt es, über einen sogenannten Individualisierungsansatz nachzudenken, nämlich über eigene Spezialklassen für besonders Begabte, in denen zwar keine Beschleunigung der Schullaufbahn erfolgt, in denen aber mittels weiterer Fächer und vertiefter Stoffangebote eine spezielle Förderung stattfindet. Bayern geht diesen Weg mit den Europa-Gymnasien, die den Schülern bis zu vier Fremdsprachen abverlangen. Die Einrichtung solcher Spezialklassen, auch als Parallelklassen, hat hinsichtlich der Förderung manches für sich, stellt Planer und Pädagogen aber auch vor große Herausforderungen, da solche Klassen aufgrund der notwendigen Schülerzahl nur an zentralen Orten errichtet werden können.

Identifikation von Hochbegabten

Hochbegabtenförderung setzt eine differenzierte Identifikation voraus, denn Hochbegabung ist nicht nur guter Notendurchschnitt oder hoher Intelligenzquotient, ist auch nicht freischwebende Kreativität. Den typischen Hochbegabten gibt es nicht. Denn Hochbegabung ist die sehr individuelle Schnittmenge aus verschiedenen Begabungen (intellektuellen, kreativen, praktischen, psychomotorischen), aus motivationalen Faktoren (Fleiß, Engagement, Selbständigkeit, Kontinuität, Stabilität) und aus Stilen des Denkens und Arbeitens (Flexibilität, Originalität) – oder genauer: Hochbegabte haben eine unbegrenzte Neugier, ein großes Lernbedürfnis, ein hohes Lerntempo, ein überragendes Gedächtnis, eine sehr gute Abstraktionsfähigkeit, eine große Ausdauer, viel Phantasie und ein außergewöhnlich selbständiges Urteil.

Eine so komplexe Struktur einer je individuellen Hochbegabung schließt eine einseitige Psychometrik aus, wenn es um die Identifikation geht. Statt dessen ist ein vielfältiges Vorgehen erforderlich: Über Noten und IQ hinaus ist auf Lehrer- und Elternaussagen, auf biographisch-entwicklungspsychologische Daten und auf motivationale Größen zu achten. Daten über Wettbewerbsergebnisse können zusätzlich hilfreich sein. Ein solcher Zugang gilt für die breite Hochbegabung. Spezielle Hochbegabungen sind leichter erkennbar, da sie offener zutage treten.

Zur naheliegenden Gleichsetzung von Hochbegabung und Kreativität: Die zwei Phänomene haben viel gemein, sind jedoch nicht deckungsgleich. Der Hochbegabte ist nicht per se hochkreativ, und der Kreative ist nicht per se hochbegabt. Dementsprechend korrelieren beide Sachverhalte – falls sie überhaupt einer empirisch-statistischen Erfassung zugänglich sind – nur mäßig miteinander. Pädagogisch jedoch betrachtet, sollte beides bei jedem einzelnen eine parallele Förderung erfahren: die intellektuelle Begabung im Sinne der Fähigkeit des konvergierenden Denkens auf die eine richtige Lösung hin und die Kreativität im Sinne der Fähigkeit des divergierenden Denkens hin zu unorthodoxen Lösungen oder zumindest ungewöhnlichen Lösungswegen. Dabei darf Kreativität nicht verwechselt werden mit freischwebendem, abgehobenem und spontanem Handeln und Erleben. Als Kreativität erweist sie sich erst, wenn sie verstanden wird als Bereitschaft, viel von vielem zu wissen und Verschiedenstes miteinander zu kombinieren; als Bereitschaft, Kreatives kritisch und selbstkritisch einzuschätzen; als Bereitschaft, Kreatives gegen alle Frustrationen weiterzuverfolgen und beharrlich weiterzusuchen.

Was seitens der Schule notwendig ist

Erstens ist Aufklärung seitens der Schulen notwendig. Es ist der Öffentlichkeit darzulegen, daß Begabtenförderung eine pädagogisch und volkswirtschaftlich notwendige Aufgabe ist, die nicht zu

Lasten Benachteiligter geht. Ferner ist darüber zu informieren, daß hochbegabte Kinder nicht in jedem Fall von selbst zu adäquaten Leistungen finden, sondern der individuellen Herausforderung bedürfen, um nicht dem Schicksal der Langeweile und der Anpassung an ein Mittelmaß zu unterliegen.

Zweitens müssen Lehrer für entsprechende Aufgaben qualifiziert werden, und zwar besonders hinsichtlich des Erkennens und der Möglichkeiten des Förderns. Dazu gehört das Angebot einer fachkundigen schulischen Laufbahnberatung (zum Beispiel bezüglich des »Springens«), gegebenenfalls auch die über die Schule hinausreichende Bildungsberatung. Auf diese Aufgaben sind Beratungslehrer, Schulberater, Schulpsychologen und Schulleiter vorzubereiten. Außerdem sollte auf der Ebene der Regierungsbezirke je ein Fachberater für Hochbegabten- und Wettbewerbsfragen qualifiziert und ausgewiesen werden.

Drittens brauchen wir Forschung in Sachen Hochbegabte. Diese ist vor allem im Bereich »Begabtenidentifikation und Begabtenförderung« voranzutreiben. Es müssen außerdem Unterrichts- und Fördermodelle entwickelt und erprobt werden, die der Schule im Unterricht und in der außerunterrichtlichen Förderung dienen können.

Viertens sind Enrichment-Programme zu institutionalisieren. Flächendeckend sind für alle Schulformen schulische Arbeitsgemeinschaften, Förderkurse und Ferienseminare einzurichten, in denen besonders begabte Schüler jeden Alters zusätzliche Lernimpulse erhalten.

Fünftens: Nur nach reiflicher Überlegung sollte man der Frage nahetreten, ob an zentralen Orten Sonderklassen eingerichtet werden können. Dabei ist bei der Aufnahme geeigneter Schüler darauf zu achten, ob hier nicht der Ehrgeiz der Eltern an den Wünschen der Kinder vorbeigeht. Es hat sich herausgestellt, daß nur etwa 20 bis 25 Prozent der Gymnasiasten für eine D-Zug- oder Turbo-Klasse in Frage kommen, so das übereinstimmende Ergebnis von Schulversuchen mit D-Zug-Klassen, die auf recht breiter Basis erprobt wurden. Dies war der Fall in Bayern an bis zu 29 Gymnasien von 1966 bis 1975, und es ist der Fall seit 1985 an bis zu sechs (seit 1997 an sieben weiteren) Gymnasien in Rheinland-Pfalz im Rahmen des Modells »Begabtenförderung am Gymnasium mit Verkürzung der Schulzeit« (BEGYS).[52]

10

Schule total

Mit schulpädagogischem Nirwana-Blick nähern sich »progressive« Schulpolitik und Schulpädagogik einer Schule total. Selbst die Kultusministerkonferenz (KMK) will Schule und Lehrerberuf in diesem Sinne durchaus neu denken; sie arbeitet seit Dezember 1994 an einer Erklärung »Zu den Aufgaben der Lehrerinnen und Lehrer heute«. Bis 1998 sind die Arbeiten daran nicht abgeschlossen. Gott sei Dank, denn im KMK-Entwurf ist überproportional viel von Erziehen, Beraten und Betreuen als Aufgabe der Lehrer die Rede, von Bildung und Unterricht entsprechend wenig. Damit verfestigt sich der Verdacht, daß Schule – zumindest nach dem Wunsch der KMK-Ghostwriter – mehr und mehr sozialpädagogisiert werden soll.

»Erziehungswissenschaftler« marschieren voran. Für Peter Struck, Hamburg, sollen Lehrer »Gemeinwesenarbeiter« und »Interaktionsanwälte« sein, so Struck in seinem Buch »Neue Lehrer braucht das Land«.[53] Ähnlich Struck in »Die Kunst der Erziehung«[54] und erneut in »Erziehung von gestern – Schüler von heute – Schule von morgen«[55], im Klappentext angekündigt als »überzeugendes Szenario« des »prominenten Schulpraktikers«. Der Autor vertritt auch hierin die Meinung, »Lernschule« sei zu 60 Prozent »Zeitverschwendung«. Struck kennt sich schließlich aus: »Als ich Lehrer war, habe ich fast alles an meinem Beruf geliebt, nur nicht den Umstand, daß ich morgens um 8 Uhr ... mit dem Unterricht zu starten hatte.« Und wenn sich der Autor einmal nicht so ganz auskennt, dann helfen die Prunkvokabeln deutscher Educational Correctness, stromlinienförmiger Spaß-Pädagogik, weiter: Lernwerkstatt, Volle Halbtagsschule, Bewegte Schule, Happy Break in Motion, Offener Unterricht im Stuhlkreis (aber bitte »nicht überdosiert total«!), Lehrer als Coach, notenfreie Schule, Reizbilanzen, Sozial-, Erkundungs-, Handlungs- und Konfliktkompetenz, dazwischen immer wieder Pädagogischer Mittagstisch, psychomotorische Extratouren, Kuschel- und Entlastungsecken, Vor-Ort-Prinzip, schülerzentriert induktives Lernen (»sie laufen umher«; »ein arbeitsbedingter Geräuschpegel gehört dazu«), Körperkontakt, Drucktherapie, positionale Nähe und so weiter in gebetsmühlenhafter Frequenz. Gelegentlich kommt sogar Selbstkritik auf. Junge

Lehrer seien, so der Lehrerausbilder Struck, unzureichend auf ihren Beruf vorbereitet, so daß sie sich »allenfalls nur noch autodidaktisch qualifizieren können«. Kein Wunder bei solchen »Wissenschaftlern«, deren Rat etwa darin besteht, man sollte als Lehrer nicht mehr so sehr daran interessiert sein, »Schüler schlau zu machen, sondern statt dessen daran, sie weniger dumm zu machen«. Ach ja, wie heißt es doch am Ende des Vorwortes zum Buch »Erziehung von gestern – Schüler von heute – Schule von morgen«: »Gelegentliche Wiederholungen im Text sind beabsichtigt, weil ... nicht jeder Leser alle Kapitel liest.« Was heißt da »Kapitel«? Das ganze Buch ist nichts anderes als das Ergebnis der jährlich etwa dreimal stattfindenden Buch-Klonierung Struckscher »Pädagogik«-Graphorrhöe. Das erinnert an Jerry Cotton. Wer einen davon gelesen hat, der hat alle gelesen.

Pädagogischer Schimanski

Für solche »erziehungswissenschaftlichen« Entwürfe von Schule und Lehrerberuf hätte man die Erziehungswissenschaft nicht gebraucht. Denn ihr Leitbild haben Deutschlands 700.000 Lehrer bereits mit dem Studienrat »Dr. Specht« aus der gleichnamigen ZDF-Fernsehserie. Specht entspricht schließlich so recht dem Idealbild des Polit-, Beziehungskisten- und Sozialingenieurs. Mal bringt er das Innenleben einer Wessi-Schule auf Vordermann, mal räumt er in einer Ossi-Schule mit »roten Socken« auf. Keine Schüler-Sex-Story, keine sexhungrige Schülermutter, kein blasser Schulrat, keine fiese Kollegenintrige, kein Multikulti-Trouble, keine Drogenstory, kein Neonazi-Fall, den oder die er nicht in den Griff bekäme! Immer in Eile, immer chaotisch, immer frisch verliebter Primaner, immer mit einem kessen Szenespruch auf den Lippen, schwirrt er über die Mattscheiben-Schule, um nur jeden möglichen Zoff zu schlichten. Da fehlt natürlich keine unterrichtliche Problemkiste. Alle Kernprobleme hat er im Griff, vom »Ozonloch« bis zu »Tschernobyl«. Und die Spechtsche Schule funktioniert auch noch, selbst wenn man sich fragt, wann dieser Deutsch- und Geschichtslehrer denn eigentlich unterrichtet und korrigiert. Aber sie funktioniert: wegen Specht oder trotz Specht – oder nur zur Beruhigung der Erziehungswissenschaft? Der Lehrer also als pädagogischer Schimanski und Professor Brinkmann zugleich? Gottlob nein! Denn Spechtsche Schule verhält sich zu wirklicher Schule wie

Märchen zu Realität, wie Schwarzwaldklinik zu echtem Krankenhaus. Vielleicht war Friedrich Adolph Diesterweg nicht ganz unschuldig an solchen überzogenen Erwartungen an Schule und Lehrerberuf, indem er nämlich den Lehrern vor über 100 Jahren unter anderem wünschte: den Scharfsinn eines Lessing, das Gemüt eines Johann Peter Hebel, die Begeisterung eines Pestalozzi, die Kenntnisse eines Leibniz, die Weisheit eines Sokrates, die Liebe Jesu Christi und an erster Stelle die Gesundheit und die Kraft eines Germanen. Von der offiziellen Pädagogik wird das heute leider verwechselt mit dem Entertainer-Talent eines Showmasters und dem Öko-Engagement eines Greenpeace-Aktivisten.

Die Pervertierung des Auftrags von Schule

Hessen kann da nicht altmodisch sein. Sein Kultusminister Hartmut Holzapfel (SPD) verbreitet über den »SPIEGEL« vom 29. Januar 1996 seinen »Schulalltag von morgen«: Die Kinder sollten von neun bis 15.30 Uhr in der Schule sein. Dort müßten Angebote zum »Spielen und Toben« gemacht werden. Die Lehrer hätten sich mehr um soziale Probleme der Schüler zu kümmern. Die Eltern sollten mitunterrichten, die Lehrer dafür mehr erziehen, zum Beispiel beim gemeinsamen Mittagessen. Anfang Oktober 1997 läßt sich die Schulstaatssekretärin von Rheinland-Pfalz mit der »Innovation« vernehmen, daß von Herbst 1998 an die Grundschüler während des Unterrichts eine Viertelstunde lang ein »betreutes Frühstück« einnehmen sollen. Das, so die Staatssekretärin, wecke Verständnis für andere Kulturen, wenn deutsche Kinder ihr Butterbrot gegen Schafskäse und Oliven eines türkischen Mitschülers tauschten.[56] Jetzt weiß Deutschland also, was ihm entgeht, wenn es den Ideen der »Lichtgestalt« Holzapfel (»DIE ZEIT«) und anderer Lichtgestalten nicht zu folgen bereit ist.

Wenn solche Vorschläge freilich von Kultusministern kommen, drängt sich zumindest der Verdacht auf, hier könnte der Auftrag von Schule vielleicht doch pervertiert werden: Sodann aber beschleicht einen die Vermutung, das Konzept vom »Schulalltag von morgen« könnte der Verschleierung eines gigantischen Unterrichtsabbaus dienen. Ist doch klar, wenn es keine Unterrichtsstunden mehr gibt, dann gibt es auch keinen Unterrichtsausfall mehr, und schließlich wurden in Hessen im Jahr 1996 gegenüber 1991 gut 100.000 Stunden pro Woche weniger unterrichtet – trotz steigender

Schülerzahlen. Es beschleicht einen ferner die Vermutung, daß hier nach der Methode »Haltet den Dieb!« gearbeitet wird. Es war schließlich die hessische Konfliktpädagogik der 70er Jahre, die den Schulen jegliches Erziehen austreiben wollte. An die Stelle von Erziehung sollte die kritische Distanz zu den »Verhältnissen« treten. Und mit den Werten tut sich mancher SPD-Kultusminister auch heute noch schwer. In einem Papier mit dem Titel »Schule im Wandel« läßt der hessische Kultusminister 1992 verkünden: »Die kulturelle Vielfalt und die soziale Differenzierung der Gesellschaft verbieten es, bestimmte Moralvorstellungen in Schulen zu etablieren.« Jetzt aber entdeckt er die erziehende Schule der Zukunft. Wie reimt sich das zusammen? Liegt etwa Einsicht vor?

Die Inflation der Bindestrich-Erziehungen

Auch andere – Bildungs-, Lehrer- und Elternfunktionäre – meinen, schulische Vollwerterziehung mit omnipotenten Lehrern müsse die elterliche Erziehung Schritt für Schritt ersetzen. Kaum eine Woche vergeht, in der man nicht Forderungen nach »neuen Schulfächern« vernimmt. Schule solle vermitteln: das Zähneputzen, die Körperpflege, das Auto- und Mofafahren, Kurse in Selbstverteidigung für Mädchen, Ernährungslehre, Verbraucherkunde, Arbeitsplatzkunde, eine Sicherheitslehre. Der Kondomautomat dürfe in der Schule ebenfalls nicht fehlen, so ranghohe Kultuspolitiker. Laut Hamburger Markt- und Meinungsforschungsinstitut GFM-GETAS/WBA möchten, so eine Meldung des Instituts vom 21. Juli 1997, außerdem zwei Drittel der Deutschen »Kapitalanlage und Altersvorsorge« als Schulfach. Und wenn der Bundeswehr wieder einmal von interessierter Seite wegen einiger besoffener, NS-Parolen grölender Soldaten Rechtslastigkeit angedichtet wird, dann ist laut Verteidigungsminister Volker Rühe die »ungenügende politische Ausbildung in der Schule mitverantwortlich für die rechtsradikalen Vorfälle in der Bundeswehr«.[57] Also bitte mehr politische Bildung, aber plötzlich! So entstehen dicke pädagogische Versandhauskataloge mit einem inflationär wachsenden Spektrum an schulischen Komposita-, Segment- und Bindestrich-Erziehungen: mit Medien-, Freizeit-, Konsum-, Umwelt-, Gesundheits- und Friedenslehre. Letztere will eine UNESCO-Botschafterin gar als Pflichtfach eingeführt sehen. Fehlt nur noch das Fach »Liebeskunde«, das sich die holländischen Grünen für die Wahlen im Frühjahr 1998 als Schulfach – »möglichst vom ersten Schuljahr an« – in ihr Wahlkampfprogramm geschrieben haben.

Eine solche Atomisierung der Pädagogik ist aber nicht Ausdruck wachen pädagogischen Bewußtseins, sondern Symptom eines Verlustes an Erziehung. Der Wiener Erziehungswissenschaftler Alfred Schirlbauer meint dazu: »Um das Pädagogische wiederzugewinnen, müßte man es begrenzen, zurückstutzen, seine Metastasen operativ entfernen.« Schule ist als gesellschaftlicher Reparaturbetrieb und als Ersatzelternhaus überfordert. Es wäre schulpädagogische Hybris, anzunehmen, Schule könne alle aktuellen Jugend- und Gesellschaftsprobleme auffangen. Das wäre ein »pädagogischer Allmachtswahn« (Theodor Litt). Noch härter urteilt Karl Jaspers. Er schreibt im Jahr 1960[58] von Erziehung als »begrenzt planbarem Geschehen« und warnt vor einer »unheilvollen Totalplanung«. Vor allem erinnert Karl Jaspers an Karl Marx: »Weil Marx das Totalwissen vom Geschichtsprozeß zu besitzen glaubte, konnte er die Totalplanung für sinnvoll halten ... Durch falsche Weise des Planens, durch Vergessen des alles tragenden Grundes kann man unmerklich auf den Weg geraten, der im Totalitären endet.« Schmerzliche Vergleiche, die in der Tendenz von kritischen Geistern geteilt werden. Der Düsseldorfer Gymnasialdirektor Wulff Rehfus beschäftigt sich in seinem Buch »Bildungsnot« denn auch mit »Aufstieg und Fall der imperialen Pädagogik«.[59]

Wider den Erziehungsstaat

Wir brauchen keine Schule total. Schule total mag sozialrevolutionäres Gewissen beruhigen, aber eine »par ordre du mufti« zur pädagogischen Omnipotenz verurteilte Schule wäre nichts anderes als ein Feigenblatt für das auch bei »Progressiven« gelegentlich aufkeimende Gefühl, daß Sozialutopien eben nicht aufgehen. Im übrigen: Es gibt auch ein Leben außerhalb der Schule. »Was das Leben sowieso bietet, muß Schule jedenfalls nicht wiederholen.«[60] Nur Schule und nichts anderes – das wäre eine Verarmung der Entwicklung der Kinder. Das wissen die Betroffenen, die Schüler selbst, nur zu gut. Deshalb erbrachte noch jede Befragung von Schülern als Ergebnis, daß sie zu 90 Prozent eine Rundumschule ablehnen. Wer das Außerschulische aus dem Alltag der Kinder eliminiert oder aber als Abziehbild in die Schule hineinnehmen möchte, der kippt viel Wertvolles über Bord. Förderung von Selbständigkeit, Eigenverantwortung und Persönlichkeitsentwicklung heißt schließlich auch, daß Kinder Freizeit frei gestalten und sich nachmittags eigenständig auf den Hosenboden setzen und selbst arbeiten.

Ein freiheitlicher Rechtsstaat kann kein umfassender Betreuungsstaat sein. In einem solchen »hypertrophen Staat« verblaßt das Leitbild vom Staat »als Garant der Freiheit«.[61] Konsequent weitergedacht heißt das: Die Bundesrepublik Deutschland kann kein Erziehungsstaat sein. Es muß auch hier das Prinzip der Subsidiarität gelten. Was Eltern und Gemeinschaft allein nicht leisten können, im besonderen eine anspruchsvolle Bildung, das hat der Staat zu leisten. In puncto Erziehung und Sozialisation aber muß wieder mehr auf die eigenen Kräfte der Menschen, hier der Eltern, gebaut werden. Das steht vollkommen im Einklang mit der Verfassung: »Ehe und Familie stehen unter dem besonderen Schutze der staatlichen Ordnung. Pflege und Erziehung der Kinder sind das natürliche Recht der Eltern und die zuvörderst ihnen obliegende Pflicht« (Grundgesetz, Artikel 6). Mit anderen Worten: Schule darf kein Ersatzelternhaus sein. Im Erzieherischen hat Schule subsidiäre Aufgaben, sonst aber – so sagen es nahezu alle Schulgesetze – primär die Aufgabe des Unterrichtens. Ganztagsangebote dürfen zu keinem Funktionsverlust der Familie und des elterlichen Erziehungssouveräns führen, sie sollten Eltern nicht dazu verführen, nur noch »außer Haus« erziehen zu lassen. Die erzieherischen Kräfte der Eltern sind im Sinne einer Stärkung der Selbsthilfe familienpolitisch zu fördern, sonst würde Bildungspolitik noch mehr zu einer Filiale der Sozialpolitik. Zudem sollte sich Schule gerade in Zeiten knapper Kassen auf das konzentrieren, was ihr ursprünglicher Auftrag ist, nämlich Bildung. Schule total ist nicht finanzierbar – außer auf Kosten des Unterrichts und damit der klassischen Aufgabe von Schule.

Für eine Erziehungspartnerschaft zwischen Elternhaus und Schule

Es gibt keinen generellen Erziehungsnotstand – weder im Elternhaus noch in der Schule. Millionen von Eltern erziehen verantwortungsbewußt und engagiert. Hunderttausende von Lehrern wissen um ihre vermehrten erzieherischen Aufgaben, und sie kommen diesen Aufgaben nach bestem Wissen und Gewissen nach. In zunehmendem Maße wird Schule aber mit außerschulischen Entwicklungen und Einflüssen konfrontiert, die schulische Erziehung erschweren, wenn nicht unmöglich machen. Diese Faktoren bedürften einer gesonderten und eingehenden Analyse, die hier nicht geleistet werden kann; sie seien aber zumindest angedeutet. Erschwerend wirken die fortschreitende Auflösung der familiären Bindungen, das Dasein vieler Kinder als Straßen- und Scheidungswaisen, der schleichende erzieherische Funktionsverlust der Familien mit einer fortschreitenden Delegation von Erziehung »außer Haus«, die Übergratifizierung mancher Kinder durch ihre Eltern und die Haltung, daß Kinder alles dürfen und nichts müssen, die zunehmende Inanspruchnahme »heimlicher«, besser: »unheimlicher«, medialer Miterzieher, der mediale »Overkill« an Gewalt und der mediale Exhibitionismus an Verrücktheiten, der fortschreitende Vorrang privatistisch-hedonistischer Werte vor Pflicht- und Akzeptanzwerten, die pluralistisch gleiche Gültigkeit aller Werte, die – beachte die Weisheit der Sprache! – Gleichgültigkeit erzeugt, die Politisierung und Psychologisierung von Erziehung als Herrschaft und als etwas Neurotisches, die Diskriminierung von Leistung, Arbeit und Anstrengung und damit von bedeutsamen Erprobungsfeldern, der Verlust an Freizeitangeboten und an Abenteuern, das Gelangweiltsein von Kindern in Ermangelung von Herausforderungen, die berufliche Perspektivlosigkeit vieler Jugendlicher u. a. m.

Der Einfluß der Schule reicht an all diese Phänomene nicht heran. Insofern ist es utopisch, zumindest aber ein bequemes Ablenkungsmanöver, zu glauben, Schule könnte maßgebliche oder gar allein wirksame gesellschaftliche Besserungsanstalt und Reparaturwerkstatt sein. Darüber müssen Elternhaus und Schule miteinander sprechen. Eine Wiederbelebung der Aufforderung des von Wilhelm Hahn und Hans Maier im Januar 1978 initiierten Kongresses »Mut zur Erziehung« ist überfällig. Überfällig ist es auch, daß sich Elternhaus und Schule öffentlich zu Wort melden. Sie müssen gemeinsam an Politik, Medien und Rechtsprechung herantreten, wenn diese Vorgaben machen, die das Erziehen erschweren.

Konsenskatalog für Erziehung in Elternhaus und Schule

Elternhaus und Schule müssen sich als Partner verstehen. Im Rahmen einer solchen Erziehungspartnerschaft müssen sich beide klarmachen, wer was zu machen hat und wer was besser kann. Schule hat dabei den schwierigeren Part, weil ihr Erziehungsrecht dem der Eltern nachgeordnet ist und weil sie tagtäglich mit mehreren hundert Schülern zu tun hat. Schule darf aber durchaus einige Grundsätze deutlich machen. Es muß schließlich nicht so weit kommen wie in England: Dort will die Labour-Party die Eltern unter Androhung einer Geldstrafe von bis zu 1000 Pfund (rund 2800 Mark) künftig zu bestimmten Erziehungsmaßnahmen gegenüber ihren Kindern verpflichten, zum Beispiel zur Durchsetzung eines einjährigen Ausgehverbotes nach 21 Uhr als Strafe für gewalttätiges Verhalten.[62]

Nachfolgend ein Zwölf-Punkte-Katalog, auf den sich Schulen und Elternhäuser verständigen sollten!

Erstens: Laut Grundgesetz Artikel 6 sind Pflege und Erziehung der Kinder »das natürliche Recht der Eltern und die zuvörderst ihnen obliegende Pflicht«. Daran muß immer wieder erinnert werden.

Zweitens: Die Erziehungsrechte und Erziehungspflichten müssen mit demselben Engagement und Nachdruck verfolgt werden wie alle anderen Bürger- und Menschenrechte.

Drittens: Erziehen heißt wachsen lassen und befreien sowie zugleich führen und binden. Jede einseitige Betonung eines dieser beiden Pole ist falsch.

Viertens: Vonnöten ist ein erzieherischer Konsens beider Erziehungsinstitutionen. Dazu gehört es zu wissen, daß Erziehung nichts mit Vergewaltigung oder Herrschaftsausübung zu tun hat, daß Erziehung aber auch nicht in einer Gefälligkeitspädagogik bestehen kann, sondern daß ein bekennendes Erziehen die wichtigste Mitgift für Kinder ist. Ein »Verfall der Erziehung wäre ein Verfall des Menschen« (Karl Jaspers).

Fünftens: Ein wichtiges Erziehungsziel heißt Toleranz. Erziehung zur Toleranz bedeutet, daß Erzieher nicht alles tolerieren können. Deshalb muß Erziehung gegebenenfalls Grenzen setzen. Werden Grenzüberschreitungen nicht sanktioniert, so bleiben sie als erfolgreiches Verhalten stehen, das Nachahmer findet. Wenn Schule in diesem Sinne nicht alles toleriert, dann mögen Eltern Verständnis dafür haben.

Sechstens: Ein weiteres wichtiges Erziehungsziel ist Zufriedenheit. Im Wort »Zufriedenheit« steckt das Wort »Frieden«. Zufriedenheit ist eine »unverzichtbare Grundlage eines sozialen Friedens«.[63]

Siebtens: Lernen hat mit Tätigkeit und nicht mit Unterhaltung oder Konsum zu tun. Deshalb ist ein Erziehen durch ein »In-Anspruch-Nehmen« (Spranger) junger Menschen hinsichtlich Leistungsbereitschaft und sozialer Pflichten zu wünschen. Wenn Kinder nicht herausgefordert werden, dann langweilen sie sich. Langeweile aber macht unberechenbar und nicht selten aggressiv.

Achtens: Erziehung beginnt im kleinen. Das gilt auch für die Verwirklichung eines der wichtigsten Erziehungsziele, der Achtung der Würde des Menschen. Die Achtung der Würde eines Menschen (GG Art. 1) hat ihren Anfang in entsprechenden Umgangsformen. Würdeloses scheint sich in der Schule einzuschleichen. Hier kann Schule nicht wegschauen. Sie darf Gewalttätigkeiten, entwürdigende Schimpfnamen, obszöne Gesten oder Verschmutzungen nicht dulden.

Neuntens: Erziehung ist ein permanentes Kämpfen der Erzieher gegen negative mediale Einflüsse. Erzieher müssen Medienkonsum unnachgiebig reduzieren.

Zehntens: Gerade auch für Schule gilt, daß Erziehung ein »begrenzt planbares Unternehmen« ist (Karl Jaspers). Schule hat in erster Linie einen Bildungsauftrag. Ein umfassender Erziehungsauftrag der Schule ist unrealistisch. Viele Erziehungsaufgaben können von den Eltern oder von der Jugendarbeit besser erledigt werden.

Elftens: »Schule muß den Eltern wieder deutlich machen, daß Schulerfolg nicht nur im Klassenzimmer stattfinden kann, sondern auch einer entsprechenden familiären Atmosphäre bedarf.«[64]

Zwölftens: Einer der wichtigsten Erziehungsfaktoren ist die Zeit. Eltern müssen sich Zeit für ihre Kinder nehmen. Für die Schule bedeutet der Faktor Zeit: Lehrer brauchen gerade heute – auch ohne elterliche Erziehung ersetzen zu wollen – mehr Zeit für das Erziehen. Zeit in der schulischen Erziehung heißt, daß dieses Erziehen in einer schwieriger gewordenen Erziehungssituation seinen Preis hat. Für diese Aufgabe braucht man mehr Lehrer, auch jüngere Lehrer, die mehr Zeit für den einzelnen Schüler zur Verfügung haben.

11

»Neue« Formen des Lernens – Verpackung statt Inhalt

Es wird gedacht: Bildung und Erziehung, Schule und Unterricht werden gar »neu« gedacht. Dieses »neu« setzt explizit oder stillschweigend voraus, herkömmliche Schule sei immobil, verkrustet und weltfremd. Tatsächliche Schule der 90er Jahre – auch nichtreformierte – ist zwar anders, als sie die Erfinder »neuer« Schule und der Zerrbilder von Schule zu kennen glauben. Aber solche Bilder passen so schön in die »Wahr«-Nehmung gerade des traditionellen Schulwesens, weil man diesem damit das Etikett des Lebensfremden und Unpädagogischen anheften kann.

Ständig neue Bindestrich-Orientierungen

Und so setzen sich die »Reformer« mit »neuer« Unterrichtspädagogik in Szene. Eine gnadenlose Suche nach »neuen« Orientierungen ist ausgebrochen. Massenhaft treten sie als Bindestrich-Orientierungen auf: Kind-Orientierung, Handlungs-Orientierung, Praxis-Orientierung, Umfeld-Orientierung, Erlebnis-Orientierung, Prozeß-Orientierung, Team-Orientierung usw. Vor lauter Orientierungen nur noch Orientierungslosigkeit? Da drängt sich der Eindruck auf, bei all den Komposita-Orientierungen gehe es um Rhetorik statt um Substanz, um Verpackung statt um Inhalt, um Methode statt um Stoff, um Hochglanzversprechen statt um Realitätssinn. Zielorientierung von Unterricht, möchte man meinen, könnte zwar auch nicht schaden, ebensowenig Ergebnisorientierung, Fachorientierung, Wissenschaftsorientierung und Denkorientierung. Aber so weit reicht die Suche denn doch nicht. Schließlich ist »der Weg das Ziel«. Bleiben wir also bei ausgewählten »Neu«-Orientierungen von Unterricht, fordert doch laut Generalanzeiger vom 27. März 1998 selbst Bundestagspräsidentin Rita Süssmuth eine »Unterrichtsreform«.

Kind-Orientierung und Freiarbeit

Früher plante, organisierte, steuerte und kontrollierte der Lehrer den Unterricht, und er war bestrebt, die Schüler zu fördern, zu fordern, zu aktivieren, zu faszinieren. Damit ist es vorbei. Jetzt bereitet der Lehrer nur noch die Lern-»Stationen« oder das Arbeitsmaterial – zum Beispiel im Rahmen »materialgeleiteter Freiarbeit« – vor, und die Schüler wählen die Stationen aus dem Pflicht- und Wahlpensum, sie wählen das Material aus, sie entscheiden über die Sozialform (Einzel-, Partner-, Gruppenarbeit), und sie kontrollieren die Ergebnisse selbst. Der Lehrer beobachtet, hilft und berät.

Im Heft »Doppelpunkt 23/Herbst 1997«[65] mit Schwerpunkt »Freiarbeit« sagt eine Lehrerin, wie das mit der Aufgabe der Lehrer in der Freiarbeit so ist: »Wir sind nicht mehr diejenigen, die zentriert in ihrem Unterricht ihr Konzept verwirklichen, sondern wir werden zu teilnehmenden Beobachtern und Beratern der Schülerinnen und Schüler.« Auch in den Mitteilungen des Bundesverbandes der Aktion Humane Schule (AHS) vom Mai 1997 mündet unter dem Titel »Zehn Werkstattperspektiven« alles in »Freie Arbeit« ein. Ziel der Schule sei es, »Basislager für eine gerechte Gemeinschaft« zu sein und mit folgenden Methoden zu arbeiten: »Im Morgenkreis sich Freuden und Problemen stellen ... Das Ich und das Wir über Rituale in die Balance bringen ... Den Umgang mit der Zeit neu rhythmisieren ... Der Schweigestein in der Freien Arbeit.«

Konkret sieht solcher Unterricht in etwa so aus: »In einer Schule, die selbstreguliertes Lernen zuläßt, sind beispielsweise zwei Kinder in das Entziffern von Buchstaben vertieft. Drei Kinder machen sich an einer Kletterstange zu schaffen. Eine Gruppe von Kindern stürmt und tobt, eine andere Gruppe hat Tische zu einem Haus zusammengestellt und hockt darunter. Konzentriert lösen andere Kinder ein Rätselspiel, wieder andere verfertigen künstlerische Pappfiguren. Der Lehrer bewegt sich dazwischen. Alle diese Gruppen stören einander nicht, obwohl wiederholt Verkehr und Berührungen zwischen ihnen stattfinden ... Es ist offenbar eine unsichtbare Ordnung im Raum vorhanden, die Störungen ausschließt.«[66] Oder auch so: »Janine rennt aus dem Klassenzimmer raus, ohne sich abzumelden, Stefan spaziert zum Computer und tippt ein bißchen rum. Melanie geht zum Regal, holt einen Ordner heraus und schaut ihn gemächlich durch. Anton und Matthias diskutieren, ob 219 plus 83 nun 302 oder 312 ergibt. Und zweiundzwanzig andere Drittkläßler scheinen an diesem Montag um kurz vor neun ebenfalls zu machen, was sie wollen. Ohne Sitzordnung, ohne Ermahnungen, ohne Lautstärkebegrenzung.«[67]

Und die politische Begründung für freies Arbeiten? Da kann Oskar Negt weiterhelfen. Ganz einfach: Frontalunterricht wäre faschistisch: »Man kann nicht über den Faschismus in einem autoritären Klima unterrichten, das heißt im Frontalunterricht und entlang operationalisierter Lernziele, ohne Schüler latent zu faschisieren.«[68]

Gottlob gibt es in Praxis und Wissenschaft auch kritische Stimmen. Eine Lehrerin berichtet: »Freiarbeit macht frei, aber man lernt nur wenig dabei ... Freiarbeit erzieht zu einer Form der Selbständigkeit, die im eigenen Niveau verharrt.«[69] Der Lüneburger Erziehungswissenschaftler Dieter Neumann wendet sich gegen diese Schule »vom Kinde aus«, weil eine solche Schule das Kind überschätze und weil die Vorstellung, Lernen könne grundsätzlich an bereits ausgebildeten Interessen und Motivlagen anknüpfen und damit immer den Charakter des Leichten, Spielerischen und Unzwanghaften aufweisen, eine »wirklichkeitsfremde Utopie« sei.[70] Eine Ikone oder ein Kultbild »Kind« also Maßstab für Unterrichtsgeschehen? Das wäre der falsche Weg, weil er außer einer Sentimentalisierung der Kindheit nichts bringt. Deshalb muß man den Berner Erziehungswissenschaftler Oelkers[71] ernst nehmen, der warnte: »Die Fetischisierung des Kindes in der modernen Pädagogik ist genau die Grenze, die nicht überschritten werden darf.« Ernst nehmen sollte man auch die Engländer, die Konsequenzen zogen aus dem – so sagen Tories und Labour übereinstimmend – Scheitern eines romantisierenden Verständnisses von »child centered learning«.

Sogenannte kindzentrierte Schule kreiert zur Welt eine Gegenwelt, und sie zieht zwischen beiden Welten einen unüberwindbaren Graben. Solche kindzentrierte Schule raubt den Schülern die Zukunft. Sie kerkert die Kinder in der kindlichen Gegenwart ein, ghettoisiert Schule und übersieht dabei, daß es sehr viele Kulturgegenstände und lebenswichtige Sachverhalte gibt, die sich nicht vom Kind aus erschließen lassen und deshalb »vermittelt« werden müssen. Was Kinder ansonsten von kindzentriertem und schülerorientiertem Aktionismus halten und wie sehr sie sich am Ende damit langweilen, bringen sie in der ihren eigenen Offenheit auf den Punkt. Der Schülerspruch »Müssen wir heute wieder tun, was wir wollen, oder dürfen wir heute, was wir sollen?« könnte wahr sein!

Handlungs-Orientierung

Daß Handlungs-Orientierung in der beruflichen Bildung der Berufsschule und des Betriebes ihren Platz hat, bedarf keiner Diskussion. Jetzt aber wird Handlungs-Orientierung auch den allgemeinbildenden Schulen ins Nest gelegt. Ist das Wortgeklingel, oder ist es ein neues Konzept? Man schaue sich ein Beispiel an. In den vorläufigen Richtlinien und Lehrplänen für die 42 Kollegschulen in Nordrhein-Westfalen aus dem Jahr 1992, 1998 immer noch gültig, finden sich für das Fach Deutsch unter dem Teilkapitel »Selbstverständnis des Faches« allein auf den ersten fünf Seiten 51mal Zielbeschreibungen wie folgende: sprachliche Handlung, Sprachhandlungsfähigkeit, sprachliches Handeln, sprachliche Handlungsfähigkeit, sprachliche Symbolisierung von Handlungen, handelnde sprachliche Auseinandersetzung, Sprachhandeln, sprachhandelnd, sprachhandlungsbezogene Reflexionen, sprachhandlungsorientiert, Sprachhandlungsprozeß, sprachhandelnde Individuen, Sprachhandlungssituationen, Sprachhandlungsmöglichkeiten, Sprachhandlungsfunktion. Nach literarischen Begriffen sucht man bei der Lektüre dieses Lehrplanes nahezu vergebens, wie ja überhaupt klassische Literatur unter dem Diktat der »Lebensnähe« mit trivialer Literatur und »Gebrauchstexten« restlos egalisiert wurde. Übrigens: Dieser Lehrplan führt zum Abitur.

Darüber hinaus hat das Konzept »Handlungs-Orientierung« bislang wenig Konzeptionelles zu vermitteln gewußt. Ist damit »praktisches« Lernen gemeint? Dann soll man sagen, was man meint, zum Beispiel: »Da werden asphaltgraue Schulhöfe zu grünen Oasen umgestaltet. Und da wird aus einem Kellerraum ein schmuckes Schülercafé.« Oder ist Handlungs-Orientierung verbales Imponiergehabe? Man darf es fast annehmen, wenn Lehrern doch tatsächlich »handlungsorientierte Leseerziehung« empfohlen wird, so als ob es eine andere gäbe als die, die die »Handlung« Lesen fördern will. Oder ist mit Handlungs-Orientierung einfach die berufliche Orientierung des allgemeinbildenden Schulwesens gemeint? Dann soll man das so benennen.

Was junge Leute von Handlungs-Orientierung, von Anwendungsbezug oder gar von einer Berufsvorbereitung in der allgemeinbildenden Schule halten, das beleuchtete Ende 1995 die zweite Deutschland-Umfrage von Infratest für die »Süddeutsche Zeitung«; sie hält als Ergebnis fest: »Beispielsweise fallen zwar die Schüler selbst relativ häufig auf die Ansicht herein, die Schule solle mehr als bisher der Vorbereitung auf eine spätere Berufspraxis dienen. Doch zehn Jahre später, wenn die Berufspraxis da ist, erkennen viele diesen Anspruch als eine unsinnige Illusion. Auch die Gegenprobe geht auf: Die Vermittlung von nicht fachspezifischer Allgemeinbildung halten (immerhin schon) knappe achtzig Prozent der Schüler für wichtig; bei den 20- bis 29jährigen steigt diese Zahl noch einmal auf bis zu 93 Prozent.«[72] Also: Es geht nicht ums Dübeln, sondern ums Grübeln. Nach Rehfus kommt es nicht auf Handlungs-Orientierung an, »sondern auf Denkorientierung«. Darin übrigens liege, so Rehfus, Europas einzige Chance, nicht in die Barbarei zurückzufallen.[73]

Umfeld-Orientierung durch »Öffnung« von Schule

Mit der sogenannten Öffnung dieser Art Schule kam 1988 das Kultusministerium Nordrhein-Westfalen heraus. »Rahmenkonzept Gestaltung des Schullebens und Öffnung von Schule« hieß das Programm. Angesagt sind seitdem: »Offenheit«, »offene Schule«, »Öffnung von Schule nach innen«, »Öffnung von Schule nach außen«, »Schule als Lebensraum«, »Schule als Erfahrungsraum«, »Stadtteilschule«, »Lebensraumschule«, »Nachbarschaftsschule« und anderes mehr. Die »Offenheit« soll unter anderem darin bestehen, daß Schulen mit Bürgerinitiativen, Gewerkschaften, Verbänden oder Minderheitengruppen zusammenarbeiten.

Nichts ist offener und transparenter als öffentliche Schule. Gleichwohl braucht Schule »Schutz vor dem Andrängen der Außenwelt«. Dieses Wort ihres Säulenheiligen Theodor Adorno aus seinem Aufsatz »Theorie der Halbbildung«[74] dürften sich die »progressiven« Schulpolitiker ins Stammbuch schreiben. Schule darf keiner Überwucherung durch Außerschulisches und Außerunterrichtliches, darf keiner Aktualitätssucht und keinen Interessengruppen ausgesetzt werden. Sonst wird das Additum zum Fundamentum, die Nebensache zur Hauptsache.

Weil viele unserer Kinder ständig neue Reize suchen, ist das Flüchtige, ist die »Neophilie«, das ständige Fahnden nach immer neuen Reizen ohnehin zum Hauptmerkmal der Schule geworden, so Konrad Lorenz.[75] Würde Schule zur »offenen« Aktionismus- und Happening-Schule, dann wäre sie bald eine Schule der bloßen Unterhaltung und der Geschwätzigkeit. Kinder aber brauchen anstelle von Flüchtigkeit das Kontinuierliche, das Vertraute, das

Behütende; sie brauchen Struktur und Orientierung, die ihnen Fächer, Stundenpläne und eine feste Klassengemeinschaft geben. Nur so finden sie zur konzentrierten und bereichernden Auseinandersetzung mit Bildungs- und Kulturgütern, mit sich selbst und mit anderen.

Schule ist Ort des reflektierenden Lernens. Eine »offene« Schule ist nicht offen, sondern verengt das Blickfeld der Kinder auf das Alltägliche. »Offene« Schule käme einer Entschulung gleich und schränkte das Erziehungsrecht der Eltern ein, weil Kinder dann Einflüssen ausgesetzt würden, die Eltern nicht ermessen könnten. »Offene« Schule würde zum »closed shop«, weil sie über den Schrebergartenhorizont nicht mehr hinaussähe. Sie wäre eben nicht offen, weil sie die vielfältigen außerschulischen Erfahrungsmöglichkeiten Heranwachsender ans Gängelband nähme, kanalisierte und vereinheitlichte. Die Studie »Bildungsverläufe und psychosoziale Entwicklung im Jugendalter« (BIJU) stellt dazu lapidar fest: »Dagegen scheinen offene Formen des Unterrichts wie die Mitgestaltung von Unterrichtsinhalten durch Schüler nicht so entscheidend für eine positive motivationale Entwicklung zu sein, zumal dann, wenn ein derart organisierter Unterricht von den Schülern als wenig strukturiert und undiszipliniert-chaotisch erlebt wird.«[76]

Für eine Schule des Wissens

Es ließe sich über vieles an »neuen Lernformen« noch ins Staunen geraten: über Teamentwicklung, über Brainwriting, über Lebensgemeinschaftsschule, über Family-grouping statt Jahrgangsklassen, über Neurolinguistisches Programmieren (NLP), über Kompetenzkurse, über Superlearning, über Suggestopädie, über Just-in-time-Qualifikationen, über Modularisierung von Bildung (in Form von Häppchen-Qualifikation?) usw. usf. Gemeinsam ist all den »neuen Formen des Lernens«: Sie leben vom aversiven Affekt gegen Inhalte und gegen »Vorratswissen«. Das Inhaltliche – eigentlich nach Josef Derbolav das Herzstück der Pädagogik – wird somit zum Verschwinden verurteilt. Das Methodische der »neuen Lernkultur« besetzt die Stelle der Inhalte, es bläht sich auf und erschlägt die Inhalte. Wenn sich aber die Unterrichtsmethodik von den Inhalten emanzipiert hat, wenn pädagogische Fachzeitschriften avantgardistisch als maßgebliche Rubrik die »Methodenwerkstatt« führen, dann bleibt wirklich nur noch das Gezänk um die Form, um die Verpackung und um die Vermarktung. Das Gespür für die Inhalte ist dann bereits verrottet.

Dabei wären die Inhalte das Eigentliche und das Wichtige. Wenigstens dies sollte man Eric Donald Hirschs Buch »The Schools We Need and Why We Don't Have Them« abnehmen. Hirsch kommt darin 1996 zu dem Urteil: Daß wir nicht die Schulen haben, die wir brauchen, liegt daran, daß wir der Kenntnis- und Wissensvermittlung zuwenig Bedeutung beimessen. Wörtlich schreibt er: »The anti-subject-matter principles of progressivism have demonstrably triumphed in our schools.«[77]

Es geht um ein von den Inhalten her definiertes Wissen – ein Wissen, das immer mehr, immer komplexer, immer differenzierter und immer spezialisierter wird. In einigen Bereichen, etwa der Gentechnik und der Mikroelektronik, begannen schließlich Entwicklungen, deren Ende noch nicht abzusehen ist. Das aktuelle Wissen veraltet sehr rasch. In der Mikroelektronik und in der Werkstofftechnik spricht man von Halbwertszeiten des Wissens von drei bis fünf Jahren. Das heißt, hier ist die Hälfte des Wissens des Jahres 2000 in den Jahren 2003 bis 2005 bereits »verfallen«. Nicht so freilich in den Kulturwissenschaften, die ganz besonders mit der Identität von Menschen, Gesellschaften und Nationen zu tun haben!

Nun müßte ein Schulpolitiker bei gebannter Betrachtung dieser Dynamik der Naturwissenschaften und Technologien schier resignieren. Denn eines ist klar: Schule kann hier nicht mithalten. Lehrpläne können nicht jedes Jahr geändert, Schulbücher nicht jedes Jahr umgekrempelt, Lehrer nicht jedes Jahr neu qualifiziert werden. Schule kann im Wettlauf der Wissenschaften und Technologien, der Trends, der Moden und Methoden nicht mithalten – und sie muß es auch nicht. Schule sollte sich vielmehr darauf besinnen, was Bestand hat und was nach dem Prinzip »multum non multa« (»Viel, aber nicht vielerlei!«) Plinius' des Jüngeren die Mitgift ist, die Bildung ausmacht und mit deren Hilfe jede noch so expansive Wissensentwicklung in der späteren Berufsbildung, im späteren Studium oder in der späteren Berufstätigkeit bewältigt werden kann. Der Grundsatz muß also heißen: Es geht um Inhalte. Es geht um breite Allgemeinbildung! Die Inhalte sind nicht beliebig austauschbar.

Der lehrergeleitete Unterricht bleibt ohne Alternative

Ein auf diese Weise inhaltlich definierter Unterricht wird nur ertragreich sein, wenn er auf klare Ziele, auf eindeutige Strukturen sowie auf aktives, zielorientiertes Mittun der Schüler bauen kann. Dafür braucht man keine »neuen Erkenntnisse der Gehirnforschung« zu bemühen, denn was Gehirnforschung zum praktischen Lernen beizutragen hat, weiß man seit langem: daß das Wiederholen die Mutter des Lernens ist, daß Lernen, vor allem einsichtiges Lernen, eine aktive, strukturierende Wahrnehmungsleistung (Einsicht kommt von Hinein-Sehen!) voraussetzt und daß die Verknüpfung von Wissensstoffen erst stattfindet, wenn man viel über viel und all das möglichst gut geordnet weiß. Eduard Spranger brauchte keine Gehirnforschung, als er zutreffend forderte, daß in der Schule mit einem »leichten Drill« gearbeitet und daß die »Aufmerksamkeit immer wieder schonend wachgerufen« werden müsse.[78] Ähnliches bestätigte Otto F. Bollnow, der eine Rehabilitation von »Übung und Wiederholung« einforderte und betonte, daß derjenige, der glaube, auf diese Seiten des Lernens verzichten zu können, auch auf das Erreichen eines bestimmten Leistungsvermögens verzichte.[79] Hermann Giesecke kleidet sein entsprechendes Petitum in die Formel: »Der Unterricht als systematische Veranstaltung mit Distanz zum Leben.« Giesecke bedient sich dabei einer kognitionspsychologisch transparenten Überlegung: Schüler brauchen Distanz zum sonstigen Leben, weil sonst keine Systematisierung und Verallgemeinerung stattfindet.[80] Vereinfacht ausgedrückt: Wer – räumlich – nicht auf Distanz zum Wald gehen kann, sieht den Wald vor lauter Bäumen nicht.

Auch mehrere aktuelle Studien der Max-Planck-Institute für Bildungsforschung (Berlin) und für psychologische Forschung (München) widerlegen die reformpädagogischen Erwartungen an einen schülerzentrierten und fachübergreifenden Unterricht. »... Demnach ist ein besonders leistungsförderlicher Unterricht dadurch charakterisiert, daß der Lehrer hohe Anforderungen stellt, die Schüler auch individuell intensiv berät und unterstützt, einen klaren und verständlichen Unterricht abhält und wenig Zeit in nichtfachliche Aktivitäten investiert, Geduld bei Langsamkeit von Schülern hat und die Klasse effizient führt, so daß nur wenige Störungen und Unterbrechungen resultieren.«[81] »Zum Entsetzen vieler Reformpädagogen erwies sich in den meisten seriösen Studien eine Lehrform als überdurchschnittlich effektiv, die gelegentlich als ›direkte Instruktion‹ bezeichnet wird ... Direkte Instruktion verbessert die Leistungen fast aller Schüler, erhöht deren Selbstvertrauen in die eigene Tüchtigkeit und reduziert ihre Leistungsängstlichkeit ... Allerdings dominiert in vielen einschlägigen Arbeiten oft eine sehr einseitige Betrachtungsweise, so daß die attraktive Vorstellung vom Schüler, der zugleich lehrt und lernt, nicht als wichtiges Ziel, sondern fälschlicherweise als gegebene Voraussetzung dieses Forschungsprogramms angesehen wird.«[82]

In einem Interview mit dem »Rheinischen Merkur« vom 21. November 1997 formuliert Franz Weinert seine Skepsis gegenüber »neuen« Lernformen so: »Was derzeit als neue Lernformen diskutiert wird, ist so radikal neu nicht. Diese Lernformen wurden von guten Lehrern zu allen Zeiten angewandt ... Unterricht, Lehren und Lernen sind dann gut, wenn die Schüler dabei aktiv sein können und sein müssen, wenn sie zur produktiven Verarbeitung des Neuen, zur Verknüpfung des Bekannten mit dem Neuen sowie zur Verknüpfung des Allgemeinen mit dem Situativen angehalten werden.« Bei einem guten Lehrer handelt es sich dementsprechend um einen Lehrer »mit geschickter Fragetechnik und hoher Leistungserwartung, der einen wohlgeplanten und streng organisierten Unterricht hält, das aufgabenbezogene Verhalten der Schüler sicherstellt, viel bekräftigt, das zielerreichende Lernen betont, tutorielle Hilfen gibt und diagnostisches Feedback anbietet ...« Der gute Lehrer zeichne sich durch Merkmale aus, die »stärker auf die zielgerichtete Orientierung, Steuerung und Unterstützung der Lernenden und weniger auf den emotionalen Gehalt der sozialen Interaktion im Klassenzimmer gerichtet« seien. »Bemerkenswert ist schließlich, daß die pädagogischen Vorzüge guter Lehrer nach unseren Befunden eher in kognitiven als in sozio-emotionalen Aspekten der Unterrichtsgestaltung liegen.«[83]

In »The Economist«[84] wird unter dem Titel »World Education League« Julia Whitburn vom »Britains National Institute of Economic and Social Research« wie folgt zitiert: »A method known as ›whole-class interactive teaching‹ is used widely. The teacher addresses the whole class at once, posing questions to pupils in turn, to ensure they are following the lesson. American and British schools have been criticised for letting pupils spend much of their time working in small groups, with the teacher rushing from one group to the next to see how they are doing. Mrs Whitburn notes that in Japan and Switzerland this method is only used in teaching arts and crafts.« (Anmerkung: Japan und die Schweiz schnitten in der TIMSS beide deutlich überdurchschnittlich ab!) Die TIMSS-Studie warnt davor, daß »die in Deutschland vor allem in der allgemeinen Didaktik, weniger in der Fachdidaktik verfolgte Strategie, die Struktur des lehrergeleiteten Fachunterrichts grundsätzlich in Frage zu stellen, möglicherweise zur Kumulation von Problemen führt«.[85] Jürgen Baumert, Direktor des Max-Planck-Instituts für Bildungsforschung, nennt den entscheidenden Faktor »time on task«.

Leider haben diese Erkenntnisse ihren Weg noch nicht (wieder) in die Lehrerbildung gefunden. Somit bleibt nur der Trost: Wenigstens wissen die Schüler, daß es um die Inhalte geht, sonst würden sie sich nicht in erster Linie Lehrer wünschen, die gut erklären und interessant erzählen können. Schüler sind ja gottlob resistent gegenüber Methodenzirkus!

12

Die Sesam-öffne-dich-Pädagogik der Projektmethode und der Schlüsselqualifikationen

Unter wohlgefälligen Slogans und im besonderen unter Berufung auf »Schlüsselqualifikationen« findet seit einigen Jahren eine fortschreitende Abkehr von den Schulfächern statt. An deren Stelle sollen treten: Lernbereiche, Lernfelder, Lerndimensionen, Fächerverbund, Kernthemen, Kernprobleme, Schlüsselprobleme, Projekte, Vernetzung, Ganzheitlichkeit, Interdisziplinarität und dergleichen mehr. Außerdem soll jedes tagespolitisch aktuelle Gesellschafts- oder Jugendthema sofort zum notwendigen Schulprojekt befördert werden: Freizeiterziehung, Medienerziehung, Verbrauchererziehung, Gesundheitserziehung, Umwelterziehung usw. Die aktuelle schulpolitische Diskussion wird davon in erheblichem Maße beherrscht. Es ist die Rede von der Abschaffung des »starren« Fächerprinzips, des »zergliederten Lernens«, der »Stoffhuberei«, der »Lehrplanüberfrachtung«, des »Lektionismus« und des »Frontalunterrichts«. Der 45-Minuten-Takt solle weichen, und Lehrer sollten »neue Arbeitszeitmodelle« bekommen – damit sie als »Moderatoren«, als Lern- und Projekt-»Manager«, als »Lernprozeßorganisatoren« tätig werden können. Das Einzelfachliche wird als lästige Zeitvergeudung erachtet.

Einige Bundesländer sind bereits auf diesen Trip eingeschwenkt. Hessen hat, nachdem die CDU/FDP-Regierung von 1987 bis 1991 die Einzelfächer wieder gestärkt hatte, mit seinem Schulgesetz von 1993 »Lernbereiche« eingeführt. Physik, Chemie und Biologie werden zum Lernbereich »Naturwissenschaften« vereint, Geschichte, Erdkunde und Sozialkunde zur »Gesellschaftslehre«. Die Entscheidung über die Zusammenlegung oder Nichtzusammenlegung der je drei Fächer zu einem Sammelsuriumfach trifft die Schulkonferenz der Einzelschule. Außerdem kündigte Hessen mit dem Entwurf einer Verordnung vom 26. März 1998 eine neue Stundentafel (Warum heißt sie eigentlich noch »Stunden«-Tafel?) für die Grundschule, die Schule für Lernhilfe (früher: Sonderschule) und die Mittelstufe an. Darin heißt es: »Die Unterrichtszeit ist in

Unterrichtsstunden, die in der Regel 45 Minuten dauern, oder in anderen Zeitrhythmen gegliedert wie im rhythmisierten Schulvormittag, im Projektunterricht und in der Arbeit nach Wochenplan.«

Andere Beispiele: Schleswig-Holstein orientiert alle Lehrpläne aller Schulformen und aller Altersstufen an fünf »Kernproblemen«, an denen sich jedes Fach und jeder Einzelstoff auszurichten hat. Hamburg verabschiedet sich von unten, von der Grundschule her, und von oben, von der Oberstufe her, von den Fächern. Es führt die »verläßliche Grundschule« als »Lern- und Spielschule« ohne Stundenpläne ein. Und es erprobt an der Max-Brauer-Schule seit 1992 mit der »Profiloberschule« ein Modell, bei dem die Eigenständigkeit der Fächer zur Hälfte aufgegeben ist: 50 Prozent des Unterrichts finden statt in den »Profilen« »Umwelt«, »Sprachen und Kulturvielfalt« sowie »Kommunikation«.

Vernetzung von Nullmengen

Nun wird niemand bezweifeln, daß ein Schüler ein Fach nicht voll ausschöpfen kann. Und niemand wird bezweifeln, daß Unterrichtsfächer nach dem Prinzip der didaktischen Reduktion auf das Wesentliche und nach dem Prinzip des Exemplarischen auf das Transferierbare angelegt sein müssen. Die triviale New-Age-Einsicht, daß alles mit allem irgendwie zusammenhänge, hilft jedoch nicht weiter. Der eigentliche Bildungsauftrag der Schule, die Schüler nämlich mit fachlicher Qualifikation auszustatten, geriete mit ausschließlich »ganzheitlichen« Ansätzen in erheblichem Maße aus dem Blickfeld. Die Lehrer vermögen im übrigen auch ohne Projekt-, Schlüssel- und Kernmethode fachübergreifend und fächerverbindend zu unterrichten. Alle Lehrer haben die Fakultas in mindestens zwei Fächern. Ansonsten ist der fächerübergreifende Ansatz eine Frage der Abstimmung der Lehrer einer Klasse untereinander. Es gibt keine Schule, die nicht exemplarisch an komplexen Einzelthemen exerziert – Studien- und Projekttage durchführte.

In sogenannten Lernbereichen müßten viele Inhalte fachfremd von ein und demselben Lehrer unterrichtet werden. Ein Lehrer mit der Lehrbefähigung in Physik und Mathematik hätte im hessischen Lernbereich »Naturwissenschaften« bis hinauf in höhere Jahrgangsstufen zugleich fachfremd Chemie und Biologie mitzuunterrichten. Der Hessische Philologenverband attackiert dies im Januar 1996 als »organisiertes Dünnbrettbohren« und befürchtet, daß nur noch »modische Problemthemen, wie Atomkraft oder Gentechnologie« zum Zuge kommen. Wilfried Kuhn, Professor für Didaktik der Physik an der Universität Gießen, geht mit den Lernbereichen ebenso hart ins Gericht. Die Erfindung der Lernbereiche bezeichnet er als »Trojanisches Pferd« und »Glaubenskrieg gegen den Fachunterricht«. Er fährt fort: »Fächerübergreifende Projekte sind erst nach harter Arbeit im Einzelfach sinnvoll und erfolgreich.« Und er hält es für eine »Zumutung« für Fachlehrer, in Lernbereichen »fachfremd zu dilettieren«.[86]

Schule und Unterricht brauchen klare Fächerstrukturen. Fachübergreifende Ansätze haben erst unter der Voraussetzung Sinn, daß zuvor die einzelfachlichen Grundlagen geschaffen wurden. Der Primat muß dem Fachlichen gelten. Das ist wie beim Bauen eines Hauses. Erst müssen das Fundament, der Keller und die oberen Geschosse errichtet sein, dann kommt das Übergreifende, das Dach. Unterrichtlich sofort oder nur mit Projekten einzuschweben, das käme dem Versuch gleich, ein Haus vom Dach her zu bauen. Es wäre dies eine Vernetzung von Luftlöchern und Nullmengen.

Um fachliche Information und sachgerechte Orientierung aber geht es in der Schule, nicht um eine amorphe Lernbereichs-, Kern- und Schlüsselproblemmasse. Wie sonst könnten so brisante Themen wie Atomenergie oder Gentechnik in der Schule behandelt werden? Vielleicht politisiert mit Hilfe eines Einstieges über das Fach Gesellschaftslehre? Ohne soliden Fachunterricht geht's nicht. Nur er kann eine projektorientierte Beliebigkeit der Stoffauswahl vermeiden und die Schüler mit den großen Gegenständen vertraut machen. »Lernbereiche« aber stiften Verwirrung und Chaos statt klarer Strukturen. Zur Vermittlung etwa »kommunikativer Kompetenz« bedarf es nicht der permanenten Projektmethode, denn jeder Unterricht ist kommunikativ! Und »Problemlösekapazität« entwickelt sich erst mit der Einsicht in konkrete Inhalte und kann nicht – an sachkundiger Unterweisung vorbei – für sich allein oder von einer Metaebene aus erzeugt werden. Man sollte nicht übersehen, was das Fachliche sonst noch alles fördert: Konzentration, Ausdauer, Unnachgiebigkeit gegen sich selbst und gegen den Stoff gedeihen nur auf der Folie des Faches. Aber was soll's! Demnächst kommt bestimmt ein Minister auf die Idee, Englisch, Französisch und Latein zusammenzulegen zu einem »Lernbereich Fremdsprachen« – genannt »Hessperanto«.

Die Konzepte der Bildungs-Ali-Babas

Eine maßgebliche Rolle bei Experimenten zur Auf- und Ablösung der Fächer spielt die Forderung nach Vermittlung von »Schlüsselqualifikationen«. Über diese Rezeptologie sollen Schüler quasi qua »fast education« rasch funktionstüchtig werden. Dabei hat noch niemand so recht zu sagen vermocht, ob und wie man Schlüsselqualifikationen ohne das Fachliche vermitteln kann; ob und wie »Handlungskompetenz«, »Problemlösekompetenz«, »Lernfähigkeit« oder »Kreativität« ohne fachliche Folie gedeihen können; ob und wie Wissensmanagement ohne Wissen funktionieren kann.

Dennoch haben die schulpolitischen Ali Babas ein neues »Sesam, öffne dich!« erfunden. Nun warten sie darauf, daß sich die überreiche Schatzkammer der Bildungsgrotte zur gefälligen Selbstbedienung mit all ihren Schätzen an Fach-, Methoden-, Personal-, Sozial- und Handlungskompetenzen sowie an Basis- und Horizontalqualifikationen öffnet und sich über die Schule ergießt. Und der Schlüssel gibt es nicht wenige. Angesagt sind: Durchsetzungsvermögen, Entscheidungsfähigkeit, Flexibilität, ganzheitliches Denken in Zusammenhängen, Informationsverarbeitung, intellektuelle Beweglichkeit, Kooperationsfähigkeit, Kommunikationsfähigkeit, Konzentrationsfähigkeit, kulturelle Aufgeschlossenheit, kritisches Denken, Leistungsfreude, Lernfähigkeit, Problemlösefähigkeit, Selbständigkeit, soziale Sensibilität, Teamfähigkeit, verantwortungsvolles Handeln usw.

Beeindruckend! Fragt sich nur, ob all das so umwerfend neu ist oder ob diese Bildungs- und Erziehungsziele nicht schon in gleicher oder anderer Terminologie aus 2500 Jahren europäischer Bildungstheorie bekannt sein sollten. Alter Wein also in neuen Schläuchen? Alte Sekundär- und Arbeitstugenden wiederentdeckt? Nicht nur! Denn die Pädagogik der »Schlüsselqualifikationen« reicht gleich die Rezepte für deren Vermittlung nach. Für die Didaktik präsentiert sie: Fächerverbünde, Kernprobleme, Kernthemen, Lernbereiche, Lerndimensionen, Lernfelder, Schlüsselprobleme u. a. m. Und für die Methodik hat sie parat: Projektunterricht, offenen Unterricht, problemorientierten Unterricht, Rollenspiel etc.

Mit ihrer Didaktik und Methodik wird die »Schlüssel«-Pädagogik aber bedenklich. Es keimt der Verdacht auf, daß sie doch nur Vehikel zur mehr oder weniger radikalen Umgestaltung bewährter inhaltlicher und unterrichtlicher Strukturen sein will. Auch die Third International Mathematics and Science Study (TIMSS) ist diesbezüglich eindeutig: »Denn wir wissen, daß Schlüsselqualifikationen nicht direkt erwerbbar oder gar vermittelbar sind, sondern der Weg zu ihnen über den mühsamen Aufbau einer breiten und gut vernetzten Wissensbasis in spezifischen Wissensdomänen führt, die auch den Ausgangspunkt für die Übertragung erworbenen Wissens in andere Anwendungsgebiete darstellen.«[87]

»Schlüssel«-Qualifizierung als Bedrohung

Zu den didaktisch-methodischen Ungereimtheiten der »Schlüssel«-Pädagogik gesellt sich eine andere Sorge. Sie hat mit dem Menschenbild zu tun, das dahinter steht. Über die Breitbandmedikation der Schlüsselqualifikationen sollen Schüler ja rasch funktionstüchtig werden. Friedrich Schönweiss[88] spricht kritisch von einer Ausstattung, mit der man alle Lernprobleme gewissermaßen im Handstreich lösen könne: Dies sei ein Zugriff auf Eigenschaften, die man bisher als sehr persönliche verstand, und damit tendenziell ein Versuch, Persönlichkeit zu funktionalisieren.

Mit der Absicht, »Schlüsselqualifikationen« zu vermitteln, lebt somit der naive behavioristische Glaube an die grenzenlose Machbarkeit des Menschen fort. Schönweiss vermutet hinter der »Schlüssel«-Debatte eine Theorie, die »die Gesamtheit einer Person als Fundus funktionalisierter und instrumentalisierbarer Fähigkeiten und Fertigkeiten« betrachte. Ein solches Bild von Persönlichkeit leiste aber »dem weitgehend antikritischen Zugriff auf die Person ... Vorschub«, und darin spiegle sich »auf recht diffuse Weise das Bedürfnis nach einem anderen Menschen«. Implizit warnt Schönweiss damit vor einer totalen Pädagogik, die den Menschen in seiner Gesamtheit erfassen will. Der Titel seines Buches wird damit mehr als verständlich: »Bildung als Bedrohung«!

13
Die elektronischen Nürnberger Trichter

Schulpädagogik ist stets auf der Suche nach Nürnberger Trichtern. Das ist ein legitimes Anliegen. Zur Karikatur wird die Suche, wenn Schulpädagogik nicht mehr wahrhaben will, daß es schulisches Lernen so ganz ohne Anstrengung und ohne Buch nicht gibt und daß Lernen – zumal unter Heranwachsenden – ohne personalen Bezug zwischen Lernendem und Lehrendem nicht geht.

Nach Jahren der Euphorie ob der angeblich grenzenlosen und im Endergebnis dann doch nicht erwiesenen Chancen des Programmierten Lernens und des Sprachlabors scheint Schulpädagogik jetzt erneut in das Stadium der Trichtervisionen eingetreten zu sein. Jedenfalls ist immer wieder zu hören, es sei eine Katastrophe, daß nur für zwei Prozent der Schüler ein Computerarbeitsplatz da sei, daß sich somit rund 50 Schüler einen Schulcomputer teilen müßten, und daß – so vermutlich nicht ganz ohne eigennütziges Interesse die Bertelsmann-Stiftung im Mai 1998 – 81 Milliarden investiert werden müßten, um allen Schülern von der Grundschule bis zum Abitur einen »Laptop in den Ranzen zu packen«, zuzüglich weiterer 24 Milliarden pro Jahr für Gerätewartung und Betrieb.

Als ob jetzt der neue Adam geschaffen werden könne, ist selbst unter ansonsten bodenständigen Berufsbildungsexperten die Überzeugung ausgebrochen, Multimedia eröffne »kaum absehbare Potentiale für die Steigerung der Effizienz des Lernens«. Ganz Kundige, darunter EU-Kommissare, glauben gar erkennen zu können, daß der Schulunterricht, der bislang »hinter verschlossenen Türen« stattgefunden habe, nunmehr »über elektronische Fenster zur Außenwelt geöffnet« werden könne.

Die Vorstellung, daß in der schulischen Bildung bestimmte Fächer und Kulturtechniken verzichtbar seien, ist indes nicht ganz neu. Klaus Haefner hatte 1982 sogar die grundlegenden Kulturtechniken zur Disposition gestellt: Das Beherrschen des Grundrechnens sei obsolet, weil es Rechner gebe. Das Aufsatzschreiben sei obsolet, weil es bald den »Sprechschreiber« gebe. Die Rechtschreibfertigkeiten seien obsolet, weil es die Orthographiekorrekturprogramme gebe. Schule habe sich, so Haefner, vor allem auf die informationstechnische Grundbildung zu konzentrieren; Schule habe ansonsten vielleicht noch die Aufgabe, Freizeiterziehung zu betreiben. Ansonsten müsse das Erzieherische eine »intakte Familie« leisten: »Es ist denkbar, daß konsequente Nutzung von Informationstechnik zur eigentlichen Wissensvermittlung auf der einen Seite (computergestützter Unterricht) und engagierte Erziehung in einer möglichst intakten Familie auf der anderen Seite als eine echte Alternative zum heutigen Bildungswesen gesehen wird.«[89] Der US-Amerikaner Lewis Perelman, der im Jahr 1995 als Kritiker konventioneller Schule durch die deutschen Magazine gereicht wird, folgt Haefner zehn Jahre später in dieser Vorstellung. Er will jede fachliche Bildung nur noch über PC, CD-ROM und Internet bewerkstelligt haben. Überhaupt hat man den Eindruck, deutsche Schule müsse »vernetzt« werden, weil es halt die Amerikaner auch tun und weil dann alles andere wie von selbst kommt.

Laptop statt Schulranzen?

Es ist also der elektronische Trichter angesagt. Die Rezepte, von denen man – produziert in deutschen und amerikanischen Pädagogenstuben – in beschleunigter Angebotsfrequenz liest, heißen dann so: Bildungsserver, didaktische Hyperlinks, Edutainment, elektronische Klassenzimmer, E-Mail im Fremdsprachenunterricht, Homelearning, interaktive Lernumgebung, Just-in-Time-Knowledge, Knowledge-Machines, Laptop statt Schulranzen, Learn-Line, Lernanimation, Lern-Software, Lernspiele, Lernwerkstatt, Multimedia-Learning, multimedialer Lernspaß, Net-Meeting, Online-Learning, pädagogische Software, Schul-Netz, Telelearning, Teleteaching, transatlantisches Klassenzimmer, virtuelle Bildung, virtuelles Klassenzimmer usw.

Schöne Visionen, die da heraufziehen – Visionen von einer Schule, in der der Computer für das Kognitive zuständig sein soll und in der sich Lehrer voll auf das (Sozial-)Pädagogische konzentrieren könnten. Schule muß aber nicht zur Pflanzschule für aufgescheuchte pädagogische Multimedia-Freaks werden. Schule wird sich zwar mit der mikroelektronisch möglich gemachten Ergänzung und Erweiterung menschlicher Kulturtechniken auseinandersetzen und zum Beispiel mit Blick auf den PC schlicht und einfach Maschineschreiben lehren müssen.

Aber ansonsten? Es mag ja sein, daß kleine Jungs und Mädels heutzutage aufgrund von neuen Informationstechniken über mehr

Informationen über die Welt verfügen (können) als Voltaire, Kant und Goethe zusammen. Aber daß wir heute klüger seien als unsere Väter, Großväter oder Urgroßväter, das ist doch sehr zu bezweifeln. Und es mag ja auch sein, daß Hardware und Software unschlagbar sind im Suchen, Speichern, Rechnen. Doch es sind die Menschen, auch die jungen, die unschlagbar sind im Auswählen, im Bewerten und in der Interpretation.

Bewegen muß Pädagogen die Frage, ob der junge, vernetzte und fernsehverkabelte Multimedia-Mensch ab einem gewissen Stadium des Informationskonsums überhaupt noch die Fähigkeit besitzt, zwischen faktischer Realität einerseits und virtueller, medialer Realität andererseits zu unterscheiden, oder ob er nicht – weil Computer ja keine Welt außerhalb der eigenen kennen – bereits einer höchst selektiven »Windowisierung« von Wirklichkeit ausgesetzt ist. Aldous Huxley jedenfalls hätte seine Freude an solch neuer Welt.

Kaspar-Hauser-Syndrom

Immerhin könnte das Ergebnis multimedialer Vernetzung eine Art Kaspar-Hauser-Syndrom sein. Zumindest der passive Nutzer von Multimedia gerät in die Nachbarschaft eines isolierten Menschen. Damit wäre man an einem Punkt angekommen, an dem Information Kommunikation tötet, weil sich jeder nur noch das an Information sucht, was er braucht, und nur noch darüber redet. Die Überwältigung der Wahrnehmung und des Denkens durch Informationsfluten sowie die medial bedingte Isolation könnten außerdem dazu führen, daß Kinder nichts mehr begreifen – »be-greifen«, wie es die Weisheit der Sprache zum Ausdruck bringt –, weil sie nichts mehr zum Greifen haben. Schließlich ist ja alles auf dem Bildschirm immateriell.

Bezogen auf die Schule hieße das: Ein elektronisches Klassenzimmer wäre ein verarmtes, steriles Klassenzimmer ohne Er-Leben und ohne Reflexion. In ihm gingen – wie vorexerziert in den privaten Sendehäusern – Information und Unterhaltung eine pädagogisch höchst unheilige Allianz ein. Und ein elektronisches Klassenzimmer liefe auf eine Schule der fortschreitenden Anonymisierung und der Ent-Personalisierung von Lernprozessen hinaus. Trivial, aber didaktisch zutreffend ausgedrückt: Es hat schon Sinn, wenn ein Schüler auch bei rein stofflichen Fragen – grimmig, staunend oder ungläubig – in das Gesicht eines Lehrers und nicht in einen Bildschirm schaut. Der Lehrer weiß darauf zu reagieren, der Computer nicht. Das ist unendlich wichtig für beide, auch was Lernfortschritte betrifft.

Der klassische Unterricht im Lehrer-Schüler-Gespräch wird auch zukünftig im Zentrum schulischer Lernprozesse stehen (müssen). Die Einführung von Schülern in die Nutzung des Internets, die Einspielung der aktuellen Aufnahmen eines Wettersatelliten in den Erdkundeunterricht oder die Computersimulation eines Experiments im Chemieunterricht – all dies und vieles andere Elektronische mehr ist für Schule ansonsten selbstverständlich und in nichts revolutionär.

Wofür also Laptop statt Schulranzen? Wofür also Schulen und Schüler ans Netz? Damit sich Schüler aus dem World Wide Web einen englischsprachigen Zeitungsartikel holen, um ihn sodann mit Hilfe des www-integrierten digitalen Wörterbuches zu übersetzen? Damit sie sich – so kürzlich die Schwärmerei eines jungen Autors in einer großen süddeutschen Tageszeitung – über Internet quasi transatlantisch mit anderen Schülern in der Frage verständigen können, ob am Schuleingang nach mitgebrachten Pistolen gefahndet werden muß? Da ist man versucht zu sagen: Wenn man das wirklich wissen muß, dann können Papier und Bleistift das auch mitteilen. Es ist auch schwer nachvollziehbar, worin der Vorzug einer »vernetzten« Schule mit ihrer Häppchenkultur liegen soll, wenn man das meiste, was das Internet an Sinnvollem bietet, auch in einem Brockhaus, in einem Meyers oder in einer Encyclopaedia Britannica nachschlagen oder schlicht und einfach in einer Zeitung lesen kann.

So gesehen darf und sollte gerade Schule den Mythos der Informationsgesellschaft entzaubern. Es belegen ernstzunehmende Untersuchungen, daß seit der Einführung des PC die Produktivität in vielen Büros eher gesunken als gestiegen ist. Wann immer irgendein Prozessorgigant einen neuen Prozessor auf den Markt wirft, der wieder doppelt so schnell wie sein Vorgänger arbeitet, dauert es nur wenige Wochen, bis ein Software-Gigant ein Betriebssystem nachschiebt, das diesen Geschwindigkeitsgewinn wieder auffrißt.

»Stagnovation«

Ansonsten sollte es die Pädagogik mit Joseph Weizenbaum halten, dem 1923 in Berlin geborenen Professor für Computerwissenschaften am Massachusetts Institute of Technology (MIT) in Cambridge. Als einer der weltweit Kundigsten auf diesem Gebiet und als zugleich schärfster Kritiker der »künstlichen Intelligenz« sagte er: Die Datenverarbeitung erleichtere das Durchwursteln, und sie verhindere wirkliche Innovationen. Weizenbaum nennt das »Stagnovation«. Es sei, so Weizenbaum weiter, informationstechnisch eine Fehleinschätzung, daß die Mattscheibe eine große Informationsdichte besitze. Jeder Waldspaziergang habe um Größenordnungen mehr Potential als künstliche Zeichensysteme. Aber den meisten sei die Fähigkeit verlorengegangen, es zu erschließen, weil es einfacher sei, Technologie einzuschalten, als selbst zu denken und zu sprechen.

Diese Skepsis ist kein Anlaß zur Maschinenstürmerei. Aber eines scheint vonnöten: Schule sollte hauptsächlich bei einer Kommunikation bleiben, die ursprünglich, unmittelbar, personal, sozial und damit human ist. Schließlich geht es in Fragen der Information und Kommunikation auch um das Bild vom Menschen. Dabei ist vor allem auf junge Menschen zu hoffen, die nicht zu Infokraten werden, die nicht mit Informationen herrschen oder von Informationen beherrscht werden, die Kommunikation als etwas Menschliches und nicht als etwas Technisches erfahren und praktizieren.

Durchaus gelassen kann das Schulbuch in die Zukunft schauen. Noch nie ist in der Mediengeschichte ein altes Medium durch ein neues vollständig ersetzt worden. Immer haben neue Erfindungen das Ensemble der Medien erweitert. Diese Gesetzmäßigkeit der Mediengeschichte wird durch Multimedia nicht außer Kraft gesetzt. Deshalb wird der PC samt Internet das Buch nicht ersetzen, weder in der Schule noch sonstwo, sondern nur ergänzen. Gescheite Informatikprofessoren mögen das Schulbuch da noch so oft als »Relikt des 19. Jahrhunderts« beschimpfen und dessen Ersatz durch CD-ROMs einfordern. Das Buch wird in der Schule schon deshalb das zentrale Medium bleiben, weil es – weitaus mehr als Multimedia – Wissen ohne Verfallsdatum und ohne permanente Aufkündbarkeit per Mausklick anbietet.

Ansonsten sollte nach dem hoffentlich baldigen Abkühlen der überhitzt euphorischen Schulcomputerdebatte zur Kenntnis genommen werden, daß das, was man an Internet-Fertigkeiten braucht, vor allem die Fertigkeit des Maschineschreibens ist, alles andere aber auch von einem Laien in wenigen Stunden erlernt werden kann. Außerdem sollte zur Kenntnis genommen werden, daß laut Untersuchung der Alfred University in Albany (New York) internet-interaktive Studenten erheblich häufiger in Prüfungen scheitern als ihre Kollegen, die sich mehr auf das Studium als auf den PC konzentrieren.

Jedenfalls muß die Schule aufpassen, daß sie nicht mit einer Sintflut an elektronisch aufbereiteten Informationen einem Tyrannen die Tür öffnet, der sie »vernetzt«, verstrickt, fesselt und ihrer Freiheiten beraubt. Das Buch würde dann nicht mehr als das geeignete Rettungsboot in dieser Sintflut erkannt.

14

Staatliche Lehrerfortbildung: Die Bildung ist fort – es lebe die Fortbildung

Lästermäuler innerhalb und außerhalb der Schule haben ein süffisantes Wort geprägt, wenn es um die Fortbildung von Lehrern geht: »Die Bildung ist fort, es lebe die Fortbildung.« Dieses Wort ist ungerecht, weil sich Tausende von Lehrern wöchentlich solide fachwissenschaftlich und pädagogisch weiterqualifizieren: im Rahmen institutionalisierter Fortbildung und Weiterbildung oder aber autodidaktisch. Dieses Wort ist auch ungerecht, weil das Gros der Lehrer via Fortbildung eine fachlich fundierte und praxisnahe Weiterentwicklung ihrer Kompetenzen wünscht. Nicht ganz so böse aber wirkt das zitierte Wort, wenn man die Kataloge regionaler oder zentraler Lehrerfortbildungseinrichtungen sowie sonstiger privater Anbieter, die beim Besuch ihrer Veranstaltungen mit Dienstbefreiung für Lehrer werben können, unter die Lupe nimmt. Dann wird man feststellen, daß in der Lehrerfortbildung und teilweise bereits in der Lehrerausbildung Trends im Kommen sind, die den Eindruck, hier werde Firlefanz betrieben, nicht ganz verdrängen können.

Voll im Kommen ist – über allen Fachfragen schwebend – die sogenannte themenzentrierte Interaktion (TZI). Die Lehrgangskataloge der Institute und Akademien der Bundesländer für Lehrerfortbildung überflügeln sich diesbezüglich gegenseitig. Kein Land, in dem nicht jedes Jahr zentral, regional und lokal Hunderte von TZI-Veranstaltungen für Lehrer angeboten werden. So sollen Lehrer unter anderem in »Basis- und Aufbau-Persönlichkeitskursen« lernen, vor und nach jeder pädagogischen, unterrichtlichen, didaktischen, administrativen und zensierenden Aktion ganzheitliche Reflexion zu betreiben über das magische TZI-Fünfeck: das Ich (Was will ich? Wie komme ich mit meiner Aufgabe zurecht?), das Wir (Auf wen gehe ich zu? Was wollen wir zusammen?), das Thema (Was ist der zu vermittelnde Inhalt?), die Struktur (Welche Art der Darbietung paßt?) und den Globe (Was ist das Umfeld? Was ist »die situative, soziale, natürliche Gegenwartsumgebung inkl. der

Bedingtheiten durch Vergangenheit und Zukunftsperspektive?«). Die »konkreten« TZI-Lernziele lauten dann beispielsweise: sich für das eigene Gesprächsverhalten sensibilisieren (mit ganzheitlicher Erlebnisorientierung und gelegentlichem Video-Feedback); über die Rolle zwischen SchülerInnen, Eltern, KollegInnen und Schulverwaltung reflektieren; einen gesunden Rahmen für sein berufliches Handeln mit Grenzen und Spielräumen finden; den Zusammenhang zwischen eigener Biographie und beruflicher Arbeit herausarbeiten; in einer entspannten Atmosphäre in der Balance bleiben; erkennen, was einen auspowert; so kommunizieren, daß man der Sache gerecht wird, von seinem Gegenüber verstanden wird und sich selbst treu bleibt; Werthaltungen, zu denen man steht, nachgehen, hinterfragen und reflektieren; in Männer- und Frauen- wie auch in gemischten Gruppen den geschlechtsspezifischen Anteilen der Sozialisation auf die Spur kommen (»zunächst im Basiskurs«).

»Mit dem Reflecting Team durchs wilde Ressourcistan«

Im März 1996 will in Heidelberg ein Kongreß »die Schule neu erfinden«. Für 350 Mark Gebühr plus 85 Mark für den »Pre-Kongreß« können sich die Teilnehmer die neuesten schulpädagogischen Erkenntnisse reinziehen. Journalisten sind zugelassen nach vorausgehendem »Akkreditierungsgesuch«. Der Kongreß findet in 14 Bundesländern Anerkennung als Maßnahme der Lehrerfortbildung. Sachsen läßt dienstlich nur Mitarbeiter der Fortbildung reisen, Bayern dienstlich niemanden. Das Thema lautet: »Die Schule neu erfinden – Kongreß für eine andere Schulwirklichkeit – Ortsbestimmung aus systemisch-konstruktivistischer Sicht«. Für die Kongreßorganisation zeichnen verantwortlich: ein »Heidelberger Institut für systemische Forschung« und der Fachbereich Erziehungswissenschaft der Universität Dortmund.

Die Pressemeldung zur Vorankündigung verspricht einen »zukunftsorientierten und visionären Kongreß«, der zeige, wie man »vom Einzelkämpfer zum Team, vom Defizit zur Kompetenz, vom Schüler zum lernenden System Schule« finde. Schule solle als »Spontaneität, neue Nachdenklichkeit, Freude am Miteinander« verstanden werden, und all dies müsse man »von unten initiieren«. Es gehe um einen »Paradigmenwechsel«, nämlich die Einsicht, »daß Menschen ihre jeweiligen Wirklichkeiten selbst konstruieren.

Sie sind Erfinder ihrer Lern- und Lebensbedingungen.« In der Einladungsbroschüre ist natürlich von der Schule »in der Krise« die Rede. Dagegen eröffne die »systemisch-konstruktivistische Annäherung an Schule und Pädagogik« »neue Ideen und kreative Lösungen zur Gestaltung und Bewältigung des Schulalltags«.

Die Themen der ca. 50 »Workshops« bieten ein entsprechend illustres Bild. Eine Auswahl: »Mit dem Reflecting Team durchs wilde Ressourcistan: Supervision mit LehrerInnengruppen«, »Praktische Konsequenzen des Konstruktivismus. Oder: Wie wir mit 25 verschiedenen Konstrukteuren in einer Klasse umgehen«, »Von fliegenden Klassenzimmern und Lernparadiesen. Interaktion in der Schule aus systemischer Sicht«, »Systemisches Denken lehren und die Gefühle einbeziehen«, »Baukasten Unterricht. Variieren Sie die Realität und konstruieren Sie Ihre Visionen!«. Die Referenten weisen sich unter anderem aus als: Social Groupworker, Supervisoren, Familientherapeuten, Systemtherapeuten, Psychodramaleiter, Alternativschulmitarbeiter, TQM-Auditoren, Mototherapeuten, Berater für vernetztes Denken, Hypnotherapeuten, systematische Supervisoren, Aktionsforscher, kreative Therapeuten, Bezugstherapeuten, Mitarbeiter der Innovationsförderung durch Anstiftung zu grenzenlosem Denken, Transaktionsanalytiker, Gestalttherapeuten usw.

Zum absoluten Renner – zumindest für die Kasse von Veranstaltern – scheint Total Quality Management (TQM) mit seiner Unterabteilung des Quality Management in Education (QME) geworden zu sein. Den bislang nur für die Manager der Welt verfügbaren Stein der TQM-Weisen darf jetzt auch die Schule bewundern. Die Versprechungen sind gigantisch: mehr Motivation und Zufriedenheit, verbesserte Umgangskultur, verstärktes Wir-Gefühl, mehr Mitverantwortung, Hinwendung zu den Bedürfnissen der Mitarbeiter durch »Empowerment« – und all dies mit Hilfe eines schlichten Rezepts, nämlich mittels Konzentration auf den »Kunden«. So ist denn in TQM und QME viel die Rede von Kundenzentrierung, Kundenorientierung, Kundenzufriedenheit und davon, daß alles zu unterlassen sei, was der Kunde nicht (bezahlen) wolle. Was heißt das in der Schule? Wer ist der Kunde von Schule? Darüber erfährt man wenig, aber gemeint ist wohl der Kunde Schüler, nicht der Kunde Gesellschaft.

Vom 27. bis 30. Mai 1998 widmet sich gar eine Workshop-Konferenz im Hotel Hilton in Zürich-Airport dem Thema »Total Quality Management in Education«. Als Ausrichter firmiert das Institute for Total Quality Management, Zürich; es präsentiert sieben Hauptreferenten (»Workshop-Coaches«), davon fünf aus den USA, die besonders gut wissen, wie man gute Schule macht. Die reguläre Teilnehmergebühr für die zweitägige, hinsichtlich Teilnehmerzahl »limitierte« Konferenz mit eintägigem Workshop beträgt 2900 Schweizer Franken, das sind ca. 3500 D-Mark; Kosten für Hotelunterkunft »zum Vorzugspreis« noch nicht enthalten. Da kommt auf die öffentlichen Hände in Deutschland ja noch einiges zu, wenn womöglich 700.000 deutsche Lehrer TQM/QME-Profis werden sollen!

Ganz so komfortabel geht es in der amtlichen Lehrerfortbildung nicht zu. Aber die Themen gebieten auch dort Respekt; folgende sind noch Standard: ganzheitliches Lernen, offener Unterricht, fächerübergreifender Unterricht, (materialgeleitete) Freiarbeit, Handlungsorientierung, Lernwerkstatt, Wochenplanarbeit, nachhaltiges Lernen, Übungszirkel, Freilandarbeit, lebendiges Lernen im grauen Schulalltag, didaktische Selbstbildungsmaterialien, sexualpädagogische Qualifizierungsmaßnahmen (ggf. mit Hilfe der Broschüre »Lesben gibt es – aber wie?!« des niedersächsischen Frauenministeriums – einer Broschüre, die unter anderem mit den Kapiteln »Lesbische Pädagoginnen«, »Lesben und Sport« und »Lesbenbildungsarbeit« im März 1998 an alle niedersächsischen Schulen ging) usw.

»Den eigenen Lehr/Lern-Dschungel durchdringen«

Dem werden vor Ort viele bunte Blumen hinzugefügt. Die Lehrerfortbildung für die Region Celle weist für das vierte Quartal 1997 als Themen aus: alternative Sportspiele, umweltschonende Energieerzeugung, einfache Saiteninstrumente und Röhrenglockenspiele, »angereicherte« Lebensmittel, Surfen in der Schule (fünf Tage auf Fehmarn), Hilfen für den beruflichen Alltag, Psychodrama und NLP (Neurolinguistisches Programmieren). Ein »Pädagogischer Tag« wird vorexerziert – mit folgendem Tableau: »Wir fallen aus der Rolle (Mädchen – Jungen – Schule): Lehrkräfte sollen angeregt werden, sich mit diesem Themenkreis im Rahmen von Projekttagen und Projektwochen (sic!) zu beschäftigen.« Und: »Jungenarbeit in der Schule: Wie nehmen wir die Jungen wahr, was stört uns und was gefällt uns an ihnen? ... Die Art und Weise, wie wir mit den Jungen umgehen, hat natürlich auch damit zu tun, dass wir sie als Männer wahrnehmen, das heißt, dass wir nicht über Jungen sprechen können, ohne dabei über unser Männerbild, unser Mannsein nachzudenken ...«

Im September 1997 startet für fünf Tage die »14. Pädagogische Woche«. Ein Titel lautet: »Lernen im Dschungel des Lebens – Treffpunkt und Ideenmarkt für Erzieherinnen und Erzieher, Lehrerinnen und Lehrer, Mentorinnen und Mentoren, Seminarleiterinnen und Seminarleiter sowie Lehrende der Hochschulen in der LehrerInnenbildung, Pädagoginnen und Pädagogen und andere bildungspolitisch Interessierte.« Ein Kultusminister und ein Universitätspräsident sprechen ein Grußwort, ehe es an die Themenschwerpunkte geht: »Die Schule öffnet sich dem Dschungel des Lebens«, »Den eigenen Lehr/Lern-Dschungel durchdringen«, »Supervision als Liane im pädagogischen Alltags-Dschungel«, »SchülerInnenverantwortung im Dschungel des Lebens«, »La Traviata: im Dschungel der Gefühle«. Woanders ist das nicht anders: In Bremen wird im Dezember 1997 via Fortbildung die Bücherliste »Sanftes Lernen« samt den Titeln »Ich bin froh, daß es mich gibt! – Fachübergreifende Unterrichtsmodelle + Projekte«, »Du spürst unter deinen Füßen das Gras« und »Das ist Gestaltpädagogik« (aus dem Ökotopia-Verlag!) unters Volk gebracht. Andernorts laufen Themen wie »Unterricht öffnen heißt, Macht abzugeben« usw. usf.

Wer hätte gedacht, daß es sich hier um ganztägige bis mehrwöchige Angebote für Akademiker mit zwei Staatsexamina handelt! Und wer hätte gedacht, was man an Belanglosigkeiten alles hinterfragen und reflektieren kann! Damit man aber so richtig erwartungsfroh zu seinen »Workshops« fahren kann, wird »Freiarbeit« auch hier praktiziert: Die inhaltlichen Schwerpunkte, so heißt es verschiedentlich in der Ausschreibung, könnten »vorab nicht näher spezifiziert«, sondern »erst vor Ort mit den KursteilnehmerInnen festgelegt« werden; deshalb dürften sich Neueinsteiger ebenso wie Fortgeschrittene melden. Gelegentlich aber muten die Ausschreibungen doch wie ein Schuß esoterische Hermetik an. Da ist durchaus die Rede von einem »feststehenden Teilnehmerkreis« (»Bitte keine Anmeldungen!«). Closed Shops also zur Initiation in Erfahrungen und zur Dressur von Deutungen, die dem gewöhnlichen pädagogischen Erkennen verborgen (okkult) bleiben? Die Sprache, in der die Ausschreibungen bisweilen abgefaßt sind und die nur Eingeweihten verständlich ist, ist nicht immer geeignet, diese Vermutung zu zerstreuen.

Klinifizierung oder Infantilisierung des Lehrerberufes?

Insider sehen es nicht anders. Heribert Seifert, Lehrerausbilder in NRW, schreibt 1998 in einem Beitrag für die »F.A.Z.« über das NRW-Konzept der Selbstqualifizierung in der Lehrerausbildung: Zu den »Essentials eines subjektorientierten Ausbildungsprozesses« gehört es offenbar, daß »erwachsene Lernerinnen und Lerner als Subjekte der Ausbildung« im Mittelpunkt stehen, Referendare im Verlauf der Seminarausbildung »ihr individuelles Handlungskonzept entwickeln« und daß »Ausbildung ein selbstbestimmter Lernprozeß« ist. Für Seifert bedeutet dies, »Münchhausen ist Pädagoge geworden«. Soweit diese »progressive« Lehrerbildung nicht bloß »kommunikativer Kitsch« ist, befürchtet Seifert, daß sich hier »ein Qualifikationsprozeß zur Therapie« wandle. Wörtlich: »Die Lehrerausbildung unterscheidet sich offensichtlich von allen anderen Berufsausbildungen dadurch, daß ihre Klientel grundsätzlich in tiefen biographischen Krisen steckt und fast verhaltensgestört ist.« Seifert urteilt richtig: Das ist »Realitätsverweigerung«, ja »Dequalifizierung«. Denn: »Die Fixierung auf die Subjektivität des Lehramtsanwärters macht ihn hilflos, weil sie ihn nur bei sich sein läßt und ihm die dringend nötige Erweiterung und Herausforderung seines Wissens und Könnens verweigert.«[90]

Nicht minder kritisch urteilt Traute Petersen, Leiterin eines Studienseminars in Schleswig-Holstein. Unter dem bezeichnenden Titel »Arbeit am Klienten – Zur Konjunktur der Lehrerweiterbildung« (1997) spricht sie von einem »Seminarunwesen, das sich zunehmend als Selbsterfahrungskurs« und als »Selbstbespiegelung« versteht. Sie fühlt sich angesichts der dort üblichen Eröffnungsrunden im Stuhlkreis mit Artikulation der persönlichen Erwartungen, angesichts der nicht selten mitzubringenden Wolldecken und der am Ende zwangsläufig folgenden Rückmeldungsrituale an das Arrangement hyperaktiver Mütter bei Kindergeburtstagen erinnert. Vor allem stört es sie, wie man »berufstätige Erwachsene, Familienväter und -mütter dazu bringt, sich als Klienten zu fühlen und sich durch Betreuung, Gruppenzwang und Kontrolle zu willigen Multiplikatoren formen zu lassen«.[91]

Schule »ver-rückt«, neben die Realität gerückt? Oder gar Klinifizierung der Schule? Sollen aus den Kindern »socioholics« und »psychoholics« werden? Es trifft auf Veranstaltungen wie die skizzierten zu, was Giesecke als die Gründe für die pädagogische Krise beschreibt, nämlich daß die Erziehungswissenschaften »den Bezug zu den praktischen Alltagsproblemen und darüber hinaus ihre Glaubwürdigkeit« verloren haben. Und: Der »pädagogische Zeitgeist« habe sich mehr und mehr zu einer »pädagogisch-therapeutischen Berufsideologie entwickelt«.[92] Für Wulff Rehfus ist die derzeitige Lehrerbildung das Abbild unterrichtsreformerischer Ansätze: »Die Infantilisierung des Unterrichts hat seine Entsprechung in der Fort- und Weiterbildung von Studienräten.«[93] Vorschulische Erziehung und reformpädagogisch orientierter Unterricht sowie Lehrerfortbildung werden damit isomorph.

Ob man mit solcher Subjektivierung, Psychologisierung, ja Klinifizierung des Lehrerberufes dessen Ansehen und Qualifikation verbessert, darf gefragt werden. Hätte Adolph Freiherr von Knigge das gewußt, so hätte er in seiner Schrift »Über den Umgang mit Menschen« kaum geschrieben: »Der geringste Dorfschulmeister, wenn er seine Pflicht treulich erfüllt, ist eine wichtigere und nützlichere Person im Staate als der Finanzminister ...«[94] Und Karl Jaspers hätte in »Wohin treibt die Bundesrepublik?« nicht geschrieben: »Es ist ein Schicksal des Volkes, welche Lehrer es hervorbringt und wie es seine Lehrer achtet ...«[95] Zumindest hätte Jaspers dies nicht über alle Architekten der Lehrerfortbildung geäußert.

15

»Autonomer« Schulwildwuchs in basisdemokratischer »Verantwortung«

Das »progressive« schulpolitische Lager und seine Wanderprediger basteln seit Beginn der 90er Jahre unter der Vokabel »Autonomie« an einer Schule mit aufgeweichten Schul-, Unterrichts- und Verantwortungsstrukturen. Es ist bezeichnend, daß nahezu die gleichen Kräfte, die die Schullandschaft erst mit einer Einheitsschule zubetonieren wollten, jetzt »autonome« Pflanzen in die Betonritzen setzen möchten. Die Einfalt wird offenbar nicht mehr in der Vereinheitlichung des Schulwesens, sondern im Chaos gesucht.

Federführend in der »Autonomie«-Bewegung sind mehrere A-Länder (SPD-regiert). SPD, Grüne und selbstverständlich die PDS haben »Schulautonomie« als Steckenpferd entdeckt. Konkreter Ausdruck dieser »Autonomie«-Bewegung sind u. a.: die nach 1993 verabschiedeten Schulgesetze von Hessen (1993), Niedersachsen (1994), Bremen (1994), Brandenburg (1996), Hamburg (1997), Sachsen-Anhalt (1997) und Schleswig-Holstein (1998) sowie das Gesetz des Saarlandes zur Schulmitbestimmung (1996); nahezu alle seit 1993 geschlossenen rot-grünen Koalitionsvereinbarungen; das – vor dem Bayerischen Verfassungsgerichtshof im Herbst 1994 gescheiterte – Volksbegehren »Bessere Schule«; das Papier der NRW-SPD »Auf die einzelne Schule kommt es an« (1993); die Denkschrift »Zukunft der Bildung – Schule der Zukunft« (1995) der gleichnamigen Kommission des NRW-Ministerpräsidenten.

In diesen Gesetzen oder Papieren wird der Schule ein riesiges Bündel an »autonomen« Zielen verordnet: Demokratisierung, Schulentwicklung »von unten«, individuelle Profilbildung, »Schulprogramm« zum Klarmachen des »eigenen pädagogischen Verständnisses«, »offene« oder »Stadtteil«-Schule, Freigabe der Stundentafeln und der Lehrpläne, Zusammenlegen von Fächern zu Lernbereichen, Entmystifizierung der Vergleichbarkeit von Abschlüssen, globale Mittelzuweisung inklusive der Mittel für das Lehrpersonal, finanzielle Vergünstigungen für »autonome« Schulen, Anwerben und Einstellen von angestelltem Personal durch die Schule selbst, Schule als Profit-Center mit Einnahmen aus Dienstleistungsangeboten, Akquisition von Drittmitteln durch die Schulen, erhebliche Ausweitung der Kompetenzen der paritätisch besetzten Schulgremien, Flexibilisierung des Unterrichts durch Projekt- und Epochalunterricht, Erprobung neuer Leistungsmessung beziehungsweise Abschaffung von Ziffernnoten, Einrichtung von Findungsausschüssen bei der Schulleiterbesetzung, Besetzung von Schulleiterstellen mit Außerschulischen usw.

Hinter solchen Ideen steckt ein eigenwilliges Verständnis von Demokratie. Vielleicht hat das mit Rousseau und seiner Vorstellung von identitärer, plebiszitärer Demokratie sowie von einem täglichen Plebiszit (»plébiscite de tous les jours«) zu tun, die die Jakobiner und später Marx und Lenin aufgriffen. Vielleicht spielen auch eine Rolle die Theorie des »kommunikativen, herrschaftsfreien Handelns« eines Jürgen Habermas und die egalitäre Idee, daß alles – ohne Rücksicht auf seine »autonome« Ausprägung – gleich viel wert sei. Selbst der ehemalige hessische Kultusminister Ludwig von Friedeburg (SPD) äußert sich skeptisch: »Da kommen alte Träume zu neuer Blüte.«[96]

Autonome Schule steht außerhalb des Rechtsstaates

Die Gesamtverantwortung für die Schule trägt der Staat (Grundgesetz Artikel 7, Absatz 1). Das heißt: Nach dem Wesentlichkeitsprinzip unterliegen die maßgeblichen Vorgaben der Schule dem Parlaments- und Gesetzesvorbehalt. Die Freiheit der Lehre (Grundgesetz Artikel 5, Absatz 3) gilt nur für den Hochschul-, nicht aber für den Schulbereich. Bezüglich des staatlichen Bildungsauftrags tragen Legislative und Exekutive gegenüber dem Souverän Verantwortung; diese kann nicht durch Zuständigkeiten von Selbstverwaltungsorganen der Schulen gemindert werden. Solche Rechtsprinzipien haben ihren Grund: Schule ist Teil der staatlichen Daseinsvorsorge, die wiederum dem Grundsatz der Gleichbehandlung vor dem Gesetz und dem Grundsatz der Einheitlichkeit der Lebensverhältnisse gerecht zu werden hat.

Eine »autonome«, »basisdemokratisch« verfaßte Schule bedeutete, daß sich der Staat aus der Verantwortung für die Schule – zumindest teilweise – zurückzöge und sich Schule außerhalb geltenden Rechts entwickelte. Damit wäre die Verantwortung des Staates für die Schule ausgehöhlt und einer Anomie preisgegeben. Ludwig von Friedeburg stellt dazu fest: »Jedenfalls kann sich der Staat trotz vermehrter Selbstverwaltung in den einzelnen Schulen weder inhaltlich noch organisatorisch aus der Bildungspolitik verabschieden.«[97] Außerdem fällt Schule nicht unter die Selbstverwaltungsgarantie des Grundgesetzartikels 28, Absatz 2. Diese Garantie gilt nur für Gemeinden. Für die Einzelschule eröffnet die Verfassung diesen Weg nicht.

Organisierte Nichtverantwortung

Basisdemokratisch autonome Schule untergräbt die Hoheitsaufgaben des Staates und die Gewaltenteilung. Viele Akte der Schule sind hoheitliche, öffentlich-rechtliche: Notenvergabe, Zeugnisausstellung, Vergabe von Zutrittsberechtigungen, Anordnung von Ordnungsmaßnahmen. Solche Akte gehören zum engeren Bereich der staatlichen Zugriffsverwaltung, die laut Grundgesetz Artikel 33, Absatz 4 Aufgabe von Beamten ist. In einer autonomen Schule mit ihrem »Räte«-System, das heißt mit ihren aus Lehrern, Eltern, Schülern und nichtunterrichtendem Personal zum Teil viertelparitätisch besetzten Entscheidungsgremien, den »Schulkonferenzen«, würde über Hoheitsakte von Leuten außerhalb der Exekutive, von Nichtbeamten, Nichtfachleuten und Minderjährigen mitentschieden. Autonomie wird damit zur organisierten Nichtverantwortung. Unter anderem würde Zwölfjährigen Einsicht in die Unterlagen von Bewerbern um eine Schulleiterstelle gewährt – eine Absicht, die Hamburgs Datenschutzbeauftragter im Sommer 1996 monierte, um sodann ein Mindestalter von 14 Jahren (!) für die Beteiligung an personenbezogenen Angelegenheiten vorzuschlagen. Die Verantwortungsstrukturen sind hier jedenfalls nicht mehr klar. Es werden damit der Grundsatz der öffentlichen und parlamentarischen Kontrolle von administrativen Akten sowie die Gewaltenteilung gefährdet. In Bremen besteht die mit weitreichenden Kompetenzen ausgestattete Schulkonferenz zu je gleichen Anteilen aus Lehrern, Eltern, Schülern und nichtunterrichtendem Personal. Der Vorsitzende dieser Schulkonferenz »kann« (!) der Schulleiter sein. In Mecklenburg-Vorpommern ist man sich wenigstens einig, daß der Vorsitzende der Schulkonferenz volljährig (!) sein muß! Selbst in einem Bereich, dem Autonomie verfassungsrechtlich zugestanden wird, wurde eine solche Parität, dort ehemals als Drittelparität vorgesehen, durch das Bundesverfassungsgericht aufgehoben – nämlich im Bereich der Universität.

Entprofessionalisierte Schule

Die Verlagerung von maßgeblichen Verantwortungen auf Nichtlehrer führt zu einer Entprofessionalisierung und Entpädagogisierung des Schulgeschehens. Beides wäre in besonderem Maße gegeben, wenn sich der Vorschlag der NRW-Kommission »Zukunft der Bildung – Schule der Zukunft« realisierte, nämlich sogar Nichtlehrer und Außerschulische zu Schulleitern zu ernennen. Die maßgeblichen Entscheidungen einer Schule vor Ort sind fachwissenschaftlicher, fachdidaktischer, fachmethodischer, pädagogischer oder schulrechtlicher Natur. Lehrer und ihre Schulleitungen sind das dafür spezialisierte und professionelle Personal. Bei einer Verlagerung von schulischen Kompetenzen auf Nichtlehrer würden schulische Entscheidungen von Personen mitgetroffen, denen es an der notwendigen Qualifikation und Erfahrung sowie am notwendigen Dienstrechtsstatus fehlt. All dies wirft erhebliche Probleme bei der Staatshaftung für mögliche Pflichtverletzungen (Grundgesetz Artikel 34) auf.

Wildwuchs durch Atomisierung

Schulische Autonomie provoziert vor allem im Zuge der beispielsweise von den Kultusministerien in Hessen und Niedersachsen angeordneten Erarbeitung »individueller Schulprofile« eine Atomisierung der Schullandschaft und damit ein hohes Maß an Ungleichheit, denn Autonomie etwa in der Gestaltung der Stundentafeln und in der Lehrplananwendung führt zu einem unüberschaubaren Wildwuchs an »individuellen« Schulprofilen. Eine solche Beliebigkeit fördert einen schulischen Provinzialismus. Demgegenüber muß die Öffentlichkeit, müssen vor allem Schüler und Eltern Gewißheit über die schulischen Inhalte und Anforderungen haben. Dies wird nur dadurch erreicht, daß die Schulformen ein unverwechselbares Profil haben, nicht aber die Einzelschulen. Das schulische »Endprodukt« muß verläßlich einschätzbar sein: für den Schüler selbst, für die Eltern und für die potentiellen »Abnehmer«. Dies ist bei einer autonomen, atomisierten Schullandschaft nicht der Fall, denn darin werden Schüler zu einem erheblichen Anteil unterschiedlich beschult, gefordert, gefördert und bewertet.

Eine autonome Schullandschaft schränkt das Recht auf Freizügigkeit ein. Bei einer autonomen Freigabe der Stundentafeln und der Lehrpläne wird – selbst innerhalb einer einzelnen Kommune – der Übergang eines Schülers von einer Schule zur anderen erschwert, wenn nicht gar unmöglich gemacht. Schließlich haben Schüler je nach Zugehörigkeit zu einer Schule dann eine sehr unterschiedliche Vorbildung.

Die Schulzeugnisse sind überdies kaum noch miteinander vergleichbar. Verstärkt wird dieser Effekt womöglich dadurch, daß autonome Schulen weitgehende Freiheiten in der Art der Leistungserhebung haben sollen.

Autonome Schule provoziert die Etablierung von Eignungs- und Eingangstests, da aufgrund der Uneinheitlichkeit der vermittelten Lerninhalte und der Leistungsbewertung die Abnehmer der Schulabgänger (weiterführende Schule, Hochschule) deren schulische Qualifikation kaum noch einschätzen werden können. Ein solcher Wandel vom Abitur- zum Aditurprinzip entwertet die schulischen Zeugnisse.

Hinkende Vergleiche

Der für »Autonomie« bemühte Rekurs auf die Schulreformtradition der 20er Jahre »zieht« nicht. Ein Vergleich zwischen Schule heute und Schule in der Weimarer Republik ist unangebracht. Mehr als je zuvor ist Schule heute Schule in einer demokratischen, rechtsstaatlichen und freiheitlichen Gesellschaft. Die Schule der sogenannten Reformzeit war eine weitgehend gegängelte Schule des vorrepublikanischen, wilhelminischen Obrigkeitsstaates. Die Motive der damaligen Schulreformbewegungen und Nohls Forderung nach einer Autonomie der Schule können heutzutage nicht mehr als begründet gelten.

Der Vergleich mit Schulsystemen anderer westlicher Staaten ist untauglich als Argument für autonome Schule in Deutschland. Das Schulsystem der USA etwa ist ein Beispiel dafür, wie ein öffentliches Schulsystem kaputtgeht, wenn die Einzelschule zum individuellen und autonomen Selbstbedienungsladen nach Art eines »cafeteria-style curriculum« wird. Auch England kann kein Vorbild sein, selbst wenn es durchaus das klassische Land der Schulautonomie ist (war!). Erst seit 1944 gibt es dort überhaupt so etwas wie ein Kultusministerium. Bis zum »Education Reform Act«, der am 29. Juli 1988 vom Parlament verabschiedet wurde, gab es für Lehrpläne etc. überhaupt keine staatliche Zuständigkeit. Die 163 Local Education

Authorities (LEA) waren die eigentlichen Schulbehörden, die allerdings dem »Headmaster«, das heißt dem Rektor, in vielerlei Hinsicht Zuständigkeiten überließen. Er suchte sich die Lehrer aus und konnte diese als Vertragspartner – auch heute noch ausnahmslos – nicht in einem Beamtenverhältnis stehenden Lehrer auch wieder entlassen; er konnte festlegen, welche Fächer in welchen Klassen mit wieviel Stunden unterrichtet werden (vielfach übertrug er dieses Recht sogar an Fachlehrer), usw. Unter ausdrücklicher Berufung auf die mit der Errichtung des europäischen Binnenmarktes befürchtete Konkurrenz beschloß die Regierung Thatcher, die rund 30.000 öffentlichen Schulen an die Kandare zu nehmen, um das Niveau der Schulen zu heben. Der damalige Erziehungsminister Kenneth Baker hatte geklagt, daß viele englische Schüler weniger erreichten als ihresgleichen in anderen europäischen Ländern. Die seit 1. Mai 1997 amtierende Labour-Regierung von Tony Blair setzt die Thatcher-Politik fort. Mit Amtsantritt verkündete Blair: Zur Verbesserung des Leistungsniveaus in den Schulen wolle er mindestens alle sechs Jahre eine externe Kontrolle.

Auch das immer wieder bemühte Beispiel der Niederlande zieht nicht. In den Niederlanden ist Schulautonomie zwar weitgehend realisiert, schließlich besteht das niederländische Schulsystem zu zwei Dritteln aus Privatschulen, aber Autonomie funktioniert dort ebenfalls nicht ohne klare Evaluation. Das heißt: Im Interesse des Leistungsniveaus und der Vergleichbarkeit der Leistungsanforderungen werden in den Niederlanden zentrale, nationale Abschlußprüfungen praktiziert; die Schulen sind außerdem einer nationalen, schulübergreifenden Inspektion unterworfen. Beides wollen die deutschen Verfechter von Autonomie aber explizit nicht. Selbst der Niederländer Liket, der immer wieder als Gewährsmann für Autonomie bemüht wird, stellt fest: Es ist »absurd, Prinzipien, Ideen, Methoden und Techniken der Bildungsvermittlung, die andernorts praktiziert werden, kritiklos in das eigene System zu übernehmen«.[98]

Schulfinanzierung durch Sponsoring?

Interessant ist, daß mit autonomer Schule das Sponsorenwesen und damit das Marktgeschehen von politischen Kräften entdeckt wird, die sonst mit dem Markt sehr wenig am Hut haben: von den Grünen und anderen Kapitalismus-Allergikern! Dementsprechend mehren sich gerade in rot-grün regierten Ländern die amtlichen Erlasse, in denen das Ziel einer Schulfinanzierung via Drittmittel oder via Sponsoren formuliert ist. Schule ist aber keine Firma, die nach den Prinzipien des Marktes zu wirtschaften hat, denn Schüler sind keine Ware und nicht verwert- und vermarktbar. Andernfalls stellte sich ein unpädagogisches Gewinn-und-Verlust-Denken ein; es würden dann bestimmte schulische Bildungsangebote im Sinne moderner »Lean Production« zu leicht wegrationalisiert. Finanzierung von Schule ist vielmehr Aufgabe des Staates im Zuge seiner Pflicht zur Daseinsvorsorge. Schule darf deshalb nicht auf den Markt geworfen werden, um sich als autonome Schule die finanziellen Mittel selbst zu beschaffen.

Wenn mehr und mehr Bundesländer – seit 1997 beispielsweise Berlin und Niedersachsen – amtliche Anweisungen mit dem Ziel einer Schulfinanzierung via Drittmittel erstellen, dann könnten Sponsoren daraus den Anspruch ableiten, über Inhalte, Strukturen und Personalbelange von Schule bestimmen zu dürfen. Aus Autonomie würde damit Abhängigkeit. Zwar werden in den amtlichen Erlassen verbal Riegel vorgeschoben: So heißt es, der Werbezweck dürfe nicht überwiegen, und es dürfe kein Gefälle zwischen den Schulen entstehen. Wer aber vermag diese Kriterien noch anzulegen, wenn es um Geld geht? Immerhin darf schon jetzt ein Gartenbau-Unternehmer, der eine Schule gratis begrünte, ein Transparent am Schulzugang aufhängen; und immerhin gibt es in Erlbach im hessischen Odenwald bereits eine Haupt- und Realschule, die in ihrem Briefkopf die Logos von zwei Baumärkten (»Profi Mertins« und »Workshop Brand«) führt.

Enden also Unterrichtsstunden zukünftig mit den Spots: Diese Stunde sponserte euch Sony, Reebok, Bravo, Milchschnitte? Oder gibt es demnächst als Auszeichnung für ein gutes Zeugnis Prämien in Form von Kinokarten, CDs, Einkaufsbons – Praktiken, die in den USA bereits Einzug in die Schulen gehalten haben? Oder müssen die Schulen ihre Pausen wie in einem Fall in den Niederlanden verlängern, weil dies der Sponsor – eine Fast-food-Kette – verlangte? Oder werden die Schüler zukünftig in den Pausen durch die Sprechanlage mit Werbespots berieselt? Und was ist, wenn Coke ein Schul-T-Shirt als Schuluniform sponsert, es aber nicht jeder Schüler anzieht?

Zweiklassensystem durch Autonomie

Eine solchermaßen eingeführte Mittelakquisition schafft ein soziales Zweiklassenschulsystem. Es gäbe dann in Nobelvierteln mit potenten Sponsoren Spitzenschulen mit allem Drum und Dran und in sozialen Brennpunktgegenden die echten Restschulen. Schulautonomie schafft also ein soziales Gefälle. Zwar gibt es in jedem Bundesland Regionen, in denen Drittmittel für Schulen mobilisierbar wären. Ebenso gibt es aber Regionen oder Stadtteile, in denen dies nicht der Fall ist. Ein schulisches Marktmodell würde insofern dazu führen, daß – mit jeweiligen Auswirkungen auf das Bildungsangebot und auf die Lehrerversorgung – Schulen in »besseren« Gegenden »reiche« Schulen und Schulen in schwachstrukturierten Gegenden »arme« Schulen wären. Benachteiligt wären Hauptschulen, Gesamtschulen und Sondervolksschulen, denen es wohl sehr schwer fallen dürfte, Drittmittel zu akquirieren. Dies widerspräche dem Grundsatz der Gleichheit vor dem Gesetz und dem Grundsatz schulischer Chancengerechtigkeit, vor allem weil es dann möglich wäre, daß sich »bessere« Schulen zu Lasten der Schulen mit Schülern aus sogenannten bildungsferneren Schichten profilierten.

Eine globale Mittelzuweisung, das heißt die Zuweisung eines undifferenzierten Gesamtetats, an die Schulen provoziert dort Konflikte und macht Entscheidungsprozesse schwerfällig. In Zeiten öffentlichen Sparens ist Mißtrauen angebracht, wenn der Staat den Schulen mehr Finanzhoheit zugestehen will. Es könnte sich dies als Ablenkungsmanöver herausstellen, das staatlicherseits dadurch motiviert ist, die Mängelverwaltung den Schulen zu überantworten, damit der Staat selbst aus der Kritik kommt. »Daß der Rückzug des Staates das Versiegen verfügbarer Mittel verschleiert, indem die Mangelverwaltung den Betroffenen selbst aufgebürdet wird, ist kaum als paranoide Befürchtung zu diskreditieren.«[99] Innerhalb der Schulen wird eine solche Form von Finanzhoheit aber zu beachtlichen Konflikten bei der Verwendung der begrenzten Mittel für Sachausstattung und Personal führen. Im Extrem wird den Schulen damit eine Selbstausbeutung zugemutet.

Freiraum in Verantwortung

Die Diskussion über erweiterte Gestaltungsfreiräume für die Schulen muß geführt werden, aber anders. Schulische Freiheit und Selbständigkeit können niemals Selbstzweck sein. Freiheit von etwas oder Freiheit zu etwas implizieren ein Verpflichtetsein gegenüber einem demokratisch legitimierten Rahmen, insbesondere gegenüber den Fundamentalnormen der Grundgesetzartikel 3, Absatz 1 (»Alle Menschen sind vor dem Gesetz gleich.«) und 7, Absatz 1 (»Das gesamte Schulwesen steht unter der Aufsicht des Staates.«) sowie gegenüber den Bildungs- und Erziehungszielen der Landesverfassungen. Schulischer Freiraum kann jedenfalls immer nur relative Freiheit sein. Das hat mit »Schule im Erlaßdickicht« oder »Schule in der Paragraphenschraube« überhaupt nichts zu tun.

Aufgrund des ohnehin schon nachgewiesenen innerdeutschen Gefälles bei den Schulleistungen geht es um »Gerechtigkeitslücken« innerhalb Deutschlands, also um die Frage der Gleichbehandlung vor dem Gesetz; schließlich würden die Schulabschlüsse in ihren Ansprüchen immer noch mehr auseinanderdriften.

Im Interesse des Prinzips »Freiraum in Verantwortung« ist gleichwohl ein Mehr an Spielräumen für die Schule denkbar – im Rahmen der rechtsstaatlichen Vorgaben. Die Haushaltspolitik des Staates ist aufgefordert, Schule hinsichtlich Personalversorgung, Stundenpools, Klassenstärken, Lehr- und Lernmitteln, Reisemitteln usw. so mit Finanzmitteln auszustatten, daß Freiräume entstehen. Die Exekutive ist aufgefordert, Anfragen von Schulen – wo immer möglich – an die Schule zur eigenverantwortlichen Erledigung zurückzuverweisen. Lehrplankommissionen sind aufgefordert, die Jahresstoffpläne so anzulegen, daß zeitliche Spielräume für die Umsetzung zusätzlicher oder zumindest fakultativer Lernziele bleiben. Die Lehrerschaft ist aufgefordert, vorhandenen Spielraum als Einzellehrer und als Kollegium zu nutzen, getreu dem Motto Heinrich Bölls: »Freiheit, von der man keinen Gebrauch macht, welkt dahin.«

Im übrigen sei die These gewagt: Die Eigenverantwortung der Einzelschulen ist in Deutschland dort am ausgeprägtesten, wo die Schulverwaltung stark zentralisiert ist und wo es Schulleiter gibt, die mit weitreichenden Kompetenzen ausgestattet sind, die Haushaltsrechte haben und als Dienstvorgesetzte sowie als regelmäßig Beurteilende ihrer Lehrer fungieren. Dort muß keine Mittelbehörde nach Aufgaben suchen.

16

Gegen einen pädagogischen Alarmismus und eine Re-Ideologisierung der Schule

Konflikterziehung war Ende der 60er angetreten, um auf dem Wege schulisch inszenierter Bewußtseinsrevolution zu einem Umbau der Gesellschaft zu gelangen. Diesem Ziel sind nicht wenige Schulpolitiker und -theoretiker bis heute hinterhergelaufen. Die Formen der Konflikterziehung mögen curricular subtiler geworden und einem pädagogischen Alarmismus gewichen sein, an der brachialpädagogischen Konfrontation mit dem »System« fehlt es aber auch Ende der 90er Jahre nicht. Doch zunächst ein Blick zurück. Um eine »wirklich menschenwürdige Existenz« zu finden, sei, so Marcuse[100] in den 60er und 70er Jahren, ein »Ekel vor der existierenden Gesellschaft« mit ihrer »Entmenschung«, »Dehumanisierung« und »Unterdrückung« notwendig. Es gehe um »Befreiung«, auch von dem »Fossil« Familie, einem »Hort des Reaktionären«. Selbst das Ziel einer »Erziehung zu sozialer Verträglichkeit« ist den Reformern ein Dorn im Auge. In der »Erziehung zu sozialer Verträglichkeit« könne nämlich – so ein Wolfgang Klafki – das Interesse daran mitwirken, »eine bestimmte Verteilung von gesellschaftlicher und wirtschaftlicher Macht zu sichern, in jungen Menschen etwa eine Abwehrhaltung gegen gewerkschaftliche Lohnkämpfe, gegen wirtschaftliche Mitbestimmungsforderungen usw. aufzubauen«.[101] Die Alarmglocken schrillen: Nur ja kein falsches Bewußtsein! Nur ja keinen Verrat an der Arbeiterklasse!

Lernziel »Emanzipation«

Derselbe Klafki wird 1968 mit der Leitung einer »Vorbereitenden Kommission« für die Ausarbeitung hessischer Rahmenrichtlinien, unter anderem für Deutsch und Gesellschaftslehre, beauftragt. Im Jahr 1972 legt die Kommission Entwürfe vor, übrigens schulartübergreifend, also für eine spätere Monopol-Gesamtschule, konzipiert. In den Richtlinien für die Gesellschaftslehre werden Lernziele wie die folgenden definiert: »Prüfen, ob es Situationen gab/gibt, in denen geklärt werden muß, ob es zur Sicherung oder Verbesserung demokratischer Verhältnisse notwendig ist, formal-demokratische Spielregeln/Rechte vorübergehend außer Kraft zu setzen«, oder: »So braucht also der Unterricht nicht nachzuweisen, daß Gerichte, Polizei oder Feuerwehr notwendig sind, sondern Unterricht setzt dort an, wo bestimmte Maßnahmen/Entscheidungen von Trägern öffentlicher Aufgaben Kritik auslösen«.

In den Richtlinien Deutsch, Fassung von 1972, geht es für die Schüler darum, Sprachverwendung als »Ausübung von Herrschaft« zu begreifen. Rechtschreibung wird gewertet als »Ausübung von Herrschaft durch zielgerichtete Verwendung von Normen«, dementsprechend gehe es in herkömmlicher Schule um »Unterwerfung unter herrschende Normen«. Von Literatur oder Hochsprache ist kaum die Rede. Es geht um den »Umgang mit Texten«. Selbst ein poetischer Text soll diskutiert werden hinsichtlich seiner »emanzipatorischen Möglichkeiten«. Die Literatur insgesamt rangiert unter »Text«, in einer Kategorie mit Werbetexten. Hochsprache wird dargestellt als »Mittel zur Stabilisierung dieser Schichtung« – gemeint ist: der Gesellschaft! Ansonsten ist natürlich die »Entfremdung« nicht fern: »Mit der unreflektierten Einübung in die Normen der Hochsprache (werden) die meisten Schüler von ihren Herkunftsgruppen entfremdet.« »Diese Forderungen schließen nicht Übungen aus, die den Schüler in den Stand setzen, im Sinne der etablierten Sprachnorm zu sprechen und zu schreiben. Denn es ist notwendig, die Schüler so vorzubereiten, daß sie in ihrem privaten, beruflichen und öffentlichen Leben nicht an den zur Zeit bestehenden Kommunikationsbarrieren scheitern.« Na, immerhin, wenigstens bis die »Barrieren« in einem Einheitskauderwelsch aufgegangen sind!

Im Jahr 1974 gehen die Richtlinien zur Erprobung in die Schulen. Hessens Kultusminister Ludwig von Friedeburg (SPD) stolpert im gleichen Jahr nach der Landtagswahl über die Rahmenrichtlinien. Bei dieser Wahl hatte die CDU mit Alfred Dregger nicht zuletzt wegen der Rahmenrichtlinien 47,3 Prozent erreicht und war nur knapp vor der absoluten Mehrheit stehengeblieben. 1980 kommen die Richtlinien, etwas vorsichtiger formuliert, endgültig in die Schulen. Auch heute noch, sagen viele Eltern und Lehrer, sei der Geist von damals spürbar, denn es schimmere immer wieder der Versuch durch, negative Einstellungen etwa zu Beruf und Arbeit zu fördern.

Hessen vorn? Nicht nur! Auch Nordrhein-Westfalen fühlte sich entsprechend motiviert. In den NRW-Richtlinien des Jahres 1973 für den Politikunterricht steht zum Beispiel: »Emanzipation als Ziel von politischem Lernen heißt, die jungen Menschen in die Lage zu versetzen, die vorgegebenen gesellschaftlichen Normen entweder frei und selbstverantwortlich anzuerkennen oder abzulehnen und sich gegebenenfalls für andere zu entscheiden. Das setzt die Fähigkeit voraus, sich von überkommenen und gegenwärtig wirksamen gesellschaftlichen Prägungen mit dem Ziel weitgehender Selbstbestimmung distanzieren zu können.« Als Ziele des Politikunterrichts werden definiert: »Fähigkeit zur Analyse von politischen und gesellschaftlichen Institutionen, ihrer Macht und der von ihnen ausgehenden Zwänge«, »Fähigkeit zu demokratisch legitimiertem Widerstand gegen nicht akzeptierbare Unterordnung und gesellschaftliche Abhängigkeit«, »Bereitschaft, nicht akzeptierbare Gehorsamsforderungen abzulehnen«, »Fähigkeit, auch unter dem Druck von Sanktionen Entscheidungen zu realisieren«, »Bereitschaft, gegebenenfalls Unsicherheit und Nachteile hinzunehmen, die mit der Nichteinhaltung alter oder mit der Erprobung neuer Regeln verbunden sein können«.

Gesellschaft als Übel

Laut Thomas Nipperdey werde den Schülern damit Gesellschaft nur als das »große Negativum« dargestellt, das es als »Ursprung der Übel« zu entlarven gelte. Das führe zu einem Haß auf die bestehenden Verhältnisse. Nipperdey und Lübbe, beide Sozialdemokraten, erachten die Rahmenrichtlinien als »wissenschaftliche Ignoranz, Dilettantismus und Hochstapelei«, als »krudeste Halbbildung und Oberflächlichkeit«. Schule werde damit zum »Institut programmierter Dekultivierung«.[102] Selbst Ralf Dahrendorf äußert sich 1973 kritisch: »Diese Richtlinien sind nämlich technisch und gedanklich miserabel gearbeitet.« »Dieses Opus« genüge »technisch noch nicht einmal den Anforderungen an eine Seminararbeit.«[103]

Jäde attackiert 1975 vor allem das Verständnis der Rahmenrichtlinien von Sprache und Kommunikation: So werde Schule zur »Schule der Sprachlosigkeit, zur Zuchtanstalt des Mißtrauens, zum Treibhaus eines kommunikativen Hospitalismus«. An anderer Stelle stellt Jäde fest: »Die hessischen Rahmenrichtlinien Deutsch versprechen Befreiung ... Doch sie befreien von Sprache schlechthin, indem sie diese in gesellschaftlicher Aktion politisch verzwecken.«[104] Schneider sieht es rund zehn Jahre später noch drastischer: »Wenn Richtlinien-Verfasser schon eine Verbeugung vor der deutschen Sprache machen, wollen sie sich wenigstens erbrechen: das Deutsch, in dem schließlich auch Marx geschrieben hat, zur ›etablierten Sprachnorm‹ abwerten, die die ›Barriere‹ errichtet haben soll ...« Schneider zitiert Wittgenstein (1921): »Die Grenzen meiner Sprache bedeuten die Grenzen meiner Welt.«[105] Otten macht sich auch in den 90er Jahren angesichts der Deutschpläne Sorgen um »sprachliche und geistige Frühinvaliden«, die mit den Richtlinien produziert würden.[106]

Solchen Rahmenplänen folgen die Schulbücher. Auch mit ihnen wird ab Ende der 60er Jahre Politik gemacht. Ins Kreuzfeuer heftiger öffentlicher Kritik geraten in den 70er und 80er Jahren jedoch nicht nur Schulbücher für Politik, sondern auch Fibeln, Lese-, Religions-, Biologie- und Liederbücher. Bis in die 80er Jahre sind diese Bücher von der »emanzipatorischen« Pädagogik beeinflußt; sie sind angelegt auf Normenkritik, auf die Konflikthaftigkeit des Verhältnisses Eltern – Kinder, auf Gehorsam als Belastung und auf das Bewußtmachen von »Herrschaftsverhältnissen«. Selbst ein 1978 erschienenes Schulbuch des Diesterweg-Verlages für den Religionsunterricht (!) der Oberstufe trägt den Titel »Zwänge«. Elternvereine, wie der Deutsche, der Hessische, der Niedersächsische, der Elternverein NRW, dazu die Konrad-Adenauer-Stiftung legen kritische Bewertungslisten für Hunderte von politisierenden Schulbüchern auf. Helmut Schoeck hat sich in seinem Buch »Kinderverstörung. Die mißbrauchte Kindheit. Umschulung auf eine andere Republik« 1987 mit Schulbüchern befaßt.[107] Aufgrund einer Analyse von Büchern aller Jahrgangsstufen und Schulformen, vor allem aus SPD-regierten Ländern, kommt er zu dem Ergebnis, daß mittels Schulbuch »der Keil zwischen Kind und Eltern« getrieben werde; daß das Lernziel »Arbeit ist ekelhaft« vermittelt werde; daß »Schuldgefühle und schlechtes Gewissen« vermittelt würden und daß eine »Erziehung zur Schwermut« stattfinde.

Antikapitalistisches Bewußtsein

Das einzig Verläßliche an solcher »Pädagogik« ist ihre gesellschaftskritische Unterfütterung. Einer der Oberstrategen antikapitalistischer Pädagogik war Hans-G. Rolff, heute Professor an der Universität Dortmund. Unter dem Titel »Strategisches Lernen in der Gesamtschule. Gesellschaftliche Perspektiven der Schulreform« bekannte er 1974: »Antikapitalistisches Bewußtsein – und das heißt letztlich Klassenbewußtsein – bildet sich erst in Klassenkämpfen ... Wenn es nur gelänge, durch gesellschaftsverändernde Praxis in der Schule ein politisches Bewußtsein zu schaffen, das eine solche Interpretationsfähigkeit vorbereitet, wäre viel gewonnen. Strategisches Lernen liefe dann gleichsam auf eine Propädeutik für antikapitalistische Strukturreform hinaus.«[108]

Nicht einmal vor dem Sport machte die Ideologisierung halt. Ein Jürgen Funke, damals Mitarbeiter in den Aufbaukommissionen Laborschule/Oberstufenkolleg Bielefeld als Planer des Sportunterrichts, sieht die Theorie der Leibeserziehung als ein hervorragendes Beispiel für falsches Bewußtsein an, nämlich dafür, daß der Sportunterricht offenbar einen »Bedarf« decken solle, »den der Nationalsport für seine Ziele entwickelt hat«. Funke bedauert außerdem, daß »Leibeserziehung mehr an Anpassung als an Widerstand interessiert ist«, daß sportliche Betätigung »als Mittel gebraucht wird, um systemkonforme, für den industriellen Arbeitsprozeß und das Militär günstige Verhaltensweisen zu erzeugen«.[109]

Tempora mutantur? Von Klassenkampf und Tribunalismus schwärmt so manch ewiggestriger Achtundsechziger auch Ende der 90er Jahre. Oskar Negt bringt es fertig, in seinem Buch »Kindheit und Schule in einer Welt der Umbrüche« das folgende antikapitalistische Bombardement loszulassen: Konservative Bildungspolitiker wollen eine »Restauration des alten Klassensystems«. Die sogenannten Realpolitiker seien »geblendet und fasziniert von der geschichtlichen Ausstrahlungskraft der Kapital- und Marktlogik«. »In der Zeitdimension der Zukunft zeigt sich die Kapital- und Marktlogik völlig blind.« Politisches Ziel des Buches sei es, »sich der Kapital- und Marktlogik .... entgegenzustemmen«. »Wer die Strukturkrise einer durch Kapital- und Marktlogik definierten Arbeitsgesellschaft nicht wahrnimmt ..., wird in der Regel nie die Mächtigen und Reichen angreifen, sondern die Ohnmächtigen und Fremden.« »Wir brauchen das vorbehaltlose Eingeständnis, daß jene von Kapital und Markt dominierten westlichen Gesellschaftsordnungen ... von tiefsitzenden Krisen erschüttert werden.« »Von Beißhemmungen freigesetzte Kapital- und Marktlogik zehrt in fast allen Ländern zunehmend die sozialen Reservatbereiche auf ...« »Die Familie ... wird ebenso wie die Schule zu einem weltgeschichtlichen Instrument der diesseitigen Ordnung, in erster Linie der Bildung von Obrigkeitsbewußtsein.« »Gegen allen Glanz von

Bildungsidealen setzen sich jetzt Gesetze der Kapitalverwertung, des Marktes ..... durch.« »Die reelle Subsumtion von gesellschaftlichen Produktionsprozessen unter das Kapital, was so viel bedeutet wie die Kapitalisierung der jeweiligen Produktionsprozesse in ihrer Struktur, erfaßt tendenziell auch den pädagogischen Arbeitsprozeß.« Gegen all das setzt Negt übrigens seine Glocksee-Schule mit folgender Uridee: »Zu den Urideen der Erziehung gehören Vorstellungen über Selbstregulation, tendenzielle Entschulung der Schule, Lernen ohne Angst und Zwang, Projektunterricht, Erfahrung als Grundlage des Lernbegriffs.« Übrigens: »Die Arbeit an diesem Buch hat sich zwanzig Jahre hingezogen«, schreibt Negt auf Seite 7! Das merkt man dem Buch an! Vor allem aber merkt man ihm an, daß es vor 20 Jahren stehengeblieben ist![110]

Der neue Alarmismus der 80er und 90er Jahre

Was die Curricula der 90er Jahre betrifft, so sind die Angriffe nicht mehr ganz so frontal wie in den 70ern. Aber eine schleichende Erosion findet nach wie vor statt: diesmal über einen pädagogischen Alarmismus und Tribunalismus. Am 8. November 1989 konstituiert sich die schleswig-holsteinische Lehrplan-Strukturkommission. In ihren Grundsatzüberlegungen von 1993 wird vielsagend von der »Chance zu multiperspektivischer Betrachtungsweise als Voraussetzung der Erweiterung eigener Identität« gesprochen. In den »Leitgedanken und Verfahren zur Lehrplanrevision« heißt es unter anderem: »Das Konzept der Wissenschaftsorientierung als einziger Bezugspunkt von Lehren und Lernen in einzelnen Fächern reicht für eine zeitgemäße und zukunftsorientierte Bildung nicht aus. Bei allen Differenzen über die Frage der Vermittlung bestimmter Inhalte (Bildungskanon) ist klar, daß es Kernprobleme unserer Zeit gibt, mit denen sich Lehrplanarbeit und Unterricht auseinandersetzen müssen. Dazu zählen z. B.: die Grundwerte menschlichen Zusammenlebens, insbesondere der Frieden, die Menschenrechte und das Zusammenleben in der einen Welt mit unterschiedlichen Kulturen, Gesellschaftsformen, Völkern und Nationen als individuelle und globale Aufgabe; der Erhalt der natürlichen Lebensgrundlagen, der eigenen Gesundheit und der anderer Menschen; die künftige Veränderung der wirtschaftlichen, technischen und sozialen Bedingungen und deren Folgen für die Gestaltung der Lebensverhältnisse; die Gleichstellung zwischen Frauen und Männern, Jungen und

Mädchen in Familie, Beruf und Gesellschaft; das Recht aller Menschen zur Gestaltung ihrer politischen, kulturellen und wirtschaftlichen Lebensverhältnisse, ihre Mitwirkung und Mitverantwortung in allen Lebensbereichen.« Und jetzt kommt's: »Jede (sic!) Lehrplanforderung und jedes Fach ist auch am Beitrag zur Bearbeitung dieser Kernprobleme zu messen.«

Für Otten ist damit ein »Monster-Katalog« eines Wolfgang Klafki höchst lebendig. Otten weiter: »Ich selbst empfinde diesen Katalog als einen pädagogischen Alptraum deutscher Gründlichkeit ... Doch ich wehre mich vehement dagegen, daß eine solche Polit-Pädagogik ›en gros‹ das Denken, die Emotionen und die Phantasie unserer Kinder beherrschen soll. Diese Pädagogik will Unmögliches.« Otten bemüht Pestalozzi: Dieser hätte solche »Bildung« als Verführung zum »Maulhelden« verstanden.[111]

Ebenso abenteuerlich sind dann die Umsetzungen dieser schleswig-holsteinischen Rahmenvorgaben. Am Beispiel Geschichte wird das deutlich. Wie die Umsetzung aussehen sollte, das reichten zwei beispielhaft vorgelegte curriculare »Bausteine« nach. Im Baustein »Kindsein ist schön?« für den – wohlgemerkt einstündigen – Unterricht in Geschichte (!) in der Klasse 6 sollten die Teilthemen unter anderem heißen: »Kinderarbeit, Kinder in der 3. Welt, Erziehung zum Krieg, Mutproben: Wie man auf Gewalt vorbereitet wird, Sterblichkeit in der 3. Welt, Flüchtlingskinder, gemischte Schulen heute, Schule im NS-Staat, Kinder im Konzentrationslager, Kinder im Krieg und in der Nachkriegszeit.« Für vier Unterrichtsstunden sollte außerdem das Thema »Auch Du gehörst dem Führer« »eingebettet« werden. Der Baustein »500 Jahre – Grund zum Feiern? Probleme in Lateinamerika am Beispiel Mexiko/Guatemala; fachübergreifendes Projekt für die Sekundarstufe I« zeichnete sich etwa durch folgende Teilinhalte aus: »Machos und Muchachas: Frauen stehen ihren Mann – Männer stehen auf Frauen; Straßenstrich und Straßenraub; Guatemala: eine Bananenrepublik? – Zu Besuch auf der Del-Monte-Plantage in Quirigua – Wie Bananen die United Fruit Company mächtig machten; Lateinamerika: Hinterhof der USA; Krümmt sich die Dollar-Banane?«

Pädagogische Zwangsernährung

Die Kinder werden sprunghaft »durch die Zeiten gehetzt«: »Unter dem Thema ›Kindheit‹ lernen die Elfjährigen zunächst, daß die armen Spartanerkinder bereits mit der Blutsuppe die ›Erziehung zum Krieg‹ einlöffelten. Dann geht es über ›dörfliche Kindheit‹, ›Kindheit im Industriezeitalter‹, ›Mädchen im bürgerlichen Zeitalter‹ zur ›Kindheit im Dritten Reich‹, wobei konkrete Unterrichtsbausteine ›Kindheit im KZ‹ besonders empfehlen.«[112]

Angesichts solcher Anti-Ismen (Antikapitalismus, Antiimperialismus, Antiamerikanismus) wird man einen Verdacht nicht los: Hier sollten Kinder erneut einem sauren Verdrußregen ausgesetzt werden. Hier wollte jemand Kindern uniforme Sorgenfalten einbügeln und hypochondrisch den Weltpuls messen. Dabei schien pädagogische Zwangsernährung doch überwunden. Ist das Unterricht im Fach Geschichte? Immerhin tauchen im gesamten Geschichtscurriculum zwei historische Figuren auf: Bismarck und Olympe de Gouges, die zur Französischen Revolution den ersten Frauenrechtskatalog formuliert hatte.

Mehr als diese Bausteine braucht man gar nicht zu kennen. Nach einem Projekt zur Behandlung der Folgen von 75 Jahren Oktoberrevolution sucht man vergeblich. Vergeblich sucht man in den Lehrplanentwürfen auch nach dem Identitätsstiftenden an Europa und nach Werten, die Europa geprägt haben, zum Beispiel nach Gedanken, die Vàclav Havel anläßlich der Verleihung des Karlspreises am 9. Mai 1991 in Aachen geäußert hat. Havel sagte dort als Repräsentant aller Europäer des ehemaligen Ostblocks: »Indem wir uns heute zum Westen bekennen, bekennen wir uns vor allem zu einer bestimmten Zivilisation, zu einer bestimmten politischen Kultur, zu bestimmten geistigen Werten und universellen Prinzipien. Dabei geht es um eine Zivilisation, um eine Kultur und um Werte, die wir als die unseren empfinden, weil wir lange Jahrhunderte hindurch an ihrer Schaffung beteiligt waren …« Das Menschen-, Welt- und Gesellschaftsbild der Landesregierung in Kiel und ihrer Lehrpläne kann Havel damit wohl nicht gemeint haben. Somit drängt sich der Gedanke auf, in Kiel könnte es um eine »Emanzipation« zum Geschichtsanalphabeten gehen und diese Lehrpläne könnten aus denselben Schubladen stammen wie so manch parteipolitisches Pazifismus-, Ökologismus- und Feminismuspapier – oder umgekehrt. Aber aus Schubläden in Schleswig-Holstein kommt ja so manche Überraschung!

Damit es nicht ganz so schlimm und angreifbar wurde, waren die endgültigen Lehrpläne dann etwas moderater formuliert. Aber immer noch etwa besteht der Lehrplan des Jahres 1997 für Geschichte in der Sekundarstufe I der weiterführenden allgemeinbildenden

Schulen auf der Berücksichtigung der fünf sogenannten Kernprobleme (darunter immer wieder das Zusammenleben in der »einen Welt«), auf dem Thema »Olympe de Gouges und die Rechte der Frauen«, auf der »Begegnung mit dem anderen«, auf der Hexenverfolgung als »historischer Variante geschlechtsspezifischer Ausgrenzung« u. a. m.

Solch überquellende Lehrplanproduktion gibt es nicht nur in Schleswig-Holstein. In Niedersachsen hatte eine Kommission im Jahr 1993 den Entwurf eines Lehrplans für das Fach Politik der Klassen 7 bis 10 abgegeben, der nach Überarbeitungen erst 1997 wieder das Licht der Öffentlichkeit erblickte. Nach diesem Entwurf sollen 14- und 15jährige »Mitverantwortung für Frieden, Freiheit, Gerechtigkeit und Gleichheit in der ganzen (sic!) Welt übernehmen«; und selbstredend wird eine bedrohliche Zukunft an die Wand gemalt. Für den Niedersächsischen Philologenverband ist das »maßlose Überforderung und Frustration« für die Schüler sowie »penetrante Missionierung statt selbständiger politischer Urteilsbildung«.

Das ist »Kulturpolitik mit der Faust«[113], und das ist Ausbeutung kindlichen Fühlens. Denn mit solchen Curricula wird fortissimo auf Entrüstung gemacht. Somit stellt sich die Frage: Soll denn bei Zwölfjährigen nahezu jede Unterrichtsstunde wie die Vollversammlung der UNO, der UNESCO oder des Kinderschutzbundes aussehen? Laufen wir angesichts der von den Lehrplanoberen eingeforderten »Intentionalität« des Unterrichtens nicht Gefahr, daß Probleme und deren Lösungen infantilisiert werden? Man denke nur an den lehrplankommissarischen Vorschlag aus Kiel, in der Schule »Freundschaftsbändchen für die Kinder in Guatemala« anfertigen zu lassen!

Solche pädagogischen Alarmismus- und Tribunalismusattitüden sagen etwas über ihre Urheber. Das wußte Friedrich Sieburg bereits 1954 zu gut. In seiner Sammlung »Die Lust am Untergang. Selbstgespräche auf Bundesebene« schreibt er: »Die Weltuntergangsstimmung durch scharfzüngige Analysen ins allgemeine Bewußtsein zu heben und sie gleichzeitig doch auch zu genießen, gehört zu den Lieblingsbeschäftigungen des Menschen von heute.« Dieser »Defaitismus« sei doppelt schlimm, »weil er … viel intellektuelle Befriedigung verschafft und den, der ihn pflegt, in den Kreis der klugen Leute rückt, die sich nichts vormachen lassen«.[114] Schlimm genug, daß dafür Kinder herhalten müssen! Oder möchte man den Menschen curricular in dem Zustand halten, in dem ihn Fjodor Dostojewski sieht: »Der Mensch ist unglücklich, weil er nicht weiß, daß er glücklich ist.«

Mathematik und Geschichte könnten da nur stören

Folgt man den Vorschlägen des Bielefelder Mathematikdidaktikers Hans Werner Heymann, so geht es der Mathematik bald an den Kragen. Anfang 1996 legte er seine Habilitationsschrift vor. Darin forderte er, das Schulfach Mathematik nach der 7. Klasse auslaufen zu lassen. Alles, was Erwachsene an Mathematik bräuchten, hätten sie in sieben Schuljahren erlernt. Danach sollten die Schüler nur noch in den Fertigkeiten des Schätzens, des Überschlagens und der Interpretation von Graphiken geübt werden. Nach dem Motto »So ungefähr« und »So genau muß man ja nichts nehmen«? Ob Aspiranten der Studien- und Berufsfelder Technik oder Wirtschaft ohne Mathematik zurechtkommen und ob ein hochtechnisiertes Land klarkommt, wenn das Schulfach Mathematik bereits für 14jährige ausläuft, mag hier nicht untersucht werden. Aber droht damit nicht eine andere Gefahr, nämlich daß sich mit einem unzureichenden Zahlen-, Rechen- und Mathematikverständnis ein weiteres Einfallstor für Ideologien öffnet? Das hat Heymann nicht im Sinn. Aber Ideologen könnten sich freuen, schließlich ist die Bevölkerung dann – anstatt mit Datenmaterial umgehen zu können – noch mehr den Glaubenssätzen interessierter Kreise ausgeliefert, die allzu gerne mit sozialpolitisch, arbeitsmarktpolitisch oder umweltpolitisch relevanten Zahlen jonglieren.

Wie brisant die Abschaffung eines Faches sein kann, das hat der seit den 70er Jahren stete Versuch gezeigt, das Fach Geschichte zu eliminieren und unter Gesellschaftslehre zu subsumieren. Das Fach Geschichte ist unbequem, weil es – ohne Klitterung betrieben – Skepsis gegenüber Utopien zu vermitteln vermag. Von daher der antihistorische Affekt? Ist sie integriert in ein Fach Gesellschaftslehre, tut man sich eben leichter, Geschichte zu verfremden, zu instrumentalisieren sowie auf Konflikt- und Klassenkampfgeschichte zu reduzieren. Thomas Nipperdey weiß, warum: Die »Objektivität der Historie steht unter dem Verdacht, Apologie des Bestehenden und Gewordenen zu sein. Das, was Beschäftigung mit der Geschichte auch vermitteln kann, das Eindringen in eine fremde Welt, bei dem die eigenen Wertungen gerade eingeklammert werden, die Reflexion der eigenen Herkunft, das Gewinnen der eigenen Identität in Kenntnis wie Auseinandersetzung mit der Tradition, Erfahrung von Realität und von Diskrepanz zwischen Absichten und Wirkungen, Realitätsbezogenheit des politischen Handelns – das alles kommt nicht zum Tragen, wird abgeschafft im Namen der kritischen Selbstbestimmung, die sich am Geschichtlichen nur noch gleichsam abstößt.«[115] Hugo Andreae kommt ebenfalls 1974 in seinem Aufsatz »Politische Bildung als Heilslehre« zu einer ähnlichen Analyse: »Die Voraussetzung für die Denaturierung der Schule durch ihre Umwandlung in einen Ort messianischer Verkündigung ist der weitgehende Verzicht auf fachliche Information und sachgetreue Orientierung.«[116]

Interessant ist in diesem Zusammenhang, daß laut Urteil des Hessischen Staatsgerichtshofs vom 30. Dezember 1981 eine Institutionengarantie für ein selbständiges Unterrichtsfach Geschichte in der gymnasialen Oberstufe besteht, weil in der Hessischen Verfassung in Artikel 56 der Begriff »Geschichtsunterricht« vorkommt. Selbst diese Garantie eines eigenständigen Faches Geschichte möchte die hessische SPD beseitigen. Der entsprechende Passus in der Landesverfassung soll statt des Begriffs »Geschichtsunterricht« nur noch den Begriff »geschichtliche Unterweisung« enthalten. In einem Diskussionspapier der Arbeitsgemeinschaft sozialdemokratischer Juristinnen und Juristen (AsJ) vom 29. März 1998 zur Reform der Hessischen Verfassung heißt es dazu in der Begründung: »Die Herausnahme des Begriffs ›Geschichtsunterricht‹ soll erneuten Versuchen Konservativer, eine Bestandsgarantie eines isolierten Geschichtsfachs gegenüber integrativen Konzepten zu behaupten, entgegenwirken.«

Anti-Castor-Pädagogik

Sind das noch rein curriculare Aktionen, so geht man da und dort schon auch mal zum Aktionismus über. Zum Beispiel in Niedersachsens Schulen und Lehrerfortbildung. Hier erlebte praktizierte Ideologie im späten Winter 1996 als Anti-Castor-Pädagogik einen Höhepunkt. Nun ist »Castor« auch ein Vehikel für »Pädagogik«. Offenbar bereits seit Oktober 1995 plante die »grüne« Regierungspräsidentin des Bezirks Lüneburg Initiativen zur schulischen »Aufarbeitung« von Castor-Transporten, unter anderem eine »offene Veranstaltungsreihe« für Lehrer »als Hilfe für alle Betroffenen«. Es sollten »Ohnmacht und Ängste im Zusammenhang mit Atommülltransporten« behandelt werden. Im Dezember 1995 läßt die Schulabteilung der Bezirksregierung namens der Regierungspräsidentin wissen, »wie sehr die Transporte die Menschen ... bewegen und wie die Lehrkräfte gefordert sind, die Emotionen aufzuarbeiten«. Im

Mai 1996 – zehn Monate vor dem nächsten Transport – verwendet sich eine »grüne« Landtagsabgeordnete für Fortbildungen dieser Art. Am 20. November 1996 berichtet die »Elbe-Jeetzel-Zeitung« (EJZ), daß für die Pädagogen der Region Lüchow-Danneberg eine zweitägige Fortbildungsveranstaltung unter dem Titel »Schule halten unter Krisenbedingungen« angeboten sei. Deswegen, so die »EJZ« tags darauf, werde an vielen Schulen der Unterricht ausfallen.

Am 10. Dezember 1996 findet »Schule halten unter Krisenbedingungen« mit 250 Lehrern statt. Auf der Tagesordnung der insgesamt zehn, laut »Harz-Kurier« »mit psychologischen Rollenspielen gespickten« Arbeitsgruppen stehen etwa folgende Themen: Umgang mit Angst, Aggression sowie Konflikten; die Rolle der Polizei im politischen Konflikt; Rahmenbedingungen der Sozialkundefächer im Ernstfall (!). Am 11. Dezember 1996 berichtet der »Harz-Kurier« unter dem Titel »Endlich mischt sich Schule ein«. Ein »Friedensforscher« Professor Johannes Esser habe als Referent gesagt: »Pädagogik ist nie wertfrei ... Schüler erlebten die Castor-Transporte als Bedrohung und reagierten mit Staatsverdrossenheit ... Selbst Grundschüler stellten ihren Lehrern polizeitaktische Fragen.« Esser wolle die ganze Region Gorleben als »Schule des Lebens« verstanden wissen. Ein Schulamtsdirektor attackiert laut »EJZ« den Bundesinnenminister: »Das Wort von Bundesinnenminister Kanther vom ›unappetitlichen Pack‹ der Atomkraftgegner ist nicht die Ebene, auf der wir uns hier bewegen wollen.« Interessant auch: Der »Harz-Kurier« vom 11. Dezember 1996 berichtet, daß das Schuleschwänzen am Castor-Tag laut Aussage des Schulabteilungsdirektors der Bezirksregierung geduldet und nicht geahndet werde. Ein Schulamtsdirektor zeigt sich laut Lokalpresse außerdem beeindruckt von der »Tiefe« der Lehrerveranstaltung.

Anfang März 1997 geht Castor über die Schienen. Die Folgen gehen über »ein Stück weit Betroffenheit« erheblich hinaus: Der Transport muß von 19.000 Polizeibeamten begleitet werden. Es werden 70 Polizisten zum Teil schwer verletzt. Niedersachsens Innenminister Glogowski (SPD) stellt in bedenklicher Weise die Frage nach den Kosten des Rechtsstaates. Die Organisatoren der Demonstrationen halten fest, daß sich einige Menschen entschlossen hätten, »angesichts der atomaren Bedrohung gezielt Gesetze und Anordnungen zu übertreten«. Der Grüne Trittin meint: »Über die Zukunft von Gorleben wird wohl nicht in den Parlamenten, sondern auf der Straße entschieden.« Er vergaß: und womöglich in der

Schule – inklusive Grundschule. Am 15. Mai 1997 jedenfalls berichtet eine Lehrerzeitung von einer Grundschullehrerin, die von ihren Schülern 200 Unterschriften gegen Castor-Transporte hatte sammeln und einen Schülerbrief an die Grünen-Landtagsfraktion hatte richten lassen.

Da durften Castor-Bewegte andernorts nicht fehlen. Der Leiter der Albert-Schweitzer-Schule in Kassel hatte einer 14jährigen die Beurlaubung vom Unterricht für eine von einem »grünen« Bundestagsabgeordneten organisierte Fahrt nach Bonn verweigert und seine Entscheidung unter anderem damit begründet, daß diese Schülerin ein Vierteljahr zuvor den Unterricht zum Zwecke der Teilnahme an einer Anti-Castor-Demonstration unentschuldigt versäumt habe und ihr insofern die Vergünstigung einer Beurlaubung für Bonn nicht zustehe. In der Folge überschlugen sich die Entrüstungsadressen: »Anna muß zu Hause bleiben« und »Anna durfte nicht nach Bonn« titelten die »Hessisch-Niedersächsische Allgemeine« und die »Frankfurter Rundschau« Ende Juni 1997. Der Schulleiter habe seine Pflicht verletzt, seine Schüler zu mündigen Bürgern zu erziehen, beklagte der »grüne« MdB. Annas Eltern wollen ihrer Tochter den Rücken stärken, damit sie erfahre, daß sie »den Entscheidungen des Schulleiters nicht willkürlich ausgeliefert« sei. Das zuständige Schulamt vertritt formal die Entscheidung des Oberstudiendirektors, fordert ihn aber zugleich auf, diese »noch einmal einer kritischen Überprüfung zu unterziehen« und zu bedenken, daß »das gesellschaftliche und politische Interesse« von Schülern zu fördern sei.

Für eine staatsbürgerliche Grundbildung

Gegen so viel Verzerrungs-, Betroffenheits- und Entrüstungsszenarien ist nur ein Kraut gewachsen: seriöse staatsbürgerliche Bildung. Diese wiederum braucht in erster Linie Wissen, stellt Jaspers fest: »Die politische Erziehung verlangt das Studium von Büchern. Der Bundesdeutsche hat zuerst das Grundgesetz zu lernen als den Eckstein unseres freien staatlichen Daseins, als den einzigen festen, unantastbaren Halt. Dann aber sollen die Hauptwerke politischen Denkens studiert werden, z. B. Plato, Aristoteles, Cicero, Machiavelli, Spinoza, Kant, Tocqueville, Max Weber.«[117]

Ökonomische Grundbildung

Zur politischen Grundbildung gehört ökonomisch-volkswirtschaftliche Grundbildung, denn schließlich hat sich mental bei alt und jung die Trennung von Staat und Gesellschaft verwischt. Gesellschaft und Gemeinschaft neigen immer mehr dazu, Aufgaben an den Staat zu delegieren (bis hin zu ureigenen erzieherischen Aufgaben). Der Staat wird vielfach nur noch verstanden als allmächtige Sozialagentur, als omnipotenter Lieferant und Dienstleister, als hypertropher, totaler Versorgungsstaat, als Garant für die Erfüllung von Vollkasko-Ansprüchen. Unter Vernachlässigung des Prinzips »Eigenverantwortung« wird Gerechtigkeit mit sozialem Ausgleich verwechselt. Der Staat ist damit nahe am planwirtschaftlichen Perfektionismus. Für viele gilt als Motto: »Die Kasse zahlt's schon!«

Lehrpläne und Schulbücher mögen daran nicht ganz unschuldig sein. Eine im September 1997 vorgelegte Schulbuchuntersuchung müßte aufschrecken: Das Institut für arbeitsorientierte Allgemeinbildung der Universität Bremen hatte 18 bundesweit benutzte Schulbücher der Fächer Deutsch, Englisch, Erdkunde und Geschichte der Klassen 7 mit 10 untersucht und festgestellt, daß die Bereiche Wirtschaft, Technik und Beruf sowie allgemeines ökonomisches Basiswissen viel zu schwach repräsentiert seien. Auch fehle es in den Schulbüchern weitestgehend an einer Darstellung des wirtschaftlichen Unternehmertums und des Ehrenamtes.

Die realen politischen Folgen solcher Wissensdefizite sind bekannt: eine Staatsquote von über 50 Prozent Anteil am BSP (zum Vergleich 1986: 46 Prozent, USA 1995: 33,5 Prozent, Japan 1995: 37,6 Prozent, Großbritannien 1995: 42,3 Prozent), hohe Abgaben- und Steuerlasten von zum Teil über 50 Prozent des Bruttoeinkommens, eine Verzettelung des Staates, einhergehend mit einer Vernachlässigung zentraler Staatsaufgaben. Auch die Folgen für die Wahrnehmung des Staates durch die Bürger sind bekannt: der Glaube an die Machbarkeit aller Ansprüche und Forderungen, eine Mentalität des »Vollkasko ohne Eigenbeteiligung«, Staats- und Politikverdrossenheit, wenn der Staat nicht fähig ist, alle Ansprüche zu erfüllen. Für den einzelnen sind die Folgen dieser an den Staat gerichteten Allmachts- oder Status-quo-Erwartungen eine fürsorgliche Entmündigung, ein Verlust an Freiheit durch hohe Abgabenlasten, ein Verführen zur Bequemlichkeit, ein Unterminieren von Eigenverantwortung und eine zunehmende Distanz zum Rechtsstaat.

Hier sind Aufklärung und Bildung gefragt. Es ist die Einsicht zu fördern, daß eine soziale und ökologisch orientierte Politik ohne florierende Marktwirtschaft, ohne wissenschaftlich-technische Innovation, ohne Förderung von Selbständigkeit und von Selbständigen, ohne Stärkung des Standortes Deutschland und ohne die millionenfache Leistung jedes einzelnen nicht zu machen ist. Es ist die Einsicht zu fördern, daß Staat und Gesellschaft nicht dasselbe sind und daß beide je unterschiedliche Aufgaben haben. Es ist die Einsicht zu fördern, daß der Unendlichkeit der Bedürfnisse die Endlichkeit der Mittel gegenübersteht und der Staat keine sozialen Breitbandtherapeutika parat haben kann. Es ist die Einsicht zu fördern, daß der Staat nicht Glückslieferant sein kann, sondern subsidiär nur »Ermöglicher« von Glück, daß Glück nicht ein an den Staat gerichteter Rechtsanspruch, sondern nur Angebot sein kann, »des eigenen Glückes Schmied zu sein«. Alles andere wäre totalitär.

Erziehung zur Rechtstreue

Zur politischen Grundbildung gehört die Auseinandersetzung mit der Frage nach der Rechtstreue als staatsbürgerliche Tugend. Hier müssen wir wieder zur Kenntnis bringen, daß es Werte gibt, die dieses Gemeinwesen zusammenhalten und das Abendland geprägt haben. Dazu gehört es, Bürger und gerade auch junge Menschen immer wieder über das sensible Wechselspiel von Freiheit und Verantwortung, von Rechten und Pflichten, von Freiheit und Gleichheit aufzuklären. Es sind dies ja jeweils zwei Seiten einer Medaille: Die Medaille »Freiheit« heißt auf der Rückseite »Verantwortung«. Die Medaille »persönliche Freiheit« heißt auf der Rückseite »Freiheit der anderen«. Die Medaille »Rechte« heißt auf der Rückseite »Pflichten«. Förderung des Rechtsbewußtseins heißt deshalb auch Förderung des Pflichtbewußtseins, Inanspruchnahme individueller Verantwortung, Anerkennung der Rechte anderer. Und: Eine Überbetonung von Gleichheit schränkt Freiheit ein! In der Frage der Rechtstreue geht es um die Existenz des demokratischen Rechtsstaates. Dieser Staat wird nicht von einer Rebellion gefährdet, sondern von Gleichgültigkeit und von Verweigerungs- und Aussteigerhaltungen. Gesetzesgehorsam ist somit eine staatsbürgerliche Tugend. Diese staatsbürgerliche Verpflichtung zur Loyalität entspricht der Verpflichtung des Staates auf das Gemeinwohl. Ohne diese Tugend oder Loyalität kann ein demokratischer

Rechtsstaat nicht existieren. Denn: Staatsbürgerliche Abstinenz gefährdet die Freiheit, Rechtstreue sichert Freiheit. Jung und alt sollten ihre Rolle in einem dem Gemeinwohl verpflichteten Staat also nicht als Verbraucher, sondern als loyale Staatsbürger sehen.

Erziehung zu einem aufgeklärten Patriotismus

Am 23. November 1978 faßte die Kultusministerkonferenz (KMK) ihren Beschluß »Die Deutsche Frage im Unterricht«. Dort heißt es: »Das Bewußtsein von der deutschen Einheit und der Wille zur Wiedervereinigung in Frieden und Freiheit ist wachzuhalten und zu entwickeln ... Im Rahmen dieser umfassenden Aufgabe haben die Bildungseinrichtungen, vor allem die Schulen, einen besonderen Beitrag zu leisten.« Dieser KMK-Beschluß ist seinerzeit aus einer bestimmten politischen Ecke heftigst kritisiert worden. Es war die Rede von »Deutschtümelei« und Schlimmerem. Dabei hatte dieser Beschluß nur vollzogen, was das Gebot des Grundgesetzes war, nämlich – so die damals geltende Präambel des Grundgesetzes – daß das gesamte deutsche Volk aufgefordert bleibt, »in freier Selbstbestimmung die Einheit und Freiheit Deutschlands zu vollenden«. Das Grundvertragsurteil des Bundesverfassungsgerichts vom 31. Juli 1973 hat dieses Wiedervereinigungsgebot nachdrücklich bestätigt und betont, daß dieses Gebot die Forderung einschließe, »den Wiedervereinigungsanspruch im Innern wachzuhalten und nach außen beharrlich zu vertreten«. Einige Verfassungen der alten Länder formulieren dieses Gebot als Bildungsziel: »Die Jugend ist ... in der Liebe zu Volk und Heimat ... zu erziehen« (Baden-Württemberg). »Die Schüler sind ... in der Liebe zur bayerischen Heimat und zum deutschen Volk ... zu erziehen« (Bayern). »Die Jugend soll erzogen werden ... in Liebe zu Volk und Heimat ...« (Nordrhein-Westfalen). »Die Schule hat ... zur Liebe zu Volk und Heimat ... zu erziehen« (Rheinland-Pfalz). »Die Jugend ist ... in der Liebe zu Heimat, Volk und Vaterland ... zu erziehen« (Verfassung Saarland).

Die Schulen waren also in mehrfacher Hinsicht gefordert. Aber: 1988, zehn Jahre nach dem KMK-Beschluß, mußte man bedrückt sein über das Vakuum an deutschlandpolitischem Bewußtsein und an deutschlandpolitischen Kenntnissen unter Jugendlichen. Untersuchungen zufolge war nur noch ein Viertel der Jugendlichen der Auffassung, daß beide Staaten in Deutschland *eine* Nation darstellten. Die Hälfte der Jugendlichen hielt die DDR gar für Ausland. 60 Prozent hatten keine Vorstellung vom Unterschied etwa zwischen einem Volkskammer- und einem Bundestagsabgeordneten. 70 Prozent konnten keine Aussage über den unterschiedlichen Umgang der Bundesrepublik und der DDR mit der Menschenwürde machen. Vom Geist der Präambel des Grundgesetzes war wenig zu spüren.

Es rächte sich jetzt, daß der KMK-Beschluß von 1978 zwar auf dem Papier existierte, sein Anliegen aber aus dem Bewußtsein gerückt war. Manchem SPD-Kultusminister war die unterrichtliche Behandlung der Zweistaatlichkeit und der Verletzungen der Menschenrechte in Südamerika oder in Südafrika wichtiger als die Einheit der Nation oder als Menschenrechtsverletzungen in der DDR. Hinzu kam: »Nicht nur ein guter Teil der bundesdeutschen Medien, sondern auch viele Schulbücher zeichneten sich durch ein schöngefärbtes Bild der DDR aus.«[118] In manchen Schulbüchern SPD-regierter Länder wurde die DDR sehr unkritisch behandelt, zugleich wurde der demokratische Verfassungsstaat der Bundesrepublik unzureichend, ja gar höchst »systemkritisch« dargestellt. Die Folge solcher Schulbuchproduktionen war, daß manche ostdeutschen Schulen nach der Wende gerade in den Fächern Geschichte und Sozialkunde/Politik einen Import westdeutscher Schulbücher nicht haben wollten und so manches gespendete Buch zurückschickten.

Fünf Jahre nach der Einigung hätten die Kultusminister erneut die Chance gehabt, sich als deutschlandpolitisch mündig zu erweisen. Die KMK konnte sich aber auf ihrer Sitzung vom 28./29. September 1995 in Halle/Saale nicht auf die Verabschiedung einer Empfehlung mit dem Titel »Darstellung Deutschlands im Unterricht« einigen. Der 14seitige Entwurf dazu, der ein Jahr nach der Einigung im Oktober 1991 in Auftrag gegeben und seitdem ohnehin reichlich rundgeschliffen worden war, wurde als »Material« für die KMK beziehungsweise als »Handreichung« für den KMK-Schulausschuß gewertet und von der KMK nur »zur Kenntnis genommen«. Ein erneuter Anlauf ist nicht geplant. Als Feigenblatt ist es vielmehr zu werten, daß Vertreter Niedersachsens, Sachsen-Anhalts und Brandenburgs sich am 25./26. September 1996 in Wittenberg zu einer Fachtagung mit dem Titel »Deutschland ist nie nur Deutschland« trafen. Dort war man sich unter Mitwirkung namhafter Befürworter einer engeren Zusammenarbeit von SPD und PDS einig, so Sachsen-Anhalts PDS-geduldeter Ministerpräsident

Reinhard Höppner, daß die Ex-DDR im KMK-Entwurf zu schlecht wegkomme und die KMK es versäumt habe, »das Recht der Ostdeutschen auf ihre Selbstdarstellung zu fördern«. Ja mehr noch: Vermißt wurde im KMK-Entwurf unter anderem die Darstellung des kalten Krieges genauso wie die der Anti-Atom-Bewegung. Die PDS meinte gar verlauten lassen zu müssen, daß »eine Beschäftigung mit Diktaturen künftig kein Schwerpunkt im Geschichtsunterricht« sein solle.

Ein Skandal! Eine Kultusministerkonferenz ist nicht fähig, die inhaltlichen Voraussetzungen für ein differenziertes und zugleich konsensfähiges Bild von der Geschichte Deutschlands und von seiner heutigen Rolle in der Welt zu zeichnen. Das ist ein Armutszeugnis, denn der vorliegende Entwurf wäre eine notwendige und sehr wohl akzeptable Grundlage für die unterrichtliche Darstellung Deutschlands und auch für die Bewertung einer sozialistischen Diktatur gewesen. Es wäre ein Beitrag zum inneren Frieden gewesen. So bleibt wieder kaum mehr als die Hoffnung von Garton Ash: »Man kann aber vielleicht hoffen und erwarten, daß diese Debatten weniger qualvoll, ja normaler werden.«[119]

Letztlich ist das KMK-Papier am Widerstand der PDS-geduldeten Minderheitsregierung von Sachsen-Anhalt gescheitert. Der dortige Kultusminister, Heinz Reck (SPD), erklärte, die neuen Länder könnten sich in diesem Papier nicht wiederfinden. Immerhin war das Papier in der ersten Fassung außer von Bayern, Berlin und Niedersachsen auch von Thüringen miterarbeitet worden. Aber es paßte Reck nicht, daß in dem Entwurf ein Blick auf das Unrecht und die Verfolgung in der DDR und auf die Massenflucht aus der DDR geworfen wurde. Das KMK-Papier, so Reck, erinnere ihn an »SED-Propaganda, nur mit veränderten Vorzeichen«, und er verwahrte sich dagegen, daß die DDR darin als »System politischer Unfreiheit« bezeichnet werde. Wie hätte er die Bundesrepublik denn lieber, der Minister Reck? Vielleicht als »DDR light«?[120]

Wenigstens waren einzelne Länder, wie Baden-Württemberg, Bayern, Sachsen und Nordrhein-Westfalen, bereit gewesen, die Empfehlung im Herbst 1996 in den eigenen Schulen umzusetzen. Alle anderen haben sich erneut als deutschlandpolitisch unmündig erwiesen und mit impliziten Etikettierungen des vorliegenden KMK-Entwurfes als »Propaganda« oder als »verordnetes Geschichtsbild« ein sehr fragwürdiges Verständnis von freiheitlichem Rechtsstaat erkennen lassen. Nicht minder fraglich ist der linke Versuch, Fragen der Nation überhaupt im Keim ersticken zu wollen, indem man gar aus den Verfassungen den Begriff »Volk« tilgen will. Letzteres zu tun, bemüht sich in einem Papier vom 29. März 1998 zur Reform der Hessischen Verfassung die Arbeitsgemeinschaft sozialdemokratischer Juristinnen und Juristen (AsJ). Sie möchte an die Stelle des in der Landesverfassung formulierten Erziehungsziels »Dienst am Volk ...« setzen: »Dienst an Gesellschaft ...« In der Begründung für diesen Vorschlag heißt es im AsJ-Papier: »Der historisch belastete und angesichts der gesellschaftlichen Realität von Wanderungsbewegungen nicht mehr zeitgemäße Begriff ›Volk‹ wird durch ›Gesellschaft‹ ersetzt.«

Überhaupt wäre eine schulische Auseinandersetzung mit Fragen der kulturellen Identität und eines aufgeklärten Patriotismus angesagt. Das mag ein schwieriger Versuch sein, aber er sollte gelingen, wenn man dabei folgende Konstituenten des aufgeklärten Patriotismus berücksichtigt: Aufgeklärter Patriotismus hat – erstens – mit kultureller Identität und mit Geschichtsbewußtsein zu tun. Diese Identität ist vor allem geprägt vom christlich-abendländischen Humanismus. Zu dieser Identität gehört die Bereitschaft, die natürlichen Lebensgrundlagen zu bejahen und zu schützen. Aufgeklärter Patriotismus hat – zweitens – mit Demokratie und mit Rechtsstaatlichkeit und mit der Bereitschaft zu tun, diese staatliche Ordnung zu bejahen und zu verteidigen. Aufgeklärter Patriotismus hat – drittens – mit antitotalitärem Grundkonsens zu tun. Doch: »Fünf Jahre nach dem Zusammenbruch des DDR-Regimes drohen die kaum gewonnenen Maßstäbe für die grundlegenden Unterschiede zwischen Diktatur und Demokratie in Deutschland wieder verlorenzugehen«[121], sorgt sich der ehemalige DDR-Bürgerrechtler Wolfgang Templin. Aufgeklärter Patriotismus hat – viertens – mit Bindung nach innen, mit Wir-Gefühl und mit Geborgenheit zu tun. Dies wiederum ist Voraussetzung für Gemeinsinn: »Allein die Nation kann die innere Bereitschaft der Menschen wecken, sich solidarisch und selbstlos für das Gemeinwesen einzusetzen« (Max Weber). Aufgeklärter Patriotismus hat – fünftens – mit innerem Frieden und mit Berechenbarkeit zu tun. Wer sich selbst nicht traut, der schafft auch bei anderen Mißtrauen. Was für zwischenmenschliche Beziehungen gilt, das gilt auch für internationale: Wer sich selbst nicht ausstehen kann, der ist auch für andere unausstehlich und unberechenbar. Aufgeklärter Patriotismus hat – sechstens – mit Offenheit und Toleranz zu tun. Beides setzt einen eigenen Standpunkt, Identität und Selbstbewußtsein voraus. Ein wichtiges Thema für die Diskussion in den Schulen!

Erziehung für Europa

Europa ist nicht entstanden durch bürokratische Akte, sondern es ist historisch gewachsen. Das gilt auch für die Zukunft: »Europa kann man nicht bauen, wie man ein Haus baut. Europa muß wachsen wie ein Baum.« (Adenauer) Deshalb ist der schulische Beitrag zu einer europaorientierten Bildung ein Beitrag zur Einigung Europas. Bislang jedoch hat das Thema »Europa« noch viel zuwenig Eingang in die schulischen Stoffpläne gefunden. Zwar weisen die Fächer Geschichte, Politik/Sozialkunde, Erdkunde oder Wirtschaftslehre das Thema »Europa« aus; aber vor allem die Behandlung des historisch-kulturellen Europas ist noch unterrepräsentiert. Bei der Darstellung europäischer Fragen überwiegen immer noch die trockene Institutionenkunde und wirtschaftliche Aspekte. Europa kann aber keine »blutleere Abstraktion« oder bloße »Freihandelszone« sein.[122] Schulbücher in modernen Fremdsprachen beinhalten noch zuwenig den Vergleich mit anderen europäischen Sprachwurzeln. All diese Defizite gilt es zu beseitigen.

Im besonderen ist eine stärkere europäische Ausrichtung des Geschichtsunterrichts erforderlich. Eine historisch-europäische Bildung, mit der Antike beginnend, ist überfällig: »Der Preis, Europa, wäre es wert.«[123] Denn nur ein europäisches Geschichtsbewußtsein kann – in Achtung aller nationalen Besonderheiten und in Achtung des »Europas der Vaterländer« (de Gaulle) – die Basis für ein modernes europäisches Selbstbewußtsein und damit für eine europäische Mentalität sein. Das Thema »Europa« ist im Geschichtsunterricht jedoch nach wie vor nationalgeschichtlich, zeitgeschichtlich und geographisch verengt. Eine solche Betrachtung fördert Provinzialismus und Partikularismus. Aufgabe der Schule muß es sein, die nachwachsende Generation offen für Europa zu machen.

Leitidee kann hier das Bekenntnis des spanischen Philosophen Ortega y Gasset sein: daß wir zum Großteil unserer geistigen Habe Europäer, zu nur einem geringeren Teil Deutsche, Briten, Franzosen usw. sind. »Europa« muß sich als roter Faden durch den Geschichtsunterricht hindurchziehen. In einem solchen Geschichtsunterricht sind als »europäisch« besonders hervorzuheben: das über Jahrtausende hinweg immer wieder erstarkte europäische Bewußtsein in Phasen äußerer Bedrohung, der gemeinsame Widerstand gegen Hegemoniebestrebungen aus dem Kreis der europäischen Staaten, die führende Rolle von Städten und Bürgern, die hohe Wertschätzung von Arbeit und Leistung, die Verschmelzung von Antike, Judentum, Christentum und germanisch-keltisch-slawischen Kulturen. Konkret könnte ein europäischer Geschichtsunterricht, wie er etwa vom »Europäischen Geschichtsbuch« (Klett Verlag) skizziert wird, aufzeigen, wo Europa seine Wurzeln hat: in der Antike, im Christentum, im Mittelalter, in Renaissance und Humanismus, in Reformation und Gegenreformation, in der »Europäisierung« der Erde, in der Aufklärung, in Europas großen Revolutionen, durch die Weltkriege hindurch und trotz der Ost-West-Blockbildung im »Zurück nach Europa« des ehemaligen Ostblocks.

Ein zweiter wichtiger Bereich einer Bildung für Europa ist der Fremdsprachenunterricht. Fremdsprachenkenntnisse öffnen das Tor nach Europa, mangelnde Fremdsprachenkenntnisse wären Europas Hemmschuh. Was das Beherrschen einer Fremdsprache betrifft, so befindet sich die erwachsene Bevölkerung Deutschlands hinter den Bürgern der Niederlande, Dänemarks und Luxemburgs zwar in der Spitzengruppe. Allerdings werden die Deutschen von diesen drei Ländern sowie von Belgien deutlich überflügelt, wenn es um das Beherrschen von zwei modernen Fremdsprachen geht. Hier gilt es anzusetzen: Der Fremdsprachenunterricht muß in allen Schulbereichen gestärkt werden. Dazu gehört auch eine Stärkung des Lateinischen, das eine Brücke zu einer europäischen Mehrsprachigkeit ist.

Europa ist insgesamt nur über die Jugend zu realisieren. Die nachwachsende Generation braucht deshalb bereits in der Schule den Impuls zur Entwicklung einer modernen, zugleich nationalen wie auch europäischen Identität. Sie sollte lernen, Europa, auch Mittel- und Osteuropa, als gemeinsames Erbe zu betrachten, Europa gerade in Zeiten der Globalisierung als Chance der geistigen Orientierung zu erleben, Europa als maßgebliche Bedingung eigener Identität zu verstehen und ein geeintes Europa als einen wichtigen Beitrag zu einer dauerhaften Friedensordnung zu sehen. Alle Europa-Skeptiker aber sollten sich zu Herzen nehmen, was ihnen der griechische Staatspräsident Konstantinos Karamanlis ins Stammbuch schrieb: »Sie, die Skeptiker, vergessen die europäische Zivilisation, die in der Synthese des griechischen, römischen und christlichen Geistes besteht: einer Synthese, zu der der griechische Geist die Idee der Freiheit, der Wahrheit und der Schönheit beigetragen hat; der römische Geist die Idee des Staates und des Rechts und das Christentum den Glauben und die Liebe.«

17

Die Verklärung der DDR-Schule und das DDR-»Restteilchen« »LER«

Die ostdeutschen Länder unternahmen seit 1990 schulpolitisch – inhaltlich und personell – große Reformanstrengungen. Die Abkehr von der DDR-Schule und von ihrer Ideologie ist ein großes Verdienst und ein wichtiger Beitrag zur inneren Einheit Deutschlands. Freilich kann der Prozeß der Reform auch Ende der 90er Jahre nicht als abgeschlossen gelten. Weiter gehende Ziele sind anzustreben – wenngleich der Rückgang der Geburtenzahlen in Ostdeutschland um 70 Prozent seit der »Wende« massiv einschränkende Auswirkungen auf die Ausdifferenzierung des Schulnetzes hat.

In die Stagnation oder gar in die Restauration geraten ist die Schulpolitik in Brandenburg und in Sachsen-Anhalt. Brandenburg hat nach der sechsjährigen Grundschule 100 einzügige neben 200 anderen Gesamtschulen, aber nur 80 Gymnasien, 70 Realschulen und überhaupt keine Hauptschulen. Das ist ein bißchen gegliedertes und sehr viel einheitliches Schulsystem. Hier hat die bildungstheoretische Lenkung aus Düsseldorf gewirkt. Wie sich die Schulstruktur in Mecklenburg-Vorpommern weiterentwickeln wird, ist angesichts des Liebäugelns der SPD mit der PDS abzuwarten. Immerhin war Mecklenburg-Vorpommern das einzige ostdeutsche Land, das 1990 neben den Gymnasien und Realschulen eigenständige Hauptschulen errichtete. Mit Blick auf Thüringen und Sachsen bleibt die Anerkennung für die unvermindert fortgeführten Anstrengungen. Dort scheint die ursprünglich einseitige Ausrichtung vieler Eltern auf das Gymnasium überwunden.

DDR-Nostalgie

Abenteuerlich ist die restaurative Schulpolitik der PDS-geduldeten rot-grünen und seit 1998 rein roten Minderheitsregierung von Sachsen-Anhalt. Die dort seit 1994 inszenierte Zerschlagung der vergleichsweise differenzierten Sekundarschule bedeutet einen massiven Rückschritt in Richtung eines neuerlichen Einheitsschulsystems und einen Affront gegen das Recht der Kinder auf individuelle Bildung. Nicht anders ist die Absicht der Beinahe-Regierungspartei PDS in Mecklenburg-Vorpommern: Im Januar 1996 legte sie einen Entwurf für ein Schulgesetz vor. In Analogie zur Polytechnischen Oberschule (POS) der DDR soll eine Einheitsschule mit einer sechsjährigen Primarschule und einer vierjährigen Sekundarstufe als »für alle Schüler gemeinsamer Bildungsgang« etabliert werden.

Eigentlich hat die Geschichte das Urteil über die DDR-Einheitsschule gesprochen. Manche wollen das nicht wahrhaben; sie stricken statt dessen an Legenden. Die damalige Vorsitzende der »Gemeinnützigen Gesellschaft Gesamtschule« (GGG), Anne Ratzki, erklärt im Mai 1991: Aus einer stabilen Schulstruktur der DDR sei ein »Durcheinander an Schulstufen, Schulformen, Schulwegen und Schulresten« gemacht worden. Sie prangert die Zerschlagung der funktionierenden DDR-Schulstruktur als »nie erlebtes Schauspiel der Verantwortungslosigkeit« an.[124] In einem Interview im »NEUEN DEUTSCHLAND« vom 3. Juli 1991 äußern sich zwei Vertreter der PDS-Arbeitsgemeinschaft »Bildungspolitik« zur Reformpolitik der neuen Länder: »Man muß sagen, daß unser Bildungswesen zum Schlußlicht in Europa zu werden droht.« Die Schulreformgesetze der Landtage seien im übrigen »auf undemokratische Weise verabschiedet« worden, weil die Betroffenen kein Mitspracherecht gehabt hätten. Aha, die plebiszitäre Räterepublik schaut um die Ecke!

Der damaligen Bildungsministerin von Brandenburg, Marianne Birthler (Bündnis 90/Die Grünen), passen die Reformen in den neuen Ländern grundsätzlich nicht. In einem Interview mit dem »TAGESSPIEGEL« vom 27. Februar 1992 meint sie: »Die Gesamtschule unterscheidet sich jedoch viel stärker als Realschulen und Gymnasien von der Einheitsschule der DDR.« Und drei Jahre später fügt sie laut »F.A.Z.« vom 16. Dezember 1995 bei einem Bildungskongreß hinzu: Von der kindgerechten und humanen Schule sei das vereinigte Deutschland so weit entfernt wie damals die DDR.

Die Bevölkerung folgt diesen Wertungen Schritt für Schritt. Laut Emnid-Umfrage (vergleiche »SPIEGEL« vom 3. Juli 1995) bezeichneten im Jahr 1990 36 Prozent der Ostbürger das Schulsystem Westdeutschlands und 28 Prozent das Schulsystem der DDR als überlegen; im Jahr 1995 bezeichneten nur noch elf Prozent der Ostbürger das Schulsystem Westdeutschlands, aber 64 Prozent das der DDR als überlegen.

Die »Deutsche Presseagentur« bringt am 18. Mai 1998 aus einer Studie des Instituts für Schulentwicklungsforschung Dortmund (ISF) folgende Nachricht: »Die Bildungsforscher stellten im Osten eine wachsende Zustimmung zum Bildungssystem der DDR fest. Inzwischen sieht dies mehr als ein Drittel der Ostdeutschen als bewährt an. Eine Mehrheit ist jetzt der Ansicht, daß die Inhalte zwar geändert werden mußten. Besser hätte man aber die Strukturen beibehalten.«

Wird hier Motschmann widerlegt? Er schrieb 1990: »Wieder einmal ... registrieren die Menschen eklatante Widersprüche zwischen Ideologie und Realität.« Offenbar kann einige Jahre später davon nicht mehr die Rede sein.[125] Die kognitive Dissonanz zwischen Erinnerung an DDR-Schule und erneut oktroyierter egalitärer Schultheorie wird mittels Verklärung der Erinnerung zugunsten der Theorie aufgelöst.

Bei so viel Nostalgie und bei einem zunehmenden Einfluß der SED-Erbin PDS auf die Schulpolitik ist es legitim, an das bis 1989 real existierende DDR-Schulsystem zu erinnern. Bildung in der DDR wollte einheitlich sein, und sie provozierte in der zehnjährigen Einheitsschule der »Polytechnischen Oberschule« (POS) Unterforderung und damit Frustration bei Begabten sowie Überforderung und damit Frustration bei den Benachteiligten. Bildung in der DDR mußte parteilich sein, zur Liebe zur DDR erziehen, sozialistisch allseitig geformte Persönlichkeiten produzieren und war damit nichts anderes als ideologieverblendet. Bildung in der DDR wollte antifaschistisch sein und war oft nichts anderes als vormilitärische Erziehung im Kindesalter und Agitation gegen den Klassenfeind. Bildung in der DDR wollte polytechnisch sein und war im Interesse von Planzahlen doch häufig kaum etwas anderes als Kinderarbeit. Bildung in der DDR wollte im Einklang mit der Ökonomie stehen und war doch nichts anderes als planwirtschaftliche Steuerung der Bildungs- und Berufswünsche, kaum anderes als Förderung der »gesellschaftlich Zuverlässigen« und Behinderung, wenn nicht gar Eliminierung kritischer Geister. Bildung in der DDR wollte sozialpolitische Errungenschaft sein und war doch kaum etwas anderes als massenhafte Aufbewahrung von Ein- bis Dreijährigen in Kinderkrippen und sozialistische Erziehung bereits im Kindergarten. Bildung in der DDR war mit all dem nichts anderes als parteipolitisch verkrustete Schmiede und totalitäre Erziehung, die ganztägig und tagtäglich das Denken und Handeln junger Menschen zu uniformieren trachtete.

Auch wenn heute anderes suggeriert oder gar proklamiert wird: Die DDR-Schule taugt nicht für Legenden- und Glorienscheinbildung. In der »NEUEN ZEIT« vom 15. März 1990 schrieb Karl-Hermann Kandler: »Das marxistische Bildungssystem gehörte zum Schlimmsten in der vierzigjährigen Geschichte der DDR ... Auch deshalb haben Millionen unser Land verlassen, sie wollten ihre Kinder diesem Bildungssystem nicht aussetzen.« Lothar de Maizière brachte dies in seiner Regierungserklärung vom 19. April 1990 auf den knappen Nenner: »Ein katastrophales Erbe übernehmen wir von der SED-Herrschaft auch im Bildungswesen.«

Selbst aus der Distanz einiger Jahre nach der deutschen Einigung können die Urteile über die DDR- und SED-Schulpolitik nicht anders ausfallen. Im Bericht der Enquetekommission des Deutschen Bundestages zur »Aufarbeitung von Geschichte und Folgen der SED-Diktatur in Deutschland« heißt es 1994: »Die Partei erhob den Anspruch, allein zu wissen, wohin die Menschen erzogen werden müßten. In diesem Sinne war Erziehung in der DDR vor allem Bevormundung ... Ziel war die Erziehung zur Konformität ... Im Zentrum der Erziehung stand die ideologische Beeinflussung, die Ausrichtung auf Anpassung.« Kaum schmeichelhafter fällt Arnulf Barings Bewertung aus: »Das Bildungssystem ist nur für diesen Schonraum, für das abgeschlossene Binnensystem der COMECON-Wirtschaft, für eine abgeschottete Pseudoidylle geeignet gewesen, für eine freie Gesellschaft dagegen unbrauchbar.«[126]

SED/PDS-Bildungspolitik

Wonach man angesichts solcher Erfahrungen und Bewertungen vergeblich speziell bei der PDS sucht, ist deren Distanzierung von dieser freiheitswidrigen Erziehung. Sie wird nicht einmal in Ansätzen geleistet. Vielmehr verweigert die SED-Erbin jede Mitverantwortung für die DDR-Schule. Allein schon deshalb drängt sich der Eindruck auf, als wolle die PDS strukturell und inhaltlich nahtlos an die SED-Bildungspolitik anknüpfen: Polemisierte das DDR-Bildungsgesetz in seiner Präambel gegen den »staatsmonopolistischen Kapitalismus« und gegen die »Aufrechterhaltung des Bildungsprivilegs der herrschenden Klasse« in Westdeutschland, so wettert die PDS gegen eine schulische, »an den Interessen des Kapitals orientierte, rigorose Auslese« und gegen die »Förderung privilegierter Bildungseliten« durch die Konservativen. Die PDS macht sich damit ein Ziel zueigen, das laut Enquetekommission des Bundestages ein Grundsatz der DDR-Bildungspolitik war: nämlich bürgerliche Einflüsse auszuschalten. Erhob DDR-Erziehung die antifaschistische Erziehung zum Leitbild aller Erziehung und die Todesmauer zwischen Deutschland-Ost und Deutschland-West selbst in den Lehrplänen zum »antifaschistischen« Schutzwall, so versteigt sich PDS-Bildungspolitik zur Forderung nach jeglicher Absage an die Verleumdung junger Antifaschisten als linke Gewalttäter. Von Forderungen im Sinne eines Antitotalitarismus keine Spur!

Förderte die DDR gerade mittels Bildungspolitik eine Gleichschaltung der Gesellschaft, so fällt auch hier der PDS-Apfel nicht weit vom SED-Stamm: Gefällig reklamiert sie für alle den gleichen Zugang zu den öffentlichen Bildungseinrichtungen, ohne auch nur im entferntesten ein Wort über die Voraussetzungen für den Zugang zu weiterführenden Bildungseinrichtungen zu verlieren, zum Beispiel über das Kriterium Leistung. Populismus also auch hier: Die »Vermögenden«, die Begabten und Leistungsfähigen, sollen gleichgeschaltet, gebremst werden. Unterwarf die DDR die schulische Erziehung dem unbedingten Primat der Anpassung, so fordert die PDS, wohl nicht nur aus Liebe zu Kindern, zu Alleinerziehern und zu berufstätigen Müttern, Schule solle ganztägig Raum für eine sinnvolle Freizeitgestaltung bieten. Soll also der Staat wieder zum allmächtigen, die Eltern entmündigenden Erzieher werden? Achtete die DDR-Erziehung sorgfältigst auf eine Beschränkung der den jungen Leuten verfügbaren Freizeit und zum Zwecke der Förderung »gesellschaftlicher Aktivitäten« auf eine stete Durchorganisation der Freizeit Heranwachsender, so schwärmt die PDS von einer Öffnung der Schule hin zu einem kulturellen Begegnungsraum der Kommune. Man tut der PDS wohl kein Unrecht an, wenn man vermutet, sie wolle eine Graswurzel-Politisierung bereits in der Schule.

Die PDS, wollte sie schulpolitisch wenigstens halbwegs ernst genommen werden, müßte sich in öffentlicher Erklärung erst einmal eindeutig zum Scheitern des DDR-Schulsystems bekennen. Das aber tut sie nicht. Es fehlt ihrerseits jeder Ansatz von Bedauern über die menschenunwürdige und entmündigende DDR-Erziehung. Vielmehr spielt sie sich geradezu zum Gralshüter des Humanismus auf und betitelt im März 1994 ihr Wahlprogramm für Sachsen ausgerechnet mit »Leben in Menschenwürde«, um darin als Basis für ein Leben in Menschenwürde ein Recht auf Bildungsinhalte zu reklamieren, welche zur Wahrnehmung von Verantwortung befähigen. Welch wundersame Flötentöne einer Partei, die ansonsten meint, im Rahmen eines Minderheitenvotums zur Bundestags-Enquetekommission »Aufarbeitung von Geschichte und Folgen der SED-Diktatur in Deutschland« festhalten zu müssen, daß die Gründung der DDR das Ergebnis einer demokratischen Volksbewegung gewesen sei!

Bildung gegen die »Kapitallogik«

Einen Gang zulegen will die PDS mit ihrem von der PDS-Bundestagsgruppe im Dezember 1997 herausgegebenen 31-Seiten-Papier »Schule, Berufsbildung, Hochschule und lebenslanges Lernen«. Anzugehen gelte es laut PDS gegen die »gegenwärtig herrschende Kapitallogik und ihre neoliberale Wirtschafts- und Sozialpolitik«, gegen eine »neoliberal-konservative Gemengelage«, gegen einen »brutalisierten Kapitalismus«, gegen die »Dominanz von Interessen der Profil- und Eigentumsmehrung«, gegen das bestehende »antipsychologische und antipädagogische System«, gegen den Begriff der »kapitalistischen Gesellschaft von verwertbarer Leistung«, gegen »die Unterordnung der Bildung unter marktwirtschaftliche Verwertungsmechanismen« und gegen den »BeamtInnenstatus«. Statt dessen sind – laut PDS – angesagt: »Demokratisierung von Schule, Hochschule und Bildung« (x-mal), »die Unvermeidbarkeit gesamtschulartiger, integrationsbetonter Systemlösungen, wie sie in anderen europäischen und überseeischen Industrieländern erfolgt«, die »Brechung des Bildungsprivilegs«, »die emanzipatorische Funktion von Bildung«, »die vom fortschrittlichen Bürgertum erkämpfte Teil-Autonomie des Bildungswesens«, die »Öffnung der Hochschulen und der freie Zugang zur Hochschule für alle«.

Ein ehemaliger Institutsdirektor der Akademie der Pädagogischen Wissenschaft (APW) der DDR, nunmehr »in der AG Bildungspolitik der PDS aktiv«, meint im November 1997 in einer Lehrerzeitung schreiben zu müssen: »Wir halten eine grundlegende demokratische Bildungsreform für unaufschiebbar.« Vergangenheitsbewältigung à la PDS!

Außerdem ergeht sich die PDS in nostalgisch anmutenden Kampfbegriffen und Politaktionen. Namentlich das vom maßgeblichen PDS-Eigner unterhaltene »NEUE DEUTSCHLAND« wird nicht müde, die demokratischen Schulreformen der neuen

Länder als westdeutsch gesteuerte »Abrechnung« mit DDR-Bildung, als »Diffamierung ihrer Pädagogik«, ja gar als Rache am international – angeblich – sehr guten Ruf des DDR-Bildungswesens zu werten. Schließlich muß sogar die Kampagne von DKP-Sympathisanten und deren unkritischen Mitläufern der 70er Jahre gegen den Radikalenerlaß der damaligen Regierung Willy Brandt und gegen »Berufsverbote« herhalten, um in einer PDS-gesteuerten »Initiative gegen Berufsverbote« gegen die Entlassung Stasi-belasteter Lehrer zu stänkern und um die rechtsstaatlich einwandfreie Entfernung dieser hinsichtlich Verfassungstreue bedenklichen Genossen aus der Schule zum Fall für den Internationalen Gerichtshof hochzustilisieren. Zugleich weiß die ehemalige DDR-Bürgerrechtlerin Freya Klier zu berichten: Schulen und Universitäten gehören zum »Klassenkampfbereich der PDS«.[127]

Modell Magdeburg

Wären es nur diese Parallelen zwischen damaliger DDR/SED-Bildung und heutiger PDS-Programmatik, man könnte zur Tagesordnung übergehen. Es muß aber auffallen, daß die schulpolitischen PDS-Ziele in mancherlei Hinsicht nahezu deckungsgleich mit den Zielen von SPD und Grünen sind. Wer sich da wem angepaßt hat, soll gar nicht die Frage sein. Wahrscheinlich gehört es mit zum Populismus der PDS, Schulpolitik vor allem von der SPD und von den Grünen abzukupfern; ein linkes Überholen ist hier ja auch schwerlich möglich.

Auffallend ist sie aber schon, die Korrespondenz von Schulpolitik der Magdeburger Minderheitsregierung und der PDS-Programmatik: Wesentliche Aufgabe der Landespolitik in Sachsen-Anhalt sei es, die integrativen Elemente im Schulwesen zu stärken, so 1994 die rot-grüne Koalitionsvereinbarung. Kaum anders die PDS in ihren Verlautbarungen: Ziel sei die Entwicklung der integrierten Gesamtschule zum grundlegenden Schultyp. Kein Wort davon, daß sich Einheitsschule weltweit, gerade auch in der DDR nicht bewährt hat! Als »durchgängiges« Unterrichtsprinzip sei die Friedens- und Umwelterziehung umzusetzen. Die PDS dazu: Alle Bildungsinhalte müßten um die Grundlinien des »sozialen Lernens«, des »ökologischen Lernens« und des »kulturellen Lernens« gruppiert werden. Die Rechte der Schulkonferenzen, auch die einer kollegialen Schulleitung müßten ausgeweitet werden, so Rot-Grün.

Dazu die PDS: Die Schulkonferenzen seien drittelparitätisch zu besetzen, und die Autonomie der Schule müsse vorangebracht werden. Steht uns also unter Ausschaltung der grundgesetzlich garantierten und eingeforderten Aufsicht des Staates über die Schulen ein basisdemokratisches Rätesystem ins Haus?

Das sind doch markante Parallelen. Und es deutet dies darauf hin, daß zumindest in Sachsen-Anhalt linke Minderheiten-Schulpolitik Gnade vor der mit Schafsfell bewehrten PDS finden wird. Hier gilt es wachsam zu sein, vor allem seitens der SPD und seitens der Grünen, denn PDS-Schulpolitik ist aufgrund all ihrer Parallelen zur SED/DDR-Schulpolitik instrumentalisierte Schulpolitik, die ihre Bildungsziele funktional als Transmissionsriemen für andere, weiter reichende und verfassungsrechtlich höchst bedenkliche Ziele plant.

Eine Partei schließlich, die, ausgestattet mit dem Geld, mit der Infrastruktur und mit den alten Kadern der für die zweite Diktatur in Deutschland verantwortlichen SED, nur in der Namengebung eine Metamorphose zustande brachte; eine Partei, in deren Verfassungsentwurf die Grundrechte hinter den »Grundlagen des Staates« rangieren; eine Partei, die die freiheitliche demokratische Grundordnung mit Hilfe einer »alternativen Gesellschaftsordnung« »überwinden« möchte; eine Partei, für die laut Verfassungsschutzbericht 1997 der »Primat des Sozialismus gegenüber der Demokratie« gilt und der es um Widerstand gegen staatliche Repression sowie um zivilen Ungehorsam geht; eine Partei, deren Kontakte zu DKP, zu KPD/ML, zur trotzkistischen Gruppe Internationaler Marxisten (GIM), zur Vereinigten Sozialistischen Partei (VSP), zu autonomen radikalen Gruppierungen, zu Gaddafi-Agenten und zu anderen zwielichtigen Gruppen offenkundig sind – eine solche kommunistische Partei ist nicht legitimiert, sich in den sensiblen Politikbereich der Bildung und Erziehung der jungen Generation einzumischen.

Brandenburgs »antireligiöses DDR-Restteilchen«

Am 28. März 1996 beschloß der Landtag von Brandenburg mit den Stimmen der mit absoluter Mehrheit regierenden SPD ein neues Schulgesetz. Beachtung fand dieser legislative Akt wegen der gesetzlichen Einführung des Faches »Lebensgestaltung – Ethik – Religionskunde« (LER), das von 1992 bis 1995 zunächst »Lebensgestaltung – Ethik – Religion« geheißen hatte. Dieses neue Fach, das nicht benotet wird, ersetzt ab 1996/97 endgültig den Religionsunterricht. Es wird zunächst in der 7. und 8. Klasse zweistündig unterrichtet, in der 9. und 10. Klasse einstündig; ab 2001 soll jeweils noch eine Stunde in der 5. und 6. Klasse hinzukommen. Religionsunterricht ist nur als freiwilliges Zusatzangebot möglich, quasi als Wahlfach, nicht aber als Wahlpflichtfach. Schüler können sich auf Antrag von LER befreien lassen, »wenn ein wichtiger Grund dies rechtfertigt« (Schulgesetz Paragraph 141). Für die befreiten Schüler soll laut Gesetz, Paragraph 141, außerdem »hinreichender Unterricht oder eine angemessene Förderung gewährleistet sein«. Nach fünf Jahren, im Jahr 2001, sollen diese Regelungen überprüft werden.

Auch innerhalb der brandenburgischen SPD war es deswegen zu Auseinandersetzungen gekommen. Die SPD-Landesregierung, die sich schließlich mit ihrem Modell durchsetzte, wollte Religionsunterricht nur insoweit zugestehen, als sie eine Befreiung vom Fach LER »nur unter Angabe wichtiger Gründe« vorsah. Die SPD-Landtagsfraktion wollte diese Klausel nicht. Kritik kam aus der SPD-Bundestagsfraktion: Fraktionsvorsitzender Rudolf Scharping monierte, daß LER zur Konkurrenz des Religionsunterrichts geworden sei und daß dadurch der Respekt vor den Kirchen gefährdet werde. Ansonsten hat die Verabschiedung des neuen Schulgesetzes zu heftigen Protesten geführt. Manche sprechen von einem »Versatzstück marxistischer Antireligionspolitik« oder zumindest von einem späten Sieg der SED-Religionspolitik. Der evangelische Bischof von Berlin, Wolfgang Huber, wirft den Befürwortern von LER vor: »Ich kann demokratische Politiker nur schwer verstehen, die die Erfolge der SED zur Leitlinie ihrer Kirchenpolitik machen wollen.« Berlins Regierender Bürgermeister Eberhard Diepgen spricht von einem »Rückfall in die Geschichte der sozialistischen DDR«. Der aus der ehemaligen DDR stammende CDU-Abgeordnete und Pfarrer Rainer Eppelmann sieht in dem Gesetz ein »kulturelles antireligiöses Restteilchen DDR«.

Aufgrund dieser Entscheidung des Gesetzgebers in Potsdam war es zu heftigen Auseinandersetzungen zwischen den Kirchen und der SPD-Regierung sowie im Bundestag zwischen den Regierungs- und den Oppositionsparteien gekommen. Die Kirchen lehnen die LER-Regelung kategorisch ab. Die Bonner Koalition nahm die Regelung bei einer Bundestagsdebatte am 15. März 1996 zum Anlaß, Brandenburg zur Bundes- und Grundgesetztreue aufzufordern.

Seitdem sind beim Bundesverfassungsgericht eingegangen: eine Normenkontrollklage der CDU/CSU-Bundestagsfraktion vom 7. Mai 1996 sowie je eine Verfassungsbeschwerde der Evangelischen Kirche Berlin-Brandenburg vom 4. Juli 1996, des Erzbistums Berlin und der Bistümer Görlitz und Magdeburg vom 9. September 1996 und der Eltern von 40 Schülern vom 5. September 1996. Wann in Karlsruhe unter dem Aktenzeichen 1 BVF 1/96 eine Entscheidung getroffen wird, war bis Sommer 1998 noch nicht abzusehen. Vor 1999 wird kein Urteil erwartet.

Die Kläger berufen sich in ihren Klagen auf das Grundgesetz der Bundesrepublik Deutschland. Dieses Grundgesetz gebietet mit Artikel 7, Absatz 3 den Religionsunterricht als ordentliches Lehrfach in öffentlichen Schulen. Der Religionsunterricht ist also der verfassungsrechtliche »Normal«-Fall. Das Ersatzfach ist der Ausnahmefall. Üblicherweise ist dieses Ersatzfach »Ethik« (im Saarland »Allgemeine Ethik«, in Niedersachsen »Werte und Normen«, in Schleswig-Holstein »Philosophische Propädeutik«).

In Brandenburg wird diese Regel nicht nur umgekehrt. Den Schülern, die Religionsunterricht wählen, wird in diskriminierender Weise zugemutet, daß sie sich unter Angabe eines »wichtigen Grundes« von LER abmelden. Religion und Ethik können aber nicht den Status von Wahl- oder Alternativfächern haben. Eine Regelung, die gar ein Ersatzfach zum Normalfall und den Religionsunterricht zum Ausnahmefall macht, pervertiert das Grundgesetz. Die Berufung Brandenburgs auf die sogenannte Bremer Klausel, der zufolge der Religionsunterricht nur in den Ländern ordentliches Unterrichtsfach ist, in denen am 1. Januar 1949 keine andere landesrechtliche Regelung bestand, kann nicht gelten. Denn: Das Land Brandenburg im vereinten Deutschland ist nicht kontinuierlich rechtsidentisch mit der Provinz Mark Brandenburg des Jahres 1947; die Verfassung der Provinz Mark Brandenburg des Jahres 1947 ist nicht demokratisch zustande gekommen; und im Einigungsvertrag ist von einer solchen Inanspruchnahme der Bremer Klausel nicht die Rede. Außerdem ist daran zu erinnern, daß Bremen diese Ausnahmeregelung vor allem deshalb bekam, weil es damals schon das Fach »Biblischer Geschichtsunterricht« hatte.

In der Schule haben grundsätzlich alle Fächer im Sinne der Vermittlung von Orientierungswissen einen Beitrag zur Werteerziehung zu leisten. Der Religionsunterricht hat hier kein Monopol. Und als Unterrichtsfach hat »Ethik« im Grundsatz ähnliche Aufgaben wie der Religionsunterricht, nämlich Orientierung im Urteilen und Handeln zu vermitteln. Der Unterschied besteht darin, daß der Religionsunterricht dies auf der Basis der Botschaft eines Offenbarungsglaubens tut und daß Ethikunterricht von der Heilsgeschichte abstrahiert.

Beide aber, Religionsunterricht und Ethikunterricht, haben die Aufgabe einer »religio«, einer »Rückbindung« an einen Wertekosmos. Mit LER geschieht das in zweifelhafter Art, denn dieses Fach versteht sich vor allem als Fach für gesellschaftspolitische und jugendpsychologische Themen. So wird denn auch kritisiert, daß LER ein »Spielwiesen- und Quasselfach« sei, in dem von Sexualität über Drogen und Sozialabbau bis hin zu gruppendynamischen Unternehmungen nichts draußen bleibt. Sogar die »ZEIT« schreibt am 19. Januar 1996: LER sei ein »Lust- und Laberfach« mit »ein bißchen Buddha, Kant und Albert Schweitzer«.

Konfessionelle Neutralität in der Schule kann nicht bedeuten, daß die Themen »Gott« und »Religion« verzichtbar bleiben. »Gott« und »Religion« sind vielmehr »anthropologische Konstanten« (Robert Spaemann). Auch ein atheistischer Unterricht kommt nicht umhin, sich mit diesen Konstanten des Menschseins auseinanderzusetzen. Es kann auch kein noch so benannter Unterricht als getarnter Religionsunterricht in Erscheinung treten. Es müßte selbst ein LER- oder Ethikunterricht die Beschäftigung mit dem Christentum und mit dem abendländischen Ethos pflegen, und zwar insbesondere mit der Bedeutung des Christentums als »Geburtshelfer des freiheitlichen Verfassungsstaates« (Manfred Spieker).

Insbesondere mit folgenden Werten und Leitideen stand das Christentum an der Wiege des Rechtsstaates, der Gewaltenteilung und der sozialen Marktwirtschaft: mit dem personalen Menschenbild, mit der Einmaligkeit und der Würde eines jeden einzelnen, mit Nächstenliebe und Solidarität, mit Subsidiarität, mit Eigenverantwortung, mit der Arbeit als Gestaltungsaufgabe und mit den Eigentumsrechten. Das alles kommt im Fach LER de facto nicht vor.

»Was Werte sind, bestimmen wir«

Auch der freiheitliche, säkularisierte Rechts- und Sozialstaat lebt von Voraussetzungen, die er selbst nicht garantieren kann, so der ehemalige Verfassungsrichter Ernst Wolfgang Böckenförde, nämlich von christlichen Wertvorstellungen. Dies bringt auch die Grundgesetz-Präambel mit ihrer Berufung auf Gott zum Ausdruck. Diese Berufung beinhalten darüber hinaus die meisten Landesverfassungen. Eine laizistische Gesellschaft, die auch ideell eine radikale Trennung von Kirche und Staat betreibt, vernachlässigt die christlichen Errungenschaften und kappt ihre eigenen Wurzeln. Rohrmoser[128] hält dazu fest: Die totale Privatisierung des Christentums wäre das Ende der freiheitlichen, rechtsstaatlichen Gesellschaft, und eine Kultur, die aus dem Erbe des Christentums lebe und von den säkularisierten Formen des Christentums zehre, schaffe sich mit dem Christentum selbst ab. Das ist das inhaltliche Problem des Faches LER. Mit dem Pflichtfach LER läuft der Staat, hier das Land des Herrn Konsistorialpräsidenten, jedenfalls Gefahr, seine in Werte- und Weltanschauungsfragen gebotene Neutralität zu verletzen.

Mit dieser Unterordnung des Religionsunterrichts unter das Fach LER, so die »Süddeutsche Zeitung« vom 27. Februar 1996, »will der Staat lieber selber Kirche spielen«. Das läuft auf eine staatlich verordnete Religionslosigkeit und auf einen staatlich verordneten Religionsersatz, eine Art staatliche Quasireligion, ja gar eine »Wertediktatur« (»F.A.Z.« vom 24. April 1996) hinaus. Ein namentlich nicht benannter, aber häufig zitierter SPD-Landtagsabgeordneter des Landesparlaments Brandenburg wird denn vermutlich auch richtig zitiert mit der Aussage: »Was Werte sind, bestimmen wir.« Wie weit es mit diesen Werten her ist, zeigt aber nicht nur der Katalog der vagen LER-Inhalte, sondern auch die Tatsache, daß LER zur Hälfte von Lehrern unterrichtet wird, die zu DDR-Zeiten für die ideologisch besonders mißbrauchten Fächer Geschichte und Staatsbürgerkunde zuständig waren.

Daß es auf dem Gebiet der ehemaligen DDR in Sachen Religionsunterricht oder Ersatzfach Ethik auch anders laufen kann und daß das Fach LER überflüssig ist, beweisen indes Sachsen und Thüringen. In Sachsen besuchen 50 Prozent der Schüler Religionsunterricht oder Ethik, in Thüringen gar fast 90 Prozent (davon 23 Prozent evangelischen und sechs Prozent katholischen Religionsunterricht). Nur eben Brandenburg mit seinen gerade zehn Prozent Schülern, die Religionsunterricht besuchen, und Sachsen-Anhalt, wo etwa 15 Prozent Religionsunterricht oder Ethik haben, wollen partout andere Wege erzwingen.

Karl Marx dürfte also zumindest in diesen beiden Ländern einen Etappensieg erzielt haben; er forderte: »Durch die … Verbannung des Religionsunterrichts aus allen öffentlichen Schulen ... sollte das geistige Unterdrückungswerk gebrochen werden.« Und auch Wessis reanimieren Marx wieder und wieder. Die NRW-Grünen fordern ebenfalls LER als »bekenntnisfreies Pflichtfach«. Die Arbeitsgemeinschaft sozialdemokratischer Juristinnen und Juristen (AsJ) will laut Entwurf vom 29. März 1998 zur Reform der Hessischen Verfassung in die Landesverfassung unter Artikel 57 schreiben: »Das Land Hessen setzt sich dafür ein, daß die Absätze 2 und 3 des Artikels 7 des Grundgesetzes für die Bundesrepublik Deutschland aufgehoben werden und die Regelung des Religionsunterrichts in die Befugnis der Länder übergeht.« (Zum rascheren Verständnis: Im Grundgesetzartikel 7 wie auch in der geltenden Hessischen Verfassung in Artikel 57 wird der Religionsunterricht als ordentliches Lehrfach garantiert.) Begründung der AsJ: Die Erfahrungen mit LER sollen in die Diskussion »einbezogen« werden können.

Für Eckhard Nordhofen, den Leiter der Zentrale für Bildung der Deutschen Bischofskonferenz, eine bedenkliche Entwicklung: »Es zeichnet sich eine neuartige geistespolitische Koalition ab. Der multikulturell gestimmte, esoterisch oder euro-taoistisch suchende religiöse Psychohygieniker und Bedürfnisbefriediger ... vereinigt sich mit dem postkommunistisch-postreligiösen Brandenburger Typus ... Was wäre das für eine Wiedervereinigung, bei der die erfolgreiche atheistische Umerziehung Margot Honeckers mit dem multikulturellen Hauptstrom des bunten Sinnmarktes zusammenkäme?« Vor allem aber kritisiert Nordhofen am Fach LER, daß es den Weg des Flaneurs der autozentrischen Religiosität geht – des Flaneurs, der nur von außen gucken will und dadurch nur die Oberflächen sieht. Man könnte auch sagen: »Mir brauchn zwar geene Gödder, aba guckn wollma mal.«[129]

18

Die Angst der Schulpolitik vor der Wahrheit

Nahezu in allen wirtschaftlichen, wissenschaftlichen und gesellschaftlichen Bereichen finden Evaluation und Qualitätskontrolle statt. Eine ständige Überprüfung des Wirkungsgrades finanzieller Aufwendungen ist überlebensnotwendig im marktwirtschaftlichen und im internationalen Wettstreit, und sie verpflichtet Produzenten zur Haftung für ihre Produkte. In weiten Bereichen deutscher Schulpolitik gelten diese Grundsätze nicht. Qualitätskontrolle und Produkthaftung scheinen hier Fremdwörter zu sein. Eine Analogie zur Haftung von Ärzten für Kunstfehler gibt es in der Schulpolitik nicht. Die schlichte Frage, was Schüler wirklich können, interessiert viele – auch politisch verantwortliche – Schul-»Reformer« nicht.

Jährlich (Stand 1995) werden über 200 Milliarden Mark für das deutsche Bildungswesen aufgewendet: rund 100 für die Schulen, rund 22 für die Lehrlingsausbildung, rund 17 durch die Bundesanstalt für Arbeit für Weiterbildung und Umschulung, gut 50 für Hochschulen, rund 25 an Transferleistungen für Studenten. Diese Ausgaben müßten sich eigentlich – unabhängig von ihrer Höhe – hinsichtlich ihres Wirkungsgrades legitimieren. Insofern muß die Frage erlaubt sein, ob in Deutschland in Sachen Bildung immer und überall richtig investiert wird. Das wird indes kaum untersucht. Statt dessen herrscht der Glaube vor, die Höhe der Bildungsausgaben sei schon ein Indikator für Leistungsniveau.

Die deutsche Aversion gegen Leistungsmessung

Man möchte meinen, ein Land wie Deutschland könnte sich ein objektives Bild vom Wirkungsgrad seiner Bildungsausgaben und vom Leistungsvermögen seiner Schulen und Schüler machen. Was in anderen Industrieländern eine Selbstverständlichkeit ist, davon ist Deutschland jedoch weit entfernt. Die Mehrzahl der Industrieländer zeigt hier mehr Offenheit. Die USA haben als überregionales

Testprogramm das Projekt »National Assessment of Educational Progress« (NAEP): Jährlich werden Stichproben von rund 60.000 Schülern eines Jahrganges daraufhin ausgewertet, inwieweit sie die Lehrplanvorgaben erreicht haben. Schweden führt seit den 40er Jahren die sogenannte »standardprov« und an den höheren Schulen seit den 60er Jahren die »centralprov« durch. Die Niederlande entschieden sich ab 1986 für eine Lernerfolgsmessung. Großbritannien schreibt seit der Schulreform von 1988 nicht nur ein nationales Curriculum vor, sondern auch nationale Lernerfolgsmessungen.

Der Widerstand gegen Leistungsmessung hat Tradition in Deutschland. Helmut Schelsky schrieb 1961: »Daß der Bericht des Ausschusses (gemeint ist der von 1953 bis 1965 existierende Deutsche Ausschuß für das Erziehungs- und Bildungswesen, der Verf.) ... den Versuch unterläßt, seine Ausgangspunkte wissenschaftlich auch quantitativ beweiskräftig zu belegen, spiegelt leider den Schrecken speziell der deutschen Pädagogik vor Zahlen wider.«[130] Karlheinz Ingenkamp klagt 1989 in der Streitschrift »Die Test-Aversion des deutschen Intellektuellen«: »Die langfristige und erfolgreichste Wirkung der Test-Aversion liegt darin, daß die wissenschaftliche Weiterentwicklung der Pädagogischen Diagnostik und ihre Umsetzung in die Praxis in Deutschland blockiert und verhindert worden sind ... Es gibt keine westliche Industrienation mit einem so niedrigen Standard der Pädagogischen Diagnostik wie in der Bundesrepublik, wie die internationale Literatur belegt ... Ein Bildungswesen, das nur zufallsabhängige, vereinzelte, subjektive Informationen über die Bewährung seiner Maßnahmen erhält, ist unfähig, seine Reformen gediegen und gründlich zu planen. Es wird Planung durch wortgewaltige Absichtserklärungen ersetzen, für die die politische Akzeptanz wichtiger ist als pädagogische Qualität. Unsere Test-Aversion hat dadurch zum Niedergang der bildungspolitischen Diskussion beigetragen, die sich immer weniger an nachprüfbaren Fakten orientieren muß und kann und immer stärker auf Emotionen und medienwirksame Klischees zurückgreift.«[131]

An anderer Stelle schreibt Ingenkamp: »In einem zusammenwachsenden Europa wird sich auch die Bundesrepublik künftig nicht mehr damit zufriedengeben können, daß sie ... im Bildungsbereich ... nur fragmentarische Statistiken erhebt und hinsichtlich der Lernerfolge dieses Systems nur auf Vermutungen und subjektive Einzelaussagen angewiesen ist ... Derartige repräsentative und kontinuierliche Lernerfolgsmessungen sind die Voraussetzung für eine sichere Aussage über die Bewährung von curricularen, organisatorischen, didaktischen und ... von Rahmenbedingungen. Nur auf der Basis dieser Untersuchungsprogramme sind langfristig gezielte Bildungsreformen möglich. Das deutsche Bildungswesen wird auf die Dauer nicht auf diese Untersuchungsmöglichkeiten verzichten können.«[132]

Andere haben ihre Meinung da gewaltig geändert. »Nichts hat unser ... Bildungswesen nötiger, als seine intuitiven, dilettantischen, vorurteilsgetränkten Beurteilungsverfahren durch Messungen zu ersetzen«, schreibt Hartmut von Hentig im Jahr 1968.[133] Eineinhalb Jahrzehnte später sieht er das völlig anders: »Wer die zunehmende Materialisierung des Geistes, das Aufgehen der Politik in Verwaltung, Tarifabkommen und Fiskalismus, die Ablösung der Moral durch Gruppendynamik und Sozialpsychologie so fürchtet wie ich, der wird auch in der Auslieferung der Bildung an den Götzen der Objektivität, an seinen Meßkult und die Benotungsrituale eine große Gefahr sehen und nicht nur ein administratives Dilemma ...«[134] Dieser Meinungswandel eines »Reformpädagogen« scheint in sich nur konsequent, denn »Reformpädagogik« schätzt traditionelle Forschung offenbar nur, »wenn sie stark identitätsstiftende Annahmen verifiziert. Die Reformpädagogik ist dafür ein prominentes Beispiel; ihr Verhältnis zur empirischen Psychologie kühlte in dem Augenblick ab, als differente Daten und abweichende Befunde ... unübersehbar wurden.«[135]

Die Angst vor der Wahrheit und die Angst vor den Kriterien

In der deutschen Schulpolitik scheint jedenfalls die Angst vor der Wahrheit umzugehen. Deshalb werden schulische Leistungsvergleiche, die nach Bundesländern und Schulformen spezifiziert sind, mit sehr spitzen Fingern angefaßt. Man hat Angst vor Ent-Täuschungen, vor allem vor der Zerstörung der Lebenslüge, daß alle 16 Bundesländer gleiche Bildungsqualität produzierten und daß autonome, »offene«, integrierte Schulen ohne Stundenplan, ohne Fächertafel und ohne Ziffernzeugnis das Rezept für die Zukunft seien. Gerade »Reform«-Länder, wie Bremen, Hessen oder NRW, bleiben gerne resistent gegen Erfahrung; sie weigern sich, empirische Daten zur Kenntnis zu nehmen. Siehe Beispiel Gesamtschule! Es käme sonst zu einem bösen Erwachen! Bezeichnenderweise –

oder deshalb? – ist in Deutschland auch noch kaum ein Schulversuch für gescheitert erklärt worden.

Neben der Angst vor der Wahrheit geht die Angst vor dem Kriterium Fachleistung um. Man weicht aus und möchte die Effekte schulischer Bildung allenfalls an vielerlei anderen Kriterien messen: an der Zahl von Absolventen oder Abiturienten, an der Zahl von Schulabbrechern, an den Ausgaben und an den Erwartungen der Beteiligten. Mitter und Schäfer listen im Band »Schulen und Qualität – Ein internationaler OECD-Bericht«[136] solche Indikatoren auf. Der Indikator »fachliche Leistung« fehlt aber. Das Kriterium »fachliche Leistung« darf aber nie fehlen, eine Untersuchung der fachlichen Leistung *muß* immer allen anderen Untersuchungen vorausgehen. Sie wäre allenfalls verzichtbar, wenn es in jedem der 16 Bundesländer in hohem Maße einheitliche Verfahren bei schulischen Abschlußprüfungen, zum Beispiel zentrale Prüfungen, gäbe.

Es mag schwer sein, einen differenzierten Kriterienkatalog für schulische Qualitätskontrolle dingfest zu machen (in der curricularen Sprache heißt das, Bildungsziele zu »operationalisieren«). Bildungsabläufe und Bildungseffekte sind hoch komplex, und sie öffnen sich nicht ohne weiteres dem objektiven Zugriff. Fachliche Leistungen und Kulturtechniken sind gewiß in der Bildung nicht alles, aber alle Bildung ist nichts ohne sie. Und gerade für fachliche Leistungen sowie das Beherrschen von Kulturtechniken gibt es passende Methoden der empirischen und repräsentativen Messung. Man müßte sie nur einsetzen. Reformbeflissene Schulpolitiker mögen auf dieses Ansinnen zwar antworten: Schüler lernen heute etwas, was ihre Vorgänger vor Jahrzehnten nicht lernten und was man nicht messen kann. Die Frage aber bleibt: Lernen sie dann das Richtige?

Theorie- und Akzeptanz-»Forschung« statt Leistungsmessung

Konkrete Bilanzen werden in deutscher Schulpolitik nicht sonderlich geschätzt. Gerne schmückt man sich deshalb mit Theorie. NRW tut dies mit seiner Denkschrift »Zukunft der Bildung – Schule der Zukunft«.[137] Manche nennen sie wegen ihrer Farbe die »schulpolitische NRW-Pink-Bibel«. Der Bertelsmann-Verlag, dem schon einmal unterstellt wurde, er sei Nordrhein-Westfalens heimliches Schulministerium, kündigte für 1999 einen schulpolitischen »Visionskongreß« an.

Wo sich deutsche Schulforschung einmal nicht mit Utopien befaßt, da ist sie damit beschäftigt, Wünsche von Eltern und Schülern auszuzählen, die subjektive Akzeptanz von Schule zu erfragen oder Abiturientenquoten miteinander zu vergleichen. Das reicht nicht aus, selbst wenn es gefällige Ergebnisse erbringt. Der Lüneburger Hochschullehrer Czerwenka etwa veröffentlichte 1988 eine Studie, der zufolge über 90 Prozent der Schüler des Gymnasiums und der Realschule nicht mit ihrer Schule zufrieden seien. Czerwenka folgert anhand eines internationalen Vergleichs, daß – ausgerechnet! – das Schulsystem der USA weitaus schülergerechter sei. Alle zwei Jahre verbreitet das Institut für Schulentwicklungsforschung (IFS) der Universität Dortmund Befragungsergebnisse zu den Bildungswünschen der Eltern. Ergebnis ist dann unter anderem: 54 oder 52 oder 50 Prozent der Eltern wünschten das Abitur für ihre Kinder. 1992 kommt das IFS zum Ergebnis: 40 Prozent der Eltern gäben der Gesamtschule die Noten »sehr gut bis gut«. Das steht freilich im Kontrast zum tatsächlichen Wahlverhalten. Fragt sich nur, wen das Institut befragt hat! Schulpolitik an solchen ausgezählten Akzeptanzen zu orientieren, das wird jedenfalls auf populistische Gefälligkeitspädagogik hinauslaufen. Damit läßt sich trefflich politische Mutlosigkeit und schulpolitisches Versagen vertuschen.

Qualitätskontrolle ist überfällig!

Es genügt nicht, zu theoretisieren, was gute Schule, was Schule der Zukunft und was Schule der Akzeptanz sein könnte. Mit Qualitätskontrolle oder gar mit Qualitätssicherung hat das überhaupt nichts zu tun. Die Fakten sind entscheidend. Sie besagen, daß es innerhalb Deutschlands in Sachen Bildung eine gewaltige Qualitäts- und Gerechtigkeitslücke gibt. Für den gleichen Schulabschluß werden – je nach Bundesland – unterschiedlich strenge Maßstäbe vorgegeben. Die Preise, die Schüler für den Erwerb eines Abschlußzeugnisses entrichten müssen, weichen weit voneinander ab. Anders sind landesspezifisch so extrem differierende Abiturientenquoten in einer Bandbreite von unter 20 bis über 40 Prozent kaum erklärbar.

Damit kommt das Grundgesetz ins Spiel. Es gebietet Einheitlichkeit der Lebensverhältnisse und Gleichheit vor dem Gesetz. Diese Grundsätze gelten trotz des Kulturföderalismus auch für den Schulbereich. Wo sich freilich die Schulsysteme deutscher Länder hinsichtlich der Standards eigenwillig auseinanderentwickeln, da gibt es diese Grundsätze nicht mehr. Dort sind die Transparenz der Anforderungen und die Vergleichbarkeit der Kriterien bei der Vergabe von schulischen Abschlüssen außer Kraft gesetzt und die schulischen Anforderungen auseinandergedriftet. Das ist ungerecht.

Uneinheitliche schulische Anforderungen gefährden zudem das Freizügigkeitsrecht. Übergänge vom Schulsystem des einen in das Schulsystem des anderen Bundeslandes sind somit mit erheblichen Problemen verbunden, gerade wenn der Wechsel von einem Land mit anspruchslosem in ein Bundesland mit anspruchsvollem System erfolgt.

Schulforschung in Deutschland war selten fleißig, wenn es um die Untersuchung von Bildungs-»Produkten« und damit auch um mögliche Ungleichheiten ging. Oder sie durfte nicht fleißig sein. Gelegentlich nur tauchten interessante Studien auf. In der Studie »Schulleistungsvergleiche zwischen Bundesländern« von 1992 kam Ingenkamp im bundesweiten Vergleich der Leistungen von Grundschülern zu bezeichnenden Ergebnissen. Mit Hilfe des »Allgemeinen Schulleistungstests für 4. Klassen – AST 4« wurden Leistungen in Rechtschreibung, Sprachverständnis, Mathematik und Sachkunde untersucht. Ingenkamp stellte fest: »In den Rechen- bzw. Mathematiktests war das Saarland zu beiden Zeitpunkten (1971 und 1990/91) unter den Ländern mit den besseren Mittelwerten. Hessen dagegen lag zu beiden Zeitpunkten am unteren Ende der Skala. In den Deutschleistungen befand sich Bayern zu beiden Zeitpunkten auf dem ersten Rangplatz. Auch in den Gesamttestwertungen des AST 4 von 1991 nahm Bayern den ersten und Hessen den letzten Rangplatz ein.«[138]

Unter dem Titel »Lesefähigkeiten und Lesegewohnheiten von Schülerinnen und Schülern« veröffentlichte der Fachbereich Erziehungswissenschaften der Universität Hamburg 1992 eine Studie. Als Ergebnis wird unter anderem festgehalten: »Hinsichtlich der … Leseleistung zeigen die Bundesländer mit höher selektiven Schulsystemen im Durchschnitt über alle Schüler, bei allen Textarten und in allen Fähigkeitsgruppen Vorteile gegenüber den Ländern mit erweiterten Übergangsquoten zum Gymnasium bzw. zur Gesamtschule.« Im Klartext: Je mehr Schüler mit formal höheren Abschlüssen ausgestattet werden, desto geringer ihr Leistungsniveau.

Hessische Industrie- und Handelskammern betreiben seit 1977 eine Längsschnittuntersuchung des Leistungsvermögens von

Schulabsolventen. Als »allgemeiner Trend« wird ab 1983 für die Absolventen aller Schularten festgehalten: eine ständige Verschlechterung in Deutsch (Rechtschreibung, Grammatik, Syntax, logische Gedankenführung) und in Mathematik (Grundrechenarten, Bruchrechnen, Prozent- und Zinsrechnen, Dreisatz, Umrechnung von Maßen und Gewichten). Eine Auswertung für die Jahre 1986 und 1996 ergab für die Kammern in Hanau und Kassel folgende Zuwächse an Fehlern: im Rechentest bei Hauptschülern von 17,2 auf 20,3 Fehler, bei Realschülern von 10,1 auf 14,4 Fehler, bei Abiturienten von 6,0 auf 8,7 Fehler; im Rechtschreibtest bei Hauptschülern von 28,5 auf 34,7 Fehler, bei Realschülern von 14,7 auf 20,3 Fehler, bei Abiturienten von 7,3 auf 9,9 Fehler.

Ein Paradigmenwechsel durch die TIMSS?

Seit 1997 steht die Schulpolitik – endlich, wenn auch nolens volens – vor einem Paradigmenwechsel: Die Kultusministerkonferenz (KMK) ist mit ihrem »Bona Fide«-Prinzip, ihrem Prinzip grenzenlosen Vertrauens, das heißt des extrem liberalen Umgangs mit der bundesweiten Anerkennung nahezu jeder Art von Schulzeugnis, ins Gerede gekommen. Sie muß sich vermehrt die Frage nach Qualitätskontrolle und Transparenz stellen lassen. Diesen Paradigmenwechsel hat die Third International Mathematics and Science Study (TIMSS II; Mittelstufe)[139] mitbefördert. Die TIMSS wurde 1993 unter dem Dach der »International Association for the Evaluation of Educational Achievement« (IEA) eingeleitet. Ihr waren in den 60er Jahren die FIMS (First International Mathematics Study) und Anfang der 80er Jahre die SIMS (Second International Mathematics Study) vorausgegangen.

Die TIMSS ist angelegt als Untersuchung der mathematisch-naturwissenschaftlichen Leistungen der Schüler in bis zu 45 Ländern, und zwar in drei Altersgruppen: unter neunjährigen Schülern der Grund- oder Primarschule (TIMSS I), unter Schülern der 7. und 8. Jahrgangsstufe (TIMSS II) und unter Schülern der gymnasialen Oberstufe sowie der beruflichen Voll- und Teilzeitschulen (TIMSS III).[140] An der TIMSS I nahm Deutschland nicht teil. Leider, wird man im nachhinein sagen, denn die Analyse möglicher Leistungsdefizite von Grundschülern wäre sehr hilfreich für die Interpretation der deutschen TIMSS-II-Ergebnisse gewesen. Schließlich können die weiterführenden Schulen kaum kompensieren, was Grundschule unter Umständen versäumt hat. An der Untersuchung in der Mittelstufe TIMSS II waren 15 Bundesländer (ohne Baden-Württemberg) beteiligt, an der Oberstufenstudie alle 16. An der TIMSS III übrigens beteiligten sich die fernöstlichen TIMSS-II-Spitzenreiter nicht. Die Untersuchung der Mittelstufe fand in den Schuljahren 1993/94 und 1994/95 statt, die Untersuchung in den beruflichen Schulen sowie in den 12. Gymnasialjahrgängen im Jahr 1995 und die Untersuchung in den 13. Gymnasialjahrgängen 1996.

In TIMSS II waren in einer vertraulichen Fassung für die KMK neben dem im internationalen Vergleich durchschnittlichen Abschneiden Deutschlands und nebst vielen interessanten Besonderheiten auch folgende – nicht ganz neue, aber in dieser Deutlichkeit selten wissenschaftlich fixierte – Ergebnisse enthalten: Es gibt in Deutschland bei Schülern der 8. Klasse zwischen einem Bundesland A und einem Bundesland B ein Leistungsgefälle von 1,5 Jahren. Außerdem schneiden die Gesamtschulen erheblich schlechter als die Realschulen und die Gymnasien ab; sie befinden sich auf dem Niveau der Hauptschulen. Im Februar 1997 ging das für den deutschen TIMSS-Part federführende Max-Planck-Institut für Bildungsforschung (MPIB) an die Öffentlichkeit, und siehe da: Die Unterschiede zwischen Land A und Land B waren in der Studie nicht mehr enthalten. Es begann ein lebhaftes Rätselraten: Bald stellte sich heraus, daß A für Bayern und B für Nordrhein-Westfalen stand. Dieser A-B-Vergleich ist erst in der TIMSS-Buchfassung vom Mai 1997 wieder enthalten.

Viel Geheimniskrämerei! Dabei hat die Offenlegung von Leistungsdaten überhaupt nichts mit Beschimpfung von Schulen, Lehrern, Schülern oder Eltern tun. Nein, die Verantwortung liegt bei der Politik, die im übrigen Grund hätte, sich bei allen an Schule Beteiligten zu bedanken: Schulen, Lehrer, Schüler und Eltern leisten in puncto Bildung nämlich mehr, als es so manche Schulpolitik überhaupt zuläßt. Bayerns ehemaliger Kultusminister Hans Maier schrieb denn auch mit Blick auf die Auflage der Kultusminister, keine bundeslandspezifischen Ergebnisse errechnen zu lassen, von einem »Eigentor« und von einem »Kotau vor Länder- (und Partei!-) Interessen«.[141] »DIE ZEIT« wunderte sich über das »Kartell des Schweigens« der »lichtscheuen« Kultusminister, die ihr Wissen über innerdeutsche Leistungsdifferenzen (»Der Kreml läßt grüßen«) unter Verschluß halten.[142]

Wo die Interpreten danebenliegen

Im späten Winter 1997/98 kam TIMSS III. Dazu meldete »Agence France Presse« (AFP), Büro Washington, am 24. Februar 1998 über den Atlantik: »Schwedische und niederländische Gymnasiasten sind im internationalen Vergleich am besten in Mathematik und den Naturwissenschaften. Die deutschen Schüler landeten in den beiden Kategorien dagegen auf dem 13. und auf dem 12. Platz, hieß es in einer Rangliste, die am Dienstag (24. Februar; der Verf.) vom US-Bildungsministerium in Washington veröffentlicht wurde ...« Die »Deutsche Presseagentur« (dpa) ergänzte am folgenden Tag: »Die deutschen Schüler lagen in Mathematik/Wissenschaft (gemeint ist »science«, also Naturwissenschaften; der Verf.) im unteren Mittelfeld, in höherer Mathematik auf dem drittletzten Platz von 16 Ländern.«

Wie nicht anders zu erwarten, übertraf sich Ende Februar trotz dünnster Datenlage alles, was in der Bildungs- und Fachszene glaubt, Rang und Namen zu haben, gegenseitig: »Radikale Untersuchungen des gesamten deutschen Schulsystems« waren angesagt. Die GEW überschlug sich mit der Behauptung, es werde jetzt deutlich, daß die gymnasiale Oberstufe die zentrale Schwachstelle des deutschen Schulsystems sei. Na, dann hätten wir ja wieder einmal von der Gesamtschule abgelenkt, der in der TIMSS II ein reichlich defizitäres Leistungsniveau attestiert worden war!

Damit eines klar ist: Hier werden Schülerpopulationen und Leistungen miteinander verglichen, die nicht vergleichbar sind. Zur deutschen Untersuchungspopulation gehörte die ganze Bandbreite der unterschiedlich vorgebildeten 18jährigen; das heißt, es wurden nur teilweise – mit einem Anteil von 25,3 Prozent – Oberstufengymnasiasten getestet, in der Mehrzahl aber Berufsschüler. Diese Bandbreite wurde in anderen Ländern nicht getestet. Dort fand zum Teil eine hochkarätige positive Vorselektion statt, so daß überwiegend Schüler aus vorakademischen Einrichtungen getestet wurden. So stammen beispielsweise in den Niederlanden (Platz 1 in »mathematics and science literacy«) 43 Prozent, in Schweden 66 Prozent (hier Platz 2) und in Island (hier Platz 3) 82 Prozent der getesteten Schüler aus der akademisch orientierten Oberstufe. In Rußland (Platz 2 in »advanced mathematics«) sind Schüler der beruflichen Bildungsprogramme gänzlich aus der Untersuchung ausgeschlossen geblieben. Wieder andere Länder ließen nur die Population einer ganz bestimmten, spezialisierten Schulform untersuchen. Das gilt im besonderen für Frankreich. Dort gibt es auf der Lycée-Ebene eine Vielzahl an unterschiedlichen Schulprofilen, unter anderem das Lycée C (mathématique et sciences physiques), quasi eine Art hochspezialisierte Oberstufe mit sehr breitem Unterricht in Mathematik und in den Naturwissenschaften. Die Franzosen haben nur Schüler dieser Schulform in den Test geschickt und in »advanced mathematics« dementsprechend Platz 1 erreicht.

Zudem sind die in der TIMSS III getesteten Leistungen curricular kaum valide. Das heißt: Es wurde nicht überprüft, ob das hier Getestete überhaupt Gegenstand der jeweiligen nationalen Curricula ist. Daß bundesdeutsche Oberstufengymnasiasten beispielsweise recht umfangreich Wahrscheinlichkeitsrechnung beziehungsweise Stochastik lernen, kommt kaum zum Tragen, weil TIMSS entsprechende Aufgaben kaum enthält. Und: Tschechien und Österreich lagen in der TIMSS II deutlich vor Deutschland, in der TIMSS III deutlich hinter Deutschland. Solche »Ergebnisse« sprechen nicht für die Reliabilität – wie man in der Testtheorie zum Kriterium Zuverlässigkeit sagt – der Messungen und der nationalen Stichprobenziehung. So jedenfalls ist die TIMSS III zumindest in ihrem internationalen Part wenig wert. Man sollte sie zu den Akten legen. Sonst läuft man Gefahr, Wettbewerbe zu veranstalten, die keine sind. Das wäre das gleiche, wie wenn man einen Zehnkämpfer in der Disziplin Kugelstoßen gegen einen Kugelstoßer antreten ließe: Natürlich gewinnt der Kugelstoßer. Fragt sich nur, wie der Kugelstoßer aussieht, wenn er es in den anderen neun Disziplinen mit dem Zehnkämpfer aufnehmen müßte.

Innerdeutsch aber ist die TIMSS III brisant, denn das innerdeutsche Leistungsgefälle hat sich erneut verifiziert. NRW-Schüler des Leistungskurses Mathematik erreichten im TIMSS-III-Test durchschnittlich 113, bayerische Schüler 126 und baden-württembergische Schüler 133 Punkte. Man geht ferner davon aus, daß eine Differenz von zehn Punkten etwa einem Schuljahr entspricht. (Am Rande sei vermerkt: In Baden-Württemberg ist Mathematik Pflicht-Abiturfach!) Ferner stellte sich heraus, daß für ein und dieselbe Leistung um bis zu zwei Noten unterschiedlich streng bewertet wird.[143]

Wird sich etwas ändern?

Angesagt bleibt – hoffentlich auch in der KMK, die sich wieder zu zieren beginnt – die offene Auseinandersetzung mit innerdeutschen

Leistungsvergleichen. Es muß Vergleichbares, Interessantes und womöglich noch manch Schmerzliches zutage gefördert werden. Hoffentlich werden dann die Konsequenzen gezogen in einer Schulpolitik, die bis zum heutigen Tag und bis hinein in die KMK wider besseres Wissen weismachen will, die tiefgreifenden Liberalisierungen und Vereinheitlichungen in den Schulsystemen mehrerer Bundesländer hätten keinerlei negative Auswirkungen auf das Leistungsvermögen und auf die Leistungsbereitschaft junger Menschen.

Zu begrüßen sind erste Ansätze, die gerade von einem Bundesland ohne zentrale Prüfungsverfahren in der Folge der TIMSS initiiert wurden. So will NRW – nach den TIMSS-Ergebnissen nicht ohne Grund – die Vergleichbarkeit von Noten verbessern, und zwar durch die Einführung von Musteraufgaben für Klassenarbeiten, zunächst in der Klasse 10 (später auch in den Klassen 3 und 7), durch eine wechselseitige Korrektur von Klassenarbeiten durch Lehrer von Parallelklassen, ferner durch eine mindestens einmal im Jahr gemeinsam in Parallelklassen zu schreibende Klassenarbeit.

Gespannt darf man auf die KMK sein. Auf ihrer Sitzung vom 23./24. Oktober 1997 in Konstanz hatte sie noch beschlossen, daß die Länder »Instrumente zur Evaluation entwickeln und erproben« wollen, daß sie regelmäßig länderübergreifende »Vergleichsuntersuchungen zum Lern- und Leistungsstand von Schülerinnen und Schülern ausgewählter Jahrgangsstufen an allgemeinbildenden Schulen« durchführen wollen – auch im Bereich Leseverständnis –, daß sie sich regelmäßig an künftigen internationalen Leistungsvergleichen im Rahmen der OECD beteiligen wollen. Seit der KMK-Sitzung vom 25./26. Februar 1998 in Bonn hört sich das etwas anders an. Zwar wurde dem Max-Planck-Institut für Bildungsforschung (MPIB) ein zunächst auf vier Jahre befristeter Untersuchungsauftrag erteilt. Das klingt gut. Aber es ist Skepsis angezeigt, denn man muß befürchten, daß der KMK-Beschluß zu den Leistungsstudien auf eine Beteiligung an internationalen OECD-Studien beschränkt wird und nur dann innerdeutsche Leistungsvergleiche zugelassen werden, wenn sich im Rahmen der internationalen Untersuchung bei Auswertung der deutschen Daten die Notwendigkeit eines innerdeutschen Ländervergleichs ergibt. Jedes einzelne Bundesland könnte dann jeden innerdeutschen Leistungsvergleich als Folgeuntersuchung blockieren. Von einigen Bundesländern weiß man, daß sie sich massiv gegen innerdeutsche Schulleistungsvergleiche stemmen.

Es könnte also das ewig gleiche Lied werden. Nietzsche und Schopenhauer könnten erneut recht behalten: »Denn so ist der Mensch! Ein Glaubenssatz könnte ihm tausendfach widerlegt sein – gesetzt, er hätte ihn nötig, so würde er ihn immer wieder für wahr halten.« (Nietzsche) »Was dem Herzen widerstrebt, läßt der Kopf nicht ein. Manche Irrtümer halten wir unser Leben hindurch fest, und hüten uns, jemals ihren Grund zu prüfen, bloß aus einer uns selber unbewußten Furcht, die Entdeckung machen zu können, daß wir so lange und so oft das Falsche geglaubt und behauptet haben.« (Schopenhauer) An diesen Mißständen wird sich wieder nichts ändern. Der Chor der rot-grünen Schulpolitiker wird erneut Ablenkungsmanöver inszenieren: daß der Vergleich mit dem Ausland viel wichtiger sei, daß das differenzierte Schulsystem sozialdarwinistisch sei, daß es auf Schlüsselqualifikationen ankomme, daß norddeutsche Schüler selbstverständlich süddeutsche Abituraufgaben lösen könnten, daß das Zentralabitur pädagogischen Freiraum einenge sowie Reproduktion statt Kreativität fördere und ansonsten unteres Niveau fixiere, daß man das Messen von kognitiv definiertem Lernen überwinden und überhaupt eine »neue Lernkultur« errichten müsse, daß man das nach »neuem« Schulverständnis Gelernte nicht messen könne. Nietzsche würde sagen: die ewige Wiederkehr des Gleichen!

Dennoch: Keinem Schulpolitiker wird es nach TIMSS und BIJU noch gelingen, Schulleistungsvergleiche zu blockieren. Auch der Grundsatz, daß Unwissenheit vor Haftung schützt, kann nach TIMSS und BIJU nicht mehr gelten. Nicht immer, aber immer öfter platzt wenigstens einem Landesminister – dann ist es allerdings kein Kultusminister – der Kragen. Im September 1997 schreibt Wolfgang Clement (SPD), damals noch NRW-Wirtschaftsminister und seit Mai 1998 NRW-Ministerpräsident, nach einer Rundreise durch sein Bundesland an seine Landtagsfraktion: Die immer wieder beklagten mangelhaften Leistungen der Schüler in Deutsch und Mathematik verlangten eine »pädagogische Kurskorrektur«. Drastischer der Innenminister von Niedersachsen, Gerhard Glogowski (SPD); Mitte April 1998 wird er in verschiedenen Zeitungen mit der Aussage zitiert: »Zieht ein bayerisches Kind hierher, muß es sich erst mal zwei Jahre hängenlassen, damit es das niedrige niedersächsische Niveau erreicht.« Daß sich Minister anderer Ressorts einmischen, ist nicht verwerflich, schließlich ist Schulpolitik eine zu ernste Angelegenheit, um sie Bildungstheoretikern zu überlassen.

19

Das Ablenken ins Internationale

Schulpolitik in Deutschland lenkt gerne ab. Wenn sie eigenes Versagen vertuschen will, dann reagiert sie standardisiert: Entweder sie simuliert Entschlossenheit mittels »progressiver« Abbruchlaune, oder sie lenkt ab ins Internationale. Psychoanalytiker würden das eine, die Abbruchlaune, Autoaggression und das andere, das Ablenken, Projektion oder halluzinatorische Wunscherfüllung nennen. Letztere geschieht seit 30 Jahren, weil man glaubte, etwa an skandinavischer, französischer, englischer, amerikanischer und – seit neuestem – japanischer Gesamtschule »nachweisen« zu können, wie »rückständig« und »restaurativ« deutsches gegliedertes Schulsystem sei.

Das Ausweichen ins Internationale wurde somit oft zum Quell pädagogischer Poesie. Alles, was man sich an Horrorbildern von gegliedertem Schulwesen, von »Frontalunterricht« sowie an Sehnsüchten nach Schülerzentrierung zusammengereimt hatte, wird international unterfüttert. Aber wie es bei Mythen eben so ist: Zumeist fehlt es ihnen an der Grenzscheide zwischen Vorgestelltem und »Wahr«-Nehmung, zwischen Wunsch und Erfüllung, zwischen Träumen und Wachen. Die Behauptung, Deutschland habe sich mit seinem gegliederten Schulsystem international als rückständig erwiesen, entbehrt jeder Grundlage. Frankreich, Großbritannien, die USA und Japan zeigen, daß die Schulabschlüsse der dortigen einheitlichen öffentlichen Regelschule von den Absolventenabnehmern nur als leere Hülsen angesehen werden und daß der Trend massiv in Richtung eines – finanziell und sozial selektiven – Privatschulsystems läuft. Die internationale Presse jedenfalls attestiert dem differenzierten deutschen Schulsystem ein Qualitätszertifikat, so etwa der französische »Express«, die englischen Zeitungen »Independent« und »TIMES« oder das amerikanische Magazin »Newsweek«.

Frankreich

Die Urteile der Franzosen über ihr eigenes flächendeckendes Gesamtschulsystem sind nicht schmeichelhaft. In französischen Zei-

tungen häufen sich Schlagzeilen wie »Le système éducatif court à l'abîme« (Das Erziehungssystem steuert auf den Abgrund zu) oder »Le collège, le trou noir de la pédagogie« (Die Gesamtschule, das schwarze Loch der Pädagogik). Das als Einheitsschule konzipierte »collège unique pour tous« (eingerichtet 1975) gilt somit als gescheitert, weil es allzu heterogene Klassen habe, weil es Leistungsunterschiede nivelliere, weil es die Leistungsstarken langweile, weil es die Leistungsschwachen überfordere, weil es als Schule für den Durchschnitt gelte – und weil trotzdem alle aufstiegen. François Bayrou, von 1993 bis 1997 Erziehungsminister der konservativen Regierung, bezeichnete in seinem Buch »La décennie des malappris« (Das Jahrzehnt der Ungezogenen/Flegel) die französische Gesamtschule gar als »sanglante â210
nerie« (himmelschreiende Eselei) und machte sie mitverantwortlich für die Disziplinlosigkeit an den Schulen.

Dem »collège«, der öffentlichen Einheitsschule, läuft die Klientel davon. Eltern, die auf sich und auf ihre Kinder etwas halten, nehmen nahezu alles auf sich, um den Zugang zu einem renommierten Lycée oder zu einer privaten Schule zu erreichen; so melden sie nicht selten einen Tarnwohnsitz im Einzugsbereich der gewünschten Schule an. An dieser Abstimmung mit den Füßen hat das am 10. Juli 1989 von der Französischen Nationalversammlung verabschiedete Schulgesetz nichts geändert, selbst wenn damit verbindlich das Ziel gesetzt war, bis zum Jahr 2000 nicht weniger als 80 Prozent eines Geburtsjahrganges auf das »niveau de baccalauréat« zu heben. (Im Jahr 1997 waren es immerhin schon 65 Prozent.) Die vom damaligen Ministerpräsidenten Michel Rocard verkündete Absicht, die »uniformité« des französischen Schulwesens müsse der »efficacité« weichen, kam über das Stadium der Option nicht hinaus. Und somit bleiben die zentralistisch verordnete »égalité« und die Vermassung des »baccalauréat« die herausragenden Probleme bis in die Regierungszeit des sozialistischen Premierministers Lionel Jospin, ehemals selbst Bildungsminister, und seines Bildungsministers Claude Allègre, der das Heil der Schule in der Bildungstechnologie der Informationstechnik sieht und das zentralstaatliche Korsett für die Schulen etwas lockern will (»dégraisser le mammouth«/das »Mammut entfetten«), ohne freilich das Rousseausche Gleichheitsideal und den daraus abgeleiteten Einheitsschulgedanken aufgeben zu wollen.

Großbritannien

In Großbritannien wurde in den 70er Jahren das gegliederte Schulsystem abgeschafft und durch die Einheitsschule der »Comprehensive School« ersetzt. Die »Senior Secondaries« und die »Grammar Schools« verschwanden weitestgehend von der Bildfläche; nur rund 160 »Grammar Schools« blieben bis Ende der 90er Jahre erhalten. An die Stelle der »meritocracy« trat das egalitäre Motto »Gleiche Bildung für alle«. Schule wurde unter das Motto des »child centred learning« gestellt. Ab Mitte der 80er Jahre waren die Folgen dieser »Reformen« zum Verdrußthema geworden. Allgemein beklagte man das sinkende Niveau der Schulen sowie die Aufsplitterung des Bildungssektors in ein Zweiklassensystem: in einen niveaulosen, öffentlichen Durchschnittsbereich mit rund 30.000 Schulen und in einen privaten Elitebereich der Oberschicht und des Mittelstandes mit rund 2500 Schulen und mit bis zu 30.000 Mark jährlichen Schulgebühren. Von den 200 Schulen, die im landesweiten Vergleich am besten abschnitten, gehörten regelmäßig 190 zum privaten Schulsektor. Die Gesamtschulen selbst stellten sich nur noch als ein Hort der Unterprivilegierten dar. Das »kindzentrierte« Lernen wurde für gescheitert erklärt.

1988 unternahm die Regierung Thatcher den Kraftakt. Sie verabschiedete das neue Erziehungsgesetz (»Great Education Reform Bill/GERBIL) und machte ein »National Curriculum« mit »standards and quality control« für alle Schulen verbindlich. Eltern begrüßen die Reform. Die Angehörigen sozial schwächerer Schichten befürworten laut »TIMES« vom 26. Januar 1996 gar eine Rückkehr zum gegliederten System, weil sie sich davon mehr Chancen für ihre Kinder erwarten. Auf Protest stieß – damals – die Reform bei der Labour Party. Glaubwürdig war der Widerstand der Labour Party nicht. Der Labour-Führer und mehrere Labour-Abgeordnete schicken ihre Kinder nicht in staatliche Schulen, sondern zehn Kilometer weiter in eine klassische Grammar School – in eine Schule also, die sie eigentlich gänzlich abschaffen wollten.

Mit den 88er Reformen erlangten die Schulfächer einen höheren Verbindlichkeitsgrad. Zuvor war ein Ausweichen auf »weiche« Fächer möglich, etwa auf Kunst, Musik oder Handwerken. Schüler hatten »harte« Fächer umgehen können. Jetzt sind bis zum 16. Lebensjahr zehn Fächer verbindlich: die »core subjects« Englisch, Mathematik, Naturwissenschaften sowie die »foundation subjects« Technologie, Geographie, Geschichte, Musik, Kunst, Sport und eine Fremdsprache. Eingerichtet wurden nachfolgend das »Office for Standards in Education« und ab 1996 ein »General Teaching Council« (GTC).

Zusammen mit 485 Schulinspektoren (»Her Majesty's Inspectors of Schools«) sollen diese Einrichtungen die Sicherung der Standards überwachen. Die Messung des Schulerfolgs erfolgt mit standardisierten Tests (»Standard Assessment Tests« – SAT). Das ist eine Art Zentralprüfung für Schüler im Alter von sieben, elf, 14 und 16 Jahren in allen zehn Fächern. Seit 1992 werden die SAT-Ergebnisse in jedem November in den Tageszeitungen veröffentlicht. Diese Ligatabellen weisen auch Verbesserungen oder Verschlechterungen der Schulen gegenüber dem Vorjahr aus.

Am 19. Januar 1996 veröffentlichte die »TIMES« eine Leistungsstudie des »National Institute of Economic and Social Research«. Die Ergebnisse sind nach wie vor nicht berauschend: Elfjährige in England lägen im Wissensstand im Vergleich mit Schülern auf dem Kontinent um zwei Jahre, 14jährige immer noch ein Jahr zurück. Von den Elfjährigen blieben 52 Prozent in Englisch und 56 Prozent in Mathematik hinter dem Klassenziel zurück. Die 14jährigen lägen mit nur 55 Prozent in Englisch, mit 57 Prozent in Mathematik und mit 56 Prozent in den Naturwissenschaften im Plansoll. Am 15. März 1996 brachte die »TIMES« eine Studie über die defizitären Mathematikleistungen englischer Schüler. Besonders interessant sind dabei die Ursachen. Die »TIMES« sieht sie unter anderem in einer wenig straffen Unterrichtsführung, zuwenig Hausaufgaben, zuwenig Tests, zuviel »progressiven« Unterrichtsmethoden und einer zu frühen Verwendung des Taschenrechners.

Mit Tony Blair übernimmt im Mai 1997 die Labour Party mit der Prioritätenliste »Bildung, Bildung und nochmals Bildung« die Regierung. Man hätte damit rechnen können, daß die neue Regierung alles über Bord wirft, was die Tories schulpolitisch etabliert hatten. Aber mitnichten. Blair setzt die Politik seiner konservativen Vorgänger gezielt fort: In ihrem Weißbuch mit dem Titel »Excellence in Schools« fordert die Labour-Regierung mehr Leistungsorientierung und Effizienz in den Schulen, mehr Leistungskontrollen sowie eine Erhöhung der Anforderungen und eine unterrichtliche Differenzierung nach dem Leistungsvermögen der Schüler. Das »National Curriculum« bleibt erhalten, und bis zum Jahr 2002 sollen Elfjährige 80 Prozent der erwarteten Maßstäbe im Englischen und 75 Prozent in Mathematik erreichen; zum Zeitpunkt der Regierungsübernahme durch Labour sind es rund 60 Prozent. Blairs

Erziehungsminister David Blunkett will darüber hinaus einen Verzicht auf den Taschenrechner und eine Förderung des Kopfrechnens (»Kopfrechnen statt Knöpfedrücken«), einen Verzicht auf die sogenannte kindorientierte Erziehungstheorie, mehr Hausaufgaben für die Schüler (von 30 Minuten für die Grundschüler und von 90 Minuten für die älteren Schüler ist die Rede), ferner eine Rückkehr zu traditionellen Unterrichtsmethoden wie dem lehrergeleiteten Frontalunterricht.

Vor allem will Labour eine Stärkung der Schulaufsicht durch regelmäßige externe Kontrolle. Leistungsschwachen Schulen soll gar das Aus drohen, so unter anderem 76 Jahre nach ihrer Gründung auch der Summerhill-Schule, die zuletzt vor allem wegen der unbefriedigenden Englisch- und Mathematikkenntnisse ihrer Schüler aufgefallen war. Böse Zungen behaupten süffisant, die schlechten Ergebnisse seien doch wohl einmalig, weil im Jahr 1997 das Sommerwetter so gut gewesen sei. Auch völlig unkonventionelle Methoden der schulischen Leistungssteigerung sind unter Labour angesagt: So begannen 20 Clubs der ersten Fußball-Liga im Herbst 1997, an einem unter anderem staatlicherseits mit sechs Millionen Pfund ausgestatteten Programm (»Playing for Success«) zur Förderung schwacher Schüler mitzuwirken: In Newcastle, Sheffield und Leeds bekommen schwache Schüler in den Räumen der ortsansässigen Fußballclubs Nachhilfeunterricht in Lesen, Schreiben und Rechnen.

Die Vereinigten Staaten

Seit Kennedy klagen die US-Präsidenten über das Versagen der öffentlichen Schule. Noch fast jeder US-Präsident der letzten 35 Jahre wollte sich als »Education President« verstanden wissen. Die US-Präsidenten sehen den Unterschied zu japanischen und europäischen Schülern, sie sehen die USA als Entwicklungsland vor allem in der mathematischen und naturwissenschaftlichen Bildung, und sie sind in Sorge um die Wettbewerbsfähigkeit der US-Wirtschaft. Clinton schwebt gar eine Art deutsches Schulsystem für die USA vor.

Die Sorge der Eltern um die schlechter werdende Bildung ihrer Sprößlinge wächst. Deshalb wird das öffentliche Schulsystem zum Auslaufmodell. Der Graben zwischen den guten (privaten) und den schlechten (öffentlichen) Schulen vergrößert sich. Untersuchungen ergeben, daß Schüler von privaten Schulen landesweit eine um etwa 30 Prozentpunkte höhere Leistung in schulischen Standardtests gegenüber Kindern an öffentlichen Schulen erbringen.

Mehr als 50 Prozent der Eltern würden für ihre Kinder gerne eine »Charter«-Schule, eine Privatschule, wählen. Rund ein Viertel aller Eltern tun es tatsächlich, weil sie es sich leisten können, für ein Schuljahr an der High School im Schnitt umgerechnet rund 15.000 Mark und am College rund 18.000 Mark, vereinzelt auch bis zu 35.000 Dollar aufzubringen. Jährlich kommen dennoch 15 bis 20 Prozent Privatschüler hinzu. Nicht wenige Eltern verschulden sich bereits für den Besuch ihrer Kinder an einer High School, so daß sie für die höhere Bildung ihrer Kinder oft kein Geld mehr haben. Die Eltern schimpfen auf das öffentliche Schulsystem, weil sie, so sagen sie, zweimal dafür zahlen müßten: einmal als Steuerzahler und ein zweites Mal, wenn sie ihre Kinder gegen viel Geld an die Privatschulen geben. Selbst Lehrer wechseln zuhauf vom öffentlichen ins private Schulsystem – nicht weil sie dort besser verdienten, im Gegenteil: sie verdienen dort weniger, sondern weil sie dort erheblich günstigere Arbeitsbedingungen vorfinden. Darüber hinaus machen Wirtschaft, Politik, Kirchen und Verbände – so eine Studie aus dem Jahr 1989 – mehr und mehr die Erfahrung, daß qualifizierte Leute, die sie anheuern möchten, nicht bereit sind, in Gegenden mit schlechten Schulen zu ziehen. Mehr und mehr greifen das »homeschooling« und die »Do-it-yourself«-Schule um sich: Die Eltern inszenieren Heimunterricht. In den Genuß dieser Art Bildung und dieses – mittlerweile staatlich geduldeten – Schulboykotts kommen Anfang der 90er Jahre bereits 500.000 Schüler. Und die Ergebnisse sind eindeutig: Auch diese Kinder sind den regulär beschulten weit überlegen.

40 Prozent der Schüler verlassen die öffentliche High School vorzeitig, ohne Schulabschluß. Einen formal unterhalb des High-School-Abschlusses liegenden Schulabschluß gibt es nicht. Ein Teil der »drop-outs« gilt als Analphabeten: laut Untersuchung des US-Erziehungsministeriums 13 Prozent der Schulabgänger. In der Summe spricht man von 17 bis 21 Millionen Analphabeten. 1986 stellt das »Carnegie Forum on Education and the Economy« fest: Die Mathematikkenntnisse der US-Schüler lägen deutlich unter denen von Gleichaltrigen anderer Industrienationen.

Nach einer Konferenz mit den 50 Gouverneuren brachte die US-Regierung unter Reagan 1983 ihre Studie »A Nation at Risk« (»Die gefährdete Nation«) heraus. Darin ist die Rede von einer Flut schulischen Mittelmaßes sowie von der Notwendigkeit einer drastischen Heraufsetzung der Standards und der intellektuellen Anforderungen. Moniert wird, daß die US-Schule zu nachsichtig und rückständig sei und daß weniger als die Hälfte der Schüler Leistungen erbringe, zu denen sie eigentlich fähig sei.

Weil die schulische Vorbereitung völlig unzulänglich sei, bereiteten sich laut »NEW YORK TIMES« 40 Prozent der Bewerber um einen Studienplatz an einer Universität für mehr als 500 Dollar in 50 Stunden bei privaten Instituten auf den Aufnahmetest der »College Boards«, den »Scholastic Aptitude Test« (SAT), vor.

Jedes Jahr neu belegt das Gallup Institute katastrophale Wissenslücken unter der Bevölkerung. Die USA liegen 1988 hinsichtlich geographischen und historischen Wissens hinter Kanada, Frankreich, Japan, Schweden, England und Deutschland, nur noch vor Mexiko und Italien. Die Tests bestanden unter anderem darin, 13 Länder und Regionen auf dem Globus zu orten. 75 Prozent konnten den Persischen Golf und 45 Prozent Zentralamerika nicht auf der Karte finden; zwei Drittel fanden Vietnam nicht. 16 Prozent gaben an, daß die Sowjetunion Mitglied der NATO sei; zehn Prozent meinten, die USA seien Mitglied des Warschauer Pakts. 14 Prozent fanden nicht einmal die USA auf einer Weltkarte. Ein Viertel der Studenten im Abschlußsemester wußte nicht, daß Kolumbus 1492 Amerika entdeckt hatte; fast 50 Prozent wußten nicht, wann der amerikanische Bürgerkrieg war. Im Jahr 1997 stellt man fest, daß 53 Prozent der Amerikaner erklärten, die USA seien niemals britisch gewesen.

Thomas Sowell, ein Sozial- und Wirtschaftswissenschaftler am Hoover-Institut, veröffentlicht 1993 sein Buch »Inside American Education – The Decline, The Deception, The Dogmas«. Sowells »Debacle«-Analyse mündet ein in Bewertungen wie folgende: »Our educational establishment ... is morally and intellectually bankrupt.« Er spricht von einem »very dangerous decline in our educational standards« und davon, daß das Endprodukt »seriously lacking« sei. Sowell fährt fort: »The correlation between financial inputs and educational outputs is very weak and shaky.« Verantwortlich für den Niedergang des US-Schulsystems macht er unter anderem »innumerable other ›causes‹ that invade the classroom to absorb time sorely needed to teach American children to read, write, do mathematics ...«[144]

Gegen diese Mißstände wollten sich die Amerikaner manches einfallen lassen. 1990 propagiert Bush den Erziehungsplan »America 2000«. Das Selbstbedienungsangebot des »cafeteria-style curriculum«, das »curriculum smorgasbord« solle reduziert werden. Bis dato konnte man manches zentrale Fach ersetzen durch Fahrkurse, Lehrgänge in Lebensrettung u. a. m. Insgesamt hatten bis zuletzt 45 Prozent der Fächer zur freien Wahl gestanden. Statt dessen sollen die »five New Basics« (Englisch, Mathematik, Naturwissenschaften, Sozialkunde, Informatik) etabliert werden. Außerdem werden mehr Hausaufgaben empfohlen. Der Lehrerbildung wird geraten, daß sie sich zukünftig weniger der Pädagogik, dafür mehr dem Fachstudium widme. Ansonsten wird mit Nachdruck bedauert, daß die Frage der Lehrerqualifikation und des Ansehens des Lehrerberufes kaum Gegenstand der öffentlichen Debatten sei. Immerhin eine nationale Kommission (National Commission on Teaching and America's Future) kommt 1996 in einem Strategieentwurf zu dem Ergebnis, daß Amerikas Zukunft vor allem davon abhänge, die besten Lehrer zu finden. Resignierend wird aber an anderer Stelle festgehalten: In der US-Gesellschaft werde den Qualifikationen der Tierärzte, die Hauskatzen und Hunde behandeln, mehr Beachtung geschenkt als den Befähigungen der Lehrer.

Ebenfalls 1990 wird das Programm »Earning by Learning« aufgelegt: Kinder, die ein Buch lesen und zum Inhalt des Buches einen Quiz-Fragebogen ausfüllen können, bekommen von einer Stiftung zwei Dollar bar ausbezahlt. Im Jahr 1997 wird ein weiteres Programm aufgelegt: In einigen Städten belohnt man im Rahmen von Sommerprogrammen Kinder, die in den Ferien Bücher lesen und darüber einen Aufsatz schreiben, mit Eintrittskarten für Sportveranstaltungen, Gutscheinen für Schulartikel, T-Shirts, Essensgutscheinen u. a. m. Clinton startete zugleich eine Kampagne zur Verbesserung der Lesefähigkeit mit einer Million freiwilliger Lehrer.

Die Universitäten legen Nachhilfeprogramme in allgemeinbildenden Fächern auf. Auch andere Abnehmer der US-Bildungsabsolventen wissen ein Lied von Defiziten zu singen. Die US-Army lehnt jährlich mehr als 50.000 Bewerber ab, weil sie zuwenig Grundbildung mitbrächten. Firmen sind erschreckt über das Bildungsniveau und wollen Abhilfe schaffen. 1991 geben US-Unternehmen mehr als 20 Milliarden Dollar aus, um ihre Angestellten in Basisbereichen (Rechnen, Lesen) zu schulen. Die Pacific Bell, eine der größten Telefongesellschaften, berichtet 1992, daß 60 Prozent beim Einstellungstest durchfielen, obwohl dieser nur das Niveau der 7. Klasse voraussetzte. Die Bank of America hält im gleichen Jahr fest: 40 Prozent der Anwärter scheiterten, weil sie weder die

Rechtschreibung noch einfache Rechenaufgaben beherrschten. Banken spenden Millionenbeträge für Verbesserungen im Mathematikunterricht und in der Lehrerfortbildung, andere Firmen finanzieren Rechtschreibkurse für Schüler. IBM initiierte den »American Teacher Award«, um Lehrer zu motivieren, und schickt eigene Fachleute als Lehrer in die Schulen.

Im April 1996 treffen sich die Gouverneure erneut zu einem bildungspolitischen Krisengipfel. Sie beschließen, die schulischen Anforderungen höherzuschrauben. Weil die Schüler im Alter zwischen zehn und 14 Jahren zu rund einem Drittel nicht lesen könnten, erklärt US-Bildungsminister Richard Riley es zur »patriotischen Pflicht«, daß Eltern täglich mit ihren Kindern das Lesen üben. Die American Federation of Teachers (AFT) empfiehlt 1996 eine Rückkehr zu klassischen schulpädagogischen Prinzipien: »Be rigorous at all grade levels and in all educational programs in order to stretch students to reach their maximum potential.« Der Bundesstaat Kalifornien schafft Ende 1996 – auch das ein bezeichnendes Detail – die Benutzung des Taschenrechners bei Leistungstests ab.

Als Bill Clinton im Januar 1997 seine zweite Amtszeit beginnt, hat sich an den Mißständen natürlich noch nichts geändert. Deshalb kündigt er hochgesteckte Ziele an: Jeder Achtjährige soll lesen können; jeder Zwölfjährige soll sich im Internet auskennen; jeder 18jährige soll ein College besuchen können. Die Bildungsausgaben werden im Jahr 1998 von 26,3 auf 29 Milliarden Dollar aufgestockt; über fünf Jahre verteilt sollen 2,5 Milliarden Dollar für eine Leseoffensive ausgegeben werden; eine halbe Milliarde Dollar wird in die Informationstechnik der Schulen gesteckt. Außerdem sollen für die 4. und 8. Klassen landesweite Tests in Mathematik und Lesen eingeführt werden.

Es bleiben Zweifel, ob all die genannten Maßnahmen nicht nur Flickwerk sind. Die Probleme sind zu sehr struktureller Art und haben zu sehr mit der Einheitsschule High School sowie mit deren Egalitätsverständnis zu tun. Sie haben auch damit zu tun, daß sich US-Schule mehr als Sozial- denn als Bildungsanstalt versteht. Gleichwohl leisten sich die USA mit 14,2 Prozent Ausgaben für Bildung, gemessen am Bruttosozialprodukt, fast das Doppelte von dem, was Deutschland mit 8,5 Prozent investiert. Der Input aber macht es nicht aus. Das Entscheidende sind die Strukturen und die Inhalte.

Japan

Viele Jahre war es in deutscher Wirtschaftspolitik üblich, neidvoll in den Fernen Osten zu schielen. Deutsches Management konnte – begeistert von japanischen Wachstumsraten und gramgebeugt ob deutscher »Standort-Nachteile« – gar nicht genug kriegen von Sentenzen wie diesen: »Von Japan lernen heißt siegen lernen«, »Die Japaner arbeiten mit unlauteren Mitteln: Sie arbeiten während der Arbeitszeit«.

Seit 1997 ist nun auch schulpolitisch Projektion deutscher Reformgelüste ins Fernöstliche angesagt. Schließlich attestierte die TIMSS (Third International Mathematics and Science Study) den Deutschen unter 45 Nationen nur mittlere Ränge in mathematisch-naturwissenschaftlicher Schulleistung. An der Spitze aber standen Singapur, Korea und Japan. Diese Ergebnisse waren noch nicht so richtig bekannt, da brach in Deutschland, flankiert von hypochondrisch-deutschem Leiden am eigenen Schulsystem, asiatisches Fieber aus. Eilends wurde über Bord geworfen, was man von »brutaler« japanischer Schule gewußt hatte, um Platz zu machen für einen Siegermythos: »Von Japan lernen heißt rechnen lernen«, titelte ein Blatt (»Frankfurter Rundschau«); ein anderes begann einen Japan-Bericht mit der Schlagzeile »Mathematik von einem anderen Stern« (»Süddeutsche Zeitung«).

Die Parteipolitik wollte dem nicht nachstehen. Die NRW-Grünen sahen den Vorsprung der Japaner in »fortschrittlichen« Lehrmethoden, um für deutsche Schule sofort mehr Projekt- und Gruppenarbeit, Wochenplanarbeit etc. zu fordern. Ganz schön schlau: Einerseits hatte man damit eigene Uralt-Utopien reanimiert, andererseits hatte man sich um die Wahrheit herumgedrückt, daß in der TIMSS diejenige Schulform, die diesen »Fortschritt« am intensivsten praktiziert, die Gesamtschule, innerhalb Deutschlands mit am schlechtesten abgeschnitten hatte. Freilich fragten sich nun selbst Konservative, ob man die Auseinandersetzung zwischen gegliedertem Schulsystem und Gesamtschule nicht ad acta legen müsse, schließlich stehe mit Japan ja ein Gesamtschulland – das übrigens nach dem Zweiten Weltkrieg unter dem Druck der USA eine Art »High School« als Einheitsschule etablierte – bestens da.

Für Neidgefühle gegenüber japanischer Schule gibt es kaum Anlaß, sofern man einige Fakten zur Kenntnis nimmt. Heranwachsende in Japan werden wegen der an den meisten Schulen und Hochschulen, verschiedentlich sogar an Kindergärten stattfindenden

Aufnahmeprüfungen vor allem über Nachhilfe auf Leistung getrimmt. Während 1985 rund 45 Prozent der Schüler eine der 40.000 »juku« mit ihren jährlich zwölf Milliarden Mark Umsatz besuchten, also eine private Nachmittags- und Abendschule, waren es in den 90er Jahren bereits 64 Prozent der Achtkläßler. In Deutschland liegt der entsprechende Prozentsatz bei ca. 13 Prozent in den Gymnasien und Realschulen. Wenn zwei Drittel japanischer Schüler also solchermaßen getrimmt werden, dann kann man das als Symptom großer Lernbereitschaft werten, man kann darin aber auch eine Bankrotterklärung des Schulsystems sehen.

Mit 100.000 Mark schlägt für japanische Familien die Ausbildung eines Kindes vom Kindergarten bis zur Universität zu Buche. Die Aufnahme in einen privaten Kindergarten kostet 3000 Mark mit Monatskosten bis 1000 Mark; für den Besuch einer privaten Oberschule werden monatlich bis 5000 Mark Schulgeld und für die Aufnahme in einer privaten Universität bis 50.000 Mark und Jahresgebühren bis 40.000 Mark bezahlt.[145]

Die Japaner erreichen ihre Spitzenpositionen in der TIMSS – wie Singapur und Korea – mit höchsten Klassenstärken. Das erklärt, warum Japan mit 3,7 Prozent unter allen OECD-Ländern das Schlußlicht beim Anteil der öffentlichen Bildungsausgaben am Bruttoinlandsprodukt ist. Während in Deutschland nur drei Prozent der Klassen mehr als 30 Schüler haben, sind es in Singapur 90 Prozent, in Korea 97 und in Japan 96 Prozent. Kaum jemand wird dieses Faktum, das zugleich Ausdruck eines eher kollektivistischen Menschenbildes ist, auf deutsche Verhältnisse übertragen wollen. Schon deswegen müßte die Japaneuphorie begrenzt sein, sonst könnten deutsche Finanzminister japanische Verhältnisse konstruieren oder gar dem Votum des Bildungsrates Japans folgen wollen, der kürzlich die »juku« als berechtigten Bestandteil des Bildungssystems wertete.

Im übrigen darf man vermuten, daß die Japaner schon auch mal nachhelfen, wenn es darum geht, besonders gut abzuschneiden. Jedenfalls liegen Insiderberichte vor, die sich kritisch mit dem Abschneiden der Asiaten bei der TIMSS auseinandersetzen und die Rechtmäßigkeit der Plazierung hinterfragen. So schreibt die Japanerin Toshiko Ito: »Die Mathematikprüfung verlangt den auswendig gelernten kürzesten Lösungsgang und kein Nachdenken über verschiedene Lösungswege. Die Schüler werden dementsprechend für diese Form des Examens trainiert.«[146] Eine Gruppe japanischer Lehrer berichtete 1997 auf Deutschlandbesuch, daß in Japans Schulen Themen sowie Abfolge und zeitlicher Rahmen der Inhalte vorgegeben seien und der Vorlesestil vorherrsche.[147] Oder: Ein japanischer Mathematiklehrer an der Japanischen Schule in Hamburg äußert zu einer 50 japanische Unterrichtsstunden umfassenden TIMSS-Videostudie: »Ich vermute aber, die Organisatoren in meinem Land haben die 50 Klassen extra ausgewählt, damit sie einen guten Eindruck machen ... Schwindeln ist nicht der richtige Ausdruck ... Es ist fast wie ein Theaterstück, alles wird genau einstudiert ... Sie wollen eben einen schönen, guten Unterricht zeigen.« Ein deutscher Lehrer, der acht Jahre in Korea als Berater in der Lehrerbildung tätig war, erklärt die guten Ergebnisse Japans und Koreas damit, daß »mehr genormtes, abfragbares Grundwissen lehrerzentriert vermittelt wird, die Behörden leistungsstarke Schulen für allgemeine Vergleichstests aussuchen, die Schulen starke Klassen für die Tests bestimmen ...«.

All diese Fakten und Stimmen müssen im Vergleich Deutschlands mit Japan zur Kenntnis genommen werden. Wenn man über die Übertragbarkeit japanischer Schulbildung nachdenkt, dann sollte aber Berücksichtigung finden, daß der japanische Unterricht sehr lehrerzentriert ist: »70 Prozent aller Äußerungen in einer Unterrichtsstunde entfallen in Deutschland auf den Lehrer, in Japan und den USA sind es über 80 Prozent« (TIMSS). Des weiteren scheint es ein Spezifikum des japanischen Unterrichts zu sein, daß er sehr auf Kontinuität angelegt ist: »Das Stoffgebiet wird in Japan jedoch nicht aufgegeben, sondern in nahezu allen Klassen in einzelnen Stunden mit reduzierter Intensität wiederholt«, so die TIMSS, und weiter: »Im japanischen System hat Anstrengung eine ungleich höhere Bedeutung.« Das sollte nicht verwundern, wo sich Japaner, so Jörg Möller in seinem Buch »Japans Bildungskrise«[148], doch gerne mit »ganbatte kudasai« (»Bitte halten Sie durch!«) begrüßen und wo man – trotz millionenfacher Produktion desselben – den Taschenrechner in der Schule verboten hat.

Falls etwas aus dem japanischen Unterricht für Deutschland abzuleiten ist, dann dieses: Erstens muß in schulisches Lernen wieder Kontinuität durch regelmäßiges Wiederholen kommen. Das Gegenteil davon wäre ein Häppchenunterricht mit Unterhaltungselementen. Zweitens sollte auch in Deutschland Schule anstrengend sein dürfen. Das hat mit Drill- und Paukschule nicht im entferntesten etwas zu tun. Drittens: Am Ende der japanischen Sekundarstufe I (»chugakko«) findet eine Zentralprüfung in fünf Fächern statt. »Diese Prüfung wirkt auf das Lernverhalten in der Sekundarstufe I regulierend zurück« (TIMSS). Man sollte dies in Deutschland bedenken und endlich eine zentrale Abitur- und Mittlere-Reife-Prüfung einführen.

Schlußfolgerungen

Man sieht, wie schwer es fällt, den Kahlschlag aufzuforsten, den integrierte Gesamtschule und/oder ein Verständnis von spaßerfülltem Lernen angerichtet haben. Man sieht aber auch, daß – außerhalb Deutschlands! – selbst Parteien (etwa Labour), die Jahrzehnte zuvor »kindorientiertes Lernen«, »Spaß am Entdecken statt Auswendiglernen« und »Kreativität statt Orthographie« angesagt hatten, bereit zur Einsicht und zur Umkehr sind. Das ist eine allgemeine und nicht uninteressante Erkenntnis aus internationalen Schulsystemvergleichen. Sodann sind aus diesen Vergleichen folgende Schlußfolgerungen zu ziehen.

Erstens: Schulpolitik in Deutschland braucht keine global unterlegten Mythen und keine ins Internationale ablenkenden Manöver, vielmehr sollte deutsche Schulpolitik im eigenen Haus zu kehren beginnen. Zunächst weniger die internationalen Schulleistungsvergleiche sollten uns bewegen, sondern die innerdeutschen, denn letztere fördern ein brisantes innerdeutsches Leistungsgefälle zutage. Wenn behauptet wird, im internationalen Vergleich gebe es keine Hinweise auf die Überlegenheit des gegliederten Schulwesens, weil schließlich auch Einheitsschulsysteme gut abschnitten, dann ist das – wieder einmal – nur ein kleiner Teil der Wahrheit: Es gibt jede Menge Gesamtschulländer, aber keine Länder mit gegliedertem Schulsystem, die schlecht abgeschnitten hätten.

Zweitens: Die Deutschen würden gut daran tun, sich wieder der Stärken zu besinnen, die einst ihr Schulsystem zu einem weltweit beneideten machten. Zu diesen Stärken gehören die äußere Fachleistungsdifferenzierung, das Eignungsprinzip bei der Positionierung der Schüler im verzweigten System, die Unterrichtung nach einem klar gegliederten Fächerprinzip, die Wissenschaftsorientierung der Unterrichtung, die Lehrerzentrierung des Unterrichtsgeschehens, das Abitur statt dem Aditurprinzip, das duale Berufsbildungssystem und die zweiphasige Lehrerbildung.

Drittens: Wir müssen gerade aufgrund der Erfahrungen mit explodierenden sogenannten Abiturientenquoten in den USA oder in Frankreich endlich einsehen, daß das Abitur und das Hochschulstudium nicht Mindeststandard der Zukunft sind, auch wenn manche Bildungspolitiker uns in Deutschland dies glauben machen wollen. Vielmehr sollte uns zu denken geben, daß Länder mit höchsten Abiturientenquoten teilweise zugleich die höchsten Quoten arbeitsloser Jugendlicher haben. Wir dürfen außerdem – das hat mit Arroganz gar nichts, mit Seriosität aber viel zu tun – annehmen, daß das, was andere Länder als »Abitur« oder als Studium »verkaufen«, in Deutschland nicht einmal einer Fachschulausbildung entspräche.

Viertens: Wir müssen schleunigst Abschied nehmen vor allem von der aus den USA kommenden Euphorie, moderne Schule könne das rein Fachlich-Inhaltliche über ein »elektronisches Klassenzimmer« vermitteln, so daß sich Lehrer auf die Rolle eines Moderators konzentrieren könnten. Schließlich kamen aus den USA schon andere, unerfüllte Träume von technizistisch gedachtem Lernen, etwa der Traum vom Programmierten Lernen und vom Sprachlabor.

Fünftens: Es ist eine unterrichtliche Antirevolution durch Konzentration auf Fächer und Inhalte überfällig. Das wissen gerade kritische Amerikaner, wie zum Beispiel Eric Donald Hirsch, der in seinem Buch »The Schools We Need and Why We Don't Have Them« 1996 zu dem Urteil kommt: Daß wir nicht die Schulen haben, die wir brauchen, liegt vor allem daran, daß wir der unterrichtlichen Kenntnis- und Wissensvermittlung zuwenig Bedeutung beimessen. Wörtlich schreibt er: »The anti-subject-matter principles of progressivism have demonstrably triumphed in our schools.«[149] Hirsch hebt außerdem hervor, daß die angemessene Förderung der Leistungsfähigkeit auch zu mehr Bürgersinn, zu mehr Fairneß und zu mehr gesellschaftspolitischer Gerechtigkeit führen werde.

Sechstens: Schließlich müssen wir zur Kenntnis nehmen, daß es einen Zusammenhang zwischen Schulqualität und Lehrerberuf gibt. Wenn die Amerikaner eine miserable öffentliche Schule haben, dann auch deshalb, weil sie mit den miserablen Bedingungen ihres Lehrerstatus nur noch bedingt engagierte und leistungsfähige junge Leute in den Lehrerberuf locken können. Anders ausgedrückt: Es hat schon Sinn, wenn man in Deutschland an einer zweiphasigen, schulformdifferenzierten, wissenschaftsorientierten Lehrerbildung sowie am Beamtenstatus samt Streikverbot für Lehrer und an einer vernünftigen Lehrerbesoldung festhält.

Was fällt im internationalen Vergleich sonst noch auf? Nicht nur

Negatives für die anderen und nicht nur Schmeichelhaftes für die Deutschen! Ein Dreifaches wäre an Übertragung auf Deutschland zu wünschen: Besonders eindrucksvoll, vor allem am US-Bildungssystem, bleibt die Offenheit, mit der das Bildungsdesaster diskutiert wird! Diese Offenheit wünschte man sich in Deutschland. Andere Nationen haben überhaupt keine Probleme mit dem Messen von schulischen Leistungen einschließlich zentraler Tests und Leistungsprüfungen. Diese Offenheit wünschte man sich für Deutschland. Und zuletzt: Es beeindruckt, mit welcher Unverkrampftheit andere Nationen mit Fragen der Hochbegabtenförderung und der Elitebildung umgehen. Auch hier wünschte man sich in Deutschland mehr Offenheit.

20

Die geistige Wurzel des Übels – Die Sehnsucht nach dem Unstrukturierten

Die Koordinaten des Bermuda-Vierecks linker Schulpolitik – Gleichheitsutopie (Rousseau), Machbarkeitswahn (Skinner), Lustprinzip (Marcuse) und Untergangsalarmismus (Greenpeace) – sind Ausdruck einer Ursehnsucht. Diese Sehnsucht ist eine Sehnsucht nach dem Unstrukturierten und nach dem Ungegliederten ohne Ordnung: eine Sehnsucht nach Harmonie, nach Homogenität, nach einem »herrschafts-« und spannungsfreien Zustand, nach einer »klassenlosen« Gesellschaft, nach romantischer Weltidylle sowie nach Überwindung aller Gegensätze und aller Unterschiede, die zwischen Kulturen, Religionen, Nationen, Gesellschaften, Geschlechtern und Individuen bestehen.

Vertreter dieser Richtung sind unfähig zur Ambiguitätstoleranz, das heißt zur Toleranz von Unterschieden und Antagonismen. Im Grunde genommen ist das eine Sehnsucht nach einem toten Zustand. Der Weg zum spannungsfreien Zustand aber wird beschritten über den Konflikt und über einen Alarmismus, der ständig warnt vor den Zuständen. Es wird ein Urmißtrauen gegen Strukturen geschürt. Strukturen gelten gemeinhin als etwas, das »aufzubrechen« sei, weil es »verkrustet« anmute und »Herrschaft« impliziere.

Für Adorno (1966[150]) und Marcuse (1969[151]) ist die soziale Wirklichkeit im Ganzen in einem geschichtlich-ontischen Sinne »falsch«. Aufgrund dieser »Erkenntnis« gelte es, eine »Legitimationskrise« zu fördern, das heißt, die Legitimation des bestehenden Systems in Frage zu stellen. In diesem Sinne gelten für die »Progressiven« Erziehungsziele und Bildungseinrichtungen als »strukturelle Gewalt«. So ist es nur konsequent, auch in den Grundfragen von Bildung, Erziehung, Unterrichten und Qualifizieren von der Sehnsucht nach dem Unstrukturierten angetrieben zu sein: von der Sehnsucht nach Überwindung interindividueller Unterschiede, nach Überwindung schulischer Strukturen, nach Überwindung fachlicher Strukturen, nach der Überwindung des Dualismus Theorie/Praxis und nach der Einheitselle bei der Bewertung von Leistungen. Jacob Burckhardt sah so etwas bereits Mitte des 19. Jahrhunderts voraus: »Ihr wißt nicht, welche Tyrannei über den Geist ausgeübt wird unter dem Vorwand, daß die Bildung eine geheime Verbündete des Kapitals sei, das vernichtet werden müsse.«[152]

Daß diese Ursehnsucht die Conditio humana nicht ändern wird und daß jede Utopie im Kern etwas Totalitäres an sich hat, scheint nicht zu stören. Schier missionarisch bastelt man gerade dort, wo Menschen formbar sind, nämlich im Kindes- und Jugendalter und im Bereich von Erziehung und Bildung, an der Umsetzung eines vermeintlich modernen Bildes von Welt, von Gesellschaft und vom Menschen herum. Die »Progressiven« sind dabei über Rousseau und – trotz aller Widersprüchlichkeit – über einen Eklektizismus aus Sozialismus und Extremliberalismus nicht hinausgekommen.

Unerschüttert und resistent gegen reale Erfahrung, bisweilen naiv gläubig, zuweilen auch bildungspolitisch äußerst gerissen, wird das Ziel verfolgt: die Formung eines uniform-harmonischen Menschen und uniform-harmonischer Gesellschaften. Damit läßt sich mit guten Erfolgsaussichten ein subtiler Kulturkampf mit dem Ziel eines schleichenden Umbaus der Gesellschaft betreiben – ohne Rücksicht auf psychische Grunddispositionen von Menschen, zumal von Kindern. Abraham H. Maslow, einer der Begründer der Humanistischen Psychologie, hat klar zum Ausdruck gebracht, was Kinder brauchen, nämlich Struktur und Vertrautes. Wörtlich: »Das Kind scheint nach einer voraussagbaren, geregelten, ordentlichen Welt zu verlangen ... Kinderpsychologen, Lehrer und Psychotherapeuten haben festgestellt, daß Kinder nicht eine uneingeschränkte Permissivität, sondern eine eingegrenzte vorziehen und auch brauchen ..., daß das Kind eine organisierte und strukturierte Welt braucht, nicht das Gegenteil ... Wir können diese und ähnliche Beobachtungen verallgemeinern und behaupten, daß das durchschnittliche Kind und – weniger offenkundig – auch der durchschnittliche Erwachsene ... eine sichere, ordentliche, voraussehbare, gesetzmäßige, organisierte Welt bevorzugen, auf die sie rechnen können ...«[153]

1989 verkündete Francis Fukuyama das Ende der Geschichte, und er meinte, daß jetzt die liberale Ordnung gesiegt habe, weil sich alle Ideologien erschöpft hätten. Fukuyama liegt falsch. Er hat Adornos ersten Satz seiner »Negativen Dialektik« übersehen: »Philosophie, die einmal überholt schien, erhält sich am Leben, weil der Augenblick ihrer Verwirklichung versäumt ward.«[154] Richtig liegt Joachim Fest: »Die vom Sozialismus gebundenen Bedürfnisse nach einem Glauben und einer Daseinsbotschaft sind mit dessen Ende ziellos geworden und werden nicht lange damit warten, neue Uniformen anzulegen und unter neuen Fahnen zu neuen Phantasiereichen aufzubrechen.«[155] Michael Stürmer, Direktor des Ebenhausener Forschungsinstituts für internationale Politik, pflichtet bei. Die Frage »Ende der Ideologien?« beantwortet er mit dem Hinweis auf den seit 250 Jahren nachweisbaren, aber noch niemals erfüllten »Hunger nach ideologischer Vergewisserung«.[156]

Auch Ende des 20. Jahrhunderts wird nicht zur Kenntnis genommen, daß Utopien nie aufgehen, jedenfalls nie positiv ausgehen. Dieses Nicht-wissen-Wollen ist womöglich gewollte Geschichtsfeindlichkeit: deshalb gewollt, weil man – wie Nietzsche empfiehlt – dem »bewußten Denken« Grenzen ziehen müsse, wenn der Sinn für die große Tat nicht aus der Welt verschwinden solle.[157] Karl Popper wurde 1971 in einem ARD-Streitgespräch mit Marcuse sehr deutlich: »Von allen politischen Ideen ist der Wunsch, die Menschen vollkommen und glücklich zu machen, vielleicht am gefährlichsten. Der Versuch, den Himmel auf Erden zu verwirklichen, produzierte stets die Hölle.«

»Progressive« Schulpolitik gibt sich dennoch »gesinnungsethisch«. Max Weber beschreibt in seinem Aufsatz »Politik als Beruf« (1919) den essentiellen Unterschied der beiden Verständnisse von Ethik: »Wenn die Folgen einer aus reiner Gesinnung fließenden Handlung üble sind, so gilt ihm (dem Gesinnungsethiker, der Verf.) nicht der Handelnde, sondern die Welt dafür verantwortlich, die Dummheit der anderen Menschen oder – der Wille Gottes, der sie so schuf … Der Verantwortungsethiker dagegen rechnet mit eben jenen durchschnittlichen Defekten der Menschen – er hat … gar kein Recht, ihre Güte und Vollkommenheit vorauszusetzen, er fühlt sich nicht in der Lage, die Folgen eigenen Tuns, soweit er sie voraussehen konnte, auf andere abzuwälzen. Er wird sagen: diese Folgen werden meinem Tun zugerechnet.« »Verantwortlich fühlt sich der Gesinnungsethiker nur dafür, daß die Flamme der reinen Gesinnung, die Flamme z. B. des Protests gegen die Ungerechtigkeit der sozialen Ordnung, nicht erlischt.« An der »Heilung der Mittel durch den Zweck scheint nun auch die Gesinnungsethik überhaupt scheitern zu müssen … In der Welt der Realitäten machen wir freilich stets erneut die Erfahrung, daß der Gesinnungsethiker plötzlich umschlägt in den chiliastischen Propheten …« Man könnte meinen, Weber hätte die Programmatik einer radikalen Schulpolitik erahnt.[158]

Damit bleiben »Intellektuelle« verführbar. Sie betreiben – willentlich oder unwillentlich – einen Umbau, der über die Jahre und Jahrzehnte hinweg zu sanften, prolongierten Revolutionen mit oft langen Vorlaufzeiten wird. Dies gilt auch für die Französische Revolution. Sie war kein spontanes Ereignis, wie dies der französische Geschichtsphilosoph Hippolyte Taine (1828–1893) beschreibt. Sie wurde vielmehr gemacht und über Jahrzehnte hinweg inszeniert. Der französische Historiker Augustin Cochin (1876–1916) hat dies als erster erkannt, als er bei seinen Studien der Zeit zwischen 1750 und 1789/1794 das Netzwerk an philosophischen Zirkeln, Zellen, Klubs, Logen und Akademien, »un système ingénieux et une entente mystérieuse«, in Frankreich untersuchte. Cochin kommt zu dem Ergebnis, daß diese Zirkel die Sprache veränderten und es damit zu einer »Mutation der Beziehung dieser Menschen zur Wirklichkeit«, zu einer »künstlichen Wahrheit«, zu einer »Traumwelt«, in Hannah Arendts Interpretation zu einer »Emanzipation von der Wirklichkeit« kam.[159]

Die Wirkungen sieht Cochin in drei Stadien fortschreitender Unterdrückung. Ursächlich dafür seien einerseits die radikale Säkularisierung, andererseits ein neuer Dogmatismus. Diese neue Politreligion habe, durchaus in Übereinstimmung mit Rousseaus »volonté générale«, zu drei fortschreitenden Phasen der Unterdrückung geführt: zur Unterdrückung der freien Meinungsäußerung (1750–1789); zum Druck auf die politischen Institutionen und zum trockenen Terror (terreur sèche; 1789–1793) sowie zur offenen Tyrannei (1793–1794). Cochin wird viele Jahre später von der neueren Forschung bestätigt. Der französische Sozialwissenschaftler Roger Chartier legte 1995 ein Werk über »Die kulturellen Ursprünge der Französischen Revolution« vor. Darin analysiert er die weit vor 1789 liegenden Umwälzungen. Er bestätigt die »Sicker«-Theorie, nämlich daß es »bürgerliche«, sozialökonomische Interessen waren, die den revolutionären Prozeß latent in Gang gebracht hatten, bis 1789 der Zünder folgte. Dies erscheint wie eine Verschwörungstheorie, und Geschichte wiederholt sich nicht. Aber Cochins und Chartiers Analysen müssen Beachtung finden, zeigen sie doch, wie um semantische Umdeutungen und veränderte Wahrnehmungen ein revolutionärer Kern gepflanzt wird.

Natürlich ist eine gefestigte Demokratie nicht vergleichbar mit einer absolutistischen Monarchie. Aber ein Unbehagen bleibt doch bei dem auch nur vagen Vergleich, was die Vorläufer der Französischen Revolution waren und was an Neubewertungen in einer Demokratie stattfindet. Insofern gilt unvermindert Ernst Jüngers Wort aus dem Jahr 1962: »... Im Zustande der Restauration befinden sich heute die Ideen von 1789 mit ihren Symbolen und Einrichtungen, die seltsam fadenscheinig, ja oft gespenstisch geworden sind ...«

»Progressive« Pädagogik und Schulpolitik bleiben Reflexe auf die von ihnen als »Herrschaft« verstandenen Umstände. Ihre Utopie entspringt einem »dégoût« am Bestehenden. Es bleibt deren Ziel, Bildungseinrichtungen zu instrumentalisieren für andere Zwecke, nämlich das System und den Menschen zu verändern.

21

Falsch: Gleichheit statt Freiheit

Die Lust am Unstrukturierten manifestiert sich in der pädagogischen Vorstellung von Gleichheit, Chancengleichheit und Chancenausgleich. Dahinter steckt eine Idee, die seit dem 18. Jahrhundert für nahezu alle politischen Utopien konstitutiv ist – auch für das Genre der negativen Utopie. Aldous Huxley etwa entwirft in seinem Roman »Brave New World« (1932) die Horrorvision eines »betriebssicheren Systems der Eugenik, darauf berechnet, das Menschenmaterial zu normen« (Huxley im Vorwort). In der »Schönen neuen Welt« geschieht dies mittels mechanischer und chemischer Konditionierung, mittels Suggestionstechniken und Hypnopädie.

Der Prophet der Gleichheit ist Jean-Jacques Rousseau (1712–1778). Er beeinflußte nicht nur die Französische Revolution nachhaltig, sondern er prägte 200 Jahre Geschichte politischer Systeme; er steht – explizit oder unausgesprochen – heute noch Pate für mancherlei anthropologische und politische Entwürfe. Wie schon kurz vor ihm 1748 Montesquieu (1689–1755) und nach ihm Karl Marx (1818–1883) betrachtet Rousseau das Privateigentum als Ursache der Ungleichheit der Menschen und damit als Ursache allen Übels: Es seien das Privateigentum und die sogenannte Zivilisation, die dem Menschen die Natürlichkeit genommen und in ihm den Wunsch nach Besitz, nach Anerkennung und nach Lob geschaffen hätten. Aus dieser Eigenliebe des Menschen heraus seien Rivalität und Streit in die Welt gekommen.

Vor allem in seinem zweiten »Discours« (»Discours sur l'inégalité«; »Abhandlung über die Ungleichheit«, 1755) vertritt Rousseau diese Auffassung, indem er auf eine Preisfrage der Dijoner Akademie antwortet. Die Frage lautete: »Was ist der Ursprung der Ungleichheit unter den Menschen, und ist diese Ungleichheit im Naturgesetz begründet?« Rousseau sieht in der Abhandlung dazu nicht die Natur als Ursache der Ungleichheit, sondern die durch Übereinkünfte zustande gekommenen Privilegien. Ziel eines politischen Systems müßten deshalb die Selbstentäußerung des Menschen und dessen totale Überantwortung an die Gemeinschaft, an den »politischen Körper«, sein. Freiheit bestehe darin, dem Gemeinwillen zu folgen; wer sich dem widersetze, der müsse zu dieser »Freiheit« gezwungen werden.

Im »Contrat social« (»Gesellschaftsvertrag«, 1762) reklamiert Rousseau eine Identität von Einzelwillen (»volonté particulière«) und unteilbarem Gesamtwillen (»volonté générale«), wobei letzterer selbstverständlich von den Revolutionären definiert werden sollte. Diese glaubten ja erkannt zu haben, was »le peuple« wirklich wolle. Jedenfalls habe der »allgemeine Wille« die Einzelwillen bei völliger Selbstentäußerung des Individuums zu integrieren. Aus der völligen Überantwortung des Einzelmenschen an die Gemeinschaft entsteht dann der allmächtige Staat. Denn jeder Mensch habe sich »als Gemeingut unter die oberste Leitung eines gemeinsamen Willens« zu stellen. Die Protagonisten der Französischen Revolution schließen sich Rousseaus Vorstellungen gerne an. Robespierre will die »heilige« Gleichheit errichten. Manche Jakobiner wollen im Gleichheitseifer gar die Kirchtürme schleifen, weil diese ungleich seien.

Wo dies endete, ist bekannt; es dokumentiert sich in Maximilien Robespierres Rede vom 7. Februar 1794 vor dem Nationalkonvent über »Die Grundzüge der politischen Moral« – zwei Monate, bevor Dantons, und sechs Monate, bevor sein eigener Kopf fällt: »Aber da das Wesen der Republik und Demokratie Gleichheit ist, bedeutet folglich Liebe zum Vaterland auch Liebe zur Gerechtigkeit ... Wenn der Geist der Regierung im Frieden die Tugend ist, so ist er während der Revolution Tugend und Terror zugleich: Tugend, ohne die der Terror verderblich ist, Terror, ohne den die Tugend ohnmächtig ist.«

Edmund Burke (1729–1797) widerspricht dem Gleichheitspathos Rousseaus und dessen Vorstellung vom Gesellschaftsvertrag entschieden. In seinen »Reflections on the Revolution in France« (1790) bezeichnet er absolute Gleichheit als völlig unrealistisch. Freiheit schließe totale Gleichheit der Menschen aus. Burke fordert Gleichheit, aber Gleichheit in Freiheit, als Gleichheit vor dem Gesetz, nicht als Gleichmacherei. Die Gesellschaft sieht er als freiwilligen und autonomen Vertrag.

Alexis de Tocqueville (1805–1859) erkennt die Gefährdungen der Freiheit. Freiheit versickere in Gleichheit, schreibt er im Kapitel »Weshalb die demokratischen Völker die Gleichheit leidenschaftlicher und beharrlicher lieben als die Freiheit« seines Buches »Die Demokratie in Amerika« (1835). Freiheit erliege der Gleichheit, weil Gleichheit eine verständlichere und greifbarere Tatsache sei, weil Freiheit mit Opfern erkauft werden müsse und weil Gleichheit ihre Genüsse von selbst darbiete. Im übrigen neigten die Schwachen dazu, die Starken zu sich herunterzuziehen. Dabei werde das Gleichheitsbegehren um so intensiver, je mehr Gleichheit, mit Hilfe der Freiheit, realisiert sei. Am Ende sei den Menschen die Gleichheit in Knechtschaft lieber als die Ungleichheit in der Freiheit. Tocqueville erahnt damit einen »Termitenstaat«, der geprägt sei von »Verähnlichung« und »Uniformität«. Am 12. September 1848 fügt er vor der Deputiertenkammer hinzu: »Demokratie erkennt jedem einzelnen seinen Eigenwert zu, der Sozialismus degradiert jeden einzelnen zu einem Funktionär der Gesellschaft, zu einer bloßen Nummer.«

Rousseau bleibt einer der Urväter des Kollektivismus, ja, er wurde zum »Vorläufer des modernen Totalitarismus«[160] – eines Systems eben, das individuelle Freiheit mißachtet sowie entgegen Montesquieus »Teilung der Gewalten« keine Gewaltenteilung und keine repräsentativen Elemente kennt. Rousseau ist damit Urvater einer linken Theorie, deren Grundmerkmal es laut Kurt Sontheimer ist, »Menschen als Gattungswesen, nicht als Person«, sondern als »abstrakte Menschen« zu sehen.[161] Rousseaus Verwechslung von Gleichheit und Gerechtigkeit ist in der deutschen Gesellschaft nach wie vor Usus. Rousseau wirkt als Ideengeber für die, die nicht nur ein Wort wie »Besserverdienende«, sondern auch ein Wort wie »Begabung« zur Mißgunstvokabel gemacht haben.

Niemand, auch kein Konservativer, wird behaupten, Ungleichheiten seien – weil angeblich ausschließlich natur-, evolutions- oder gottgegeben – absolut nicht ausgleichbar. Sie sind es tatsächlich innerhalb einer großen Bandbreite, zum Beispiel über die Rechtspolitik, über die Sozialpolitik und eben über die Bildungspolitik. Und niemand mit seiner Skepsis gegenüber einem absoluten Gleichheitsgrundsatz wird deswegen die willkürliche Schlechterstellung von Menschen im Sinn haben. »Gleichheit bedeutet Gleichheit der Chancen, Gleichheit vor dem Gesetz, kann aber nie bedeuten Gleichheit der natürlichen Anlagen und der Kräfte persönlicher Existenz, nicht Gleichheit der ethischen Verläßlichkeit. Die Idee der Demokratie verlangt die Gerechtigkeit für die Vielfältigkeit und die (nie objektiv zu fixierende) Rangordnung der Menschen. Im demokratischen Ethos der Gleichheit wird niemand verachtet und niemand vergöttert ...« (Karl Jaspers[162])

Das Grundgesetz hat Vorkehrung getroffen für einen Ausgleich, nicht nur in Artikel 3, Absatz 1 (»Alle Menschen sind vor dem Gesetz gleich«); auch manche der nachfolgenden Grundgesetzartikel zielen auf nichts anderes ab als auf den Ausgleich von Ungleichheiten: mit der Gleichberechtigung von Mann und Frau (Artikel 3, Absatz 2), mit der Gleichberechtigung der Glaubensbekenntnisse (Artikel 4) oder mit dem freien Zugang zur Meinungsbildung und zur Meinungsäußerung (Artikel 5).

Das Spannungsverhältnis von Gleichheit und Freiheit bleibt bestehen, weil es nicht aufhebbar ist. Deshalb hat Demokratie zwei Achillesfersen: Die eine heißt Freiheit, und sie ist eine Achillesferse, wenn die Gleichheit – wie im demokratischen Sozialismus – Priorität hat. Die andere heißt Gleichheit, wenn – wie im Liberalismus – die Freiheit den Vorrang hat. Beides, Freiheit und Gleichheit, kommt nicht völlig zusammen. »Gesetzgeber oder Revolutionäre, die Gleichheit und Freiheit zugleich versprechen, sind Phantasten oder Scharlatane.« (Goethe) In jeweiliger Reinform schließen sich Freiheit und Gleichheit aus. »Wenn die Menschen frei sind, dann sind sie nicht gleich, und wenn die Menschen gleich sind, dann sind sie nicht frei«, schreibt Wolfgang Lorenz und bezieht sich dabei auf das Christentum. Dieses weise zur Ideologie der Gleichheit »einen alles entscheidenden Unterschied auf: Es akzeptiert die dem menschlichen Dasein innewohnenden unauflöslichen Widersprüche als ein nicht eliminierbares Kriterium der Welt, ohne deshalb zu resignieren, im Gegenteil: Das Wissen um das Unvollendbare, Fragmentarische, Ungesicherte und Unsicherbare des Menschendaseins bildet die eigentliche Quelle der christlichen Erlösungssehnsucht und Zuversicht.«[163]

Linke Schulpolitik ist von dieser realistischen und zugleich souveränen Sichtweise weit entfernt. Sie will Ungleichheiten verschleifen. In Analogie zur Forderung nach Gleichheit im materiellen Besitz will sie mittels aktiven »Begabens« Gleichheit im geistigen Besitz, Gleichheit der Begabung herstellen. Sie übt damit den pädagogischen Spagat, Schule nämlich einerseits an den Langsamsten zu orientieren, andererseits möglichst vielen, wenn nicht allen, das Abitur zu verleihen. Sie tut so, als könne jeder noch so Unsportliche zwei Meter hoch springen.

Egalisierende Schulpolitik ebnet Individualität, Freiheit ein. Sie tauscht unverwechselbare Einmaligkeit gegen Gleichheit: »Haben wir oft genug vernommen, alle Menschen seien ›gleich‹, so glauben wir schließlich daran; mehr noch: Wir beginnen die Unterschiede abzuhobeln ...«[164] Konrad Adam führt diesen Gedanken konsequent zu Ende: Wenn alle die gleichen Ansprüche und die gleichen Chancen hätten, sei dies eine »fürsorgliche Spielart der totalitären Versuchung ... Das Bewußtsein dafür, daß Verschiedenheiten, auch wenn sie ärgerlich sind, im Interesse des Ganzen hingenommen werden könnten, ist nicht mehr wirksam. Gesellschaftspolitik ist im wesentlichen Gleichheitspolitik und setzt deswegen dort ein, wo die Menschen noch jung und prägsam sind, in der Schule also und noch früher.« Und Adam weiter: Weil der Familie der Ruf anhänge, »ein Hort der Ungleichheit« zu sein, sei es der Schulpolitik wichtig geworden, »diejenigen zurückzupfeifen, die einen Vorsprung gewonnen hatten, und die Chancen der einen dadurch zu verbessern, daß man die der anderen beschnitt«.[165]

Linke Schulpolitik negiert anthropologische Grundtatsachen, und sie verdrängt die Folgen egalitärer Politik. Die Conditio humana kennt keine Gleichheit. Jede Gleichheitspolitik steht der Natur des Menschen im Wege; das ist die Grundthese von Helmut Schoeck in seinem Buch »Das Recht auf Ungleichheit«.[166] Egalitäre Schulpolitik verfestigt letztlich auch Unterschiede: »Eine Schule, die sich um alle Schüler gleich intensiv kümmert, zementiert die Unterschiede ...«[167]

Bereits Tocqueville machte auf die wohl größte Gefahr der Gleichheit aufmerksam: Der Mensch verliere in ihr die Fähigkeit zum selbständigen Denken, Fühlen und Handeln. Die Segnungen der Gleichheit seien bequem zu nutzen, weil Leistung, Initiative und Risiko ausgeschaltet würden, Freiheit dagegen Anstrengung verlange.

Schulpolitik kann aus all den genannten Gründen nie die Gleichheit im Ergebnis zum Ziel haben. Das wäre eine Schulpolitik mit dem Bett des Prokrustes, des Räubers aus der griechischen Mythologie, der seine Opfer auf ein Bett legte: Waren sie zu kurz, so streckte er sie; waren sie zu lang, hackte er ein Stück ab. Das heißt, auch in der Schule kann es nur zugehen wie bei einem 100-Meter-Lauf: Am Start sollen alle auf einer Linie stehen, und vor allem sollten alle gut trainiert worden sein. Am Zieleinlauf aber mag es die Langsameren und die Schnelleren geben. Den Menschen geht es nicht unbedingt besser, wenn alle gleich am Ziel sind.

22

Antipädagogik: Der »edle Wilde« – oder Sofortismus statt Erziehung

Mit seiner Pädagogik schleudert Rousseau den Bannstrahl gegen Kultur, Wissenschaft und Kunst. Selbst die Literatur ächtet er. Buchwissen lehnt er ab, statt dessen will er die unmittelbare Begegnung der Zöglinge mit einer Sache. Nur den »Robinson Crusoe« läßt er gelten. Die »Umstände«, würde heute gesagt, »deformieren« schließlich den Menschen. Für Rousseau aber ist der »Mensch von Natur aus gut«.

Es bleibt zwar der große Widerspruch in Rousseaus Schriften, wenn er an anderer Stelle dem von Natur aus guten Menschen doch nicht traut, indem er ihm die »volonté générale« als ordnende Instanz oktroyiert. Dennoch stellt sich Rousseau mit seinem »Naturmenschen« bewußt in Opposition zur Auffassung eines John Locke (1632–1704), für den das Leben ohne ordnende Eingriffe ein »Krieg aller gegen alle« wäre, und zu Thomas Hobbes (1588–1679), für den der Mensch des Menschen Wolf (»homo homini lupus«) wäre, griffe keine ordnende Instanz ein. Auch Edmund Burke (1729–1797) widerspricht ihm wenig später in seiner Streitschrift »Reflections on the Revolution in France«: Der Mensch sei nicht von Natur aus gut, sondern ein zwiespältiges Wesen. Die Revolutionäre würden den Menschen nicht kennen. Burke setzt auf Realismus und praktische Vernunft. Er wendet sich gegen die »hybride Selbstvergottung des Menschen«.

Im Jahr 1749 veranstaltete die Akademie in Dijon einen Wettbewerb zur Preisfrage: »Ob der Fortschritt der Künste und Wissenschaften dazu beigetragen hat, die Sitten zu verderben oder zu reinigen.« Rousseau beantwortet die Frage in seinem »Discours sur les sciences et les arts«. Er fordert darin die Freiheit des Menschen von Kultur und Zivilisation. Der erste Satz seines Romans »Émile« lautet folgerichtig: »Alles, was aus den Händen des Schöpfers kommt, ist gut; alles entartet unter den Händen des Menschen.« Der »edle Wilde« ist geboren.

Die Wurzeln allen Übels sieht Rousseau in den Künsten und den

Wissenschaften, die von der Natur, von der »glücklichen Unwissenheit« wegführen. Nicht um Verstandesbildung gehe es deshalb, sondern um die Bildung des Instinkts. Dabei solle jeder Mensch völlig seinem eigenen Willen zu folgen lernen, der im übrigen mittels Propaganda, mittels staatlich gesetzter Zivilreligion und gegebenenfalls auch mittels Androhung der Todesstrafe der »volonté générale«, dem allgemeinen Willen, angepaßt werden müsse. Mit Rousseau wird damit nicht nur das Totalitäre, sondern das Irrationale philosophisch hoffähig. In seinen »Bekenntnissen« schreibt er immerhin: »Ich empfand, ehe ich dachte. Ich hatte nichts verstanden, doch alles empfunden. Diese dunklen Bewegungen ... gaben mir wundersame und romanhafte Vorstellungen über das menschliche Leben, davon weder Erfahrungen noch Nachdenken mich je ganz haben heilen können.« Was Goethe meint, wenn er über den »Émile« zweideutig sagt, er sei »Naturevangelium der Pädagogik«, bleibt sein Geheimnis. Die Quintessenz des Werkes Rousseaus aber wird gerne in das Schlagwort »Zurück zur Natur!« gefaßt. Diesen Satz hat Rousseau zwar nie geschrieben. Sein pädagogisches Credo aber lautet: »Greife nicht ein!«, »Verhüte, daß etwas getan wird!«, »Tut nur immer das Gegenteil des Herkömmlichen, und ihr werdet fast immer das Rechte tun!« Das ist die Geburtsstunde der antiautoritären Erziehung, ja der Antipädagogik – für Jean Baudrillard, den Philosophen der Postmoderne, »die ekstatische Form der Pädagogik«.

Sigmund Freud dagegen war – bei aller Arbeit, die er zur Aufklärung des Unbewußten, des Irrationalen und des Triebhaften geleistet hat – alles andere als ein Rousseauist. Für ihn, den großen Erklärer des Unbewußten, bedeutete Enkulturation: Wo Es ist, muß Ich werden! Das heißt: Wo das Irrationale, das Triebhafte, das Lustprinzip herrschen, müssen das Rationale und das Realitätsprinzip die Herrschaft übernehmen. In seiner Schrift »Das Unbehagen in der Kultur« (1930) artikuliert er zwar das Unbehagen des Menschen an der Notwendigkeit des Triebaufschubs in der Kultur, zugleich aber wendet er sich gegen den Glauben, »wir wären viel glücklicher, wenn wir sie (die Kultur, d.Verf.) aufgeben und in primitive Verhältnisse zurückfinden würden«. Diesem Glauben sitzen viele auf – Intellektuelle und Durchschnittsbürger. Davon weiß Robert Bly in seinem Buch »Die kindliche Gesellschaft – Über die Weigerung, erwachsen zu werden« (1997) zu berichten: »Menschen jeden Alters machen Anstalten, sich um die Anforderungen des Erwachsenseins zu drücken ... Ein Weg, die Anforderungen einer Kultur zu umgehen, besteht darin, eine kindliche Gesellschaft zu errichten.«[168]

Rousseauismus pur findet sich als Schulmodell in einer Linie wieder bei Alexander Neill mit seiner 1921 gegründeten antiautoritären »Summerhill«-Schule. In dieser Antischule hat ein Kind nur Dinge zu tun oder zu lassen, »die es selbst angehen«. Die Kinder können den Unterricht besuchen oder nicht. Es gibt keine Hausaufgaben, keine Zensuren und keine Prüfungen. Die »Schüler« können am Ende lesen und schreiben oder nicht. Als Devise gilt nur das »Recht aufs Spielen, Spielen und abermals Spielen«, schreibt Neill in seinem Buch »Theorie und Praxis der antiautoritären Erziehung« (1960), das gerade für deutsche 68er zum Kultbuch und zum pädagogischen Katechismus wurde.

Auch viele Jahre später hat Neill bei den Linken nichts von seiner Faszination verloren. In ihrem Wahlprogramm zur Landtagswahl 1987 in Schleswig-Holstein fordern die Grünen für Schüler ein »Recht auf Widerstand und Ungehorsam« und ein »Streikrecht«. Noch im Oktober 1991, als »Summerhill« schon die Schließung droht, gerät »DIE ZEIT« in ihrem Magazin ins Schwärmen: »Summerhill – Die Legende lebt«, »Erzogen zur Freiheit«, »Ausgebildet ohne Zwang«, »Präpariert für das Leben«, »Geübt in Gemeinsamkeit«, »Immer noch ein Vorbild« lauten die Zwischenüberschriften einer zehnseitigen Bild- und Textreportage. Selbst der Neo-Psychoanalytiker Erich Fromm sagt über Neill: »Ich habe das Gefühl, daß Neill die Bedeutung, die Echtheit und die Befriedigung eines intellektuellen Begreifens der Welt zugunsten einer emotionalen und künstlerischen Erfassung unterschätzt.«

Dementsprechend sind die Folgen von »Summerhill« nicht nur in Summerhill, sondern überall, wo »Summerhill« rezipiert wurde. Schließlich reicht dieser Hedonismus, diese Happiness ohne Anstrengung bis zum heutigen Tag weit hinein in die Didaktik und Methodik »roter« oder »grüner« Konzepte. Die Erkenntnisse des deutschamerikanischen Sozialpsychologen Kurt Lewin aus den 40er und 50er Jahren und die Ergebnisse seiner Untersuchungen über die Wirkung von verschiedenen Erziehungs- und Führungsstilen nimmt man nicht zur Kenntnis – weil sie wenig schmeichelhaft für das Laissez-faire sind.

»Summerhill« hat verdrängt, daß sich Ich-Stärke erst ergibt aus Lernen, Leistung und Verzicht. Ein »lustvolles Lernen« und ein »Sofortismus«, der sofort alle Gefühlsregungen zu befriedigen versucht, provozieren Schulmüdigkeit, Langeweile und permissive

Leere. Jeder tut nach dieser modernen »Variante des Narzißmus«[169] nur noch, wozu er Lust hat. Das »Vokabellernen ... gilt als verpönt, Grammatik treiben und übersetzen, bewußt Sätze nach Regeln konstruieren, ist geradezu ein Sakrileg«.[170]

Der Rousseauismus mit seinem Laissez-faire wird in den 70er und 80er Jahren vor allem von deutschen »Antipädagogen« nachgebetet. Es häufen sich Buchtitel wie: »Die Kolonialisierung des Kindes«, »Die Zerstörung der primären Erfahrungswelt«, »Die Zerstörung unserer Glücksfähigkeit in der frühen Kindheit«, »Die Liquidierung von Kindheit«. Für einen Ekkehard von Braunmühl (1975) ist Erziehung »Versklavung des Kindes« und »Gehirnwäsche«.[171] Für einen Hubertus von Schoenebeck (1982) ist sogar die Schulpflicht »nur wohlwollende Maske einer diktatorischen und chauvinistischen Grundeinstellung jungen Menschen gegenüber«; er läßt auch das Prinzip erzieherischer Verantwortung nicht gelten, denn diese sei lediglich ein vorgeschützter Grund, Herrschaft über die Kinder auszuüben. Kinder seien für sich selbst zuständig, man müsse sie alles selbst entscheiden lassen.[172] Für Alice Miller (1979) ist Erziehung vor allem narzißtische Kränkung für das Kind, Erfahrung der Geringschätzung durch Erwachsene und Fühlenlassen von Erwachsenenmacht.[173]

Philosophische Unterstützung finden diese Autoren – 15 Jahre nach Marcuse – bei Michel Foucault (1926–1984), der in seinen Vorlesungen von 1982 bis 1984 eine »Autofinalisierung«, eine »Autosubjektivierung« und eine Befreiung von Fakten und Lasten fordert. Sein Kernsatz lautet: »Das Selbst ist das definitive und alleinige Ziel der Selbstsorge.« Sein Imperativ heißt: »Kümmere dich um dich selbst!«[174]

Beate Scheffler, bis Mai 1995 »grüne« Landtagsabgeordnete in Nordrhein-Westfalen und ehemals jugendpolitische Sprecherin der NRW-Grünen, gehört zu den wenigen »Progressiven«, die über die Folgen antipädagogischen Tuns oder Unterlassens, über die Erziehungsfehler der 68er nachgedacht haben. Der »SPIEGEL« zitiert sie: »Wir haben unsere Erziehungsziele nicht erreicht. Statt der mündigen, sozial und ökologisch engagierten, politisch hochmotivierten Jugend hat unsere Erziehung eine Spezies hervorgebracht, die zum überwiegenden Teil egozentrisch, konsumorientiert und im schlimmsten Fall sogar gewalttätig und fremdenfeindlich ist.« Ihre Fraktion fällt über sie her. Man wirft ihr ein »böses, konservatives Zerrbild«, eine »Beleidigung einer ganzen grün-alternativen LehrerInnen- und Eltern-Generation einschließlich ihrer wissenschaftlichen Mütter und Väter (von Alexander S. Neill über Erich Fromm bis hin zu Hartmut von Hentig)« vor.[175]

Wenigstens hat die Linke mittlerweile ihre Lust an Freud und an der Psychoanalyse verloren, weil sie einsehen mußte, daß die klassische Psychoanalyse abseits aller Libidotheorie eben gar nicht taugt als Begründungstheorie für einen grenzenlosen Narzißmus, Subjektivismus und Hedonismus. Freud selbst war es, der als Therapieziele und als allgemeine Lebensziele gleichrangig neben der Liebes- und Genußfähigkeit gerade auch die Arbeitsfähigkeit nannte. Und Freud war es, der als Voraussetzung für jede kulturelle Leistung die Fähigkeit zum Triebverzicht und die Fähigkeit zur Sublimierung, also zur Verfeinerung und Erhöhung des Lustvollen, genannt hatte. Um so begieriger stürzte sich die Linke auf den Freud-Abtrünnigen Wilhelm Reich, einen langjährigen Freund von Alexander Neill übrigens, mit seinem Konzept der freien Trieberfüllung und mit seinem Idealbild eines orgasmus- und liebesfähigen Menschen.

Erneut zu Rousseau: Sein Verdienst bleibt es, festgestellt zu haben, daß das Kind kein kleiner Erwachsener ist. Diese Erkenntnis allerdings hat es »progressiven« Gesellschaftspolitikern, Sozialforschern und Pädagogen eben nicht angetan. In permanenter Überschätzung und Überforderung des Kindes huldigen sie der Vorstellung, daß Heranwachsende alles dürfen und nichts sollen.

Dazu zwei Beispiele, die unmittelbar nichts, von ihrem geistigen Hintergrund her aber sehr viel miteinander zu tun haben; zwei Beispiele, die keine schulpolitische Relevanz, aber sodann schulische Auswirkungen haben: erstens der Vorschlag einer deutlichen Herabsetzung des Wahlalters und zweitens der Vorschlag einer Freigabe von Drogen.

Beispiel 1: Bestimmte »Jugendforscher« meinen, daß Kinder mit sieben Jahren schon wahlmündig seien. Begann im deutschen Kaiserreich die Wahlmündigkeit noch mit 25, in der Weimarer Republik mit 20, in der Bundesrepublik bis zum Jahr 1971 mit 21 Jahren, so ist sie seitdem – wie fast überall in der Welt – auf die Vollendung des 18. Lebensjahres festgesetzt. Klaus Hurrelmann von der Universität Bielefeld plädiert in einem Gutachten für die Deutsche Forschungsgemeinschaft (DFG) für ein volles Wahlrecht mit 16, und er begründet es damit, daß die Jugend heutzutage politisch aufgeweckt sei. Allerdings entwickelt sein Vorschlag eine auffällige Dynamik. In der »ZEIT« vom 19. Juni 1992 tritt Hurrelmann für eine Wahlmündigkeit mit 15 bis 16 Jahren ein, in der »ZEIT« vom

8. März 1996 für eine Wahlmündigkeit mit zwölf bis 14. Man ist versucht zu extrapolieren: Dann müßte in der »ZEIT« spätestens im Jahr 2008 der Vorschlag eines Wahlrechts mit null Jahren, das heißt mit der Geburt, erscheinen. Immerhin führen die Länder Niedersachsen, Schleswig-Holstein, Sachsen-Anhalt, Nordrhein-Westfalen und Hessen zwischen 1995 und 1998 ein Wahlrecht bei Kommunalwahlen für 16jährige ein. Eine niedersächsische Justizministerin denkt 1996 schon weiter, sie will ein Wahlrecht mit sieben bei Kommunalwahlen und mit 14 Jahren bei Bundestagswahlen.

Während die tatsächliche Jugendphase immer mehr verlängert wird und junge Menschen aufgrund zum Teil sehr langer Bildungszeiten immer später selbständig werden, während im Jugendstrafrecht immer mehr Nachsicht wegen »Unreife« geübt wird, glaubt man, mit Jungwählern im Kindes- und Jugendalter auf Stimmenfang gehen zu können. Ob hier – angesichts eines überdurchschnittlichen und wachsenden Anteils von konservativen älteren Wählern – immer Uneigennützigkeit dahintersteckt, mag offenbleiben. Aber da paßt es ja, daß sich eine SPD-Schatten-Gesundheitsministerin im Sommer 1995 zugleich für eine Begrenzung des Wahlrechts nach oben stark macht. Dahinter steckt ein Populismus, der als Jugendfreundlichkeit verkauft wird. Aber vor allem ist das eine Romantisierung des Kindes- und Jugendalters. Wer den Wahlakt infantilisiert, der degradiert ihn zum Kinderspiel, zum Spiel- und Lernfeld. Wählen zu dürfen kann schließlich keine erzieherische Maßnahme der politischen Bildung sein. Das Wahlrecht soll nicht zur Reife hinführen, sondern das Wahlrecht setzt diese voraus.

Beispiel 2: In den 60er und 70er Jahren verkündete Herbert Marcuse, Drogenkonsum sei Ausdruck von Individualität gegen die bürgerliche Gesellschaft und Vorbote einer freieren Gesellschaft. Nicht wenige fielen darauf herein, weil sie sich mit Marcuse zugleich die Aura des übelgelaunten politischen Durchblickers und der Hippie-, Love-, Peace- und Happiness-Romantik geben wollten. 30 Jahre danach springen Vertreter der Politik und der Rechtsprechung auf diesen Zug auf. Sie legen die medizinisch-psychiatrischen Aspekte des Drogenkonsums zur Seite. Reihenweise machen sich »rote« und »grüne« Gesundheits-(!)MinisterInnen/DezernentInnen und entsprechend gefärbte Richter stark für die Freigabe von Haschisch, gar für ein »Recht auf Rausch« – natürlich ab 14 oder 16. Die »Reformer« der 90er Jahre kehren zurück zu Marcuse (1969) und seiner Ideologie der Systemüberwindung, seinem Kulturheros des orphisch-narzißtischen Menschen, seiner Auflehnung gegen Kultur, gegen Mühsal und gegen Triebverzicht, seiner Forderung nach einem neuen Bewußtsein einer dem »System der Ausbeutung« allzusehr angepaßten Arbeiterklasse, seiner »großen Weigerung«, seiner in umwerfender Logik vorgetragenen Forderung »Das Bestehende ist falsch, weil es negiert werden muß« – und: zu seiner Idee der Erweiterung des – »politischen« – Bewußtseins durch Drogen. Tatsächlich aber scheint es – hier im Falle der Drogen – um das Einschläfern des kritischen Geistes durch »chemische Ferien« zu gehen. In Aldous Huxleys Roman »Brave New World« heißt diese Droge »Soma«. Sie dient dort, in der »Schönen neuen Welt«, der Flucht aus Momenten des persönlichen Ungleichgewichts.

Jedoch: »Tausende von Kindern sind durch die bekannte ›Nonfrustration‹-Erziehung zu unglücklichen Neurotikern geworden«, sagt Konrad Lorenz.[176] Bleibt zu hoffen, daß die Erzieher all das nicht mitmachen. Wer bereit wäre, abendländische Geistesgeschichte zur Kenntnis zu nehmen, müßte wissen, wo eine Befreiung von Kultur und ein Laissez-faire enden. Platon sagt das 375 Jahre vor Christus in seiner »Politeia« eindeutig: *»Wenn* sich Väter daran gewöhnen, ihre Kinder einfach gewähren und laufen zu lassen, wie sie wollen, und sich vor ihren erwachsenen Kindern geradezu fürchten; oder *wenn* Söhne schon sein wollen wie die Väter, also ihre Eltern weder scheuen noch sich um ihre Worte kümmern, sich nichts mehr sagen lassen wollen, um ja recht erwachsen und selbständig zu erscheinen; *wenn* die Lehrer bei solchen Verhältnissen vor ihren Schülern zittern und ihnen lieber schmeicheln, statt sie sicher und mit starker Hand auf einem geraden Weg zu führen, so daß die Schüler sich nichts mehr aus solchen Lehrern machen; *wenn* es überhaupt schon so weit ist, daß sich die Jüngeren den Älteren gleichstellen, ja gegen sie aufgetreten sind mit Wort und Tat, die Älteren sich aber unter die Jungen stellen und sich ihnen gefällig zu machen versuchen, indem sie ihre Albernheiten und Ungehörigkeiten übersehen oder gar daran teilnehmen, damit sie ja nicht den Anschein erwecken, als seien sie Spielverderber oder auf Autorität vergessen; *wenn* auf diese Weise die Seele und die Widerstandskraft der Jungen allmählich mürbe werden; *wenn* sie aufsässig werden und es schließlich nicht mehr ertragen können, *wenn* man nur ein klein wenig Unterordnung von ihnen verlangt; *wenn* sie am Ende dann auch die Gesetze verachten, weil sie niemand und nichts mehr als Herrn über sich anerkennen wollen, *so* ist das der schöne und jugendfrohe Anfang der Tyrannis.«

23

Pädagogische Allmachtsphantasien und die naive Behaviorismus-Gläubigkeit

Mitte des 18. Jahrhunderts etabliert sich ein französischer Materialismus, der Psychologie und Pädagogik mit seinen mechanistischen Vorstellungen vom Menschen bis zum heutigen Tag nicht mehr losgelassen hat. Maßgeblicher Vertreter dieser Richtung ist Julien de Lamettrie (1709–1751). Lamettrie entwirft in seinem Hauptwerk »L'homme machine« (1748) die materialistische Sicht eines maschinenähnlichen Menschen, dessen psychische Vorgänge und geistige Verfassungen angeblich vollkommen von den Umständen abhängen. In die gleiche Richtung tendiert Claude Adrian Helvetius (1715–1771) mit seiner posthum erschienenen Schrift »Vom Menschen, von dessen geistigen Kräften und von der Erziehung derselben« (1772). Darin beschreibt er den Menschen als »eine Maschine, die, sobald sie durch die ›sensibilité physique‹ in Bewegung gesetzt wird, alles, was diese ins Werk setzt, tun muß«. Diese mechanistische Vorstellung entspricht später der Ideologie der Jakobiner. Rabaud St. Etienne verkündet: »Um das Volk glücklich zu machen, muß man es umschaffen, seine Ideen ändern, seine Gesetze ändern, seine Sitten ändern, die Worte ändern, alles zerstören, weil alles von Neuem gebaut werden muß.«

Rousseau dachte ähnlich, und nach ihm ebenso Marx, Bloch, Marcuse, die Frankfurter Schule und die »APO«. Sie wollten mit der Auflösung des Bestehenden den Menschen zur Vollkommenheit zurückführen, die durch Zwänge, Sitten und Gewohnheiten verlorengegangen sei. Daß mit der Verheißung der Abschaffung von Zwängen freilich das Unglück oft erst richtig begann, ist bekannt – auch in der Bildungsgeschichte.

Es soll mehr als 100 Jahre dauern, ehe sich eine »objektive« Psychologie etabliert, die das Gedankengut von der Determiniertheit beziehungsweise von der Programmierbarkeit des Menschen durch die so oder so gestalteten Umstände aufgreift. Aber sie greift es auf und trägt es fort – bis zum heutigen Tag und bis hinein in die Pädagogik. Um 1900 schließt sich Iwan Petrowitsch Pawlow (1849–1936) Lamettries Überlegungen an. Pawlow entwickelt seine

Reflexologie, für die er 1904 den Nobelpreis für Physiologie erhält. Im Kern besagt seine Theorie, die auf der Basis von Experimenten mit Hunden entwickelt wurde, daß nicht nur Reflexe, sondern auch bewußte Reaktionen konditioniert werden könnten. Alles tägliche Leben lasse sich als konditioniertes Verhalten verstehen. Die lateinische Vokabel »conditio« heißt »Bedingung«; »konditionieren« bedeutet also: Bedingungen für ein gewünschtes Verhalten schaffen.

Die amerikanischen Behavioristen, allen voran John Watson (1878–1958), Edward Thorndike (1874–1949) und Burrhus Skinner (1904–1994), folgen Pawlow rasch nach. Anhand von Tierexperimenten – überwiegend mit Ratten, Tauben und Katzen – wollen sie darlegen, daß alles Verhalten und Erleben abhängige Variable der unabhängigen Variablen »Umwelt« sei. Die russischen Reflexologen und die amerikanischen Behavioristen führen damit – experimentell und statistisch angereichert – die mechanistische Sicht eines Lamettrie fort. Das hat Auswirkungen auf die Pädagogik. Es hat die Geburtsstunde des Axioms des pädagogischen Optimismus geschlagen, dem zufolge der Mensch von außen her determinierbar und als Lernprodukt grenzenlos programmierbar und bildbar sei. Man glaubt, den Nativismus, die Annahme von der genetischen Determiniertheit psychischer und geistiger Dispositionen, niedergerungen zu haben. Und man glaubt, den Menschen wie ein Werkstück formen zu können. Wird am Ende des behavioristischen Jahrhunderts vielleicht deshalb so gerne von Schulen als »Workshops« schwadroniert?

Mit Pawlows Nachweis der Manipulierbarkeit eines Versuchstiers sind Psychologie und Pädagogik aber im wahrsten Sinn des Wortes »auf den Hund« gekommen. Die Vorstellung von einem Lernen als bedingtem Reflex, als Einschleifen von Nervenbahnen, als »materielle« Tatsache kommt dem Marxismus-Leninismus mit seinem Glauben an die Veränderlichkeit des Menschen und mit seinen Machbarkeitsutopien entgegen. Geistiges spielt dabei keine Rolle mehr. Nach Watson (1914) ist der Mensch ein »Reflexautomat«: »Es ist möglich, eine Psychologie zu schreiben und niemals die Begriffe Bewußtsein, seelischer Zustand, Geist, Inhalt, Wille, Phantasie und dergleichen zu gebrauchen.« Skinner entwickelt daraus später Lehr- und Lernprogramme, die in den 60er Jahren als »Programmierter Unterricht« eine pädagogische Euphorie auslösen.

In seinem Zukunftsroman »Walden Two« (1948) schließt sich bei

Skinner der Kreis zu Rousseau. Nach dem Vorbild der Aufsatzsammlung »Walden« von Henry Thoreau (1817–1862) entwirft Skinner hier das Ideal eines naturverbundenen, einfachen Lebens. Der Roman skizziert – so sein deutscher Titel – ein »Futurum Zwei« (1972), eine – so der deutsche Untertitel – »Vision einer aggressionsfreien Gesellschaft«, eine »geplante Utopie«, »eine programmierte Gesellschaftsordnung« nach dem Vorbild des Programmierten Lernens. Werner Corell sieht im Vorwort zur deutschen Ausgabe den Skinner-Roman als »Vision einer menschlichen Gemeinschaft, in der die einzelnen Menschen tatsächlich nicht – wie sonst fast unvermeidlich – unnötigerweise frustriert werden und dadurch Aggressionen ausbilden, sondern ein Optimum an Verstärkungen erfahren, indem sie aufgrund ihrer primären Motivationen primäre Erfolgserlebnisse erfahren«.[177]

Joachim Fest beschreibt folgerichtig die Zeit seit dem späten 18. Jahrhundert als eine Epoche, die sich von jeder anderen durch den Glauben unterschied, »daß der Mensch die Unvollkommenheit seiner Bedingungen überwinden und die Welt gleichsam neu erschaffen könne«.[178] Fest weiter: »Der gleichzeitig einsetzende Säkularisierungsprozeß hat dann im Fortgang der Dinge dazu beigetragen, die christlichen Jenseitshoffnungen mehr und mehr zur weltlichen Utopie zu verwandeln.«[179] Die Erfahrungen aber, daß die neuen Verhältnisse immer wieder den alten Adam hervorgebracht hätten, seien wirkungslos verhallt; sie hätten den Glauben nicht aufgehalten, »daß der Mensch neu gemacht und zu einem störungsfreien funktionierenden Lebewesen entwickelt werden könne, ameisenhaft geschäftig, von aller Zweideutigkeit befreit und nur dem Gemeinwohl dienend«.[180] Als Triumph dieses Zweckrationalismus des 18. Jahrhunderts mit seiner Zielsetzung des Planerischen, das keine Ausnahme und keine Individualität duldet, ist dann – Hannah Arendt folgend – der Totalitarismus entstanden.[181]

»Im Grunde ist die Vorstellung des leidenschaftslos agierenden, durch Züchtung und Erziehung abgerichteten Neuen Menschen nur ein anderer Ausdruck des Allmächtigkeitswahns der Epoche«, so Joachim Fest[182], die sich bis weit hinein ins 20. Jahrhundert fortgesetzt habe und ihren parolenhaften Ausdruck in der Losung der russischen Revolution »Der Mensch wird umgebaut«, später in Blochs »Hohn auf die Realität« sowie in dessen Ausfällen gegen den »Tatsachenfetischismus« und gegen den »platten Empirismus« gefunden habe. Im Jahr 1989 aber, fährt Fest fort, endete der Glaube, »daß sich die Welt nach einem ausgedachten Bilde von Grund auf ändern lasse«. Der Aufruhr des Jahres 1989 war ein »Aufruhr gegen den Terror der Ideen und ... eine Befreiung zur Realität«. Freilich sei »die utopische Sehnsucht ... deshalb nicht verstummt«. Sigmund Freuds Satz, wonach »die Absicht, daß der Mensch ›glücklich‹ sei ... im Plan der ›Schöpfung‹ nicht enthalten« ist, werde stets »die Einsicht weniger sein«. Aber: »Es gibt keine liberale Utopie.« Der Antrieb des utopischen Gedankens sei nämlich die Sehnsucht nach Einheit oder die Angst vor Spannungen und Antagonismen: »Das eine wie das andere aber ist unvereinbar mit der Idee und Wirklichkeit einer offenen Ordnung.« Diese Einsicht dränge zum Schluß, »daß ein Leben ohne Utopie zum Preis der Modernität gehört«.

Rousseaus Erbe bleibt. Wie »Émile«, der als »pädagogischer Homunkulus sorgfältig von der Zivilisation abgeschirmt« wird[183], sollen Menschen in einer Laborsituation aufwachsen und erzogen werden. So etwas ist, wenn es in die Schulpolitik Einzug hält, »behavioristische Pedanterie«.[184] Und die Naiven in der Schulpolitik bleiben bei Rousseau, Pawlow und Skinner sowie bei ihrem megalomanischen Versuch einer Korrektur der Natur durch Behaviorismus. Man will damit gegen die »irrende« und Unterschiede produzierende Natur vorgehen.

24

Visionen brauchen Re-Visionen

Was ist der Unterschied zwischen Medizin und Schulpolitik? Antwort: In der Medizin kommt vor dem Rezept die Diagnose. In der Schulpolitik kommt sofort und nur das Rezept, und zwar als rezeptologische Vision oder als rezeptologische Reform; damit hat sich's. Rezepte, Visionen und Reformen werden damit zum Problem, als dessen Lösung sie sich ausgeben. Wie aus einem Füllhorn schwappen dennoch die »neuen« Ansätze über uns: »Schule neu denken«, »Bildung neu denken«, »Erziehung neu denken«, »Lernen neu denken«, »Lehren neu denken«, »den Lehrerberuf neu denken« – selten war die Schulpolitik so voller Neomanien, das heißt so voll des Wahns, jetzt müsse alles neu werden. Ganze Kongresse werden damit bestritten. Gelegentlich heißen sie schon mal »Visionskongresse«. Vielleicht hat all das mit dem Ende eines Jahrhunderts/Jahrtausends zu tun; man will schnell noch den Sack zukriegen, bevor es 2000 schlägt. So viel Aufbruch war jedenfalls nie. Man kann nur hoffen, dieser Aufbruch wird nicht zum Abbruch mit der Abrißbirne und die – apokalyptisch unterlegten – Neomanien beruhigen sich mit dem 1. Januar 2000.

Überhaupt haben so manche Schulreformpolitik und Schulpädagogik nur selten die Schulreife ihrer Konzepte unter Beweis gestellt; sie verhalten sich nämlich wegen ihres Neuheitswahns zu schulischer Praxis des öfteren wie Märchen zu Realität. Macht nichts! Ständig ist man auf der Suche nach neuen Zauberformeln, mit deren Hilfe sich alle Menschen gleich und frei entfalten und möglichst spielerisch in den Besitz höchster Bildungsschätze gelangen können. Daß bislang noch jede dieser Beschwörungsformeln nur immer wieder den alten Adam hervorgebracht hat, ertragen die Beschwörer mit den ihnen eigenen extrafunktionalen Qualifikationen grenzenloser Frustrationstoleranz und unerschütterlicher Lust an der Vision.

Romantik statt Aufklärung

Dabei wissen die Visionäre vermutlich gar nicht, was sie sich mit der Besetzung des Begriffs »Vision« eingefangen haben. Sie bräuchten nur im Duden, Band 8, dem Wörterbuch der sinn- und sachverwandten Wörter, nachschlagen. Dort fänden sie im Kontext von »Vision« unter anderem folgende Wörter: Einbildung, Spekulation, Fiktion, Erdichtung, Irrealität, Unwirklichkeit, Phantasie, Auswüchse, Ausgeburt der Phantasie, Schimäre, Halluzination, Imagination, Täuschung, Sinnestäuschung, Gesicht, Fata Morgana, Wahn, Trugbild, Gaukelei, Gaukelspiel, Gaukelwerk, Phantom, Utopie, Hirngespinst, Hokuspokus, Illusion, Wunschtraum, Seifenblase, Wolkenkuckucksheim, Luftschloß, leerer Dunst, Betrug, Bewußtseinstrübung.

Warum angesichts dieses Kontextes und dieser Konnotationen dann Visionen? Warum produziert gerade Schulpädagogik so gerne Visionen, warum glaubt sie ihnen, und seien sie noch so idyllisches Westentaschenformat? Wahrscheinlich, weil Visionen für den Gefühls- und Geisteshaushalt von Menschen die gleiche Bedeutung haben wie weltanschauliche Haltungen und anthropologische Vorstellungen. Diese leisten – psychologisch betrachtet – nämlich mindestens ein Vierfaches. Erstens: Sie haben eine identitätsstiftende Funktion; vor sich hergetragen, »outen« sie – wie Visionen – ihre Träger und grenzen sie gegen die Sympathisanten anderer Visionen oder gegen die plumpen nonvisionären Realisten ab. Zweitens: Sie haben die psychohygienische Funktion der Ich-Verteidigung, denn sie helfen, mit persönlichen Problemen, etwa verdrängten Frustrations-, Neid- oder Haßgefühlen, fertig zu werden. Drittens stehen Visionen wie pseudoreligiöse Rituale und Beschwörungsformeln Freuds »universeller Zwangsneurose« nicht fern; sie haben – wie es Merkmal von Ritualen und Zwangshandlungen ist, die Aufgabe, Unsicherheiten und Ängste zu bannen. Und schließlich erlauben – viertens – weltanschauliche Haltungen und anthropologische Vorstellungen es, via attitüdenbedingter Wahrnehmungsselektion oder Wahrnehmungsakzentuierung eine sonst unüberschaubare Komplexität von Wirklichkeit zu vereinfachen. Auf eine Vision übertragen, heißt letzteres: Sie ist wie jede Theorie leichter nachvollziehbar als Wirklichkeit, weil die Theorie – sofern es eine Steigerung von »logisch« gibt – logischer ist als die sperrige Wirklichkeit, zum Beispiel logischer als die Wirklichkeit der Individualität von zwölf Millionen Schülern in Deutschland. Deshalb greifen Bildungstheoretiker gerne zur Methode »Keuner«: Es geht vielleicht wirklich um das, was Bertolt Brecht in einer der »Geschichten des Herrn Keuner« zum Ausdruck bringt. Dort wird Keuner gefragt, was er tue, wenn er einen Menschen liebe. Keuner antwortet: »Ich mache einen

Entwurf von ihm und sorge dafür, daß er ihm ähnlich wird.« »Wer? Der Entwurf?« wird nachgefragt, und Keuner antwortet: »Nein, der Mensch.«

Die Positionierung von Visionen im Spektrum von Aufklärung bis Romantik ist damit klar. Innerhalb der uralten Dichotomie von rationaler Haltung der Aufklärung hier und verklärender Haltung der Romantik dort liegt die Vision eindeutig bei der Romantik und beim Verklären – auf Kosten des Rationalen und auf Kosten des Realismus. Nietzsche hätte dazu gesagt: Solche Romantik ist Verlogenheit vor der Wirklichkeit.

Dennoch haben einige die Nase von Visionen noch immer nicht voll. Oskar Negt, Professor für Soziologie in Hannover, ist einer davon. Im Klappentext seines Buches »Kindheit und Schule in einer Welt der Umbrüche« (1997) beklagt sein Verlag – oder er selbst – den »Verlust an Visionen und Utopien«, um das Buch sogleich ein »engagiertes Plädoyer für eine zweite Bildungsreform« zu nennen, die ... »das Utopiebedürfnis von Lernenden und Lehrenden anerkennt und die Zukunft der Kinder und Jugendlichen sichert«. »Wesentliche Erfahrungsgrundlage« ist für Negt, »was die im allgemeinen von tiefem Realismus (sic!) getragenen utopischen Organisationsphantasien von Pädagogen in Privatschulen oder in öffentlichen Erziehungsexperimenten ... anzubieten haben«.[185]

Die Verklärung der Reformpädagogiken

Was muß also folgen, um den permanenten Konflikt zwischen Anspruch und Wirklichkeit im Schulgeschehen zu lösen? Klar: Es müssen Reform und die Reformpädagogik her! Ohne Rücksicht auf ihren nostalgischen Charakter und ihren Anachronismus werden die Ziele und Methoden der Reformpädagogik beschworen.

Zugleich wird so getan, als gäbe es »die« Reformpädagogik als »das« Rezept schlechthin. In einen Topf werden dann geworfen oder allenfalls selektiv und eklektizistisch perzipiert: Georg Kerschensteiner (1854–1932) mit seiner Arbeitsschulbewegung, Hugo Gaudig (1860–1923) mit seiner Schule der freien geistigen Arbeit, Berthold Otto (1859–1933) mit seiner Hauslehrerschule, Maria Montessori (1870–1952) mit ihrer Casa dei bambini, Rudolf Steiner (1861–1925) mit seiner Waldorfschule, Peter Petersen (1884–1952) mit seiner Jena-Plan-Schule, Hermann Lietz (1868–1919) mit seiner Landerziehungsheim-Bewegung und deren Sezessionen, zum Beispiel der Odenwaldschule, Heinrich Scharrelmann (1871–1940) und Fritz Gansberg (1871–1950) mit ihrer Erlebnispädagogik, Célestin Freinet (1896–1966) und andere mit der Freiarbeit.

Innerhalb der Europäischen Gemeinschaft soll es ja tatsächlich 1300 Schulen geben, die einer der genannten Richtungen folgen: 30 Prozent davon in den Niederlanden, 20 Prozent in Dänemark und zwölf Prozent in Deutschland; unter den 1300 jede fünfte als Waldorfschule, jede sechste als Montessori-Schule und jede siebte als Jena-Plan-Schule. Aber das sind – selbst wenn man die Handvoll sich antistaatlich, antiinstitutionell oder antiherrschaftlich verstehenden Alternativschulen wie »Summerhill« hinzurechnet – gerade eben 1300 und damit weniger als ein Prozent aller Schulen in der EU. Wohl auch deshalb weniger als ein Prozent, weil die Arbeit dieser Schulen für die Gesamtpopulation der Schüler nicht generalisierbar ist.

Dennoch schwelgt man geradezu kultisch in »der« Reformpädagogik. Rational ist der Umgang damit nicht. Vielmehr wird Reformpädagogik hochselektiv wahrgenommen und zugleich völlig unzulässig generalisiert. Das ist vor allem aufgrund der unter »Reformpädagogen« stattfindenden Abstraktion reformpädagogischer Ansätze von ihrem historischen Hintergrund eigentümlich anachronistisch; diese Abstraktion ist unzulässig, weil sich Reformpädagogik von Defizitbeschreibungen der Bildung des 19. Jahrhunderts herleitet – Beschreibungen und Lösungen, die am Beginn des 20. Jahrhunderts teilweise gelten konnten, nicht aber für das Jahr 2000 gelten können.

Im übrigen bietet Reformpädagogik ein äußerst heterogenes Bild; sie ist keine Einheit, sondern umreißt ein riesiges Spektrum an Ansätzen und Bildern von Mensch und Gesellschaft. Dieses Spektrum reicht von völkisch bis kommunistisch, von konservativ bis sozialistisch, von liberal bis fundamentalistisch, von individualistisch bis kollektivistisch, von metaphysisch bis rationalistisch. Vor allem aber tritt die Reformpädagogik nicht selten dogmatisch auf. Man beachte hierzu den Untertitel des Standardwerks zur Reformpädagogik von Jürgen Oelkers: »Reformpädagogik – Eine kritische Dogmengeschichte«. Oelkers nennt reformpädagogische Aussagen deshalb »Dogmen«, »weil sie in ihrer erzieherischen Inszenierung kritikfest kommuniziert werden ... Diese Dogmen wollen und müssen recht behalten, und das Eigentümliche an der Reformpädagogik ist, dass die sanfte Sprache dies zugleich artikulieren und verdecken kann.«[186]

Henning Günther, Professor für Schulpädagogik an der Universität Köln, geht noch weiter. In seinem Aufsatz »Kritische Würdigung der Reformpädagogik« faßt er 1997 die Einwände gegenüber der Reformpädagogik zu folgenden fünf Punkten zusammen: »Reformpädagogen sind politisch falsch orientiert« (Günther meint damit den politischen Opportunismus mancher Protagonisten der Reformpädagogik, etwa von Peter Petersen, von Maria Montessori oder von Célestin Freinet), »Reformpädagogen sind radikal und rechthaberisch«, »Reformpädagogen sind keine Wissenschaftler«, »Reformpädagogen machen sich die Anthropologie zurecht, wie sie sie brauchen«, »Reformpädagogen haben falsche Vermutungen über das Lernen«.[187]

Ehe wir also im Leitbild der kuscheligen einklassigen Dorfschule versinken, sollten wir uns an die Re-Visionen der Visionen und an die Re-Formierung erprobter Schulkonzepte machen. Christoph Führ, dem wahrscheinlich besten Kenner deutscher Bildungsgeschichte des 20. Jahrhunderts, ist zuzustimmen, wenn er festhält: »Es ist an der Zeit, sich von Illusionen, bildungsutopischen Spätfolgen der sechziger Jahre, zu verabschieden, die lange unsere Schul- und Hochschulpolitik bestimmten.« Zu diesen Illusionen oder »eisernen bildungsideologischen Beständen« rechnet Führ die ständige Expansion des Sekundar- und Hochschulwesens, die Vorstellung, daß die Abiturientenquote der klassische Maßstab für Bildungsfortschritt sei, die Verteufelung der Auslese und des Leistungsgedankens im Schul- und Hochschulwesen.[188]

25

Ob links, ob rechts: Schulpolitik muß konservativ sein!

Nach 1989 wurde – wieder einmal – die Frage »What's right, what's left?« diskutiert. Auf wissenschaftlicher Ebene hat die Diskussion zu keinem eindeutigen Ergebnis geführt. Zu sehr hätten – so wurde resümiert – beide Richtungen Schnittmengen. Dennoch fällt es der Bevölkerung nicht schwer, sich selbst links oder rechts zu lokalisieren. »Die Befragten«, schreibt Elisabeth Noelle-Neumann 1995, »haben damit keine Mühe; mehr als 90 Prozent ordnen sich auf dem politischen Spektrum ein.«[189]

»Links« wird nach Noelle-Neumann assoziiert mit: Gleichheit, antiautoritär, Nähe, Wärme, Formlosigkeit im Umgang, der Anrede »du«, mit Spontaneität, Sicherheit, Verantwortung des Staates, Planung, Prägung durch das Milieu, Verantwortung der Gesellschaft für das Befinden des einzelnen, Internationalismus, Kosmopolitismus.

»Rechts« wird assoziiert mit: Unterschieden individueller, sozialer und nationaler Art, Autorität, Hierarchie, förmlichen Umgangsformen, Anrede »Sie«, Disziplin, Freiheit von staatlichem Zugriff, Risikobereitschaft, Anstrengung, Schutz der Privatsphäre, Wettbewerb, Privateigentum, Verantwortung des Individuums, dem Nationalen.

Links will als reformerisch und fortschrittlich (im Sozialen, aber nicht mehr im Technischen) gelten. Links hat einen Traum, glaubt an die Perfektibilität des Menschen und liefert Glücksversprechen. Links führt Schwächen des Menschen auf Zivilisation und Milieu zurück. Links heißt, Verantwortung für Fehlentwicklungen dem System zuzuweisen. Links heißt, sich unwohl zu fühlen ob der Umstände. Links fragt nach der »Freiheit wovon?«.

Für Rechts hat das Gewachsene Priorität. Rechts will Reform als behutsame Anpassung. Rechts versteht sich nicht als struktur-, sondern als wertkonservativ. Rechts sieht die Conditio humana, dementsprechend den Menschen als unvollkommen und – im christlichen Sinne – als gefährdet. Rechts hat keinen Traum und kein Glücksversprechen. Rechts sieht die Verantwortung für Fehlent-

	links	*rechts*
Schulstruktur	integriert, einheitlich	differenziert, gegliedert
Zeitpunkt der Differenzierung	möglichst spät	nach Klasse 4
Prinzip Leistung	entwertet	hoch angesehen
Notengebung	gegen Ziffernnoten	für Ziffernnoten
Prinzip Eignung	entwertet, dafür Elternwille	gleichberechtigt mit dem Elternwillen
Förderung Hochbegabter	Ablehnung	Befürwortung
Bedeutung der Unterrichtsfächer	für Überwindung des Fachprinzips	für stabile (Kern-)Fächer
Verbindlichkeitsgrad der Curricula	gering	hoch
Unterrichtsinhalte	politisiert	realpolitisch
Fächerkanon beim Abitur	Gleichwertigkeit aller Fächer	Verbindlichkeit der Kernfächer
Prüfungsverfahren	dezentral	zentral
Dauer der Bildungszeiten	möglichst lang	angemessen kurz
Abiturientenquote	zu steigern	nicht zu steigern
Koppelung Bildungs-/ Beschäftigungssystem	für Entkoppelung	für Korrespondenz
Verhältnis allgemeine/ berufliche Bildung	für Integration	für Eigenständigkeit
Eigenständigkeit der Einzelschule	für Autonomie	für relative Freiheit
Status der Lehrer	gegen Differenzierung, für Streikrecht	für Differenzierung, gegen Streikrecht
Erziehungsaufgaben	wachsende schulische Aufgabe	Aufgabe der Eltern, subsidiäre Schule

wicklungen bei jedem einzelnen. »Rechts« heißt, zufrieden zu sein trotz der Umstände. Rechts fragt nach der »Freiheit wozu?«.[190]

Es läßt sich daraus – vergröbert – eine linke und eine rechte pädagogische Anthropologie ableiten. Linke pädagogische Anthropologie heißt, beginnend mit Rousseau und fortgeführt bis hin zu den Behavioristen und zur Frankfurter Schule: Der Mensch muß von den »verkrüppelnden« (Adorno) Umständen befreit und anderen anvertraut werden. Absolute Gerechtigkeit ist möglich, wenn die Umstände entsprechend gestaltet werden. Der Mensch ist von Haus aus gut und zu allen Leistungen fähig. Heranwachsende erfahren Freiheit durch Gleichheit. Alle Bildungsinhalte sind gleichberechtigt.

Rechte pädagogische Anthropologie besagt – das christliche Menschenbild sowie Burke, Tocqueville und Gehlen aufgreifend: Der Mensch ist ein »Mängelwesen« (Gehlen), deshalb bedarf er – auch zum Schutz vor sich selbst – der Ordnung der überlieferten Institutionen und eines »framework of human life« (Burke). Menschen sind unterschiedlich; absolute Gerechtigkeit im Sinne von Gleichheit ist nicht möglich. Der Mensch ist nur begrenzt erziehbar. Junge Menschen erfahren Freiheit durch individuelle Verantwortung, Anstrengung und Entfaltung der je eigenen Begabung. Bildungsinhalte sind nicht beliebig, sondern es geht um die »großen Gegenstände«.

Rechte pädagogische Anthropologie ist damit weniger attraktiv, weil sie anstrengender ist und weil sie keinen Traum bereit hat. In der Folge leiten sich aus linkem und aus rechtem Verständnis viele Unterschiede in den Vorstellungen von schulischen Zielen, Strukturen und Inhalten ab. Die im voraufgehenden Schema skizzierten 18 Differenzpunkte sind – relativ – eindeutig als linke oder als rechte Schulpolitik identifizierbar. Mischformen in der Realpolitik ergeben sich aus einem so oder so modifizierten Verständnis der Verantwortungsträger oder aus den jeweils formierten Koalitionen.

Wo stehen die Parteien?

Halten sich die Parteien noch an dieses Schema? Kaum! Ihr realpolitisches Handeln und ihre bildungspolitischen Programme sind weitgehend austauschbar. Die Titel lesen sich entsprechend: »Für eine liberale Bildungsoffensive« (FDP-Parteitag, Mai 1997), »Verantwortung für Deutschland – Das 21. Jahrhundert menschlich gestalten – Wissen für die Zukunft« (CDU-Parteitag, Oktober 1997), »Bildung für die Zukunft – Bildung in einer lernfähigen und lernenden Gesellschaft« (SPD-Parteitag, Dezember 1997). Es wimmelt darin nur so von komparativen »Immer«-Perseverationen und anderem mehr: von der »immer komplexeren Welt«, von der »immer komplexer werdenden Wissensgesellschaft«, von der »besseren Bildung«; ferner: vom »Zeitalter der Globalisierung«, vom »tiefgreifenden Wandlungsprozeß«, von der »Vorbereitung auf das 21. Jahrhundert«, natürlich immer und immer wieder von »Kreativität«, »Innovation«, »Partizipation«, »Wettbewerb«, »Lernkultur«, vom »Lernen für das Leben« und davon, daß man »Schule und Hochschule neu denken und gestalten« wolle. Das halbwegs Interessante findet man erst, wenn man die in solchen Programmschriften offenbar obligatorischen »Welt-im-Wandel«-Prologe nebst programmatischen Sättigungsbeilagen hinter sich gelassen hat.

Die SPD plädiert – dies sei ein »unverrückbares Ziel« – für »Chancengleichheit«. Das bedeutet für die SPD: »Die Politik der Öffnung beim Hochschulzugang muß fortgeführt werden.« Das gegliederte Schulsystem wird für »dysfunktional« erklärt, dafür solle – wieder einmal – das Konzept der Gesamtschulen weiterentwickelt werden. Ansonsten hat sich die SPD die autonome Schule auf die Fahne geschrieben; sie tritt ein für eine »autonome Mittelbewirtschaftung« und für eine Schulreform »von unten«. Der Grundschule wird eine reformerische Pilotfunktion zugewiesen: Grundschulen seien die »Zentren pädagogischer Reformen«; ihre Arbeit strahle in die weiterführenden Schulen aus. Das kann man wohl sagen! Dann freilich wartet die SPD mit einer Überraschung auf: »Zugleich wollen wir es ermöglichen, daß junge Menschen, die dies wollen und können, ihren Schulabschluß, z. B. das Abitur, zu einem früheren Zeitpunkt als allgemein vorgesehen, erreichen können.«

Die Bündnis-Grünen bieten ebenfalls Vertrautes. Man könnte über ihr Papier »Spiel und Spaß« schreiben, denn darin finden sich die Forderungen nach einem Verzicht auf Noten bis einschließlich 8. Jahrgangsstufe, nach Einführung alternativer Unterrichtsmethoden, nach Abschaffung des 45-Minuten-Taktes usw. Lehrer sollen – als Angestellte – zu zwei Dritteln Unterrichtende, Beratende und Entwickler eines Schulprogramms sein, zu einem anderen Drittel Moderatoren. Über allem schwebt die Autonomie. Darüber hinaus vermitteln Grüne den Eindruck, als wollten sie den Aufenthalt junger Leute in Bildungseinrichtungen als Dauerzustand. In einem Flugblatt der Fraktion der Grünen im Landtag von Rheinland-Pfalz vom Februar 1998 heißt es unter dem Titel »Zukunftsfähige und nachhaltige Bildungspolitik«: »Je mehr Lebenszeit im Bildungssystem, in der Schule, in der Hochschule, in Fort- und Weiterbildung verbracht wird, um so kürzer ist die Lebenszeit im Beschäftigungssystem. So kommt es zu einer strukturellen Entlastung des Arbeitsmarktes.« Eine wahrhaft nachhaltige Politik!

Voll pluralistisch gibt sich die FDP. Herausgekommen sind dabei eine Art Zweieinhalbgliedrigkeit des Schulsystems und ein zweidrittelherziges Plädoyer für gegliedertes Schulwesen. Konkret heißt das: eigenständige Hauptschule oder auch integrierte Haupt-/Realschule. Wo es von Eltern gewünscht wird, darf es auch ein bißchen Gesamtschule sein. In Sachen Autonomie ist man im Zuge der Forderung nach schulischer »Profilbildung« ebenfalls mit von der Partie. Im übrigen will man nur zwölf Jahre bis zum Abitur und eine rechtzeitige Notengebung ab Jahrgangsstufe 3.

Die CDU tritt ein für mehr Begabtenförderung, für eine Stärkung des Erziehungsauftrages der Schulen, für mehr Respekt der Schüler gegenüber den Lehrkräften und – relativ ungewöhnlich für die CDU – für ein größeres Angebot an Ganztagsschulen. Altbekannte Forderungen dürfen nicht fehlen: die Einschulung mit fünf Jahren, die Kürzung der gymnasialen Schulzeit um ein Jahr auf bundesweit zwölf Jahre, die Kappung des zweiten Berufsschultages oder die Anbindung aller Schulen bis zum Jahr 2000 ans Internet. Daß sich im November 1997 CDU-Landes- und Bezirksverbände – zum Beispiel Berlin und Nord-Württemberg – schon auch mal für die Einführung einer Schuluniform einsetzen, soll nicht näher untersucht werden.

Von mehr Geld für Bildung reden übrigens alle. Auffällig ist hier, daß die einzelne Partei die Mehraufwendungen gerade immer von derjenigen Regierung verlangt, an der sie nicht beteiligt ist. Die FDP tut sich da am leichtesten: Sie ist in nur zwei Bundesländern, in Baden-Württemberg und in Rheinland-Pfalz, im Landeskabinett. Da kann man besonders gut nach mehr Ausgaben für Bildung rufen.

Wie auch immer: Die Programme reißen nicht von den Sitzen. Bildungsoffensiven startet man damit nicht. Viel eher erscheinen diese Programme als Pflichtübungen. Passagenweise erscheinen sie als austauschbar. Ob dies ein Symptom einer Christdemokratisierung oder einer Sozialdemokratisierung oder einer Liberalisierung oder einer Graswurzel-Atomisierung aller Bildungspolitik ist?

Ist die Union noch konservativ?

Programmatisch ist die Union die ehrlichste Partei, weil sie am wenigsten falsche Hoffnungen weckt. Das CDU-Programm von 1998 macht immerhin deutlich, daß ohne Anstrengung und Leistung nichts geht. Aber ist die Union auch sonst ehrlich und standhaft?

Liegt ihr die Bildungspolitik wirklich am Herzen? Es gibt Anzeichen dafür, daß beides nicht der Fall ist. Eine Unionspolitik wie im Saarland mit ihrer Zustimmung zur Abschaffung der Hauptschule (Kurt Reumann schreibt dazu: »Die CDU ist ebenfalls gestrandet: Sie hat überhaupt keine Linie mehr.«[191]) oder eine Unionspolitik wie in den großen Koalitionen in Berlin, Bremen oder Mecklenburg-Vorpommern mit ihrem jeweiligen Verzicht auf das Amt des Schulministers (alles geschehen in den Jahren 1994 bis 1996) und damit verbunden ein großer Schulpazifismus mit einer Zementierung der SPD-Schulpolitik in Bremen nähren die Vermutung, daß Schulpolitik zumindest für die CDU nachrangig werden könnte. Außerdem ist die Union die schulpolitisch vermutlich liberalste und toleranteste Partei. Anstatt die Kultusministerkonferenz (KMK) einmal exemplarisch – etwa am Beispiel Abitur – platzen zu lassen, duldet die Union so ziemlich alles, was die KMK mit ihrer SPD-Mehrheit anpackt.

Steht wenigstens die CSU noch senkrecht? Ja, mit kleinen Einschränkungen. Sie bleibt die Partei, die am geradlinigsten und am standhaftesten ihre Schulpolitik verficht und umsetzt. Diese Schulpolitik ist nach wie vor Leitbild für viele Bürger und Politiker – nicht nur CDU-nahe – in den anderen Bundesländern. Zu staunen aber beginnt der mit Bildungspolitik Vertraute ob so mancher im Winter 1997/98 getaner Verneigung der CSU vor schulpädagogischem Zeitgeist. Da ist die Rede von offenen Unterrichtsmethoden, Handlungsorientierung, Methodenkompetenz, Lebensraum Schule, Modularisierung, Selbstevaluation, Einbeziehung von Phänomenen und Problemen aus dem schulischen Umfeld, Flexibilisierung der Stundentafeln usw.

Meint man etwa in der Union, das gegliederte Schulsystem habe ein für allemal gesiegt und damit auch die schulpolitische Position der Union? Es gibt keinen Grund für die Union, sich zurückzulehnen oder gar auf die gefällige Taktik einer Erleichterungspädagogik zu schielen. Der Sieg des gegliederten Schulwesens hätte sich dann nicht gelohnt, zumal dann nicht, wenn das gegliederte Schulwesen nun anträte, Pädagogik und Unterrichtsmethodik der Gesamtschule zu übernehmen.

Woran es der Union mangelt, ist klar. Während sich ganze Universitätsinstitute und nicht wenige Kommissionen wie die PR-Agenturen oder gar Ghostwriter-Teams rot-grüner Schulpolitik gerieren, fehlt der Union dieser Background. Rüttgers findet nicht zu Höhenflügen, und mag er sich noch so sehr in einer Mischung aus Abgeklärtheit und apokalyptischem Hauch in Szene setzen: »Im

Land der Dichter und Denker werden pro Jahr 30.000 Schulabgänger entlassen, die nicht richtig schreiben und lesen können«, sagt er gern. Das ist nur Rhetorik – und die ist schief! Warum sagt ihm denn keiner, daß diese 30.000 drei Prozent eines kompletten Entlassungsjahrganges sind und daß es zur Zeit der Dichter und Denker 97 Prozent waren, die nicht lesen und schreiben konnten? Mit solchen »Argumenten« jedenfalls ist keine Schulpolitik zu machen. Und sie ist auch nicht zu machen mit technizistischen Vorstellungen: Hier ein wenig früher einschulen, dort ein wenig früher mit der Schule aufhören und alle Schulen ins Internet. Das ist zuwenig an Wünschen für eine Partei, die sich auf ihr christlich-abendländisches Menschenbild beruft.

Für eine Schulpolitik der Verantwortungsethik

Wirtschaftspolitik hat ihre rasch und seismographisch ausschlagenden Indikatoren. Bildungspolitik kennt dergleichen kaum: Hier werden Schäden oder Versäumnisse im Regelfall frühestens eine Schülergeneration später sichtbar. Um so mehr bedarf Bildungspolitik eines behutsamen und gelegentlich auch im Umkehren mutigen Vorgehens. Das heißt: Schulpolitik muß eine Politik der Verantwortungsethik sein. Im Sinne von Max Webers Definition von Ethik heißt das: Schulpolitik setzt keine Vollkommenheit des Menschen voraus und glaubt auch nicht, dorthin führen zu können. Sie ist frei von der Vision einer endgültigen Ausgereiftheit ihrer Konzepte. Es geht ihr nicht um die Legitimierung von Mitteln durch einen Zweck, sondern um den Zweck selbst. Sie ist sich der Folgen ihres Handelns bewußt und trägt die Verantwortung für Fehlentwicklungen. In diesem Sinne kann es angezeigt sein, daß Schulpolitik auch den Mut zum Umkehren findet.

Schulpolitik muß konservativ sein

Schulpolitik muß konservativ sein. Heranwachsende sind ein zu wertvolles Gut, als daß man mit ihnen etwas veranstalten könnte, was Joachim Fest für eine Politik der Utopien beschreibt: Dort nämlich gehe es um eine »bloße Abräumlaune ..., die von einer ebenso rasch erzeugten wie enttäuschten Erwartung zur nächsten treibt ..., weil Veränderung an sich als Ziel verstanden wird«. Zumal für Schulpolitik gilt Fests allgemeine Forderung: »Aller Veränderungswille muß sich ... der Frage stellen, welche Ordnungsidee und welches Bild von Mensch oder Gesellschaft dahinter steht.«[192] Auch in der Schulpolitik muß es um eine klare Regelung der Beweislast gehen – für alle Initiatoren und Reformer.

Die Umstände und Implikationen von Schule sind hoch komplex. In komplexen Situationen mit einer »Totalität der Zustände und Normen«, sagt Hermann Lübbe, ist eine »ausdrückliche Nachweisung oder Widerlegung ihrer Vernünftigkeit« nicht denkbar. »Daher bleibt«, so Lübbe, »gar nichts anderes übrig, als bis zum Beweis des Gegenteils in die Vernünftigkeit gegebener Zustände und geltender Normen zu vertrauen.«[193] In diesem Sinne braucht Schule eine Konsolidierung. Sie muß wieder durchatmen können und davor bewahrt werden, daß sie ständig neuen äußeren und inneren Veränderungen unterworfen wird. Schule braucht verläßliche Aufträge, verläßliche Curricula, verläßliche Stundenpläne. Hier hat sich vieles bewährt, das nicht über Bord geworfen werden darf, das aber – falls geboten – einer neuen Akzentuierung und behutsamen Fortentwicklung bedarf.

Moderne konservative Schulpolitik muß werben für die Einsicht, daß die Bauprinzipien einer vernünftigen Schulpolitik dieselben sein müssen wie die, die den freiheitlichen Rechtsstaat, die leistungsorientierte Marktwirtschaft und das an Subsidiarität ausgerichtete Sozialstaatsprinzip ausmachen; für die Bereitschaft, die Unterschiede und die Vielfalt der Menschen zu akzeptieren; für die Einsicht, daß Unterschiede und Vielfalt Bereicherung bedeuten; für die Erkenntnis, daß nichts so ungerecht ist wie die gleiche Behandlung Ungleicher; für die Überzeugung, daß Gleiches gleich und Unterschiedliches unterschiedlich behandelt werden muß; für die Einsicht, daß es für das im Menschen nicht Domestizierbare demokratisch legitimierter Wertesetzungen bedarf.

Konservative Schulpolitik muß dem Konformitätsdruck standhalten, und sie muß funktionstüchtige »herkömmliche« Schule bekannt machen. Konservative Schulpolitik muß sich über die Bundesländer hinweg abstimmen und ihre bildungspolitischen »Zirkel« koordinieren. Sie braucht schulpolitische Leitfiguren aus den vorderen »Rängen«; der Parteivorsitzende Helmut Kohl hat sich wenig um solche Leitfiguren gekümmert. Konservative Schulpolitik muß bereit sein, im Falle der Neuübernahme von Regierungsverantwortung vorgefundene Fehler und Defizite zu beseitigen. Und sie muß vor allem die Bedeutung des Wortes, der schulpolitischen

»Sprachregelungen« sowie der postutopischen Idee entdecken.

Vor allem muß sich konservative Politik selbst und anderen klarmachen, daß die eigentliche Gefahr für ein leistungs- und begabungsorientiertes Schulwesen nicht von außen, nicht von einem anderen Schulmodell, beispielsweise der Gesamtschule, sondern daß die eigentliche Gefahr aus dem gegliederten Schulwesen selbst kommt, nämlich aus der fixen Idee mancher seiner Protagonisten, dieses bewährte System müsse sich vermeintlich neuen Formen öffnen. Wer so denkt, der hat offenbar das Gefühl verloren, mit diesem differenzierten System die bessere Ordnung zu haben. Er hat es womöglich verloren, weil der Gegenentwurf weggebrochen oder gescheitert ist. Er hat das Gefühl, in einer menschengerechten Ordnung zu leben, womöglich ebenso verloren wie derjenige, der – in Ermangelung des undemokratischen Gegenentwurfs – nach dem Zusammenbruch der Regime des Ostblocks meinte, nun habe endgültig die Freiheit gesiegt und deshalb müsse man sie nicht mehr pflegen.

Schule ist eine zu ernste Angelegenheit, als daß man sie Träumern überlassen dürfte. Schulpolitik kann man auch nicht mit heißem Herzen oder mit glänzenden Augen machen, sondern nur mit nüchternem Blick. Darin liegt die Chance der Konservativen.

26

Die »lingua paedagogica correcta« der Gutpädagogen – Polemisches Minilexikon der »Educational Correctness«

In George Orwells Roman »1984« sagt der am Wörterbuch der »Neusprache« bastelnde Sprachwissenschaftler Syme zu Winston Smith: »Wir geben der Neusprache ihren letzten Schliff ... Wir merzen jeden Tag Worte aus – massenhaft zu Hunderten ... Siehst du denn nicht, daß die Neusprache kein anderes Ziel hat, als die Reichweite der Gedanken zu verkürzen? ... Es ist lediglich eine Frage ... der Wirklichkeitskontrolle. Aber schließlich wird das auch nicht mehr nötig sein. Die Revolution ist vollzogen, wenn die Sprache geschaffen ist ... Es wird überhaupt kein Denken mehr geben ... Strenggläubigkeit bedeutet: nicht mehr denken – nicht mehr zu denken brauchen. Strenggläubigkeit ist Unkenntnis.« An anderer Stelle wird Winston Smith, in der Nähe des allgegenwärtigen Televisors stehend, beschrieben: »Er hatte die ruhige optimistische Miene aufgesetzt, die zur Schau zu tragen ratsam war.«

Hätte Orwell im Jahr 1948 das Begriffspaar »politically correct/ Political Correctness – pc/PC« bereits gehabt, er hätte es sicher zur Kennzeichnung des Denkens und Sprechens im totalitären »Big brother«-Regime verwendet. PC taucht aber erst auf, als ab 1989 der real existierende Sozialismus zusammenbricht. Wahrscheinlich ist PC die Rache der Linken für diesen Zusammenbruch oder zumindest der Versuch, Definitionshoheit und Sinngebungsterrain wiederzugewinnen.

Wie in vielen Dingen waren und sind die USA auch in Sachen PC federführend. Die Deutschen stehen und standen den Amerikanern aber in nichts nach. Um das »richtige« Denken, Fühlen, Erinnern und Sprechen geht es den PClern beider Länder: den »Profianstoßnehmern«[194], der »selbstermächtigten Gewissenselite«[195], den »klimabeherrschenden Korrektheitsdesignern«[196] mit ihrem »krankhaft guten Gewissen und ihren Moralattrappen«.[197] PC durchdringt somit als »Fundamentalismus«, als »Vulgär-Ideologie« mit »moralischem Totalitätsanspruch«[198] beispielsweise den Umgang mit Rasse, Geschlecht, Geschichte; PC wettert gegen Euro- und Ethnozentrismus und gegen PPPP (pale, patriarchal, penis, people).[199]

Die PC-Beispiele, die über den großen Teich nach Europa gelangen, sind Legion: Statt »mankind« hat es »humankind« zu heißen, statt »chairman« »chairperson/chairs«, statt »heroes« »heroes/sheroes«. Goyas Nackte Maja wird aus Seminarräumen der Universität von Pennsylvania verbannt, weil sie sexistisch sei. Im Sinne eines sogenannten Able-ismus heißen Behinderte »differently abled«, Nichtbehinderte »temporarily abled«, Blinde »other-visioned«, Kurzsichtige »optically inconvenienced«, Geisteskranke »emotionally different«, Zwergwüchsige »vertically challenged«, Häßliche »cosmetically different« und Kahlköpfige »hair disadvantaged«. High-School-Schüler weigern sich, Bakterien durch das Mikroskop zu betrachten, weil das die »Privatsphäre« dieser Mikroorganismen belästige. Man nimmt es hin, daß in einem Jahr in New Yorks Schulen 1600 Pistolen konfisziert werden müssen und daß der gewaltsame Tod die häufigste Todesursache unter US-Jugendlichen geworden ist, aber der College-Student, der seine Freundin umarmt, fliegt als »Sexist« vom College.

Hughes[200] sieht in solchem Verhalten ein neues »Mainstream-Curriculum«, und er meint damit: Die PC-Amerikaner sind »politikverdrossen, voller Mißtrauen gegen jegliche Art von Autorität, dafür um so anfälliger für Aberglauben, mit einer politischen Sprache, die zerfressen ist von geheucheltem Mitleid und Schönfärberei«. Die schärfsten Kritiker der PC sprechen gar von einem linken »McCarthyismus«, von PC als »moralischem Reinigungsmittel«[201], als »sprachlichem Lourdes«.[202] Wer nicht politisch korrekt denkt und spricht, wer im Orwellschen Sinn ein »Gedankenverbrecher« ist, wird zur Zielscheibe wüster Zensur, der »Gedankenpolizei«, er wird der »Herrschaft des Verdachts« (Hegel), vor allem des Faschismusverdachts unterstellt, oder er wird im Sinne des »big brother« einfach »vaporisiert«, verdampft, das heißt, er findet in der Meinungsbildung nicht mehr statt.

Umgekehrt ist es mit denen, die ständig mit Sexismus-, Rassismus-, Faschismus-, Kapitalismus-, Militarismus-, Bellizismus- und anderen Vorwürfen um sich werfen: »Wer rasch und genug diese Vokabeln verwendet, kann kein schlechter Mensch sein, muß einfach recht haben und ist befugt, jeden Kritiker unter Ismus-Sperrfeuer zu nehmen und als zynischen, rassistischen etc. Sexisten und Bösewicht darzustellen.«[203] Bundespräsident Roman Herzog widerspricht dieser Meinungsunfreiheit; bei der Laudatio für die Orientalistin Annemarie Schimmel betont er im Frühjahr 1996, daß Political Correctness »keine legitime Schranke der verfassungsrechtlich verbürgten Meinungsfreiheit« sein könne.

In Deutschland fällt PC auf fruchtbaren Boden. Wahrscheinlich sind die Deutschen über die »Educational Correctness/EC« und über ihre »pädagogischen« Phrasenkartelle sogar die eigentlichen Erfinder der PC. Deutsche »Educational Correctness/EC« (als Adjektiv: ec) ist längst in Gebrauch und damit älter als Political Correctness. EC hat sich in Deutschland bereits über ein Vierteljahrhundert lang seit der Bildungsreformeuphorie etabliert. Kreiert wurde EC von den »big educational/pedagogical brothers – and sisters«, den Orwellschen »Verifikatoren«. EC – das ist das korrekte Pädagogen- und Schulpolitiker-Outfit. EC – das ist die »lingua paedagogica correcta« mit ihren »Renommier-Euphemismen«, die kaschieren, und mit ihren »Verbrämungs-Euphemismen«, die protzen.[204]

Endlos und unerschöpflich tun sich die Quellen und Fundstellen an EC-Texten auf: Lehrpläne, Schulgesetze, bildungspolitische Parteiprogramme, Koalitionsvereinbarungen, große Teile der sogenannten erziehungswissenschaftlichen Literatur, ferner manches Schulzeugnis. Pate stand vermutlich aber auch das Kirchentagsdeutsch. Rasch entsteht daraus nicht nur ein EC-Dekalog, sondern ein ganzes EC-Kotau-Abc.

Kleines Tabu- und Tugend-Abc der EC-Gutpädagogen: EC-Huis und EC-Pfuis

A

Anstrengungskultur: mittlerweile sogar – rein verbal – in den Wortschatz rot-grüner Programmatiker aufgenommen, aber bereits bei flüchtigem Hinsehen als Verschleierungsvokabel zur Vertuschung der eigenen Kapitulation vor der gutpädagogischen Spaß- und Erleichterungspädagogik erkennbar.

Autonomie: ultimative Up-to-date-Vision »progressiver« Schulpolitiker, mega-ec! Ein besonders weihevoller EC-Begriff! Schule wird »demokratisiert«. Jede Schule darf, was sie will. Sie wird regiert von basisdemokratischen Schulkonferenzen, in Bremen viertelparitätisch besetzt aus Lehrern, Schülern, Eltern und nichtunterrichtendem Personal. Ist deshalb besonders ec, weil sie das Rätesystem (Sowjetisierung! Rat = sowjet!) reanimiert. Steinbuch: »Unter den unauffälligen Methoden der Kulturrevolution ist der semantische Betrug besonders gefährlich: Da werden Worte ihrer gewohnten Bedeutung entkleidet und irreführend anders verwendet. Da sagt man beispielsweise ›Demokratisierung‹ und bereitet damit die Machtübernahme durch Funktionäre vor.«[205]

Autorität: unbedingtes »dirty word«. Kristallisationspunkt der repressiven Gesellschaft. Der EC-Pädagoge ersetzt sie durch Kumpanei. Merke: Autorität dürfen ausschließlich die Sprach- und Denksäuberer der EC beanspruchen!

B

Begabung: ec giga-out, denn alle sind für alles geeignet, und jeder kann für alles »begabt« werden. Seit Ende der 60er Jahre hat sich das gentechnologisch schier größenwahnsinnige transitive Verb »begaben« eingeschlichen. »Begaben« ist Glaubensbekenntnis einer ungetrübt naiven Behaviorismus-Gläubigkeit. Schließlich ist ja bewiesen, was man Ratten und Tauben im Laborkäfig alles beibringen kann, sogar abergläubisches Verhalten beim Körnerpicken. Im übrigen ist Begabung auch deshalb giga-out, weil keiner können darf, was nicht alle können können.

Berufsverbot: frühes Beispiel zugleich für PC und EC: Am 28. Januar 1972 beschlossen der Bundeskanzler (damals Brandt) und die Ministerpräsidenten »Grundsätze zur Frage der verfassungsfeindlichen Kräfte im öffentlichen Dienst«, auch gültig für Lehrer. Darin heißt es unter anderem: »Nach den Beamtengesetzen in Bund und Ländern darf in das Beamtenverhältnis nur berufen werden, wer die Gewähr dafür bietet, daß er jederzeit für die freiheitliche demokratische Grundordnung im Sinne des Grundgesetzes eintritt ... Gehört ein Bewerber einer Organisation an, die verfassungsfeindliche Ziele verfolgt, so begründet diese Mitgliedschaft Zweifel daran, ob er jederzeit für die freiheitliche demokratische Grundordnung eintreten wird. Die Zweifel rechtfertigen in der Regel eine Ablehnung des Einstellungsantrages.« Daraus wurde die »Regelanfrage« bei den Verfassungsschutzämtern. Im Ergebnis hieß das für bestimmte Bewerber: Sie sind schlicht und einfach ungeeignet für die betreffende Stelle. Was aber machte die EC-Linke daraus: ein Berufsverbot. Damit wurde suggeriert, die Tätigkeit im öffentlichen Dienst werde von einer Gesinnungsprüfung abhängig gemacht. Die deutschen Sprachblockwarte schafften es gar, daß der Begriff Berufsverbot unübersetzt ins Französische Eingang fand (wie übrigens auch »Angst« oder »Waldsterben«). Ende September 1995 schließt sich der Europäische Gerichtshof (EuGH, nicht EC-H!) den Sprachblockwarten an und erklärt die Entfernung einer DKP-Lehrerin aus dem Schuldienst für grundrechtswidrig. Was bleibt? Die Begriffe Berufsverbot, Radikalenerlaß, Extremistenbeschluß »dokumentieren ... beispielhaft, wie im öffentlich-politischen Sprachgebrauch mit Wörtern gestritten, gekämpft, gedeutet, interpretiert, kritisiert, polemisiert, unterstellt, manipuliert, agitiert, propagiert, diffamiert, eingestuft und bewertet wird, wie mit Wörtern politische ›Realitäten‹, ›Tatsachen‹ oder ›Problemverhalte‹ hervorgebracht oder Weltbilder, Weltanschauungen und Ideologien geschaffen werden können«.[206]

Betroffenheit: ec mega-in! EC-Taumel, der sich durch so manche Lehrersensibilitätsfortbildungsfestivals und durch so manche Lehrpläne so mancher Bundesländer zieht: »Knüpft Freundschaftsbändchen für die Unterdrückten in Nicaragua!« Möglicherweise saurer Curriculum-Regen zum Heranzüchten von Betroffenheitsnachwuchs.

C

Chancengleichheit: EC-Dauerbrenner mit Ewigkeitswert. Rasenmäherpädagogik und Bremserinstrument zur Verhinderung überdurchschnittlicher Leistung.

D

-denken: vor allem in der Kombination »etwas andenken«, »Querdenker« und »Vordenker« auftretend. Lieblingsvokabel ewigmorgiger, wenn auch ostentativ zaghaft denkend auftretender Manisch-Progressiver; angesichts zahlloser gescheiterter Pädo-Visionen wären jetzt mal Nach- und Durchdenker gefragt.

Disziplin: steht unter dem Verdacht, eine Sekundärtugend zu sein; deshalb ec pfui.

dumm: EC-Tabuwort. Besser wäre: »intellektuell herausgefordert«. Wahrscheinlich steckt Goethe dahinter: »Wenn ich dumm bin, lassen sie mich gelten; wenn ich recht hab', wollen sie mich schelten.«

E

Ehrgeiz: verdächtig, Sekundärtugend, deshalb ec pfui.

Elite: EC-Nonwort mit höchstem Faschismusverdacht. Zugleich Ausdruck der Ignoranz und der Resistenz gegen die Einsicht, daß jede Gesellschaft der Spitzenleistungen sowie einer Leistungs- und Verantwortungselite bedarf. Zulässig allenfalls zur Kennzeichnung der EC-Päpste.

emanzipatorische Erziehung: EC-Weihewort, das die Befreiung von familiären, gesellschaftlichen, nationalen, zivilisatorischen und geschichtlichen Bezügen signalisieren soll. Schlichtes Synonym für »gute« Erziehung.

Erziehung: ec giga-out, weil Erziehung ja Vergewaltigung ist. Der Zögling braucht keine Erziehung, wie Rousseau am edlen Wilden gezeigt hat. Nicht das Kind braucht Erziehung, sondern die Erzieher brauchen sie zur Bestätigung ihrer Herrschaftsansprüche. Findet allerdings jetzt wieder statt als atomisierte Bindestrich-, Komposita- und Segmenterziehung: Freizeiterziehung, Friedenserziehung, Medienerziehung, Konsumerziehung, Gesundheitserziehung, Umwelterziehung, Sexual- und AIDS-Aufklärung usw.

Erziehungswissenschaft: soweit soziologisch und ec geprägt, Rechtfertigung für viele C-4-Lehrstühle oder zumindest institutionalisiertes Leiden an der erzieherischen und schulischen Realität. Wird von manchen universitären Amtsinhabern als das Zählen von Elternwünschen (soundso viele Prozent wünschen das Abitur für ihr Kind) und als populistisches Entertainment (»Eigentlich sollten Siebenjährige bereits wählen dürfen«) verstanden. Solche Wissenschaft verhält sich zu erzieherischen Notwendigkeiten oft aber wie Märchen zu Realität.

Evaluation: als »externe« Evaluation ec pfui, weil sie Schwächen im System aufzeigen könnte; als »interne« oder »Selbst«-Evaluation ec hui, weil damit das Vorrecht verbunden ist, sich selbst auf die Schulter zu klopfen und sich großartig zu finden. Als »ergebnisoffene« Evaluation eine besonders findige Wortgaukelei, weil jeder vorher weiß, was herauskommt, nämlich pädagogische Planwirtschaft. Um diesem Verdacht den Boden zu entziehen, baut beispielsweise das hessische Kultusministerium mit einer eigenen Bekanntmachung vom 20. Februar 1997 eine fachchinesische EC-Nebelwand auf; Evaluation soll demnach stattfinden über »ritualisiertes Brainstorming«, »Formen des Mindmappings«, »sog. Blitzlicht«, »Wandzeitungen« usw.

F

Faulheit und **faule** Schüler gibt es laut EC nicht. Es gibt nur Demotivierte, und daran ist die Gesellschaft schuld!

Fleiß: üble Sekundärtugend, repressiv, weil sie die freie Entwicklung verhindert.

Fortbildung: Feigenblatt-Allzweckwaffe mutloser Politiker für Lehrer gegen alle möglichen schulischen, gesellschaftlichen und globalen Mißstände. Merke: Die Bildung ist fort, es lebe die Fortbildung!

Freiarbeit: unbedingtes EC-Hui, da reformpädagogisches Relikt! Eigentlich das Gegenteil von Zwangsarbeit; hat gelegentlich doch Zwangscharakter, wenn sie zur unterrichtsmethodischen Monokultur mutiert. (»Frau Lehrerin, müssen wir heute schon wieder tun, was wir wollen, oder dürfen wir, was wir sollen?«)

Frust: ec hui, weil alles frustig ist: die Schule, die Lehrer, die Erziehung, die Noten, der Leistungsterror, schlicht und einfach das ganze System. Gefrustet sind aber auch viele Erziehungswissenschaftler, weil Schüler bisweilen doch doof und/oder faul sind, obwohl das in der Erziehungswissenschaft nicht vorgesehen ist. Aber: Frust ist notwendig, weil die Antifrustfront sonst kein Wir-Gefühl hätte.

füzen: fachübergreifend zusammenarbeiten. Es soll Lehrerkollegien geben, in denen sich die Lehrer spätestens in der großen Pause gegenseitig fragen: Haben Sie heute schon gefüzt? In Österreich wird »füzen« mit »projekteln« übersetzt; dort fragen sich Lehrer angeblich in der großen Pause: Haben Sie heute schon ein Plakat zu einem neuen Projekt malen lassen?

G

ganzheitlich: umwerfende EC-Protz- und Prunkformel zur Heiligsprechung der uralten Trivialität, daß nämlich alles mit allem zusammenhängt: beim Kind, in der Erziehung, in der Welt – und überhaupt!

Ganztagsschule: pädagogisch korrekt formulierte Forderung nach restloser Verstaatlichung der Erziehung. Auch unter vielen Eltern

»in«: Motto: Mir reicht's, wenn ich mein Kind ab 17 Uhr vokabelabgefragt, konfliktgelöst, umwelt-, freizeit-, medien-, gesundheits- und konsumsegment-pädagogisiert sowie vor allem erkennbar abiturtauglich zum Verwöhnen und Kuscheln zu Hause habe.

Gesamtschule: unvermindert beliebtestes EC-Hätschelkind, weil sie differenzierte Vielfalt durch egalitäre Einfalt ersetzt. Patentrezept zur Lösung aller pädagogischen, gesellschaftlichen und globalen Probleme. Schule der Toleranz! Antiselektiv! Die »ZEIT« vom 12. Mai 1995 sagt's doch: Dort heißt die Überschrift über einem Artikel pro Gesamtschule »Geliebte Schüler«, die Überschrift über einem Artikel contra Gesamtschule »Gesiebte Schüler«.

Gesellschaftskunde: Gesellschaftslehre, libidinöses Objekt aller EC-Schulpolitiker, weil damit endlich das Fach Geschichte ausradiert ist und man jetzt so richtig schön zeigen kann, daß der Mensch Opfer der Herrschaftsverhältnisse ist.

Grundschule: ist »out«. Korrekte Schulpolitiker ersetzen sie durch die »Förder- und Spielschule«, durch die »Verläßliche« oder »Volle Halbtagsschule«. Hoffentlich sind die Pädagogen dort nicht voll.

Gymnasium: ehemaliges – weil elitär – Aggressionsobjekt aller EC-Politiker. Mittlerweile bei diesen sehr beliebt, weil man sein Wachsen bis zum Infarkt wünscht.

H

Hauptschule: in Anlehnung an das Wörterbuch des Unmenschen trotz eines Schüleranteils von 33 Prozent – ec weniger korrekt – zur Restschule erklärt.

Hochbegabung: faschismusverdächtig. Unzulässig, außer wenn es sich um die hochbegabten Steuertricks hochbegabter Tennis-, Formel-I- und Fußball-Profis handelt. Wahrscheinlich insgesamt unzulässig, weil doch nicht jeder mit Hochbegabung »begabt« werden kann.

I

»Ich denke«-Imponierprolog, beliebte Phrase vor allem unter EC-Betroffenheitspädagogen, in verfeinerter Form: »Ich denke mal«; »Ich denke mal einfach«; soll Wesentliches signalisieren, nämlich daß man denkt. Soll schrecklich authentisch und selbsterfahrungsgestylt anmuten.

-Innen/Binnen-I: In »modernen« Schulgesetzen von SprachamazonInnen gerne und inflationär verwendetes EC-Suffix. In »progressiven« Schulgesetzen wimmelt es nur so von: Lehrerinnen, Schülerinnen, Schulleiterinnen, Elternvertreterinnen, Schülersprecherinnen (warum eigentlich nicht auch: Schülerinnensprechern, Schülerinnensprecherinnen), Klassensprecherinnen, Kreisschülersprecherinnen, Landesschülersprecherinnen (es fehlen die Kreisschülerinnensprecher, Kreisschülerinnensprecherinnen, Landesschülerinnensprecher und Landesschülerinnensprecherinnen) und natürlich Kultusministerinnen. Eine frühere Kultusministerin schaffte es schon auch mal, aus dem sprachlichen Neutrum »Mitglied« »Liebe Mitgliederinnen und Mitglieder« zu machen. Was Wunder, wenn das Schulgesetz Schleswig-Holsteins von 1990 in Paragraph 91 zur Zusammensetzung der Schulkonferenz aussagt: »Zu den Vertreterinnen und Vertretern der Eltern, Schülerinnen und Schüler gehören kraft Amtes die oder der Vorsitzende des Schulelternbeirates und, sofern vorhanden, die Schülersprecherin oder der Schülersprecher. Die übrigen Vertreterinnen und Vertreter der Eltern werden vom Schulelternbeirat für die Dauer von zwei Schuljahren gewählt. Die übrigen Vertreterinnen und Vertreter der Schülerinnen und Schüler werden von dem obersten Beschlußorgan der Schülervertretung für die Dauer eines Schuljahres gewählt; das Statut der Schülervertretung kann eine Wahl durch alle Schülerinnen und Schüler vorsehen. Die Mitgliedschaft erlischt, wenn kein Kind der Vertreterin oder des Vertreters der Eltern die Schule mehr besucht oder die Vertreterin oder der Vertreter der Schülerinnen und Schüler die Schule verläßt.« Korrekt auch die Paragraphen 108 und 127 dieses Schulgesetzes: »Die fachlich zuständige Ministerin oder der fachlich zuständige Minister regelt im Einvernehmen mit der Ministerin oder dem Minister für Bildung, Wissenschaft, Jugend und Kultur durch Verordnung die Gewährung von Reisekostenvergütungen für Elternvertreterinnen und Elternvertreter an Schulen, die Schülerinnen und Schüler aus dem ganzen Land aufnehmen.« »Die Ministerin oder der Minister für Bildung, Wissenschaft, Jugend und Kultur kann Schulleiterinnen, Schulleiter und Lehrkräfte zu Schulaufsichtsbeamtinnen und Schulaufsichtsbeamten für besondere Aufgaben bestellen und Schulaufsichtsbeamtinnen und Schulaufsichtsbeamten besondere Aufgaben übertragen.« Geschafft!

Intelligenz, Intelligenzquotient, IQ: ec pfui, weil dem Gleichheitspathos abträglich. »Während sich das politisch korrekte Denken mit der Tatsache körperlicher Qualitätsunterschiede offenbar abgefunden hat, sind sie in den geistigeren Zonen unerträglich.«[207]

internalisieren: sich eine Menge unreflektiert »reinziehen«; gemeint sind diesmal nicht Hackfleischvideos, sondern »emanzipatorische« Erziehungsziele, vor allem Mündigkeit und Kritikfähigkeit.

irgendwie/irgendwo: wird gerne in die Konjunktionalsätze nach »Ich denke«-Prologen eingestreut. Irgendwie und irgendwo hat man immer schon gewußt, daß Schule irgendwo und irgendwie frustig ist – und daß irgendwo und irgendwie die Gesellschaft schuld ist.

J

Jasager: solche darf kein EC-Pädagoge wollen, denn Jasager sind systemkonform und systemstabilisierend.

K

Kirchentagsdeutsch: Pate des korrekten Pädagogendeutsch, weil dadurch viele gewichtige Begriffe in den Wortschatz progressiver Lehrerfortbildungen kamen: »aufeinander zugehen«, »aufarbeiten«, »rüberbringen«, »bereits im Vorfeld hinterfragen«, »sich einlassen«, »sich einbringen«, »argumentativ mal dazwischengehen«, »einen anderen Ansatz haben«, »damit ein Problem haben«, »mit großer Ernsthaftigkeit angehen«, »gleichsam einfordern wollen«, »ein Stück weit betroffen … entrüstet … empört sein …«

Koedukation: seit Anfang 1998 mega-out. NRW will nunmehr Mädchen gezielt in Naturwissenschaften, Mathematik, Technik und Informatik sowie Jungen in sozialer Kompetenz fördern – und zwar durch zeitweilige Auflösung der Koedukation. Wie war das doch gleich wieder? Mitte der 60er Jahre war die Koedukation in Deutschland (West) eingeführt worden, in Deutschland (Ost) schon in den 50er Jahren: als große Reform, als wichtige Errungenschaft und als gewaltiger Schritt hin zu mehr Gleichberechtigung. Dann kam 1989 »EMMA« mit der Devise: »Koedukation macht Mädchen dumm.« Der Koedukation wurde der verbale Knock-out versetzt: »K.O.Edukation«. Fakten sind da nur im Wege, zum Beispiel die Tatsache, daß Mädchen und junge Frauen in 30 Jahren Koedukation mit Vollgas auf die Überholspur gegangen sind: Erstens machen Mädchen unter Gymnasiasten 54 Prozent (1970 ca. 33 Prozent), unter Hauptschülern 44 Prozent und unter Sonderschülern 36 Prozent aus. Zweitens haben Mädchen in West- und

Ostdeutschland die höheren Bildungsabschlüsse; die geschlechterspezifische Abiturientenquote (Allgemeine Hochschulreife) beträgt in den alten Ländern unter Männern 22,3 Prozent, unter Frauen 25,6 Prozent, in den neuen Ländern unter Männern 17,9 Prozent, unter Frauen 28,6 Prozent. Drittens bleiben ohne Schulabschluß 6,5 Prozent der Mädchen, aber 10,4 Prozent der Jungen. Viertens beträgt die Durchfallerquote über alle Schulformen und Klassenstufen bei Jungen 3,2 Prozent, bei Mädchen 2,3 Prozent. Fünftens haben Mädchen signifikant bessere Abiturzeugnisse als Jungen: Beim Abitur 1997 in Bayern zum Beispiel erreichten die jungen Herren einen Notendurchschnitt von 2,48 und die jungen Damen einen von 2,35. Beim gleichen Abitur fielen 274 junge Männer, aber nur 172 junge Frauen durch. Wer ist also hier benachteiligt oder dümmer? Warum die ganze Aufgeregtheit mit all den Programmen und Vorgaben für Schülerinnen? Wahrscheinlich geht es doch um mehr – wie immer! Um die feministisch bewegte Bereinigung eines »falschen Bewußtseins« von Mädchen und Frauen etwa? Aber vielleicht wird es auch ein Schuß in den Ofen. Stichwort: »Mädchenphysik«. Auf jeden Fall wird Schule damit langweiliger, was wiederum den EC-Animationspädagogen nicht passen wird.

Kreativität: alles ist kreativ, jeder und jede ist kreativ. EC-Prunkvokabel und frei flottierende Hochstapelei-Attitüde, mit der Fächer, Fachwissen, Regeln, schlicht und einfach: die Verhältnisse, überwunden werden sollen. Beachte aber: Zehn Prozent von Kreativität sind Inspiration, 90 Prozent sind Transpiration!

L

Lebensgestaltung: soll an die Stelle des grundgesetzlich vorgeschriebenen Religionsunterrichts treten, vor allem in Brandenburg, im Lande des Herrn Konsistorialpräsidenten.

Leistung: absolut zynisch, mindestens faschistoid. »Seelische Verkrüppelung!« »Terror!« »Streß!« »Selektion!« »Ellenbogengesellschaft!« »Inhuman!« »Macht kaputt!« »Früher positive Wörter erhalten negative Vorzeichen …; läßt sich der positive Beigeschmack nicht tilgen, so wird das Wort durch einen automatischen Zusatz herabgezogen.«[208]

M

Mathematik: ausgesprochenes EC-Dirty-Fach, weil es im Verein mit Latein und Physik »selektiv« ist; weil es unter Schülern – und als

Mengenlehre auch unter Eltern – »Sitzenbleiber« (ec pfui!) produziert.

N

Neinsager: oberstes EC-Bildungsziel, weil wir sie als die großen Hinterfrager brauchen.

neu denken: unbedingtes EC-Mega-Giga-Gebot, aus dem meistens pädagogischer GAU (größter anzunehmender Unsinn) wird: Schule neu denken, Bildung neu denken, Unterricht neu denken, den Lehrerberuf neu denken ... Wie sagte doch Gotthold Ephraim Lessing über ein Theaterstück: »Das Stück enthält Neues und Gutes. Aber das Gute ist nicht neu, und das Neue ist nicht gut.«

O

Ordnung: steht unter Law-and-order-Verdacht. Ebenso pfui wie alle Sekundärtugenden. Nicht-EC-Pädagogen, die von Schülern verlangen, Abfall zu beseitigen, bekommen es gelegentlich mit den Rechtsanwälten von EC-Eltern zu tun.

P

pauken, Paukschule: Inbegriffe abartigen Lernens. Schließlich muß alles doch lustvoll sein und Spaß machen. Taugt hervorragend als Vokabel zum Rufmord an Schule, weil diese ja ein »Krankmacher« und ein »Gefängnis« ist. Sinnverwandt mit der Schulstreßdebatte und mit der – typisch deutsch – gebetsmühlenhaft vorgebrachten Klage über überfrachtete Lehrpläne. Anders in Frankreich: Dort kennt keiner den Schulstreß, obwohl die Schüler bis 16 Uhr echten Unterricht haben und dann noch zu Hause ihre Hausaufgaben erledigen müssen.

Preise: für gute und beste Schüler: absolut unpädagogisch, sagen manche Elternbeiräte und Lehrerkonferenzen. Preise fördern ja die Diskreditierung der weniger guten Schüler. »Die herrschende Ideologie ... verzichtet lieber von vornherein auf hervorragende Leistungen, als es zu riskieren, daß das Selbstwertgefühl irgendeines Schülers verletzt wird.«[209] Deshalb gibt es in vielen Schulen in Deutschland keine Buchpreise mehr für die Klassenbesten. Ach ja, Rousseau hat doch gesagt: Bücher verderben ohnehin die freie Entwicklung des edlen Wilden (außer das Buch »Robinson Crusoe«).

progressive Erziehung: schlichtes Synonym für »no education«, also für »gute« Erziehung.

Q

Qualifikation: hat – voll ec – Wissen und Allgemeinbildung abgelöst. Vor allem auf Schlüsselqualifikationen und extrafunktionale Qualifikationen kommt es an.

Quote: vor allem als hohe oder gar 100prozentige Akademiker- und Abiturientenquote ein absolutes Muß einer planwirtschaftlichen EC-Schulpolitik!

R

Rausch, pädagogischer: in der Regel Vollrausch mit hartnäckiger Therapieresistenz; typischerweise vierphasiger Verlauf; erste Phase: euphorisch-megalomanisch (größenwahnsinnig), ca. von 1965 bis 1980, der neue Mensch und die neue Gesellschaft sollen geschaffen werden; zweite Phase: aggressiv, ca. 1980 bis 1996, nach dem Marsch durch die Instanzen und Definitionen teilweise erfolgreiche Versuche einer Zerstörung traditioneller Institutionen, Prinzipien und Werte; dritte Phase: lethargisch, sehr kurz, nur 1997, vorübergehender Stopp des weiteren Berauschens durch die kalte Dusche der Schulleistungsforschung, zugleich heimliches Anlegen eines neuen Depots an Rauschmitteln; vierte Phase: ab 1998, schleichende Rückkehr in die erste Phase, begleitet von immer offensiveren Versuchen einer Rechtfertigung des Rausches.

Rechtschreibung: unkreativ, verhaßtes Herrschaftsinstrument, das bildungsferne Schichten von Machtpositionen und dicken Bankkonten fernhält.

Rechtschreibreform: als kreative Orthographie (oder: Ortografie?) ein Kniefall vor der fortschreitenden Legasthenisierung der Gesellschaft; typisches Beispiel von Erleichterungspädagogik.

S

Selbst-: ultimatives Präfix zum Generieren von unendlich vielen EC-Prunkbegriffen, zum Beispiel: Selbstbestimmung, Selbstentfaltung, Selbsterfahrung, Selbsterziehung, Selbstevaluation, Selbstkonzept, Selbstqualifizierung, Selbstregulierung, Selbststeuerung, Selbstunterricht, Selbstvergewisserung, Selbstverwirklichung, Selbstwerdung, Selbstwirksamkeit, Selbstzentrierung. Leider ec pfui sind: Selbstbeherrschung, Selbstbesinnung, Selbstdisziplin, Selbstironie, Selbstkritik, Selbstlosigkeit. Da EC-Selbstkritik verpönt ist, kommt deshalb auch kein Reflektieren über Selbstbespiegelung, Selbstbetrug, Selbstgefälligkeit, Selbstherrlichkeit, Selbstsucht, Selbsttäuschung, Selbstüberschätzung u. dgl. vor. Autismus wird damit zur (Unterrichts-)Methode. Der Lehrer ist da allenfalls Störenfried. Psychoanalytiker würden sagen: Das ist die Projektion des Egotrips der Erfinder auf die Kinder. Mit »Selbsterzeugung des Menschen« (Karl Marx) hat die Orientierung der Gutpädagogik am Selbst aber natürlich nichts zu tun.

Strafe: kommt für EC-Bewußte überhaupt nicht in Frage. Das wäre ja quasi repressive Rohrstockpädagogik, auch wenn es nur um ein deutliches Wort des erzieherischen Neinsagens geht.

T

Tugenden: sind vor allem als Sekundärtugenden aus dem Katalog der Erziehungsziele zu entfernen. Lafontaine, der Oskar von der Saar, hat's im »STERN« vom 15. Juli 1982 sogar dem früheren Helmut deutlich gesagt: »Helmut Schmidt spricht ... von Pflichtgefühl, Berechenbarkeit, Machbarkeit, Standhaftigkeit ... Das sind Sekundärtugenden, ganz präzis gesagt: Damit kann man auch ein KZ betreiben.« (Und die Saarbrücker Halbwelt domestizieren!)

U

umgehen mit: beliebte Form des Reflektierens von Gutpädagogen über sich selbst und über andere, bevorzugt vorkommend als Umgehen mit der eigenen Betroffenheit ob reaktionärer Schulpolitik gegen das Kind.

Unfähigkeit: gibt es nicht. Unfähige sind anders fähig. Vergleiche den US-Able-ismus!

V

Verwertungsinteressen: absolut menschenverachtend und zynisch! Kapitalismusverdächtig! Wissen und Können der Kinder dürfen nicht ausgebeutet werden. Bildung muß zweckfrei sein, denn der Weg ist das Ziel! Auch der Irrweg?

Visionen: damit landete man früher in der Psychiatrie. Heute Potenzmittel gegen die Lustlosigkeit, Wirklichkeit zu registrieren, also Patentrezept einer Politik und Pädagogik, die keine Vorstellungen mehr von der Sache hat. Um so mehr dogmatisch und absolutistisch auftretend. Visionen gehören zum Propaganda-Arsenal aller, die Schule »neu denken« und – so der neueste Schrei – als »Haus des Lernens« verstehen wollen. Immerhin hat 1995 damit auch die Kommission »Zukunft der Bildung – Schule der Zukunft«[210] beim NRW-Ministerpräsidenten endlich kapiert, was Schule seit Jahrhunderten ist und was sie auch in Zukunft sein soll! Jetzt aber die wichtigste Re-Vision, sozusagen eine unkorrekte Mega- und Meta-Vision: Mal keine Vision, das wär' doch mal 'ne Vision! Aber wer daran glaubt, ist wahrscheinlich ein Visionarr.

Vollkasko: neue bildungspolitische EC-Mentalität. Schlägt sich nieder vor allem in roten oder rot-grünen Abiturvollkaskogesetzen. Jede und jeder muß zum Abitur begabt werden.

Vorbild: auch unter Erziehern ec mega-out. Vorbild sein zu wollen ist schließlich Fremdbestimmung.

W

Wissen: höchst verdächtig, weil es mit Leistung zu tun hat. Steht im Verdacht, bloßes Faktenwissen zu sein. Viel wichtiger: Handlungsorientierung, Schlüsselqualifikationen, Methodenwissen. Auf Faktenwissen kommt es nicht an, denn auch das Vernetzen von Nullmengen ist ein Vernetzen. Außerdem: Wissen ist Macht, aber nichts wissen macht auch nichts.

X

x-beliebig, X-Beliebigkeit: oberstes EC-Prinzip in progressiven Lehrplänen und in autonomen Schulen. Es ist ja alles gleich gültig, also gleichgültig.

Xerokopie-Manie: tagtäglich vor acht Uhr eine Tätigkeit, die die Kopiergeräte in den Schulen heißlaufen läßt und außer Betrieb setzt. »Ganzschriften« sind nicht mehr zumutbar, weil man vom Schüler da ja die Lektüre von Hunderten von Seiten verlangen müßte. Man behilft sich mit kopierten Textauszügen und Lückentexten, um mikrochirurgische Textanalyse zu betreiben. Laut Verleger Klett ein gigantisches »Lese-Verhinderungsverfahren«.

Y

Yiffie-Lehrer (young, individualistic, freedom-minded, few): kommen jeden Freitag bereits mit Wohnmobil und geschultertem Surfbrett in die Schule. Wahre EC-Pädagogen haben ein ambivalentes Verhältnis zu Yiffies, weil letztere zwar individualistisch und freiheitlich gesinnt sind, sich aber wenig um EC scheren. Es soll EC-Pädagogen geben, die sich zum Zwecke des Ausbügelns von EC-Sorgenfalten am Wochenende als Yiffies geben.

Z

Zeitgeist: EC-Konfession des Klagens über alle möglichen schulischen und erzieherischen, aber auch pädagogisierten Global-Pfui-Zustände.

Ziffernnoten im Zeugnis: laut EC ein Schandmal des Schulsystems. Produzieren angeblich viel Leid in den Familien, aber keine Familie möchte sie missen. Alternative: Zeugnisattrappen, schöne Wortgutachten, vom PC (hier: Personal Computer) produziert. Hier wird sogar dieser PC zur EC.

Zukunft: beginnt – endlich – mit dem Neujahrstag 2000. Die ewigmorgigen, manisch-progressiven Produzenten visionärer Schulpädagogik dürfen sich dann endlich ausruhen, denn bis zur »Schule 3000« ist dann ja noch »ein Stück weit« Zeit. Hoffentlich sind am 1.1.00 alle Entwürfe von »Schule 2000« oder »Bildung 2000« nicht Gegenwart, denn man sollte Kinder auch im 21. Jahrhundert auf ein Leben vorbereiten, wie es ist, und nicht, wie es sein könnte.

Zweckfreiheit: von Bildung und Lernen; besondere EC-Prunkvorstellung, die gegen die Verwertungsinteressen des Kapitals angeht. Transportmittel der zweckfreien Bildung ist eine »Taxi«-Pädagogik ohne Ziel: Es geht nur um das Abholen des Kindes, wo es gerade ist.

zynisch: ebenso wie »menschenverachtend« Allzweckwaffe »ent«-rüsteter EC-Pädagogen und gewerkschaftlicher Bildungsfunktionäre gegen jeglichen Leistungsanspruch und gegen das gegliederte Schulsystem; »Allzweck-Ressentiment-Vokabel aller moralisch Bessergestellten und sich vor allem besser Dünkender«, »Reklamation des Guten durch Dick und Dünn, gegen die kein Kraut von Böse mehr gewachsen ist«, »das Dumm- und Totschlagwort des Jahres«.[211]

Der Marsch durch die Definitionen

Die Versuche, auch im Bereich der Schulpolitik und Schulpädagogik durch Wortneuschöpfungen, durch die Besetzung bestimmter

Begriffe, durch ideologisch konstruierte Konnotationen Stimmung zu machen, reichen bis weit in die 70er Jahre zurück. Der politische Zweck der Educational Correctness mit ihren Kult-, Prunk-, Kampf-, Imponier-, Fahnen-, Gesinnungs- und Tabubegriffen, mit ihren Euphemismen und Kakophemismen, mit ihrem »Mobbing der Meinungen« und mit ihrer »repressiven Toleranz«[212] sowie mit ihrem »unendlichen Werterelativismus«[213] ist damals und heute, wie bei der PC, klar: Es geht um die Eliminierung »rechter« Vorstellungen, es geht um die Normierung, Kanonisierung und Monopolisierung der Moral. In EC-Begriffen und EC-Tabus kondensieren sich Ideologien. Sie sind Pars pro toto, Teil einer verabsolutierten Ideologie, einer Ideologie der radikalen Gleichheit und – widersprüchlich genug – einer totalen Liberalisierung.

Gemeinsam ist all den EC-Dogmabegriffen und EC-Wortgaukeleien, daß sie Bewußtseinslagen schaffen wollen, denen die Wirklichkeit dann doch noch folgen soll. Bei den pädagogisch Korrekten handelt es sich wohl wie bei den politisch Korrekten um »Politmissionare«.[214] Vielleicht ist EC der letzte Versuch Alt-Linker, einen Rest an Besitzstand zu retten. EC jedenfalls will das erzieherische und schulpolitische Bewußtsein besetzen und schließlich die erzieherischen und schulischen Realitäten beeinflussen. Gemeinsam ist all den EC-Tabus und Prunkbegriffen, daß sie stigmatisieren sollen, wobei sich das Stigma vom stigmatisierten Objekt zum Subjekt zurückwenden soll. Im Hegelschen Sinne wird daraus eine »Herrschaft des Verdachts«, eine Herrschaft der Unterstellung, daß man als Nicht-Gutpädagoge eben nicht das Wohl aller Heranwachsenden im Auge habe, ja daß man gar einen Sozialdarwinismus betreibe.

Die Schweigespirale[215] tut ein übriges: Man neigt dazu, nichts zu sagen, wenn man annimmt, daß man sich damit außerhalb des pädagogischen und schulpolitischen »Mainstream« stellt, wenn man gar annehmen muß, daß man sich einem Faschismusverdacht aussetzt. Man artikuliert sich also zunächst nicht, sondern schielt erst nach dem Meinungsklima und nach den EC-Sprachregelungen. Ist die eigene Meinung damit konform, artikuliert man sich; paßt sie nicht, so schweigt man, oder man sagt es in EC-Sprache. Die Folge ist so oder so, daß sich »veröffentlichte« Meinung unwidersprochen durchsetzt. Und dann schlägt Nietzsche zu: Die Zukunft und die Macht gehören jenem, der Sprachregelungen durchsetzt.

EC, wie PC, geht nicht ohne politische Gerissenheit zu Werke. Den EC-Semantik-Apparatschiks gelingt es mit ihrer Rabulistik und Sophistik, geradezu ein Orwellsches »Mini-Wahr« (»Ministerium für Wahrheit«) zu etablieren und für sich zu monopolisieren.

Abseits des Politischen läuft bei den EC-Initiatoren und EC-Rezipienten aus der Sicht der Wahrnehmungs-, Denk-, Einstellungs- und Erkenntnispsychologie Auffälliges ab: Über das Schablonensprechen vollzieht sich ein Schubladen- und Schablonendenken. Das pädagogische Denken wird uniform, und es gerät unter die Herrschaft von Dogmen und Vor-Urteilen. Die Illusion ersetzt die Wahrnehmung. Aus Wahr-Nehmung wird »Falsch«-Nehmung.

Da Pädagogen und Schulpolitiker wie andere Menschen keine rationalen, sondern rationalisierende Wesen sind, neigen sie zum Rationalisieren beim Wahrnehmen von Realität. Rationalisieren heißt, Scheinbegründungen für Ursachen von Realitäten und für eigenes Handeln zu konstruieren – quasirationale Begründungen, die im »Mainstream« akzeptabel sind und die gegen die Notwendigkeit eines eigenen – unbequemen – Umdenkens immunisieren. Man kann mit diesem Narkotikum fürs Gewissen ruhig schlafen, man braucht die Realität nicht mehr zur Kenntnis zu nehmen – allenfalls als semantisch geschönte Realität.

Damit wird EC zum tiefenpsychologisch höchst interessanten Phänomen. EC hat wohl zu tun mit Infantilisierung, mit Verdrängung und mit Animismus: »Nicht Denken oder Wissen zählt, sondern nur Gefühl.«[216] Nicht die Realität zählt, sondern die halluzinatorische Wunscherfüllung und der Glaube an die magische Wirkung von Vokabeln und Theorien.

Wahrscheinlich hat EC zudem mit Selbstaggression zu tun, nämlich mit latenten Schuldgefühlen, weil man trotz aller Omnipotenzgefühle nicht für das Glück aller sorgen kann, während es einem selbst gutgeht; diese Schuldgefühle werden durch Moralisieren überwunden. Ein wichtiger Beitrag zur Psychohygiene mancher Schulpolitiker! Somit geht es nicht um das Problem, sondern um das Wegretuschieren des Problems durch Sprache. Verbal geht es den EC-Pädagogen um Hilfe für die Benachteiligten, eigentlich aber im latenten Bewußtsein pädagogischer Hilflosigkeit darum, daß sie sich im Schein einer Metadiskussion und einer schönen Etikette besser fühlen wollen.

Aus dem Gefühl erzieherischer Hilflosigkeit, aus Selbstzweifeln, Schuldgefühlen und Selbstaggression wird schnell Aggression nach außen. Über alle, die anders denken und handeln, werden Mißgunst und Intoleranz, ja gar das Odium des pädagogischen Hochverrats ausgebreitet. Das schafft Freund-Feind-Gruppierungen und erleichtert die Freund-Feind-Erkennung.

Aber man muß auch ganz privat etwas für die eigene Psychohygiene tun. Im pädagogisch heilen Idylle-Salon der Theorie diskutieren sich EC-Phantomtheorien besonders schön, und in dieser Theorie gäbe es eigentlich nur Musterschüler. Doch das ist verlogen, es hindert Schüler nicht daran, anders, individuell sehr unterschiedlich und nicht perfektibel zu sein. Dann schmollt man, bekommt seinen Burn-out und ist am Schluß den Schülern gram, weil einige nach wie vor unwillig oder unfähig sind. EC-Begriffe und EC-Tabus konzipieren oder suggerieren also eine pädagogische Welt, die nicht die reale Welt ist. Denn: »Eine Verschönerung der Sprache verschönert nicht die Welt, sondern nur die Sprache.«[217] EC ist somit nur Demonstration von Gutsein und Progressivität, ist Kosmetik und Verbal-Make-up schlauer EC-Visagisten. Der bisherige EC-Pädagogensprech wird gesäubert und durch Euphemismen ersetzt; an der Erziehungswirklichkeit ändert sich nichts. Hauptsache, der gute Wille ist sprachlich demonstriert! Und Hauptsache ist: In den Familien und in den Lehrerzimmern ist – typisch deutsch – durch die EC-»Korrektomania« (»FOCUS«) die Gemütlichkeit wiederhergestellt.

Aber: Wo Sprache verödet, da verödet auch die Wahrnehmung. Deshalb sollte man einmal über ein Chanson der Hildegard Knef nachdenken. Dort heißt ein Vers: »Denken schadet der Illusion.« Dem sei nur noch hinzugefügt: Denken schadet auch der Angst vor der Wirklichkeit!

27

Postskriptum 2000: Wieder eine Menge Windkanal-Pädagogik, aber auch ein paar Hoffnungsschimmer

Es wäre vermessen zu meinen, achtzehn Monate nach dem ersten Erscheinen dieses Buches könne man erneut eine umfassende schulpolitische Bilanz ziehen. Natürlich hat dieses Buch nichts umgekrempelt, wenngleich die Nachfrage nach ihm sehr groß war, es über vierzig Rezensionen erfuhr und der Autor viele Einladungen samt Schulterklopfen etc. verzeichnen konnte. Bei einer Neuauflage der »Spaßpädagogik« ist es im Frühjahr 2000 aber schon angezeigt nachzufragen, ob sich in den Monaten seit Herbst 1998 etwas geändert hat an deutscher Schule.

Man könnte sagen: Es hat sich wenig geändert. Wir schreiben jetzt »2000«, und allein deshalb sind die Ewigmorgigen zu Gestrigen geworden. Goethe hat seinen 250. Geburtstag hinter sich gebracht, aber die »Furie des Verschwindens« (Hegel) literarischer Inhalte an Deutschlands Schulen wurde nicht verscheucht. Die deutschsprachigen Bundeskanzler heißen nicht mehr Kohl und Klima, sondern Schröder und Schüssel – wenigstens solange nicht (wegen Jörg Haider) Österreichs Anschluß an die rot-grün-moralische Großmacht Deutschland erfolgt ist. Der deutsche Bundespräsident ist nicht mehr Herzog, sondern Rau; eine Fortsetzung des bildungspolitischen Verbalrucks war schon deshalb nicht zu erwarten.

Immerhin ist es erfreulich, daß nach dem Regierungswechsel anläßlich der Wahlen vom 7. Februar 1999 in Hessen nunmehr manch schulpolitisch Verqueres bereinigt werden kann. Das kann man von der Saar-CDU, die seit September 1999 an der Macht ist, nicht erwarten; schließlich hat sie in latent großer Koalition ja bereits vor Regierungsantritt zusammen mit der SPD die Verfassungsgarantie für die Hauptschule gestrichen und damit selbige im Saarland abgeschafft. Gleichzeitig soll sich die NRW-CDU mit der Gesamtschule aussöhnen, so der vergangene Zukunftsminister Jürgen Rüttgers. Die Bildungsprogrammatik der CDU und der SPD hat sich überhaupt im Januar 2000 weiter einander angenähert. Blauäugige meinen, das sei Ausdruck des endlich gemeinsamen Erkennens einer Wahrheit.

Andere glauben, das sei die Sozialdemokratisierung der CDU-Bildungspolitik, wieder andere, das sei die Christdemokratisierung der SPD-Bildungspolitik. Recht hat keiner, denn die von beiden Volksparteien reklamierte »bildungspolitische neue Mitte« ist ein pluralistisch-beliebiger Eintopf rundgelutschter Politikbonbons, mit denen man weismachen will, daß Strukturdebatten überholt und Inhaltsdebatten angesagt seien. Nur: Die Inhaltsdebatte führt ja keiner, weil heute alles gleich gültig sein soll und weil man bei solcher Debatte selbst was »draufhaben« müßte. Und die Strukturdebatte traut sich die CDU nicht mehr zu führen – aus Angst, man könne ihr Strukturkonservativismus vorhalten. Hat dort eigentlich schon einmal einer darüber nachgedacht, daß auch Inhalte abhängen von Strukturen – von Begabungsstrukturen oder Fächerstrukturen beispielsweise? Kaum Neues also unter der Sonne! Auch bei Bertelsmann nicht, dem Haus, dem ZEIT-Geistige andichten, es sei Deutschlands heimliches Bildungsministerium. Na denn, gute Nacht! Dasselbe Haus hält ja auch dreißig Prozent Anteile am Schmuddelsender »RTL II« – der deutschen Inkarnation medialer Schlüpfrigkeiten und voyeuristischer Big-Brother-Menschen-Käfighaltung.

Auch die Gesichter in der Kultusministerkonferenz blieben weitestgehend die gleichen und damit die Exponenten einer Erleichterungspädagogik 2000. Man hat eine neue Abiturregelung beschlossen, und man höre und staune: Das Abitur darf jetzt von Bundesländern, die dies wollen, erschwert werden – freilich um den Kuhhandel-Preis, daß es in anderen Bundesländern ohne KMK-Genehmigung weiter erleichtert werden darf. Eine nach unten offene Nivellierungsskala tut sich auf! Auch oberschlaue Bildungspolitiker und sogenannte Erziehungswissenschaftler reißen nicht vom Hocker mit ihrer Windkanal-Pädagogik, die stromlinienförmig und konturenlos vor sich hindümpelt. Dafür tut sich regelmäßig ein Vorhang auf, einem »Fachmann« wird ein Mikrophon hingehalten, und heraus kommt so Weltbewegendes wie: »Ich bin für die Einführung von Schuluniformen, weil dann alle gleich sind!«, »Ich plädiere vehement für die Zulassung des Schummelns/Spickens mit Hilfe neuer Infomationstechnik, das ist ein wichtiger Beitrag zur Computerbildung junger Menschen!«

»Spaß« oder »Spass«?

Apropos Windkanal-Pädagogik: Die Rechtschreibreform ist in Kraft! Man muß daran erinnern. Denn die Prognosen, daß damit siebzig Prozent weniger Schreibfehler gemacht würden, will plötzlich niemand mehr getätigt haben. Ja, es werden weniger Kommafehler gemacht, weil jetzt fast alles erlaubt ist. Aber daß immer noch ein Vielfaches von dem gelesen wird, was geschrieben wird, daß die Schreibe eben für den Leser gedacht ist, daß kommatabefreiten Sätzen diese Lesegeländer fehlen, all dies spielte bei der Reform ja keine Rolle. So als sei der Mensch ewig ein Grundschüler, kaufte man ihn für die Reformversprechen, daß jetzt s-/ss-/ß-mäßig nicht mehr unterschieden werden müsse zwischen »Schloß« und »Schlösser«. Dafür hat der Recht-Schreibende jetzt Probleme mit der »allein stehenden« Frau, weil er nicht weiß, ob damit die Solofrau oder die einsam an der Bushaltestelle stehende gemeint ist. Mit Spaß hat man keine Probleme, nur mit dessen Schreibung: Ist das jetzt ein langes »a« wie in Süddeutschland – dann »Spaß«? Oder ein kurzes »a« wie bei den nach der Schreibe sprechenden Preußen und bei den Italienern (»spasso« = Zeitvertreib) – dann eigentlich »Spass«? Beliebigkeit hat sich jedenfalls breitgemacht. Jeder schreibt, wie er will: »dass« – vielleicht – richtig, falls er je »daß« schreiben konnte; »aussen/außen« meist falsch. Tagtäglich Tausende von Verstößen fabrizieren unsere Zeitungen, gerade auch solche, die die Rechtschreibreform so vorauseilend und begeistert begrüßten. Erste seriöse Untersuchungen zeigen indes, daß Grundschüler in wenigen Bereichen ein paar Fehler weniger, aber ansonsten eine stattliche Zahl Fehler mehr machen. Hätte man statt eines mehr als zehnköpfigen, jahrelang ringenden Professorenteams nur eine einzige Woche lang einen Journalisten, einen Lektor und einen Deutschlehrer in ein Kloster eingesperrt, es wäre ein Reformwerk aus einem Guß geworden – und man hätte unendlich viel Geld gespart. So aber trägt die sogenannte (»so genannte«) Reform jedem noch so professoralen Steckenpferd Rechnung. Das kommt davon, wenn man alles nur noch didaktisch, aber nicht mehr sprachwissenschaftlich sieht. Deutschland – einig Rechtschreibland! Revolutionen bringst du nur halbherzige zustande, aber dafür wenigstens L'art-pour-l'art-Reformen und Sprachdidaktiker-ABMs. Aber wenigstens muß man jetzt nicht mehr unterscheiden, ob die Rechtschreibregeln einem Schreiber »wohlbekannt« sind, er also damit gut vertraut ist; oder ob ihm die Rechtschreibung »wohl bekannt« ist, er also nur vielleicht oder vermutlich eine Ahnung davon haben könnte. Diese Differenzierung gibt es nicht mehr, denn jetzt gilt hier nur noch Getrenntschreibung. Wie weise doch auch diese neue Schreibweise Wahrheit erfaßt, nämlich die Wahrheit, daß jetzt ausschließlich die Ungefähr-richtig-Schreibung »wohl bekannt« ist!

Die durchgestylte Schule

Zugleich ist protzige Managementtheorie drauf und dran, Schule zu erfassen. Amtliche Schulpolitik samt ghostwritender Hilfstruppen torkelt beschleunigten Tempos einer durchgestylten, jedem Management-Windkanal gewachsenen Schule entgegen – einer Schule, die geprägt sein solle von: Total Quality Management, Workshops, Brainstorming, Sponsoring, Bottom-up-Methode, Controlling, Evaluation, Corporate Identity, Budgetierung, Just-in-time-Knowledge usw.

Was kommt bei alldem heraus? Wahrscheinlich eine Schule des Lean management und der Fast education. Womöglich ist es sogar eine Schule der sogenannten neuen Mitte: eine Schule des Kultur-Managements statt der Kultur und statt des kulturellen Gedächtnisses, eine Schule der Totalplanung statt des gelassenen pädagogischen Führens, eine Schule der Verpackungen statt der Inhalte und statt des Kanons, eine Schule der Häppchen und der »events« statt der geistigen Unterkellerung, eine Schule der Flüchtigkeit statt der Konzentration. Aber warum soll Schule anders sein als hohe Politik?

Man sollte den Spieß einmal umdrehen und so manchem Management- und Multimedia-Papst ein kleines Gedankenexperiment entgegenhalten. Frage: Wie sähe es um unseren vielfach beschworenen Standort Deutschland aus, wenn in allen Bereichen der Volkswirtschaft und des Managements alles so am Schnürchen und so reibungslos liefe wie in der Schule? Da versehen in Deutschland tagtäglich 800.000 Lehrer und Verwaltungsangestellte ihren Schuldienst; da werden tagtäglich rund vier Millionen Unterrichtsstunden gehalten und ein Vielfaches davon an Lehrer-Schüler-Gesprächen geführt; da verkehren tagtäglich Hunderttausende an Schulbussen pünktlich, um die Schüler in die Schulen zu bringen; da sitzen tagtäglich zwölf Millionen Schüler um acht Uhr an ihren Arbeitsplätzen; da wird eine Logistik betrieben, die diesen zwölf Millionen Schülern tagtäglich gereinigte Schulräume und ihre Pausenverpflegung gewährleistet und die dieselben Schüler alljährlich mit 150 Millionen Schulbüchern versorgt; da werden auf der Basis von mehr als einer Milliarde einzelner Leistungsmessungen jährlich 24 Millionen Zwischen- und Jahrgangszertifikate ausgestellt. Und all dies läuft selbstverständlich ab. Würde jeder Teilbereich deutscher Volkswirtschaft diese enorme Managementleistung vollbringen, dann müßte man um Deutschlands Konkurrenzfähigkeit weniger Sorgen haben.

Der Gesamtschule geht die Luft aus

Erneut knüppeldick kamen die Atteste für die Gesamtschulen. Die im Herbst 1999 veröffentlichte Studie »Wege zur Hochschulreife: Offenheit des Systems und Sicherung vergleichbarer Standards – Analysen am Beispiel der Mathematikleistungen von Oberstufenschülern an Integrierten Gesamtschulen und Gymnasien in Nordrhein-Westfalen« wurde rechtzeitig nach (!) der NRW-Kommunalwahl vom September 1999 gedruckt und stammt vom Max-Planck-Institut für Bildungsforschung (MPIB). Grundlage der Studie, die Teil der Studie »Bildungsverläufe und psychosoziale Entwicklung im Jugendalter« (BIJU) ist, war eine Untersuchung der Fachleistungen von 991 Schülern aus 19 Gymnasien und von 582 Schülern aus zwölf integrierten Gesamtschulen. Getestet wurden die Leistungen in Mathematik, Physik, Biologie, Englisch und in politisch-wirtschaftlicher Grundbildung, ferner kognitive Grundfähigkeiten mittels des Tests »Figurenanalogien«.

Einzelne Ergebnisse daraus: Die fachlichen Ausgangsleistungen der Schüler der Gesamtschuloberstufe, die zum Abitur führt, entsprechen in allen Fächern einem Niveau, das unter dem mittleren Realschulniveau bleibt. Leistungskursschüler an Gesamtschuloberstufen erreichen in Mathematik in der 12. Jahrgangsstufe mit einem Testwert von durchschnittlich 90,0 Punkten nicht das Leistungsniveau, das in Grundkursen des Gymnasiums erzielt wird (105,9 Punkte). Zum Vergleich: Teilnehmer des Leistungskurses des Gymnasiums erzielen im Schnitt 132,7 Testpunkte, Teilnehmer des Grundkurses einer Gesamtschuloberstufe 75,1 Testpunkte. Eine Angleichung der Leistungsniveaus der beiden Gruppen während der 13. Klasse geschieht nicht.

Und ein weiteres interessantes Detail: Die beiden Schülergruppen unterscheiden sich – jeweils zugunsten der Gymnasiasten – hinsichtlich kognitiver Grundausstattung (hier: Fähigkeit, Analogien zu bilden) um eine halbe Standardabweichung voneinander, in den schulischen Fachleistungen aber um eine ganze Standardabweichung. Das bedeutet: Die Gesamtschule schöpft nicht einmal das kognitive Potential ihrer Schüler voll aus.

Solche Ungerechtigkeiten zeigen sich jetzt in der Oberstufen-BIJU sogar noch deutlicher, nämlich allein anhand der NRW-Daten: Oberstufenschüler des Gymnasiums, die als Teilnehmer des Grundkurses Mathematik beispielsweise 80 Testpunkte erzielten, werden mit der Note 5 bewertet; hätten sie dieselbe Leistung in einem Grundkurs der Gesamtschuloberstufe erzielt, würden sie mit einer Drei benotet. Teilnehmer des Leistungskurses, die 100 Testpunkte erreichen, erhalten dafür in der gymnasialen Oberstufe eine Fünf, in der Gesamtschul-Oberstufe eine Drei plus. Das sind Unterschiede von zwei und mehr Notenstufen bei gleicher Leistung. In mehrfacher Hinsicht hat es auch die Gesamtschule in Hamburg erwischt: Binnen eines Jahres ist der Anteil der Gesamtschule an den Neueinschreibungen im weiterführenden Schulwesen um rund drei Prozent zurückgegangen. Waren es im Jahr 1993 immerhin 35,9 Prozent, im Jahr 1999 dann noch 29,7 Prozent der Eltern, die ihr Kind für die 5. Klasse einer Gesamtschule anmeldeten, so sind es im Jahr 2000 für das Schuljahr 2000/2001 nur noch 26,8 Prozent. Dabei ist nicht einmal berücksichtigt, daß darin über 300 Schüler enthalten sind (ca. 2,9 Prozent), die an einer kooperativen Gesamtschule gemeldet wurden.

Die Gründe für diese gravierenden Verwerfungen dürften klar sein, und sie scheinen sich unter Hamburgs Elternschaft herumgesprochen zu haben: Es sind dies die Ergebnisse der Ende 1999 veröffentlichten und von der Schuladministration in Auftrag gegebenen Studie »Aspekte der Lernausgangslage und der Lernentwicklung von Schülerinnen und Schülern an Hamburger Schulen – Klassenstufe 7« – kurz »LAU 7«. Die brisantesten Ergebnisse daraus: Am Ende der 6. Klasse unterscheiden sich die fachbezogenen Leistungen der Schüler erheblich. Gymnasiasten haben mit einem Gesamtwert von 70,4 Testpunkten den mit Abstand höchsten Wert, Haupt-/Realschüler (40,7) und Gesamtschüler (44,4) unterscheiden sich kaum voneinander. Zu berücksichtigen ist hier ferner, daß die Schülerjahreskosten in Hamburg im Haushaltsplan 2000 pro Nase bei den Haupt-/Realschulen (Klassen 5/6) mit 9.873 Mark, bei den Gymnasien (Klassen 5/6) mit 9.677 Mark und bei den Gesamtschulen mit 12.930 Mark ausgewiesen sind! Dementsprechend unterschiedlich sind die Lehrer-Schüler-Relationen: Haupt-/Realschule 1 : 15,3; Gymnasium 1 : 16,5 und Gesamtschule 1 : 11,3.

Die Gesamtschulriege bleibt dennoch eine Betonfraktion, die den Fakten nicht ins Auge sehen will. Gegen die nächste Untersuchung, von der Ungemach droht, hat man prophylaktisch bereits Protest eingelegt, nämlich gegen die OECD-Studie PISA (Programme for International Student Assessment). In deren Rahmen wird in 26 OECD- und einigen Nicht-OECD-Staaten die Untersuchung der Leistungen der 15jährigen Schüler in Mathematik und Naturwissenschaften fortgesetzt und um den Bereich »Lesen« erweitert. Es sollen für Deutschland auch Vergleiche der Schulformen und der Bundesländer möglich sein. Weil die SPD und die Gewerkschaft Erziehung und Wissenschaft sich seit eh und je schwertun mit Leistungsmessung, haben sie im August 1999 schon einmal vorsorglich bei den SPD-Schulministern bzw. bei der Kultusministerkonferenz gepoltert. Die SPD-Arbeitsgemeinschaft für Bildung wettert gegen PISA und gegen die SPD-regierten Länder, die es zuließen, »für ihre Schulpolitik an den Pranger gestellt zu werden«, und die damit vorbereiteten, »dass die SPD-Bildungspolitik der letzten dreißig Jahre zum Scheitern verurteilt werden soll«. Die GEW schreibt von »unseriösen und tendenziösen« Ländervergleichen, und sie weiß, daß »Bundesländer mit hochselektiven Schulsystemen auf der Basis eines Schulformvergleiches besser abschneiden müssen«, daß »alles andere eine Sensation wäre« und daß dann den »reformorientierten Bundesländern die Revision ihrer bisherigen Schulpolitik nahegelegt würde«. Reife Einsichten! Und es gibt noch weitere Lichtblicke.

Das Volk will keine integrierten Schulformen

Das bayerische Volksbegehren der »besseren Schulreform« ist Ende Februar 2000 gescheitert, und zwar mit 5,7 Prozent Eintragungen – gleichbedeutend 508.425 Unterschriften – nicht zu knapp. Zehn Prozent Wählerstimmen, also rund 890.000 Unterschriften, wären bayernweit notwendig gewesen, um später einen Volksentscheid herbeizuführen. Gescheitert ist damit der Versuch eines Linksbündnisses, mit einer sogenannten Aufbaustufe in den Klassen 5 und 6 eine Art integrierter Orientierungsstufe zu etablieren. Erfolgreich fortgesetzt werden kann nun die flächendeckende Einführung der sechsstufigen Realschule – einer Schulform, die sich in Bayern bis zuletzt mit den Jahrgangsstufen 7 bis 10 bescheiden mußte.

Die Auseinandersetzung um das Volksbegehren der »besseren Schulreform« hatte die bayerische Öffentlichkeit mehrere Wochen in Beschlag genommen. Obsiegt hat schließlich ein Aktionsbündnis, das die Mehrzahl der Eltern-, Lehrer- und Wirtschaftsverbände unter dem Motto »Beste Bildung für unsere Kinder« unter einen Hut brachte. Mit diesem eindeutigen Ergebnis von weit unter zehn Prozent war nicht unbedingt zu rechnen gewesen. Dennoch bleibt das ungute Gefühl, daß aus einer bestimmten Ecke Schulpolitik wieder einmal mit einer Ideologie von der Stange betrieben wurde. Daß mit »Notenterror« für das Volksbegehren geworben wurde, mag man noch abhaken. Daß die Stadt München als Gebietskörperschaft Zeitungsanzeigen für das Volksbegehren schaltete, sollte nicht sofort abgehakt werden. Und auch daß Bayerns Ministerpräsident Stoiber von einer SPD-Abgeordneten wegen seines Einsatzes für seine eigene Bildungsoffensive und gegen das Volksbegehren gar in die Nähe Hitlers gerückt wurde, sollte man nicht sofort zu den Akten legen.

Es bleibt vor allem aber der Eindruck, daß so hoch komplexe Sachverhalte wie Fragen der Schulstruktur nicht für ein Plebiszit taugen. Man kann Fragen von Bildung und Erziehung nun einmal nicht auf ein simples »Dafür/Dagegen« reduzieren. Wer Schule plebiszitär umkrempeln möchte, der wäre damit schier dazu verführt, mit Ködern wie »streßfreies Lernen« von seinen Vorstellungen abzulenken und zugleich auf Umwegen für seine Vorstellungen zu werben. Und schließlich bleibt auch für andere Bundesländer bzw. deren Regierungen die Erkenntnis, daß man mit einer Vereinheitlichung des Schulsystems keine Massen mobilisieren kann. Das sollten sich zumal die Rot-Roten in Schwerin vergegenwärtigen, die erst im Januar 2000 dem Land Mecklenburg-Vorpommern bzw. seinen Kindern das Zwangskorsett einer integrierten Orientierungsstufe verordnet haben.

Der Hauptschulpreis 1999

Erstmals im Jahr 1999 wurde ein bundesweiter Hauptschulpreis ausgelobt. Die Initiative Hauptschule e.V. mit der Gemeinnützigen Hertie-Stiftung verfolgten mit diesem Preis die Absicht, das verzerrte Erscheinungsbild der Hauptschule zurechtzurücken. Es sollte nachgewiesen werden, daß in den rund 7.000 Hauptschulen bzw. Schulen mit Hauptschulbildungsgang tagtäglich eine Arbeit geleistet wird, die sich hinter der Arbeit anderer Schulformen nicht zu verbergen braucht. Zudem sollten besonders gelungene schulische Beispiele gesammelt und veröffentlicht werden, die sich regional oder gar bundesweit als Anreize zur Verbesserung der Bildungsarbeit an Hauptschulen eignen. Der Hauptschulpreis wollte den Schulen schließlich Mut machen, das eigene Profil weiterzuentwickeln und sich selbstbewußt darzustellen.

Dieser erste Hauptschulpreis 1999 weist eine ermutigende Bilanz aus. Bundesweit beteiligten sich 317 Hauptschulen aus 14 Bundesländern. Die Summe der Preisgelder umfaßte DM 113.500 für insgesamt 62 prämierte Hauptschulen. Der Hauptschulpreis 1999 wurde am 25. März 1999 im Schloß Bellevue in Berlin durch den damaligen Bundespräsidenten Roman Herzog verliehen. (Die Profile der 317 Bewerberschulen sind in dem 1999 beim Luchterhand-Verlag erschienenen Dokumentationsband »Hauptschule in der Praxis – Hauptschulpreis für erfolgreiches Lehren und Lernen« dargestellt.) Dieser erste Hauptschulpreis 1999 erfährt im Jahr 2001 mit dem Thema »Erziehung zur Eigenverantwortung. Jugendliche lernen ihr Leben zu gestalten – frei von Abhängigkeiten und frei von Gewalt« eine Neuauflage.

Die aufkeimende Kanon-Debatte

Wenn sich ab sofort jemand schulpolitisch profilieren möchte, dann kann er das mit Anstößen für die Inhaltsdebatte tun. Denn letztere ist jetzt unüberhörbar eingeläutet. Es ist eine Renaissance des Wissens, auch des konkreten Faktenwissens angesagt. Denn: Unsere jungen Leute wissen heutzutage von vielem ein bißchen, vom Wichtigen aber zuwenig. Zu Beginn des Jahres 1999 ließ ein großes deutsches Magazin (»Stern«) vom Ifep-Institut Schüler im Alter von 14 bis 16 befragen. Hier eine Auswahl der Fragen und der Anteile richtiger Antworten: Welche zwei Flüsse bilden die natürliche Grenze zwischen Deutschland und Polen? Nur 28 Prozent der Gymnasiasten wußten, daß das Oder und Neiße sind. Welches Ereignis wird in Deutschland am 3. Oktober gefeiert, und in welchem Jahr fand das Ereignis statt? Nur 23 Prozent der Gymnasiasten wußten, daß es hier um die Wiedervereinigung Deutschlands am 3. Oktober 1990 geht. Seit wann gibt es in Deutschland keinen Kaiser mehr? Nur 20 Prozent der Gymnasiasten wußten, daß dies seit 1918 der Fall ist. Welches Land hatte im Zweiten Weltkrieg die meisten Toten zu beklagen? Ganze 11 Prozent der Gymnasiasten wußten, daß es die Sowjetunion war. Aber: 81 Prozent der Gymnasiasten wissen, daß der Song »Thriller« von Michael Jackson stammt.

Wissen – ist es überflüssig geworden? Nein, wir sollten uns nicht erschrecken lassen von immer kürzeren sogenannte Halbwertszeiten des Wissens. Es mag ja eindrucksvoll sein, daß wir derzeit in der Computertechnik Halbwertszeiten von drei Jahren haben, das heißt, daß das Wissen des Jahres 2000 im Jahr 2003 zur Hälfte überholt ist. Aber: Es gibt sehr viel, ja unendlich viel Wissen, das sich nicht überholt. Das kleine und das große Einmaleins hat eine unendliche Halbwertszeit. Das gleiche gilt für historische Fakten, für naturwissenschaftliche Grundgesetze, für die große Literatur, für anthropologische Grundtatsachen. Und auch Englischvokabeln haben eine Halbwertszeit von ein paar hundert Jahren. Lateinische ohnehin.

Und: Wer nichts weiß, muß alles glauben! Ein solchermaßen Gläubiger wäre das Lieblingsobjekt eines jeden Diktators oder Demagogen. Denn er wäre verführbar für jede Lüge; er wäre anfällig für jedes Angstmachen und für jedes Propagieren von Vorurteilen. Deshalb ist der unwissende, der mit Halbwissen oder gar Lügen manipulierte, der indoktrinierte Mensch das Ziel totalitärer Systeme – totalitärer Systeme, die alles mögliche weismachen wollen und die alles – total – vorgeben und reglementieren wollen: eben auch Vorurteile. Frei nach dem Motto: »Ich weiß, daß du ein Linker/Rechter, ein Mann/eine Frau, ein Weißer/Schwarzer bist. Das reicht mir, dann weiß ich den Rest auch.« Nicht umsonst nennt Orwell in seiner düsteren, totalitären Vision »1984« folgende drei Wahlsprüche des Wahrheitsministeriums (des »Miniwahr«). Sie lauten: Krieg bedeutet Frieden; Freiheit ist Sklaverei; Unwissenheit ist Stärke! Und ebenso eindrucksvoll kennzeichnet Reiner Kunze in seinem »Selbstgespräch für andere« Indoktrination aus leidvoller DDR-Erfahrung, wenn er dichtet: »Unwissende, damit ihr unwissend bleibt – werden wir euch schulen.«

Und überhaupt reicht es nicht zu wissen, wo man etwas nachschlagen oder – im Internet surfend – »herunterladen« kann. Natürlich ist es wichtig zu wissen, wo man etwas findet. Deshalb ist es wichtiger Bestandteil schulischer Bildung, den jungen Leuten zu demonstrieren, wo man was nachlesen kann und daß 98 Prozent der Daten im Internet Schrott sind. Ansonsten aber: Man stelle sich eine politische, eine naturwissenschaftliche oder eine ökonomische Live-Debatte vor, in der auch nur drei Debattenpartner zwar wissen, wo man was findet, in der diese drei aber ständig zum Bücherregal rennen oder sich im Internet einklinken, um sich Fakten und Argumente zu suchen. Eine solche Download-Gesellschaft mit ihrem Häppchen- und Just-in-time-Wissen wäre eine Gesellschaft ohne Vorrat, eine Gesellschaft der Minikommunikation. Schule muß hier gegensteuern.

Die Debatte um einen Kanon und um Inhalte kann also beginnen.

Anmerkungen

Zu den vollständigen bibliographischen Angaben s. Literaturverzeichnis.

1 Sontheimer, Kurt: Das Elend unserer Intellektuellen, S. 185 und 230.
2 Picht, Georg: Die deutsche Bildungskatastrophe.
3 Sontheimer, Kurt: Das Elend unserer Intellektuellen, S. 12.
4 Damit hat der Verfasser reichlich Erfahrung. Er war zur Wahl des Hessischen Landtags vom 19. Februar 1995 Mitglied der Mannschaft des Spitzenkandidaten der Hessischen CDU, Manfred Kanther, vorgesehen als Kandidat für das Amt des Kultusministers. Für manche aus dem Lager der politischen Gegner sowie für manche Publizisten war das unvorstellbar. Viele Reaktionen und Schlagzeilen einschlägiger Zeitungen waren Pawlowsche Reflexe. Man versah den Autor in der einschlägigen Presse mit Attributen wie »Bildungsfundamentalismus«, »Gefährdung des Schulfriedens«, »nimmt den Kindern die Zukunft«, »Hessens Stahlhelmtruppe«, »Gefahr aus dem Süden«, »Schule im schwarzen Tintenfaß«, »Rohrstockpädagogik«, »Mann für den rot-grünen Adrenalinspiegel«.
5 Westphalen, Klaus: Die verhängnisvolle Trennung ..., S. 101.
6 Marcuse, Herbert: Versuch über die Befreiung.
7 Roegele, Otto: Zur inneren Lage der Bundesrepublik, S. 33.
8 Vgl. »DIE WELT« vom 6. Juni 1995.
9 Herzog, Roman: Aufbruch in der Bildungspolitik.
10 Vgl. »Frankfurter Rundschau« vom 24. November 1997.
11 Lempp, Reinhart: Die autistische Gesellschaft, S. 115 ff.
12 Knütter, Hans-Heinrich: Die Faschismus-Keule.
13 Akademie für Bildungsreform/Robert Bosch Stiftung: Memorandum »Praktisches Lernen«, Weinheim 1993, S. 12.
14 Otten, Kurt: Die Maßlosen, die Arglosen und die Kopflosen, S. 358.
15 Englisch-Magazin »What's new?« des Cornelsen-Schulbuchverlages.
16 Zeitschrift »Praxis des neusprachlichen Unterrichts«, Cornelsen-Verlag, Heft 2, April – Juni 1996.
17 Hensel, Horst: Die neuen Kinder und die Erosion der alten Schule, S. 16.
18 Heckhausen, Heinz: Förderung der Lernmotivierung ..., S. 193–228.
19 Cube, Felix von; Alshuth, Dietger: Fordern statt Verwöhnen, S. 13.
20 Vgl. »DIE WELT« vom 31. Januar 1998, Ausgabe Berlin.
21 Singer, Kurt: Gesunde Aggression entwickeln, S. 1.
22 Zimmer, Dieter E.: RedensArten, S. 210.
23 Aurin, Kurt: Plädoyer für eine realistische Schulpolitik und Schulpädagogik, S. 222.
24 Vgl. dazu jeweils Hitpaß, Josef: Schulreform ...
25 Heller, Kurt A.: Begabungs- und lernpsychologische Perspektiven ...
26 Vgl. dazu Roth, Heinrich (Hrsg.): Begabung und Lernen.
27 Diese Artikelserie wurde unmittelbar danach in Buchfassung veröffentlicht, vgl. Anmerkung 2.
28 Vgl. »F.A.Z.« vom 22. Juli 1995.
29 Vgl. »Süddeutsche Zeitung vom« 5. April 1995.
30 Haefner, Klaus: Die neue Bildungskrise, S. 17.

31 Vgl. Hochschul-Informations-System HIS, Kurzinformation A5/1997.

32 So der Titel der Reportage im »SPIEGEL« vom 4. Dezember 1995.

33 Vgl. dazu: Heldmann, Werner: Studierfähigkeit konkret; Heldmann, Werner und Finkenstaedt, Thomas: Voraussetzungen und Rahmenbedingungen des Hochschulstudiums; und: Heldmann, Werner (Hrsg.): Studieren heute …

34 Fels, Gerhard: Grundwissen ohne Grund.

35 Vgl. »Rheinischer Merkur« vom 12. Juni 1998.

36 Vgl. »DIE WELT« vom 5. Juni 1994.

37 Vgl. dazu Hitpaß, Josef: Schulreform, S. 74.

38 Vgl. Hochschul-Informations-System; Kurzinformation A 18/1997.

39 Vgl. dazu den Auswertungsbericht der Projektgruppe Gesamtschule der Bund-Länder-Kommission von 1982, zusammenfassende Berichte der beteiligten Bundesländer (Baden-Württemberg, Bayern, Bremen, Hessen, Rheinland-Pfalz, Nordrhein-Westfalen), vorgestellt von Prof. Dr. Heinrich Wottawa in: »die höhere schule«, Heft 12/1982.

40 Der »Arbeitskreis Gesamtschule e. V.« versteht sich als ein Kreis von kritischen Gesamtschullehrern, der unter anderem die Schwächen der Gesamtschule öffentlich machen möchte und sich für einen Stopp weiterer Gesamtschulgründungen einsetzt. Er gibt das Jahrbuch »Reflex – Gesamtschule in der Praxis – Beiträge zur Kritik der integrierten Gesamtschule« heraus. Anschrift: Spiekeroogstr. 21, 45665 Recklinghausen.

41 Max-Planck-Institut für Bildungsforschung (Hrsg.): Bildungsverläufe …

42 Helmke, Andreas: Leistungssteigerung …

43 Vgl. Hochschul-Informations-System (HIS), Kurzinformation A 14/1995.

44 Vgl. Anmerkung 40. Außerdem: Baumert, Jürgen und Köller, Olaf: Nationale und internationale Schulleistungsstudien.

45 Vgl. »F.A.Z.« vom 10. November 1997.

46 Max-Planck-Institut für Bildungsforschung u. a. (Hrsg.): Third International Mathematics …, S. 171.

47 Der Initiative Hauptschule e. V. gehören (Stand Juli 1998) 24 Organisationen an, und zwar aus dem Bereich der Wirtschaft: Bundesvereinigung der Deutschen Arbeitgeberverbände (BDA), Deutscher Industrie- und Handelstag (DIHT), Zentralverband des Deutschen Handwerks (ZdH), Hauptverband des Deutschen Einzelhandels (HDE); aus dem Bereich der Elternschaft: Deutscher Elternverein (DEV), Katholische Elternschaft Deutschlands (KED), Elternrat Hauptschulen NRW; aus dem Bereich der Lehrerschaft: Bayerischer Schulleiterverband, Deutscher Lehrerverband (DL), Hauptschullehrerverband NW, Katholische Erziehergemeinschaft (KEG), Sächsischer Lehrerverband (SLV), Schulleiterverband Schleswig-Holstein, Verband Deutscher Realschullehrer (VDR), Philologenverband Niedersachsen (PhVN), Deutscher Lehrerverband Niedersachsen (DLN), Arbeitsgemeinschaft Christlich-Demokratischer Lehrer Hessen (ACDL), Arbeitskreis Gesamtschule; die Bundesgemeinschaft Gegliedertes Schulwesen (BGSW) sowie aus sonstigen Bereichen: Gemeinnützige Hertie-Stiftung, CDU-Fraktionen in den Landtagen von Niedersachsen und von Mecklenburg-Vorpommern, Schüler-Union, Freie Wählergemeinschaft Rheinland-Pfalz. – Anschrift der Initiative Hauptschule e. V.: c/o Bundesvereinigung der Deutschen Arbeitgeberverbände, Gustav-Heinemann-Ufer 72, 50968 Köln.

48 Krieger, Wolfgang: Der mangelnde Nachwuchs …

[49] Kaltenbrunner, Gerd-Klaus: Elite, S. 44.
[50] Jaspers, Karl: Was ist Erziehung?
[51] Herzog, Roman: Begabtenförderung ist ein Wechsel auf die Zukunft. Rede zum 40jährigen Jubiläum der Bischöflichen Studienstiftung »Cusanuswerk« am 2. Juni 1996 in Schloß Eringerfeld/Stadt Geseke.
[52] Vgl. dazu Kaiser, Armin u. a.: Entwicklung und Erprobung ...
[53] Struck, Peter: Neue Lehrer braucht das Land.
[54] Struck, Peter: Die Kunst der Erziehung.
[55] Struck, Peter: Erziehung von gestern.
[56] Vgl. »F.A.Z.« vom 9. Oktober 1997
[57] Vgl. »DIE WELT« vom 18. Dezember 1997.
[58] Jaspers, Karl: Was ist Erziehung?, S. 51 ff.
[59] Rehfus, Wulff D.: Bildungsnot, S. 7.
[60] Giesecke, Hermann: Wozu ist die Schule da?, S. 202.
[61] Schäuble, Wolfgang: Und der Zukunft zugewandt.
[62] Vgl. »Süddeutsche Zeitung« vom 23. September 1997.
[63] Geißler, Erich E.: Welche Farbe hat die Zukunft?, S. 208.
[64] Giesecke, Hermann: Wozu ist die Schule da?, S. 41.
[65] Heft »Doppelpunkt 23/Herbst 1997« des Klett-Verlages.
[66] Negt, Oskar: Kindheit und Schule ..., S. 198.
[67] Vgl. »Süddeutsche Zeitung« vom 20. April 1998 über eine reformfreudige Grundschule.
[68] Negt, Oskar: Kindheit und Schule ..., S. 167.
[69] Frech-Becker, Cornelia: Wenn die Freiarbeit zur freien Arbeit wird.
[70] Neumann, Dieter: Falsche Ansichten über das Lernen?
[71] Oelkers, Jürgen: Reformpädagogik, S. 85.
[72] Vgl. Rainer Stephan: »Von wegen leistungsorientiert«, »Süddeutsche Zeitung« vom 23. Januar 1996.
[73] Rehfus, Wulff D.: Bildungsnot, S. 51.
[74] Adorno, Theodor W.: Theorie der Halbbildung.
[75] Lorenz, Konrad: Die acht Todsünden ..., S. 48.
[76] Max-Planck-Institut für Bildungsforschung (Hrsg.): Bildungsverläufe ..., S. 40 ff.
[77] Hirsch, Eric Donald: The Schools We Need ...
[78] Spranger, Eduard: Der Eigengeist der Volksschule, S. 303 und 306.
[79] Bollnow, Otto F.: Vom Geist des Übens.
[80] Giesecke, Hermann: Verteidigung des Unterrichts.
[81] Helmke, Andreas: Selbstvertrauen und schulische Leistungen, S. 278.
[82] Weinert, Franz E.: ›Der gute Lehrer‹, ›die gute Lehrerin‹ ...
[83] Weinert, Franz E.; Helmke, Andreas: Der gute Lehrer – Person, Funktion oder Fiktion?
[84] The Economist, Ausgabe für die Woche vom 29. März bis 4. April 1997
[85] Max-Planck-Institut für Bildungsforschung u. a. (Hrsg.): Third International Mathematics ..., S. 233.
[86] Kuhn, Wilfried: Lernbereich Naturwissenschaften ...
[87] Max-Planck-Institut für Bildungsforschung u. a. (Hrsg.): Third International Mathematics ..., S. 18.
[88] Schönweiss, Friedrich: Bildung als Bedrohung?
[89] Haefner, Klaus: Die neue Bildungskrise, S. 25.
[90] Seifert, Heribert: Der Schwache ist am traurigsten allein. Das von Seifert

kritisierte NRW-Konzept heißt: »Ausbildung im Dialog zwischen Schule und Seminar – Seminarrahmenkonzept für die Sekundarstufe II«; es ist im Dezember 1997 erschienen.

[91] Petersen, Traute: Arbeit am Klienten.
[92] Giesecke, Hermann: Wozu ist die Schule da?, S. 10.
[93] Rehfus, Wulff D.: Bildungsnot, S. 89.
[94] Knigge, Adolph Freiherr von: Über den Umgang mit Menschen, S. 231 f.
[95] Jaspers, Karl: Wohin treibt die die Bundesrepublik?, S. 201.
[96] Vgl. »Frankfurter Rundschau« vom 27. Januar 1996.
[97] Ebda.
[98] Liket, Theo: Freiheit und Verantwortung, S. 13.
[99] Vgl. »Frankfurter Rundschau« vom 27. Januar 1996.
[100] Siehe zum Beispiel: Marcuse, Herbert: Versuch über die Befreiung, oder ders.: Triebstruktur und Gesellschaft.
[101] Klafki, Wolfgang u. a.: Erziehungswissenschaft, S. 29.
[102] Zitiert nach Topitsch, Ernst: Wie links steht noch der Geist.
[103] Vgl. »F.A.Z.« vom 1. Dezember 1973.
[104] Jäde, Henning: Die Schule der Sprachlosigkeit, S. 83 ff.
[105] Schneider, Wolf: Wörter machen Leute.
[106] Otten, Kurt: Die Maßlosen, die Arglosen und die Kopflosen, S. 7.
[107] Schoeck, Helmut: Kinderverstörung.
[108] Rolff, Hans-G.: Strategisches Lernen in der Gesamtschule, S. 7.
[109] Funke, Jürgen: Sport in der Schule?
[110] Negt, Oskar: Kindheit und Schule ..., Seiten 7, 18, 33, 36, 40, 44, 48, 59, 68, 140, 143, 150, 167.
[111] Otten, Kurt: Die Maßlosen, die Arglosen und die Kopflosen. Von der Bildungsreform zur Bildungskatastrophe. Aufsätze 1973 bis 1993. Heidelberg 1993, S. 284 f.
[112] Petersen, Traute: Die Magd der Politik. Konfus: Deutsche Lehrplanrevision nach der Wende. In: »F.A.Z.« vom 25. Oktober 1995.
[113] Otten, Kurt: Die Maßlosen, die Arglosen und die Kopflosen, S. 3.
[114] Sieburg, Friedrich: Abmarsch in die Barbarei, S. 229 ff.
[115] Nipperdey, Thomas: Ende der Selbstbestimmung, S. 103.
[116] Andreae, Hugo: Politische Bildung als Heilslehre, S. 137.
[117] Jaspers, Karl: Was ist Erziehung?, S. 80.
[118] Hacker, Jens: Deutsche Irrtümer, S. 406.
[119] Garton Ash, Timothy: Im Namen Europas, S. 564.
[120] Zitelmann, Rainer: Wohin treibt unsere Republik?
[121] Templin, Wolfgang: Selbst-Bewußtsein und Verantwortung.
[122] Willms, Johannes: Welches Europa soll es sein?
[123] Petersen, Traute: Das Land jenseits der Butterberge.
[124] Vgl. »dpa« vom 21. Mai 1991.
[125] Motschmann, Klaus: Mythos Sozialismus, S. 30.
[126] Baring, Arnulf: Deutschland, was nun?
[127] Vgl. »F.A.Z.« vom 4. Oktober 1995.
[128] Rohrmoser, Günter: Der Ernstfall, S. 357 und 363.
[129] Nordhofen, Eckhard: Religionsunterricht im Verfall, S. 12.
[130] Schelsky, Helmut: Anpassung und Widerstand, S. 19 f.
[131] Ingenkamp, Karlheinz: Die Test-Aversion ...

132 Ingenkamp, Karlheinz u. a.: Schulleistungsvergleich …
133 Hentig, Hartmut von: Systemzwang und Selbstbestimmung.
134 Hentig, Hartmut von: Gegen Zensuren.
135 Oelkers, Jürgen: Reformpädagogik, S. 8 f.
136 Mitter, Wolfgang und Schäfer, Ulrich (Hrsg.): Schulen und Qualität.
137 Bildungskommission NRW: Denkschrift »Zukunft der Bildung – Schule der Zukunft«.
138 Ingenkamp, Karlheinz u. a.: Schulleistungsvergleich …
139 Max-Planck-Institut für Bildungsforschung u. a. (Hrsg.): Third International Mathematics …
140 Max-Planck-Institut für Bildungsforschung (Hrsg.): Schülerleistungen …
141 Vgl. »Rheinischer Merkur« vom 11. April 1997.
142 Vgl. »DIE ZEIT« vom 20. Mai 1998.
143 Vgl. Kapitel 2 »Schule ohne Noten und Zeugnisse, speziell das Unterkapitel »Die Antinotenfront«.
144 Sowell, Thomas: Inside American Education.
145 Nolden, Hans.-W.: Die japanische Bildungsmaschine.
146 Ito, Toshiko: Zwischen »Fassade« und »wirklicher Absicht«.
147 Vgl. hierzu und nachfolgend: »Hamburger Lehrerzeitung/hlz« der GEW, Heft 7/1997 und 8–9/1997.
148 Möller, Jörg: Japans Bildungskrise.
149 Hirsch, Eric Donald: The Schools We Need …
150 Vgl. dazu Adorno, Theodor: Negative Dialektik.
151 Vgl. dazu Marcuse, Herbert: Triebstruktur und Gesellschaft.
152 Burckhardt, Jacob: Weltgeschichtliche Betrachtungen.
153 Maslow, Abraham: Motivation und Persönlichkeit.
154 Adorno, Theodor: Negative Dialektik.
155 Fest, Joachim: Die schwierige Freiheit, S. 23.
156 Stürmer, Michael: Ende der Ideologien?
157 Sieburg, Friedrich: Abmarsch in die Barbarei, S. 265.
158 Weber, Max: Politik als Beruf.
159 Zihlmann, Rudolf: Jakobiner fallen nicht vom Himmel, S. 146.
160 Maier, Hans: Jean-Jacques Rousseau, S. 47–65.
161 Sontheimer, Kurt: Das Elend unserer Intellektuellen, S. 281 ff.
162 Jaspers, Karl: Was ist Erziehung?, S. 324.
163 Lorenz, Wolfgang: Entschleierte Gleichheit, S. 160 und S. 172.
164 Schneider, Wolf: Wörter machen Leute, S. 136.
165 Adam, Konrad: Die Ohnmacht der Macht, S. 88 f.
166 Schoeck, Helmut: Das Recht auf Ungleichheit.
167 Niehl, Franz; in: Chancengleichheit ohne Chance?, 1975; zitiert nach Schneider, Wolf: Wörter machen Leute, S. 142.
168 Bly, Robert: Die kindliche Gesellschaft, S. 76.
169 Otten, Kurt: Die Maßlosen, die Arglosen und die Kopflosen, S. 365.
170 Ebda., S. 168.
171 Braunmühl, Ekkehard von: Antipädagogik.
172 Schoenebeck, Hubertus von: Unterstützen statt erziehen.
173 Miller, Alice: Das Drama des begabten Kindes …
174 Vgl. dazu auch Heldmann, Werner: Kultureller und gesellschaftlicher Auftrag von Schule, S. 77 ff.

175 Vgl. »SPIEGEL« vom 25. Januar 1993.
176 Lorenz, Konrad: Die acht Todsünden ..., S. 78.
177 Skinner, Burrhus F.: Futurum Zwei.
178 Fest, Joachim: Der zerstörte Traum, S. 10.
179 Ebd., S. 21 f.
180 Ebda., S. 30.
181 Vgl. Ahrendt, Hannah: Elemente und Ursprünge totaler Herrschaft.
182 Fest, Joachim: Der zerstörte Traum, S. 30 f., 73 ff., 81 ff. und 91 ff.
183 Maier, Hans: Jean-Jacques Rousseau, S. 47–65.
184 Otten, Kurt: Die Maßlosen, die Arglosen und die Kopflosen, S. 10.
185 Negt, Oskar: Kindheit und Schule ...
186 Oelkers, Jürgen: Reformpädagogik, S. 9 f.
187 Günther, Henning: Kritische Würdigung der Reformpädagogik.
188 Führ, Christoph: Deutsches Bildungswesen seit 1945, S. 263 ff.
189 Noelle-Neumann, Elisabeth: Die dritte Partei.
190 Vgl. dazu auch Hoff, Klaus: Rechts und Links.
191 Vgl. »F.A.Z.« vom 2. April 1996.
192 Fest, Joachim: Die schwierige Freiheit, S. 99.
193 Lübbe, Hermann: Grundregeln konservativen Verhaltens; aus: Lübbe, Hermann: Lebensqualität oder Fortschrittskritik von links.
194 Zimmer, Dieter E.: Leuchtbojen auf einem Ozean der Gutwilligkeit.
195 Markl, Hubert: Gegen Moral hilft nur Recht.
196 Walser, Martin: Über freie und unfreie Rede.
197 Roß, Jan: Die verlorene Schuld.
198 Zimmer, Dieter E.: Deutsch und anders.
199 Behrens, Michael; von Rimscha, Robert: »Politische Korrektheit« in Deutschland.
200 Hughes, Robert: Nachrichten aus dem Jammertal.
201 Bonder, Michael: Ein Gespenst geht um die Welt.
202 Hughes, Robert: Nachrichten aus dem Jammertal.
203 Bittermann, Klaus; Henschel, Gerhard (Hrsg.): Wörterbuch des Gutmenschen.
204 Zimmer, Dieter E.: Leuchtbojen auf einem Ozean der Gutwilligkeit.
205 Steinbuch, Karl: Schluß mit der ideologischen Verwüstung!
206 Strauß, Gerhard; Haß, Ulrike; Harras, Gisela: Brisante Wörter von Agitation bis Zeitgeist.
207 Zimmer, Dieter E.: Deutsch und anders.
208 Schneider, Wolf: Wörter machen Leute.
209 Hughes, Robert: Nachrichten aus dem Jammertal.
210 Bildungskommission NRW: Denkschrift »Zukunft der Bildung – Schule der Zukunft«.
211 Henscheid, Eckhard: Dummdeutsch.
212 Papcke, Sven: »Political Correctness« oder die Reinigung des Denkens.
213 Vgl. dazu Stephan, Cora: Der Betroffenheitskult, und: Stephan, Cora: Die Waffe Pießie.
214 Gutknecht, Christoph: Lauter böhmische Dörfer.
215 Noelle-Neumann, Elisabeth: Die Schweigespirale.
216 Hughes, Robert: Nachrichten aus dem Jammertal.
217 Zimmer, Dieter E.: RedensArten.

Literaturverzeichnis

Adam, Konrad: Die Ohnmacht der Macht. Wie man den Staat ausbeutet, betrügt und verspielt, Berlin 1994

Adorno, Theodor: Theorie der Halbbildung, in: Reden und Vorträge, Frankfurt/M., S. 168–192

–: Negative Dialektik, Frankfurt 1966

Ahrendt, Hannah: Elemente und Ursprünge totaler Herrschaft, München 1951

Andreae, Hugo: Politische Bildung als Heilslehre, in: Kaltenbrunner, Gerd-Klaus (Hrsg.): Klassenkampf und Bildungsreform. Die neue Konfessionsschule, Herderbücherei Initiative Bd. 2, München 1974, S. 121–143

Aurin, Kurt: Plädoyer für eine realistische Schulpolitik und Schulpädagogik, in: Aurin, Kurt u. a. (Hrsg.): Schulpolitik im Widerstreit. Brauchen wir eine »andere Schule«? Bad Heilbrunn 1997, S. 213–231

Baring, Arnulf: Deutschland, was nun?, Berlin 1991

Baumert, Jürgen/Köller, Olaf: Nationale und internationale Schulleistungsstudien. Was können sie leisten, wo sind ihre Grenzen?, in: Pädagogik, Heft 6/1998, S. 12–18

Behrens, Michael/Rimscha, Robert von: »Politische Korrektheit« in Deutschland. Eine Gefahr für die Demokratie, Bonn 1995

Bering, Dietz: Die linke Lehre des Bocks, in: SPIEGEL 29/1995 vom 15.5.1995, S. 146–149

Bildungskommission NRW: Denkschrift »Zukunft der Bildung – Schule der Zukunft«, Neuwied 1995

Bittermann, Klaus/Henschel, Gerhard (Hrsg.): Wörterbuch des Gutmenschen. Zur Kritik der moralisch korrekten Schaumsprache, Berlin 1994

Bly, Robert: Die kindliche Gesellschaft. Über die Weigerung, erwachsen zu werden, München 1997

Bollnow, Otto F.: Vom Geist des Übens. Eine Rückbesinnung auf elementare didaktische Erfahrungen, Freiburg 1978

Bonder, Michael: Ein Gespenst geht um die Welt: Political Correctness, Frankfurt/M. 1995

Braunmühl, Ekkehard von: Antipädagogik. Studien zur Abschaffung der Pädagogik, Weinheim 1975

Burckhardt, Jacob: Weltgeschichtliche Betrachtungen (Vorlesungen in Basel 1868 bis 1871), Stuttgart 1978

Chartier, Roger: Die kulturellen Ursprünge der Französischen Revolution, Frankfurt/New York 1995

Cube, Felix von/Alshuth, Dietger: Fordern statt Verwöhnen, München 1989

Deutscher Bildungsrat (Hrsg.): Begabung und Lernen. Gutachten und Studien der Bildungskommission, Stuttgart 1968

Deutsches Institut für Internationale Pädagogische Forschung (Hrsg.): Quantitative Tendenzen der Schulzeit im internationalen Vergleich, Frankfurt 1993

Erhardt, Manfred: Qualität als Maßstab und Ziel, in: Freiheit der Wissenschaft, Heft 1/1996, S. 4–6

Fels, Gerhard: Grundwissen ohne Grund – Die Schulen von der Leine lassen?, in: Adam, Konrad (Hrsg.): Bildungslücken, Stuttgart 1997, S. 71–77

Fest, Joachim: Der zerstörte Traum. Vom Ende des utopischen Zeitalters, Berlin 1991

–: Die schwierige Freiheit. Über die offene Flanke der offenen Gesellschaft, Berlin 1993

Frech-Becker, Cornelia: Wenn die Freiarbeit zur freien Arbeit wird, in: Praxis des neusprachlichen Unterrichts, Heft 1/1997, S. 86–92

Friedeburg, Ludwig von: Da kommen alte Träume zu neuer Blüte. Autonomie ist das Zauberwort der aktuellen Schuldebatte. Ein Widerspruch, in: Frankfurter Rundschau vom 27. Januar 1996

Führ, Christoph: Deutsches Bildungswesen seit 1945 – Grundzüge und Probleme, Neuwied 1997

Funke, Jürgen: Sport in der Schule? Zur Kritik eines curricularen Teilbereichs, in: neue sammlung, 13. Jahrgang, 1973, S. 590–606

Garton Ash, Timothy: Im Namen Europas – Deutschland und der geteilte Kontinent, München 1993

Geißler, Erich E.: Welche Farbe hat die Zukunft? Über politische Kultur im technischen Zeitalter, Bonn 1986

Giesecke, Hermann: Wozu ist die Schule da? Die neue Rolle von Eltern und Lehrern, Stuttgart 1996

–: Verteidigung des Unterrichts. Der Unterricht als systematische Veranstaltung mit Distanz zum Leben, in: Der Bürger im Staat, hrsg. von der Landeszentrale für politische Bildung Baden-Württemberg, Heft 4/1997, S. 224–227

Groth, Klaus J.: Die Diktatur der Guten. Political Correctness, München 1996

Günther, Henning: Kritische Würdigung der Reformpädagogik, in: Freiheit der Wissenschaft, Heft 1/1997, S. 4–8

Gutknecht, Christoph: Lauter böhmische Dörfer. Wie die Wörter zu ihrer Bedeutung kamen, 3. Auflage, München 1996

Hacker, Jens: Deutsche Irrtümer. Schönfärber und Helfershelfer der SED-Diktatur im Westen, Berlin 1992

Haefner, Klaus: Die neue Bildungskrise. Herausforderung der Informationstechnik an Bildung und Ausbildung, Basel 1982

Heckhausen, Heinz: Förderung der Lernmotivierung und der intellektuellen Tüchtigkeiten, in: Deutscher Bildungsrat (Hrsg.): Begabung und Lernen. Gutachten und Studien der Bildungskommission, Stuttgart 1968, S. 193–228

Heldmann, Werner: Studierfähigkeit, Göttingen 1984

–: Kultureller und gesellschaftlicher Auftrag von Schule, Krefeld 1990

–: Studierfähigkeit konkret, Bad Honnef 1989

Heldmann, Werner/Finkenstaedt, Thomas: Voraussetzungen und Rahmenbedingungen des Hochschulstudiums, Bad Honnef 1998

Heldmann, Werner (Hrsg.): Studieren heute – Erwartungen der einzelnen Studienfächer an ihre Studienanfänger. Eine Hilfe für Schüler, Eltern und Berater, Bad Honnef 1998

Heller, Kurt A.: Begabungs- und lernpsychologische Perspektiven aktueller Bildungsfragen, Vortrag auf der abl-Fachtagung »Welche Schulen braucht das Land?« vom 6.12.1996 in Landshut

Helmke, Andreas: Leistungssteigerung und Ausgleich von Leistungsunterschieden in Schulklassen: unvereinbare Ziele?, in: Zeitschrift für Entwicklungspsychologie und Pädagogische Psychologie, Jg. 1988, S. 45–76

–: Selbstvertrauen und schulische Leistungen, Göttingen 1992
Helmke, Andreas/Weinert, Franz E.: Bedingungsfaktoren schulischer Leistungen, in: Franz E. Weinert (Hrsg.): Psychologie des Unterrichts und der Schule. Enzyklopädie der Psychologie, Serie Pädagogische Psychologie, Bd. 3, S. 71–176, 1997
Henscheid, Eckhard: Dummdeutsch, Stuttgart 1993
Hensel, Horst: Die neuen Kinder und die Erosion der alten Schule, Lichtenau/München 1995
Hentig, Hartmut von: Systemzwang und Selbstbestimmung, Stuttgart 1968
–: Gegen Zensuren, in: Becker, Helmut/Hentig, Hartmut von (Hrsg.): Zensuren, Frankfurt 1983
Herzog, Roman: Begabtenförderung ist ein Wechsel auf die Zukunft. Rede zum 40jährigen Jubiläum der Bischöflichen Studienstiftung »Cusanuswerk« am 2. Juni 1996 in Schloß Eringerfeld/Stadt Geseke
–: Aufbruch in der Bildungspolitik, Rede vom 5. November 1997 in Berlin
Hirsch, Eric Donald: The Schools We Need and Why We Don't Have Them, New York 1996
Hitpaß, Josef: Schulreform, Schülerauslese und Hochschulzulassung – Zur Gewissenserforschung der deutschen Bildungspolitik, Bonn 1977
–: Deutschlands Bildungswesen. Die Folgen der Reform, Köln 1981
Hoff, Klaus: Rechts und Links – zwei Schlagworte auf dem Prüfstand, Krefeld 1992
Hughes, Robert: Nachrichten aus dem Jammertal. Wie sich die Amerikaner in political correctness verstrickt haben, München 1994
Ingenkamp, Karlheinz: Die Test-Aversion des deutschen Intellektuellen – Eine Streitschrift, Weinheim 1989
Ingenkamp, Karlheinz u. a.: Schulleistungsvergleich zwischen Bundesländern, Weinheim 1992
Ito, Toshiko: Zwischen Fassade und »wirklicher Absicht«, in: Zeitschrift für Pädagogik, Heft 3/1997, S. 449–466
Jäde, Henning: Die Schule der Sprachlosigkeit. Zu den hessischen Rahmenrichtlinien Deutsch, in: Kaltenbrunner, Gerd-Klaus (Hrsg.): Sprache und Herrschaft. Die umfunktionierten Wörter, Herderbücherei Initiative Bd. 5, München 1975, S. 69–86
Jaspers, Karl: Wohin treibt die Bundesrepublik? München 1966
–: Was ist Erziehung? – Ein Lesebuch, Textauswahl und Zusammenstellung von Horn, Hermann, 2. Auflage, München 1992
Kaiser, Armin u. a.: Entwicklung und Erprobung von Modellen der Begabtenförderung am Gymnasium mit Verkürzung der Schulzeit, Mainz 1997
Kaltenbrunner, Gerd-Klaus: Elite. Erziehung für den Ernstfall, 2. Auflage, Asendorf 1990
Klafki, Wolfgang u. a.: Erziehungswissenschaft – Eine Einführung, Bd. 2, Frankfurt 1970
Knigge, Adolph Freiherr von: Über den Umgang mit Menschen, Leipzig 1788
Knütter, Hans-Heinrich: Die Faschismus-Keule. Das letzte Aufgebot der Linken, Berlin 1993
Krieger, Wolfgang: Der mangelnde Nachwuchs im Berufsfeld »Internationale Beziehungen« – Ein Defizit bundesdeutscher Bildungspolitik, in: Europa-Archiv, Folge 9/1990, S. 311–318

Kuhn, Wilfried: Lernbereich Naturwissenschaften – ein Trojanisches Pferd?, in: Pädagogik der Naturwissenschaften – Physik, Heft 7/1997, S. 2–5
Lempp, Reinhart: Die autistische Gesellschaft. Geht die Verantwortlichkeit für die anderen verloren? München 1996
Liket, Theo: Freiheit und Verantwortung. Das niederländische Modell des Bildungswesens, Gütersloh 1993
Lorenz, Konrad: Die acht Todsünden der zivilisierten Menschheit, München 1973
Lorenz, Wolfgang: Entschleierte Gleichheit, in: Kaltenbrunner, Gerd-Klaus (Hrsg.): Weltkrieg der Propagandisten, Herderbücherei Initiative Bd. 60, München 1985, S. 159–172
Lübbe, Hermann: Lebensqualität oder Fortschrittskritik von links, in: Schweizer Monatshefte, Jg. 53, Heft 4, Zürich 1973, S. 606 ff., dokumentiert in: Kaltenbrunner, Gerd-Klaus (Hrsg.): Die Herausforderung der Konservativen. Absage an Illusionen, München 1974, S. 154 f.
Maier, Hans: Jean-Jacques Rousseau, in: Rausch, Heinz (Hrsg.): Politische Denker II, München 1977, S. 47–65
Marcuse, Herbert: Versuch über die Befreiung, Frankfurt 1966
–: Triebstruktur und Gesellschaft, Frankfurt 1969
Markl, Hubert: Gegen Moral hilft nur Recht, in: DIE ZEIT vom 11. März 1994
Maslow, Abraham: Motivation und Persönlichkeit, Olten 1977
Max-Planck-Institut für Bildungsforschung (Hrsg.): Bildungsverläufe und psychosoziale Entwicklung im Jugendalter, BIJU, Zweiter Bericht für die Schulen, Berlin 1996, S. 32 ff., S. 40 ff.
Max-Planck-Institut für Bildungsforschung u. a. (Hrsg.): Third International Mathematics and Science Study (TIMSS), Opladen 1997
Max-Planck-Institut für Bildungsforschung (Hrsg.): Schülerleistungen in Mathematik und den Naturwissenschaften am Ende der Sekundarstufe II im internationalen Vergleich (TIMSS III), Manuskript, Berlin 1998
Miller, Alice: Das Drama des begabten Kindes und die Suche nach dem wahren Selbst, Frankfurt 1979
Mitter, Wolfgang/Schäfer, Ulrich (Hrsg.): Schulen und Qualität – Ein internationaler OECD-Bericht, Frankfurt/M. 1991
Möller, Jörg: Japans Bildungskrise, Harsewinkel 1997
Motschmann, Klaus: Mythos Sozialismus. Von den Schwierigkeiten der Entmythologisierung einer Ideologie, Asendorf 1990
Negt, Oskar: Kindheit und Schule in einer Welt der Umbrüche, Göttingen 1997
Neumann, Dieter: Falsche Ansichten über das Lernen?, in: Realschule in Deutschland, Heft 6 und 7/1997
Nipperdey, Thomas: Ende der Selbstbestimmung. Zur Kritik der Hessischen Rahmenrichtlinien für Gesellschaftslehre, in: Kaltenbrunner, Gerd-Klaus (Hrsg.): Klassenkampf und Bildungsreform. Die neue Konfessionsschule, Herderbücherei Initiative Bd. 2, München 1974, S. 95–120
Noelle-Neumann, Elisabeth: Die Schweigespirale. Öffentliche Meinung als soziale Haut, München 1980
–: Die dritte Partei. Die Balance zwischen Rechts und Links geht verloren, in: F.A.Z. vom 12. Juli 1995

Nolden, Hans.-W.: Die japanische Bildungsmaschine, Köln 1993
Nordhofen, Eckhard: Religionsunterrricht im Verfall, in: Die politische Meinung, Heft Juni 1998, S. 5–13
Oelkers, Jürgen: Reformpädagogik. Eine kritische Dogmengeschichte, 3. Auflage, Weinheim/München 1996
Otten, Kurt: Die Maßlosen, die Arglosen und die Kopflosen. Von der Bildungsreform zur Bildungskatastrophe, Aufsätze 1973 bis 1993, Heidelberg 1993
Papcke, Sven: »Political Correctness« oder die Reinigung des Denkens, in: UNIVERSITAS, Zeitschrift für interdisziplinäre Wissenschaft, 51. Jahrgang, Heft 3/1996, S. 211–225
Petersen, Traute: Die Magd der Politik. Konfus: Deutsche Lehrplanrevision nach der Wende, in: F.A.Z. vom 25. Oktober 1995
–: Das Land jenseits der Butterberge, in: DIE WELT vom 17. Februar 1996
–: Arbeit am Klienten – Zur Konjunktur der Lehrerweiterbildung, in: Adam, Konrad (Hrsg.): Bildungslücken, Stuttgart 1997, S. 34–44
Picht, Georg: Die deutsche Bildungskatastrophe. Analyse und Dokumentation, Olten 1964
Rehfus, Wulff D.: Bildungsnot. Hat die Pädagogik versagt, Stuttgart 1995
Roegele, Otto: Zur inneren Lage der Bundesrepublik, Heft 1 der Kleinen Reihe der Walter-Raymond-Stiftung, Köln 1971
Rohrmoser, Günter: Der Ernstfall. Die Krise unserer liberalen Republik, Berlin 1995
Roß, Jan: Die verlorene Schuld, in: F.A.Z. vom 19. August 1995
Roth, Heinrich (Hrsg.): Begabung und Lernen. Ergebnisse und Folgerungen neuer Forschungen, Stuttgart 1968
Schäuble, Wolfgang: Und der Zukunft zugewandt, Berlin 1994
Schelsky, Helmut: Anpassung und Widerstand – Zwischenbemerkungen zu den Denkweisen des Rahmenplans, Heidelberg 1961
Schirlbauer, Alfred: Im Schatten des pädagogischen Eros. Destruktive Beiträge zur Pädagogik und Bildungspolitik, Wien 1996
Schmoll, Heike: Mit einem schülerzentrierten Unterrichtsideal täuschen die Lehrer nicht nur sich selbst, in: F.A.Z. vom 23. Dezember 1996
Schneider, Wolf: Wörter machen Leute. Magie und Macht der Sprache, München 1986
Schoeck, Helmut: Das Recht auf Ungleichheit, München 1988
–: Ist Leistung unanständig? Nun auch noch: ›Das Recht auf Faulheit‹, Asendorf 1988
–: Kinderverstörung. Die mißbrauchte Kindheit. Umschulung auf eine andere Republik, 3. Auflage, Asendorf 1989
Schoenebeck, Hubertus von: Unterstützen statt erziehen, München 1982
Schönweiss, Friedrich: Bildung als Bedrohung? Grundlegung einer Sozialen Pädagogik, Opladen 1994
Seifert, Heribert: Der Schwache ist am traurigsten allein. Die progressive Lehrerbildung als kommunikativer Kitsch, in: F.A.Z. vom 11. Februar 1998
Sieburg, Friedrich: Abmarsch in die Barbarei. Gedanken über Deutschland. Journalistische Arbeiten 1931–1960, hrsg. von Klaus Harpprecht, Frankfurt 1986
Singer, Kurt: Gesunde Aggression entwickeln, in: Allgemeine LehrerZeitung, Mai 1998, S. 1

Skinner, Burrhus F.: Futurum Zwei. »Walden Two«. Die Vision einer aggressionsfreien Gesellschaft, Hamburg 1972
Sontheimer, Kurt: Das Elend unserer Intellektuellen. Linke Theorie in der Bundesrepublik Deutschland, Hamburg 1976
Sowell, Thomas: Inside American Education – The Decline, The Deception, The Dogmas, New York 1993
Spaemann, Robert: Zum Sinn des Ethikunterrichts, in: Huber, Herbert (Hrsg.): Sittliche Bildung. Ethik in Erziehung und Unterricht, Asendorf 1993
Spranger, Eduard: Der Eigengeist der Volksschule, 3. Auflage, Heidelberg 1963
Steinbuch, Karl: Schluß mit der ideologischen Verwüstung! Plädoyer für die brachliegende Vernunft, Herford 1986
Stephan, Cora: Der Betroffenheitskult. Eine politische Sittengeschichte, Hamburg 1994
–: Die Waffe Pießie, in: Süddeutsche Zeitung vom 17. Juni 1995
Strauß, Gerhard/Haß, Ulrike/Harras, Gisela: Brisante Wörter von Agitation bis Zeitgeist. Ein Lexikon zum öffentlichen Sprachgebrauch, Schriften des Instituts für deutsche Sprache, Bd. 2, Berlin 1989
Struck, Peter: Neue Lehrer braucht das Land, Darmstadt 1994
–: Die Kunst der Erziehung, Darmstadt 1996
–: Erziehung von gestern – Schüler von heute – Schule von morgen, München 1997
Stürmer, Michael: Ende der Ideologien?, in: F.A.Z. vom 24. Oktober 1995
Templin, Wolfgang: Selbst-Bewußtsein und Verantwortung. Über Unheilsgeschichte und die neue Identität der Deutschen, in: Schwilk, Heimo/Schacht, Ulrich (Hrsg.): Die selbstbewußte Nation, 3. Auflage, Berlin 1995, S. 457–463
Topitsch, Ernst: Wie links steht noch der Geist. Die Revolte der Halbgebildeten, in: Kaltenbrunner, Gerd-Klaus (Hrsg.): Die Herausforderung der Konservativen. Absage an Illusionen, Herderbücherei Initiative Bd. 3, München 1974, S. 129–141
Walser, Martin: Über freie und unfreie Rede, in: DER SPIEGEL vom 7. November 1994
Weber, Max: Politik als Beruf, in: Reden, die die Welt bewegten, 5. Auflage, Stuttgart 1986, S. 255–267
Weinert, Franz E./Andreas Helmke: Der gute Lehrer – Person, Funktion oder Fiktion?, in: A. Leschinsky (Hrsg.): Die Institutionalisierung von Lehren und Lernen, 1996, S. 223–233, 1996
Weinert, Franz E.: ›Der gute Lehrer‹, ›die gute Lehrerin‹ im Spiegel der Wissenschaft; Beiträge zur Lehrerbildung, 14, 141–151, 1996
–: »Gut, aber nicht gut genug«. Interview mit Franz E. Weinert in: Rheinischer Merkur vom 21. November 1997
Westphalen, Klaus: Die verhängnisvolle Trennung von gesellschaftlichem und pädagogischem Leistungsbegriff – eine Erblast der 68er Bewegung, in: Aurin, Kurt u.a. (Hrsg.): Schulpolitik im Widerstreit. Brauchen wir eine »andere Schule«?, Bad Heilbrunn 1997, S. 99–112
Willms, Johannes: Welches Europa soll es sein? Plädoyer für eine Rückbesinnung auf die europäische Kultur, in: Süddeutsche Zeitung vom 5. Januar 1996

Zihlmann, Rudolf: Jakobiner fallen nicht vom Himmel. Augustin Cochin – ein Analytiker der totalitären Demokratie, in: Kaltenbrunner, Gerd-Klaus (Hrsg.): Rückblick auf die Demokratie. Gibt es Alternativen?, Freiburg 1977, S. 140–160

Zimmer, Dieter E.: RedensArten. Über Trends und Tollheiten im neudeutschen Sprachgebrauch, Zürich 1988

–: Leuchtbojen auf einem Ozean der Gutwilligkeit. Wie die deutsche Sprache unter die Betroffenen fiel, in: DIE ZEIT vom 23. Februar 1996

–: Deutsch und anders. Die Sprache im Modernisierungsfieber, Reinbek 1997

Zitelmann, Rainer: Wohin treibt unsere Republik? Frankfurt 1994

Personenverzeichnis

Bitte beachten Sie
die folgende Seite